Seinem lieben Conradin
in Freundschaft

Basel, 9. März 2007

Max Suter

Les Trois Rois
Einblicke in die Geschichte

mit einem Essay von Andreas Morel

Maximilian Triet

Anne Nagel

Michael Leuenberger

Schwabe Verlag Basel

© 2006 by Schwabe AG, Verlag, Basel
Lektorat: Christoph Blum, Marianne Wackernagel
Gestaltungskonzept: gruner brenneisen communications, Basel
Gestaltung und Satz: Urs Stöcklin
Gesamtherstellung: Schwabe AG, Druckerei, Muttenz/Basel
Printed in Switzerland
ISBN-13: 978-3-7965-2282-6
ISBN-10: 3-7965-2282-3

www.schwabe.ch

Inhaltsverzeichnis

Geleitwort der Regierungspräsidentin des Kantons Basel-Stadt 7
Vorwort der Hotelbesitzer 8
Vorwort der Autoren 9

Grundlagen und Vorgeschichte bis 1681
Das Jahr 1026: Es beginnt mit einer Legende Maximilian Triet 12
Die Kultur der Gastfreundschaft Maximilian Triet 13
Der Gastwirt, die Seele des Hauses Maximilian Triet 16
Vorgänger der Dreikönigs-Gastwirte Maximilian Triet 19
Der Blumenplatz und seine Bebauung Anne Nagel 20
Salzhaus, Salzturm, Salztürlein Anne Nagel 22

Der alte Gasthof zu den Drei Königen 1681–1842
Zur Baugeschichte Anne Nagel 27
Die Drei Könige Anne Nagel 32
Der Spiegelhof – die Dépendance 1784–1903 Anne Nagel 36
Gastwirte Maximilian Triet 38
    Daniel Obermeyer – der erste Dreikönigswirt 38
    Franz Marin – ein kurzes Gastspiel 40
    Hans Heinrich Hauser – Wirt über vier Jahrzehnte 41
    Johann Rudolf Huber – aus einer Künstlerdynastie 45
    Johann Christoph Im Hof – eigenwillig und klug 47
    Der unglückliche Stuart-Prinz in Basel 50
    Johann Ulrich Kleindorf – vom Kellner zum Wirt 51
    Schauergeschichten und Kuriositäten um den Gasthof zu den Drei Königen 54
    Johann Ludwig Iselin – Wirt in stürmischer Zeit 55
    Die Söhne Iselins 62
    Joseph Müller – Visionär für das neue Hotel 63
Von Kaisern, Klerikern und Aussenseitern Maximilian Triet 65
Der alte Gasthof in Briefen und Reisebeschreibungen Anne Nagel 72

Das Hotel zu den Drei Königen 1844–2004
Architekt Amadeus Merian Anne Nagel 79
Zur Baugeschichte Anne Nagel 81
Die englische Betkapelle Anne Nagel 92
Spätere Ein- und Umbauten Anne Nagel 95
Technische Installationen: Beleuchtung, Heizung und Sanitäranlagen Anne Nagel 99
Besitzer und Betreiber Maximilian Triet 102
    Johann Jakob Senn – vom Schneider zum Hotelier 102
    Julius Wald-Linder – ein Hotelier aus Preussen 105
    Caspar Flück – Vater und Sohn 107

Familie Bossi – vom Ersten zum Zweiten Weltkrieg	110
Alfred Kienberger – Wegbereiter einer neuen Zeit	115
Wandel und Wechsel	123
Verkehrsknotenpunkt Basel am Rhein Maximilian Triet	125
Gäste und Gästegruppen – Grundtendenzen und stetiger Wandel Maximilian Triet	131
Ein Ort der Musik	137
Lothar Löffler – eine Basler Legende am Piano	148
Ein Ort der Literatur	149
Ein Ort der Kunst	153
Frauen zu Gast	157
Vom Vordenker des Judenstaates bis zum Flugpionier	159
Das Fenster zum Rhein Zoë Jenny	169
Das Hotel in Briefen und Reisebeschreibungen Anne Nagel	170

Drei Jahrhunderte Tafelkultur – ein Essay

Zu Tisch à la mode bâloise Andreas Morel	176

Das Grandhotel Les Trois Rois heute

Restaurierung, Rekonstruktion, Interpretation 2004–2006 Anne Nagel	190
Der Architekt auf archäologischer Spurensuche Michael Leuenberger	194
Blumenrain 2 – ein ehemaliges Bankgebäude Anne Nagel	201
Eine Vision der Gastlichkeit – die neue Ära Michael Leuenberger	206
Grandhotellerie in ihrer schönsten Form Michael Leuenberger	209
Garanten für Gastlichkeit Michael Leuenberger	210
Gastfreundschaft ist eine soziale Kunst	210
Lebensfreude und königlicher Genuss	212
«Ich bin immer für den Gast da»	218
Ein hochmodernes Innenleben	219
Eine Uniform für das Grandhotel	220
Zur Wiedereröffnung und zum neuen Hotel	222

Anhang

Zeittafel	238
Das Hotel in Kürze	244
Ausgewählte Hotelberufe	245
Anmerkungen	247
Literatur-, Quellen- und Abkürzungsverzeichnis	257
Abbildungsnachweis	261
Personenregister	262
Die Autoren	267

Geleitwort der Regierungspräsidentin

Mit dem neuen alten Hotel Les Trois Rois hat Basel ein Juwel zurückerhalten. Die Baslerinnen und Basler haben eine entsprechend grosse Freude und sind begeistert. An Basels exklusivster Lage, direkt am Rhein, ist es dem Initianten des Projekts, Thomas Straumann, gelungen, ein neues Wahrzeichen für Basel zu schaffen, das in der Schweiz seinesgleichen sucht. Das Hotel Les Trois Rois zählt zu den schönsten Grandhotels in Europa, es macht damit den Namen Basel in der Welt bekannt. Die Renovation des Hotels haben die Verantwortlichen mit viel Fachwissen, einem feinen Gespür für die historisch wertvolle Substanz, grosser Passion und beträchtlichen Investitionen wahrgenommen. Im Namen des Regierungsrats Basel-Stadt danke ich allen Beteiligten für ihr grosses Engagement.

Die Bedeutung des renovierten Hotels Les Trois Rois für Basel ist ausserordentlich gross. Die Stadt ist stolz, den Gästen aus aller Welt – seien es die internationalen Besucherinnen und Besucher der Uhren- und Schmuckmesse, seien es diejenigen der Kunstausstellung Art Basel – eine solche Bleibe in Basel anbieten zu können. Das renovierte Hotel fügt sich perfekt ins heutige Stadtbild und wertet die historische Skyline bei der Mittleren Brücke auf. Der Glanz des frisch renovierten Gebäudes strahlt bis in die umliegende Nachbarschaft beim Fischmarkt aus und leistet damit einen wichtigen Beitrag zur Stadtentwicklung in diesem Quartier.

Uns war es ein Anliegen, dass die Umgebung des Hotels Les Trois Rois dem aufwendigen Umbau gerecht wird. Entsprechend haben wir die Vorzone des Hotels neu gestaltet und unter anderem den öffentlichen Verkehr besser angebunden und Bäume gepflanzt.

Die Herrenherberge Drei Könige wurde erstmals 1681 erwähnt. Ich freue mich sehr, dass jetzt ein Buch vorliegt, das die lange und abwechslungsreiche Geschichte des Hotels dokumentiert. Ihnen, liebe Leserin, lieber Leser, wünsche ich bei der Lektüre und historischen Entdeckungsreise viel Freude.

Barbara Schneider
Regierungspräsidentin des Kantons Basel-Stadt

Vorwort der Hotelbesitzer

Sie halten nun ein grosses Stück Schweizer Hotelgeschichte in Ihren Händen. Dies freut uns ausserordentlich, weil es uns sehr am Herzen lag, nicht nur das Hotel Les Trois Rois wieder seiner ursprünglichen Form und Gestaltung zuzuführen, sondern auch seine Geschichte aufarbeiten zu lassen.

Im vorliegenden Buch ist es den Autoren Dr. Maximilian Triet, Anne Nagel und Michael Leuenberger gelungen, Ausschnitte aus den verschiedensten Bereichen des Les Trois Rois zu beleuchten. Es werden Fragen behandelt, wie beispielsweise: Ist das Les Trois Rois wirklich eines der ältesten oder gar das älteste Hotel Europas, oder woher stammt die legendäre Jahreszahl 1026? Hängt der Name des Hauses wirklich mit einem Besuch dreier Monarchen im Hotel zusammen?

Vieles, was bis heute nicht bekannt war oder vielleicht nur geahnt wurde, wird hier aufgedeckt. Die Autoren ergründen Baugeschichte und Architektur, widmen sich den Hotelbesitzern und zahlreichen, oft prominenten Gästen und betrachten die Kulinarik in 325 Jahren Hotelgeschichte. Sie finden hie und da auch einige Anekdoten aus dem Hotelbetrieb, die Sie zum Schmunzeln bringen werden.

Natürlich möchten wir Ihnen auch das heutige Les Trois Rois vorstellen. Was bewog uns, dieses Hotelprojekt zu realisieren, und welches sind die Gedanken des Managements zur Zukunft und zu unseren Gästen?

Liebe Leserinnen und Leser, lassen Sie sich nun in das Zeitalter der grossen Schweizer Grandhotelgeschichte entführen: eine Geschichte, die heute und in Zukunft fortgeschrieben wird.

Wir wünschen Ihnen viel Vergnügen und heissen Sie in unserem Hause auf das herzlichste willkommen.

Ihre
Ursula Jung und Dr. h.c. Thomas Straumann

Vorwort der Autoren

Hotelgeschichte hat seit rund zwei Jahrzehnten eine Konjunktur mit steigender Tendenz, vor allem in der Schweiz, einem vom Tourismus geprägten Land. Das Gastgewerbe, wichtige Stütze dieses Wirtschaftszweigs und zugleich Kulturfaktor ersten Ranges, ist ein ungemein reizvolles Studiengebiet, zumal es nicht nur das Reisen, sondern eine breite Palette menschlicher Tätigkeiten umfasst. Die Grandhotels haben unser Land im 19. Jahrhundert berühmt gemacht, sie waren Anlaufstellen und Aufenthaltsorte für Einheimische und Kosmopoliten an ausgesuchten Lagen und zugleich Inseln der Erholung. Das Hotel Drei Könige in Basel, 1681 als Herrenherberge gegründet, 1844 als Grandhotel neu erbaut, blickt auf eine 325-jährige ereignisreiche Geschichte zurück.

Das führende Hotel der Stadt, einer der traditionsreichsten Gasthöfe überhaupt in Europa, von Grund auf zu erfassen und darzustellen war eine schöne Herausforderung besonderer Art. Bis heute gab es keine Monographie über das Hotel Drei Könige, was vermutlich auch damit zusammenhängt, dass ein Hotelarchiv und bis in die Anfänge zurückreichende Gästelisten fehlen. Deshalb mussten öffentliche und private Quellen ausfindig gemacht und erforscht werden. Die schwierige und äusserst lückenhafte Quellenlage zwang zu einer punktuellen Konzentration auf das Vorhandene. Die Baugeschichte, die Gastronomie, die Gäste, ihre soziale Zusammensetzung, die Beweggründe ihres Aufenthalts und das tägliche Leben im ehemaligen Gasthof und heutigen Hotel sind spannende Forschungsbereiche, die auch aufgrund des vorgegebenen Zeitrahmens nur ansatzweise dargestellt werden konnten. Allein die Auswertung der einzigen noch erhaltenen Fremdenliste aus der Zeit von 1838 bis 1854, die mehrere Tausend herausragende Hotelgäste aufführt, hätte viele Monate, wenn nicht Jahre beansprucht.

So versteht sich unser Werk als vorläufige Anthologie zur Geschichte und Gegenwart dieses berühmten Hotels. Unsere Arbeit hat sich gelohnt, wenn dadurch die Gründe für die faszinierende Ausstrahlung sichtbar werden, die dieses geschichtsträchtige Haus bis auf den heutigen Tag bewahrt. Wir hoffen, dass diese erste Monographie Impulse für weitere Forschungen auslöst. Mit Sicherheit werden weitere Quellen auftauchen und vertiefte Darstellungen ermöglichen, die hier ausgeklammert bleiben mussten.

Unser besonderer Dank gebührt den Auftraggebern Thomas Straumann und Ursula Jung, die uns diese Arbeit anvertraut und deren Ausführung gefördert haben. Zahlreiche Institutionen haben uns in dankenswerter Weise unterstützt: das Staatsarchiv Basel-Stadt, die Universitätsbibliothek Basel, das Historische Museum Basel, das Schweizerische Wirtschaftsarchiv in Basel, die Basler Denkmalpflege, das Kupferstichkabinett des Kunstmuseums Basel, die Schweizerische Gesellschaft für Hotelkredit in Zürich und nicht zuletzt das Hotel Les Trois Rois. Für mannigfaltige Unterstützung, wertvolle Hinweise und Leihgaben danken wir folgenden Personen, die wesentlich zum Gelingen dieses Buches beigetragen haben: Peter Affolter, Jacqueline Albrecht-Iselin, Madeleine Angst, Astrid Arnold, Ulrich Barth, Marie-Claire Berkemeier, Jean-Pierre Bischoff, Monika Borner, Stefan Buess, Daniel Burckhardt, Franz und Salome Christ, Franz Egger, Roland Flückiger, Mike Gosteli, Hansueli Gubser, Franziska Heuss, Sonja His-Hagenbach, Dominik Hunger, Helen Iselin, Daniel Kress, Roland Kupper, Christian Lang, Maurizio Lavina, Thildi Leuenberger, Jürg Löffler, Franziska und Stephanie Maser, Günter Mattern, Rose Maurer, Brigitte Meles, Franco Meneghetti, Bernard Muller, Urs A. Müller, Mario Nanni, Conradin von Planta, Margret Ribbert, André Salvisberg, Ursula Sapin, Liliane Schär-Bossi, Rudolph Schiesser, Alexander Schlatter, Rosmarie Schmidt, Werner Schön, Alwin Seiler, David B. Smith, Bryan A. Stone, Kurt Wyss, Josef Zwicker.

Ohne den ausserordentlichen Einsatz von Erik Schmidt für die Aufbereitung der Bilder sowie das persönliche Engagement des Inhabers der Druckerei Schwabe, Ruedi Bienz, der Lektoren Christoph Blum und Marianne Wackernagel, der Übersetzer Jane Wolff und Christian Russé sowie des Gestalters Urs Stöcklin wäre die Publikation in dieser Form nicht möglich gewesen. Ihnen allen sind wir zu grossem Dank verpflichtet.

Maximilian Triet, Anne Nagel, Michael Leuenberger

1 Das Haus zur kleinen Blume, auch Schertlinshof genannt, am Blumenplatz, in dem 1681 die Herrenherberge zu den Drei Königen gegründet wurde. Ausschnitt aus dem Vogelschaubild der Stadt Basel von Matthäus Merian d. Ä., 1617.

2 Gastmahl in der Herrenherberge zum Wilden Mann in Basel. Illustration zu einem Eintrag 1611 im Gästebuch des Samuel Schorndorff (1581–1629).

Grundlagen und Vorgeschichte bis 1681

Das Jahr 1026: Es beginnt mit einer Legende

Am Anfang vieler Geschichten steht eine Legende. Und irgendwann, im Verlauf der Zeit, vermischen sich Dichtung und Wahrheit. Auch um die Namensgebung und das Alter des ehrwürdigen Gasthofs zu den Drei Königen rankte sich lange eine Legende: Das Hotel des Trois Rois habe seinen Namen vom «Dreikönigstreffen» im Jahr 1026. Wörtlich lautet die Quelle: «Die Chroniken sagen, dass der Gasthof zu drey Königen genannt, von dieser Zusammenkunft den Namen bekommen habe. Kunrad, der Kaiser, Heinrich III., sein Sohn, der zu seinem Nachfolger schon designirt war, und Rudolf von Burgund sollen diese drey Könige seyn.»[1] Die Legende besagt, dass der römisch-deutsche König Konrad II. (1024/27–1039) mit seinem Sohn Heinrich III. (1039/46–1056) nach Basel gekommen sei, um sich mit Rudolf III. von Burgund (993–1032) zu treffen: drei Könige, die bei ihrer Zusammenkunft über die Zukunft des Königreichs Burgund verhandelten. Nach dem Treffen sei der Name für den Gasthof geblieben.

Was ist von dieser Geschichte zu halten? Interessant ist, dass es ein Historiker war, der die Legende in Umlauf brachte: der Ratsschreiber Peter Ochs (1752–1821) (Abb. 3), ein lange verkannter, hochbegabter Staatsmann. Die Stadt und Landschaft Basel verdanken ihm eines ihrer wichtigen Geschichtswerke. Ochs besuchte das Hotel des Trois Rois häufig, da er mit dessen damaligem Besitzer Johann Ludwig Iselin freundschaftlich verbunden war.

Der Schleier um die Ursprungslegende wird schnell gelüftet, wenn man die Hintergründe des Dreikönigstreffens betrachtet – es konnte nämlich nie ein «Gasthof» lokalisiert werden! Der Grund: Im deutsch-französischen Raum gab es den Gasthof oder die Herberge als Privatbetrieb nachweislich erst ab dem 13./14. Jahrhundert. Dasselbe trifft auf die Zunfthäuser und die vornehmen Basler Ritterstuben zu, auch sie waren kaum älter. Das Jahr 1026 muss also als Ursprungsjahr verworfen werden und damit auch die Behauptung, das Hotel Drei Könige sei das älteste Hotel Europas (S. 20f.). Zwar war die Bewirtung und Unterbringung von Königen und Kaisern, die sogenannte «Königsgastung», im Mittelalter etwas Selbstverständliches, aber erst spätere Jahrhunderte kannten den Brauch, Gasthöfe

3

in Erinnerung an einen Kaiser- oder Königsbesuch zu benennen.

Bereits in den 1920er Jahren wurde Kritik an Peter Ochs' falscher Theorie geäussert.[2] Umso erfreulicher ist deshalb, dass inzwischen die Dokumente für die Gründung des Gasthofs im Jahr 1681 gefunden sind (Abb. 16, S. 26). Eine mittelalterliche Gründung bleibt also Legende. Der Ruhm des 325-jährigen Hotels wird durch die Freilegung der historischen Tatsachen jedoch nicht geschmälert, gehörte es doch seit seinem Bestehen zur obersten Kategorie der Gastbetriebe, wie die folgenden Seiten zeigen werden.

Maximilian Triet

Die Kultur der Gastfreundschaft

Der Mensch ist ein Reisender. Seit es Menschen gibt, gibt es Wege: Seewege, Pilgerwege, Handelswege, Reisewege. Der Wunsch nach Einkehr, Verweilen, Ausruhen und nach Speisung ist genauso alt. Gastfreundschaft und Gastrecht sind deshalb Werte und Pflichten, die in den meisten Kulturen zentral sind. Das gilt bis heute. Seit je war die Beherbergung Reisender auch ein wichtiges Fundament für Handel, gesellschaftlichen Austausch und die gesamte kulturelle Entwicklung.

Auch im frühmittelalterlichen Basel kannte man die reine Gastfreundschaft, die sich mit der Entwicklung der Stadt bis ins Spätmittelalter zu verschiedenen Formen des Gastgewerbes wandelte. Der Wirt wurde im Verlauf der Zeit immer mehr Kaufmann und blieb nicht mehr allein Gastgeber.

Im öffentlichen Bereich gab es allerdings bis ins 17. und 18. Jahrhundert bemerkenswerte Ausnahmen. Ein Beispiel ist die seit dem Frühmittelalter bekannte «Gewaltgastung». So nannte man die Unterbringung und Bewirtung eines ganzen Hofstaats auf Kosten der Stadt. Sie konnte zu grossen finanziellen Belastungen führen.[3] In Basel wählte man zur Lösung dieses Problems den für eine Handelsstadt angemessenen Weg: Die Besuche hoher Würdenträger wurden unter dem Aspekt der Verhältnismässigkeit geprüft, indem Aufwand und Ertrag für die Stadt, Kosten und Geschenke des Gasts miteinander verglichen wurden.

Ein Blick auf die Formen des geselligen Austauschs und der Bewirtung im mittelalterlichen Basel zeigt eine bunte Mischung von Lokalen. Sie spiegelt die Gesellschaft jener Zeit.

3 Porträt des Peter Ochs als helvetischer Direktor. Ölgemälde von Felix Maria Diog, 1799.

Von Klöstern, Zunft- und Gesellschaftsstuben

Die wichtigsten Herbergen waren die Gästehäuser der Klöster. Im ganzen christlichen Europa verbreitet, befanden sie sich meist getrennt vom Wohntrakt der Nonnen oder Mönche. Pilger und Arme hatten Anrecht auf zwei bis drei Tage unentgeltliche Betreuung und Barmherzigkeit.

Private Tavernen und einfache Schenken gab es zwar überall, doch hatten sie einen zweifelhaften Ruf. Reisenden und residierenden Klerikern war es daher – ausser in Notlagen – verboten, eine Taverne aufzusuchen.[4]

Vermutlich im 12. Jahrhundert entstanden auch in Basel die ersten Herrenstuben oder Junkergesellschaften, die dem Adel für Zusammenkünfte dienten.[5] Das Aufkommen von Handwerk und Zünften brachte zudem einzelne Häuser hervor, die nichtöffentliche Wirtshäuser waren. Unter der Leitung eines Zunftwirts oder Stubenknechts, standen sie nur den Zunftbrüdern oder geladenen Gästen offen (Abb. 5). Geselliger Umtrunk und familiäre Feiern mit üppigen Mahlzeiten gehörten als fester Bestandteil zum Alltag eines Zunftbruders. In den Zunftstuben konnte es hoch hergehen – Trinkgelage, Schlägereien, Messerstechereien, Glücksspiele und grobe Beschimpfungen beschäftigten die Gerichte regelmässig, vor allem um die Wende vom 15. zum 16. Jahrhundert (Abb. 4). Der Katalog der üblichen Schimpfwörter und Flüche war lang: Er zeigt eine unzimperliche, derbe Gesellschaft als gärende Hefe in der aufblühenden Handwerks- und Handelsstadt Basel.[6]

Eine Parallele zu den Zunftstuben bildeten die Räume der drei Ehrengesellschaften in Kleinbasel sowie die Stuben der Vorstadtgesellschaften, die als Treffpunkt und Trinkstuben dienten.

Von Schild- und Tavernenwirtschaften

Neben den Zunftstuben gab es seit dem 14. Jahrhundert Schild- oder Tavernenwirtschaften, private Gasthöfe, in denen Einheimische und Fremde Logis, Speis und Trank gegen Bezahlung erhielten. Sie standen allen ehrbaren Besuchern offen. Von der Obrigkeit vorgeschriebenes äusseres Zeichen dieser Lokale war das Wirtshausschild. In diversen Mandaten gegen die Aufnahme von Fremden durch Nichtbefugte, oft auch Zunftwirte, hiessen ihre Besitzer «Gastwürtthe welche Schilt herauß hangen und offene Würtschafften haben».[7] Das «Wirtepatent» wurde in früheren Quellen oft «Schildgerechtigkcit» genannt. Schildwirte durften zweier- oder dreierlei Wein ausschenkcn, warmc Mahlzeiten ausgeben und Gäste über Nacht beherbergen. Eine Kategorie darunter waren die Mittelwirte angesiedelt. Dann folgten nach unten die Karrenwirte und Kochwirte (Garküchenbetreiber), die keinen Wein lagern durften und für ihre Gäste bei den Weinschenken Wein vom Zapfen kaufen mussten.[8] Eine besondere Kategorie repräsentierten die Weinschenken, die zwar eine Sorte Wein führten, aber nur kalte Speisen auftischen durften.

Die Anzahl der Gastbetriebe in Basel schwankte stark. 1504 klagten die Weinleute, «das[s] vor zytten nit mer dann vier herren wirt gewesen, die wyn in ihren husern gehebt, derselben dieser zitt achtzechen syent».[9] Besondere Ereignisse, wie zum Beispiel das Konzil zu Basel, das von 1431 bis 1448 tagte, liessen die Zahl der Gasthöfe für eine gewisse Zeit steigen. 1433 zählte man 23 Gasthöfe. Nach der darauffolgenden Depression gab es offenbar einen neuen Aufschwung – vielleicht auch wegen der Aufnahme Basels in den Bund der Eidgenossen im Jahr 1501, einem Ereignis, das Basel viel Personenverkehr brachte.

Eine Liste des Weinamts nannte für 1541 insgesamt 21 städtische Wirtsstuben bei einer Zahl von rund 10 000 Stadtbewohnern. Es wurde nicht unterschieden, welche davon Herbergen waren. «Kopf», «Krone», «Storchen», «Blume» und «Wilder Mann» waren wohl damals schon die führenden Betriebe der Stadt.[10]

Maximilian Triet

4

4 «von fullen und prassen», Satire auf Völlerei und Prasserei. Holzschnitt aus Sebastian Brants *Narrenschiff*, 1495.

5 Mahlzeit auf einer Zunftstube, vermutlich der Zunftvorgesetzten. Scheibenriss von Hans Holbein d.J., 1522.

Der Gastwirt, die Seele des Hauses

Die Seele der öffentlichen Gaststätte war und ist bis heute der Wirt als «Hausherr». Auch im Mittelalter prägte er die Ausstrahlung seines Lokals. Vom 9. bis ins 14. Jahrhundert war der «caupo», «hospes» oder «tabernarius» als Betreiber einer Taverne noch nicht mit dem späteren Gastwirt gleichzusetzen. Erst im 17. Jahrhundert wurde die Benennung «Gastwirth» gebräuchlich.

Den Wirteberuf mit einer eigenständigen Lehre gab es nicht. Der Quereinstieg über einen verwandten Beruf wie Pastetenbäcker, Bäcker, Metzger oder Spezierer war ebenso möglich wie über einen entfernt liegenden Beruf: «Vom 9. bis ins 16. Jahrhundert kennzeichnete das Berufsbild des Wirts, unabhängig von Grösse oder Unterschieden im Service, dass es eigentlich keines war, denn der Wirt ging bei keinem Wirt in die Lehre.»[11]

In Basel gehörte die Innung der Gastwirte zur Gartnernzunft. Das mag aus heutiger Sicht erstaunen, gehörten doch zu dieser Zunft auch Berufe wie Gärtner, Seiler oder Kerzenmacher. Verwandte Berufe des Gastgewerbes hingegen gehörten zuweilen verschiedenen Zünften an: Die Weinschenken beispielsweise waren in der Zunft zu Weinleuten, was zu ständigen Reibereien zwischen den Gartnern und Weinleuten führte.

Eine Hierarchie der Gastbetriebe lässt sich schon früh ausmachen. Die höchste Stufe erreichte ein Gastgeber, wenn sein Haus als Herrenwirtschaft anerkannt und er somit Herrenwirt wurde. Die Wirte des Gasthofs zu den Drei Königen standen seit den Anfängen auf dieser obersten Rangstufe des Metiers und waren damit die eigentlichen Baumeister des internationalen Rufs, der das Hotel bis heute prägt.

Ansprüche an die Wirtshauskultur

Die Wirtshauskultur des Mittelalters war genau reglementiert. Als Grundeigenschaften wurden von einem Wirt freundliches Benehmen, Sauberkeit, gutes, preiswertes Essen und Trinken sowie die Fürsorge für Gäste und ihre Habe verlangt. Der Wirt unterlag einer Herbergs- und Bewirtungspflicht, durfte also ehrbare Gäste nicht abweisen. Zur Gewährung der Sicherheit musste er täglich Meldezettel über jeden beherbergten Gast abliefern. Zudem hatte

6

er den Hausfrieden zu gewährleisten, indem er Völlerei, Raufereien und Spielgelage sowie das Dirnenwesen von seinem Gasthof fernhielt.

Selbstverständlich übernahm der Wirt auch die Schutz- und Haftpflicht für seine Gäste. Er haftete für das von den Gästen Empfangene und in Verwahrung Genommene. 1477 erliess die Zunftregierung von Basel eine «Ordnung der Wirtten» (S. 18), die verdeutlicht, wie genau das gehobene Gastgewerbe kontrolliert wurde. Hierin waren – vor 530 Jahren – bereits einige Grundregeln der Gastronomie aufgeführt. Neben den Hygienevorschriften fallen die klugen Regelungen auf: der Mindestpreis für ein Gastmahl, die Steuerpflicht auf Warenkäufe, der Schutz klar definierter Gewerbekompetenzen sowie die Wahrung der Sitte im Gasthof. Die Aufsicht der Stadt über Gesundheit, Steuerquellen und den Fremdenverkehr war überall spürbar.

Das Bedürfnis nach Sicherheit

Das Sicherheitsbedürfnis einer Handelsstadt wie Basel war seit dem Mittelalter allgegenwärtig. Wohlstand beruhte wesentlich auf dem Schutz, den eine Stadt gewähren

7　　　　　　　　　　　　　　　　　8

konnte. Im dünnbesiedelten Gebiet im Umland von Basel war das Reisen bis ins 19. Jahrhundert unsicher und gefährlich. Der Raubmord am Zahnarzt des polnischen Königs, der 1759 beim Dreikönigswirt Im Hof logiert hatte, ist dafür nur ein Beispiel unter vielen.[12] Auch die Gastwirte hatten deshalb ihren Teil zur Sicherheit der Stadt beizutragen. Um unerwünschtes Gesindel und Kriminelle unter Kontrolle zu halten, mussten die Wirte fremde Gäste, die bei ihnen übernachteten, prüfen und in jedem Fall der Obrigkeit schriftlich melden.[13] Wieweit diese Vorschrift in der Praxis beachtet wurde, lässt sich anhand der Unterlagen heute nicht mehr nachprüfen.

Als Zunftangehörige mussten die Wirte darüber hinaus alljährlich ihren Treueid auf die Regierung und ihre Zunft schwören. Auch die Dienstknechte waren gehalten, bei der Zunft Wohlverhalten zu geloben. Im 18. Jahrhundert leisteten sie ein einmaliges Handgelübde, in dem sie Gehorsam gegenüber Bürgermeister, Oberstzunftmeister und Rat sowie Zunftmeister versprachen.[14]

Die Position des Wirts war bestimmt durch eine doppelte Verpflichtung: Sein Betrieb diente sowohl dem Gast als auch dem Gemeinwesen. Er war einerseits privater Unternehmer und andererseits Treuhänder von Gast und Obrigkeit. Das hat sich im Wesentlichen bis heute, auch für den Hotelier, nicht geändert. Die Schlüssel, früher in natura getragene Zeichen für Haus- und Verwahrungsgewalt des Wirts, sind in Hotels längst auf die Uniform der Concierges übergegangen.

Maximilian Triet

6　Empfang des Gastes durch Wirt und Wirtin. Holzschnitt eines unbekannten Meisters, 2. Hälfte 16. Jahrhundert.

7　Kochwirt beim Ausweiden eines Wildhasen. Kupferstich von Hans Burgkmair d.Ä., Anfang 16. Jahrhundert.

8　Weinschenk im Fasskeller. Holzschnitt des Strassburger Meisters, frühes 16. Jahrhundert.

«Ordnung der Wirtten» von 1477[15]

1. «die Herren Wirt so do sytzend zu beden Stetten [Gross- und Kleinbasel] das recht gastmol geben sollent umb zehen Rappen und nit darunder».

2. Diese Wirte haben das Recht, Wein in ihren Häusern zu lagern und ihren Gästen vorzusetzen, doch dürfen sie auf keinen Fall Wein ausser Hauses verkaufen.

3. Wein, sowohl Eigengewächs wie dazugekauften, müssen die Wirte besiegeln lassen und dafür nach Massgabe der amtlichen Weinschätzer Umgeld [Weinsteuer] bezahlen.

4. Wirte sollen nur einen Weinkeller haben, sollten sie aber zwei benutzen, müssen sie den dort gelagerten Wein, gleich welcher Menge, ebenfalls versiegeln lassen und dafür Umgeld entrichten. Für Fremde ist der Wirtskeller als Weinlager verboten.

5. Kein Wirt, gleich welchen Standes, ist befugt, für sich und sein Gesinde mehr als einen Ochsen und Schweine im Wert von sechs Pfund Pfennig[16] schlachten zu lassen. Dafür ist das übliche Fleischumgeld zu entrichten.

6. Hält ein Wirt Schweine, muss er die amtlichen Fleischbeschauer von der Metzgernzunft prüfen lassen, «ob sy schön sigen». Sind die Schweine nicht schön, dürfen sie weder den Gästen gegeben noch überhaupt geschlachtet werden. Auch ist Wirten, falls sie Würste herstellen, der Gebrauch von Rinderdärmen untersagt.

7. Wirte dürfen das Handelsgut, das ein Kaufmann [und Gast] hinterlegen will, nicht bei sich behalten, sondern müssen besorgt sein, dass alle Waren [für Verkauf oder Besichtigung] entweder zum Salzhaus oder Kaufhaus der Stadt Basel getragen und abgefertigt werden. Verkauf solcher Waren auf dem Areal des Gasthofs ist strikte untersagt.

8. Fisch und Fleisch sollen die Wirte auf dem offenen Fischmarkt und im Schlachthaus erstehen, «und was sy also kouffent, das sol früsch, suber, rein und wol schmeckende sin».

9. Wild und Geflügel [nur aus bewilligter Jagd] soll frisch gekauft werden, der Kauf von finnigem Fleisch ist untersagt, von der Schelmenbank[17] dürfen keine «bösse Fische» erworben werden, «das[s] den Lütten nützit Böses zu essen geben werde», und was dem Wirt am Donnerstag übrig bleibt, soll er am Sonntag weder seinen Gästen noch sonst jemandem vorsetzen.

10. Die Wirte dürfen kein Brot von Karren und Krätzen [auf dem Rücken getragene Körbe] kaufen oder als Tilgung von Schulden annehmen, sondern müssen frisches Gebäck im Laden erwerben. Falls sie selbst backen [lassen], ist für das Brot Umgeld zu bezahlen.

11. Wirte dürfen unverheirateten und verdächtigen Paaren keinen Unterschlupf gewähren, solchen muss die Herberge Tag und Nacht verschlossen bleiben.

12. Wirte sollen «gemeÿne wÿber» nicht länger als eine Nacht beherbergen und dann wegweisen, wer das Verbot missachtet, wird mit fünf Pfund Strafe belegt.

Vorgänger der Dreikönigs-Gastwirte

Die unmittelbare Vorgeschichte des Gasthofs zu den Drei Königen begann im Sommer 1672 mit dem Kauf der Liegenschaft, die ursprünglich «zur kleinen Blume» hiess, 1522 als Wirtshaus zum weissen Adler erwähnt wurde und dann als reines Wohnhaus in Gebrauch war. Dieses trug oft den Namen der Besitzer.[18]

Unter ihnen ragen drei Persönlichkeiten heraus: Als Erster ist Peter Hans Wentikon (?–ca. 1451) zu nennen, Wirt der gegenüberliegenden «Blume», der 1441 die Hälfte der Liegenschaft kaufte. Er war ein reicher Bürger, Zunftmeister zu Weinleuten und ein gesellschaftlich hochgeachteter Mann.[19]

Eine zweite schillernde Person war Rittmeister Sebastian Schertlin von Burtenbach (1496–1577) (Abb. 9). Er kaufte 1548 Haus, Scheune und Garten der Liegenschaft zur kleinen Blume. Als Heerführer der süddeutschen Städte im Schmalkaldischen Krieg war er am 24. September 1547 fieberkrank in Basel angekommen. Ab August 1548 galt er im Heiligen Römischen Reich als vogelfrei, wurde von Kaiser Karl V. geächtet und verursachte dem Rat von Basel einige Unannehmlichkeiten. Die wenigen Jahre in Basel verlebte er mit seiner Frau und zwei Söhnen standesgemäss, wohnte in der «kleinen Blume» und wurde Dauergast im gegenüberliegenden Gasthof zur Blume, in dem sich die bessere Gesellschaft Basels zum regelmässigen Austausch traf.[20]

In der kleinen Rheinstadt sprach sich alles Ausserordentliche schnell herum. Gerüchte zirkulierten, dass Meuchelmörder nach dem Leben des verfemten Rittmeisters trachteten. Und tatsächlich wagte 1551 ein zwielichtiger Geselle namens Gutschick einen Giftanschlag, nachdem er sich im Gasthof zur Blume eingeschmeichelt hatte. Doch bevor Schertlin das Glas greifen konnte, schmetterte es der Giftmischer in einem Anflug von Reue an die Wand. Ein sonderbarer gelblicher Fleck bildete sich. Die geplante Tat wurde erkannt, dem Recht Genüge getan: Gutschick wurde im November 1551 in Oberwil verhaftet, zum Tode verurteilt und am 11. Januar 1552 hingerichtet, auf Schertlins Fürbitte hin allerdings nicht gerädert, sondern enthauptet. Der Plan, ihn in der Anatomie zu sezieren, wurde fallengelassen: Man hielt ihn, wie der bekannte Basler Stadtarzt Felix Platter berichtete, für einen Syphilitiker. Ritter Schertlin verliess Basel darauf unter kaiserlichem Druck, kehrte aber 1552 kurz zurück, weil er hier – wie in anderen Kantonen auch – ein Landsknechtsheer für die französische Krone anwerben wollte.[21]

Der Dritte im Bund der Vorgänger war ebenfalls ein deutscher Berufsoffizier, Johann Bernhard von Öhm (auch Ehm oder Ehem) (1587–1656). Er kam am Ende des Dreissigjährigen Kriegs nach Basel und kaufte 1648 die «kleine Blume». Nach einer Kriegskarriere im Dienst von Schweden, Sachsen-Weimar und zuletzt Frankreich verbrachte der abgedankte Generalleutnant aus der Pfalz hier seinen Lebensabend. Er wurde 1656 im Münster beigesetzt.[22]

Das Anwesen ging danach an die Verwandten seiner ersten Frau über, einer von Görnitz, gen. Steuß. Johann Dietrich von Görnitz beauftragte Niklaus Socin vom Rat und als Notar den Gerichtsschreiber Schnell mit dem Verkauf an den Seidenfärber und Handelsmann Jakob de Lachenal (1632–1684). Der Vertrag wurde am 24. Juli 1672 im Beisein von Zeugen unterzeichnet. Der Verkaufspreis für das Gebäude betrug 1450 Reichstaler und vier Dukaten Trinkgeld. Jakob de Lachenal verfolgte weitsichtige Pläne, als er die Liegenschaft erwarb, denn den Kaufbrief unterzeichnete auch sein Schwager, Daniel Obermeyer (1630–1687), der neun Jahre später, 1681, als erster Dreikönigswirt in Erscheinung trat (S. 38).[23]

Maximilian Triet

9 Porträt des Sebastian Schertlin von Burtenbach, Ritter und Berufsmilitär. Kupferstich.

Der Blumenplatz und seine Bebauung

Die alte Herberge zur Blume wird in der Literatur fälschlicherweise des Öfteren als Vorgängerbetrieb des Gasthofs zu den Drei Königen bezeichnet. Um diesen Irrtum aus der Welt zu schaffen, bedarf es einer kurzen Darstellung der Topographie.

An der ehemaligen Kreuzgasse («vicus crucis»), die zum Kreuztor (dem 1873 abgebrochenen St. Johann-Schwibbogen) führte, ungefähr dem heutigen Hotel Drei Könige gegenüber, stand seit frühmittelalterlicher Zeit eine Kapelle, die dem irischen Heiligen Brandan, in Basel auch St. Brandolf genannt, dem Patron der Seeleute und Schiffer, geweiht war.[24] Sie lag inmitten eines dichtbesiedelten Handwerkerquartiers am linken Ufer des Birsigs bei Rhein- und Birsigbrücke, dort, wo sich die alten Handelswege von Süden nach Norden und von Westen nach Osten kreuzten. Rheinabwärts, also westlich, an die Kapelle grenzte die dreiteilige Gebäudegruppe zur Blume, deren mittleres Haus als Erstes 1244/45 unter diesem Namen urkundlich bezeugt ist.[25] Im Jahre 1345 ist erstmals ein Wirt («hospes») auf dem rückwärtigen Haus fassbar und damit die Existenz einer Herberge zur Blume belegt.[26] Nach 1416 verlor die St. Brandankapelle mehr und mehr an Bedeutung. Dagegen wuchs das Ansehen der Herberge, die sich im frühen 15. Jahrhundert auf das mittlere Haus ausdehnte und sich nach der Reformation (nach 1529) auch die St. Brandankapelle einverleibte. Die zu den renommiertesten Gasthöfen der Stadt gehörende «Blume» muss, will man dem Holzschnitt von Sebastian Münster (nach 1538) Glauben schenken, ein grosser Bau gewesen sein, der sich durch Staffelgiebel von den umliegenden Häusern abhob (Abb. 10). 1590/91 wurde das Gasthaus aufgrund seiner Baufälligkeit abgebrochen. Zurück blieb der Name, der sich auf den frei gewordenen Strassenraum – den Blumenplatz und späteren Blumenrain – übertrug.

Der St. Brandankapelle und dem Gasthof zur Blume gegenüber, eingebunden in die rheinseitige Bebauung, stand das seit dem frühen 15. Jahrhundert bezeugte Haus zur kleinen Blume. Im Gegensatz zu diesem wird die auf dem Platz stehende Herberge in den Schriftquellen oft «zur grossen Blume» genannt. Die ältere Literatur, welche die beiden Häuser nicht unterscheidet, siedelt den Gasthof im Haus

10

10 Der Gasthof zur Blume. Ausschnitt aus der Ansicht der Stadt Basel von Sebastian Münster. Holzschnitt, nach 1538.

11 Das Haus zur kleinen Blume am Blumenplatz, auch Schertlinshof genannt. Ausschnitt aus dem Vogelschaubild der Stadt Basel von Matthäus Merian d.Ä. Radierung, 1617.

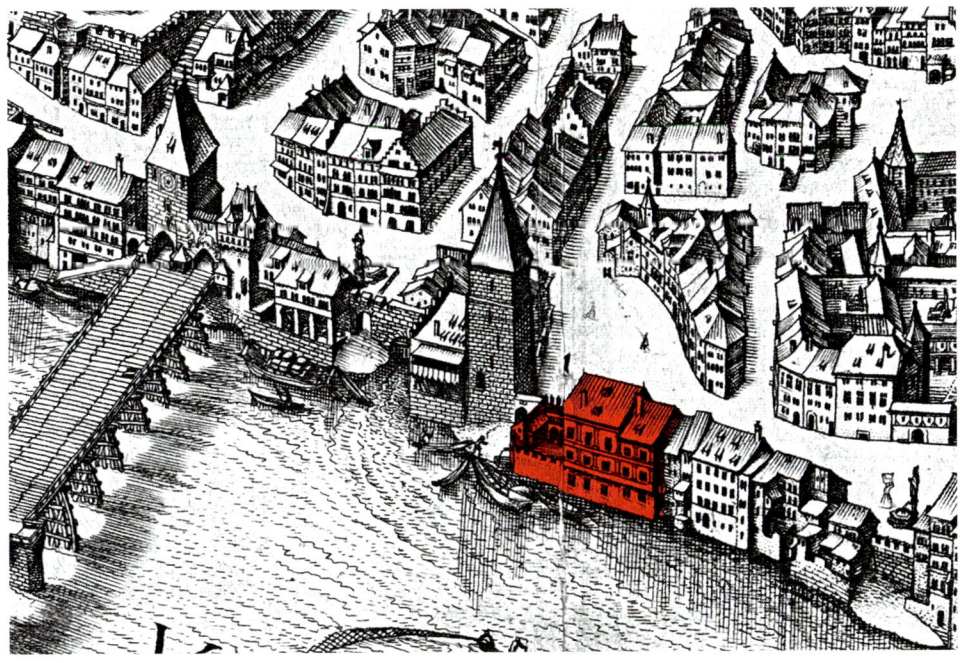

11

zur kleinen Blume an und macht ihn irrtümlicherweise zum Vorläufer des erst 1681 gegründeten Gasthofs zu den Drei Königen. Insofern ist die bis heute verbreitete Annahme, das heutige Hotel blicke auf eine im Hochmittelalter begründete Geschichte zurück, nicht haltbar.

Mit Hilfe des Historischen Grundbuchs lässt sich eindeutig nachweisen, dass die «Kleine Blume» ausschliesslich als privates Wohnhaus diente. Die Liegenschaft, auch wenn sie im 15. Jahrhundert vorübergehend dem Blumenwirt Peter Hans Wentikon und seinen Nachkommen gehörte, war fast durchwegs von Basler Handelsherren oder Angehörigen auswärtiger Adelsfamilien bewohnt, darunter, um nur einige der Edlen zu nennen, Ritter Sebastian Schertlin von Burtenbach (1548–1553), Junker Jakob Christoph Waldner von Freundstein zu Sierentz (1554–1564), Junker Mathis Jacob von Breitenlandenberg (1573–1597) und Junker Johann Dietrich von Görnitz (1667–1672). Vermutlich in der zweiten Hälfte des 16. Jahrhunderts baute die vornehme Eigentümerschaft die schlichte Behausung zur kleinen Blume zum repräsentativen Wohnsitz aus, der aufgrund seiner Grösse und Fassadengestaltung einen Akzent im noch weitgehend spätmittelalterlich geprägten Quartier setzte (Abb. 11). Das auch als Schertlinshof bekannte Anwesen an trefflicher Lage zwischen Blumenplatz und Rhein bestand aus zwei baulich zusammengefassten Wohnhäusern, einer Stallung und einem Garten oder Hof mit zinnenbesetzter Einfriedungsmauer. Über eine Pfändung gelangte das Herrenhaus 1681 aus dem Besitz des Seidenfärbers Jakob de Lachenal (1632–1684) an dessen Schwager, den Ratsherrn Daniel Obermeyer (1630–1687), der darin die Herberge zu den Drei Königen einrichtete (S. 38).

Anne Nagel

Grundlagen und Vorgeschichte bis 1681

Salzhaus, Salzturm, Salztürlein

Der Bau der ersten Rheinbrücke zwischen dem Bodensee und der Nordsee durch Bischof Heinrich II. von Thun (1216–1238) um 1225 festigte Basels Stellung als Umschlagplatz im europäischen Fernhandel. Infolge des Brückenbaus entstand am Grossbasler Ufer bei der Birsigmündung eine Schiffsanlegestelle, die sich zu einem wichtigen Handelsplatz mit angrenzenden Lagerhäusern entwickelte. Die Schifflände, das Salzhaus, in dem die städtischen Salzvorräte eingelagert waren, und der nach diesem benannte Salzturm bildeten die unmittelbare Nachbarschaft des Schertlinshofs und späteren Gasthofs zu den Drei Königen (Abb. 11, 13). Zwischen Gasthof und Salzturm stand das Salztürlein, ein gemauerter Torbogen, der zu einem Landungsplatz der Schiffe am Fuss des Salzturms führte. Dieser öffentliche Durchgang zum Rhein, der 1707 mit einem Heuspeicher des Gasthofs überbaut wurde und 1843/44 in den Neubau des Hotels integriert werden musste, verlor erst 1900 seine Funktion.

Der bis ins 19. Jahrhundert als römisches Bauwerk geltende Salzturm wurde vermutlich in der Zeit um 1200 errichtet.[27] Sein massiver, aus Bossenquadern bestehender Mauermantel erinnert an gleichzeitige Wehr- und Geschlechtertürme auf der linken Birsigseite an der heutigen Schneidergasse, die jedoch das Mittelalter nicht überdauert haben. Wahrscheinlich gehörte der etwa sechsgeschossige, das Gebiet zwischen Birsigmündung und Rheinbrücke überragende Viereckturm aber zu einer rheinseitigen Befestigung der Stadt und schützte den Handelsplatz an der Schifflände.

An das zur Schifflände ausgerichtete mittelalterliche Salzhaus wurde 1684 rückseitig ein Bau angefügt, der westlich an den Salzturm und rechtwinklig an den Gasthof zu den Drei Königen grenzte.[28] Dieses Haus trat zum Blumenplatz hin mit einer frühbarocken, architektonisch gegliederten Sandstein-Fassade in Erscheinung (Abb. 12).

Als 1830/31 das Salzhaus zu einem Rheinlagerhaus ausgebaut und die Schifflände aufgeschüttet wurde, brach man den Salzturm als funktionsloses Relikt aus früheren Zeiten ab. Die frühbarocke Front des aufgehobenen Salzhauses wurde 1843/44 durch das neue Hotel des Trois Rois, das um einige Meter vor der Baulinie des alten Gasthofs zu stehen kam, gänzlich verbaut. Beim Umbau des Hotels 2004 kamen in der südlichen Brandmauer Teile dieser Fassade sowie der untere Bereich und das Fundament des Salzturms zum Vorschein.[29] Noch heute ist im abgetieften Keller des Hotels auf einer Breite von etwa zehn Metern das Mauerwerk des mittelalterlichen Turms aus sauber aneinandergefügten, roh belassenen Sandstein-Quadern mit regelmässigem Randschlag sichtbar.

Anne Nagel

12

12 Das Salzhaus und der Salzturm am Blumenplatz, daran anschliessend der öffentliche Durchgang zum Rhein, überbaut mit der Heubühne des Gasthofs. Lavierte Federzeichnung von Johann Jakob Neustück, vor 1830.

13 Das Salzhaus und der Salzturm von der Schifflände aus, dahinter der Gasthof zu den Drei Königen mit grünen Fenstergewänden. Kolorierte Lithogaphie nach einer Zeichnung von Achilles Bentz, vor 1830.

14 Ansicht des alten Gasthofs.
Bleistiftzeichnung von Constantin Guise, 1833.

15 Ansicht des alten Gasthofs.
Aquarell von Constantin Guise, 1847.

Der alte Gasthof zu den Drei Königen
1681–1842

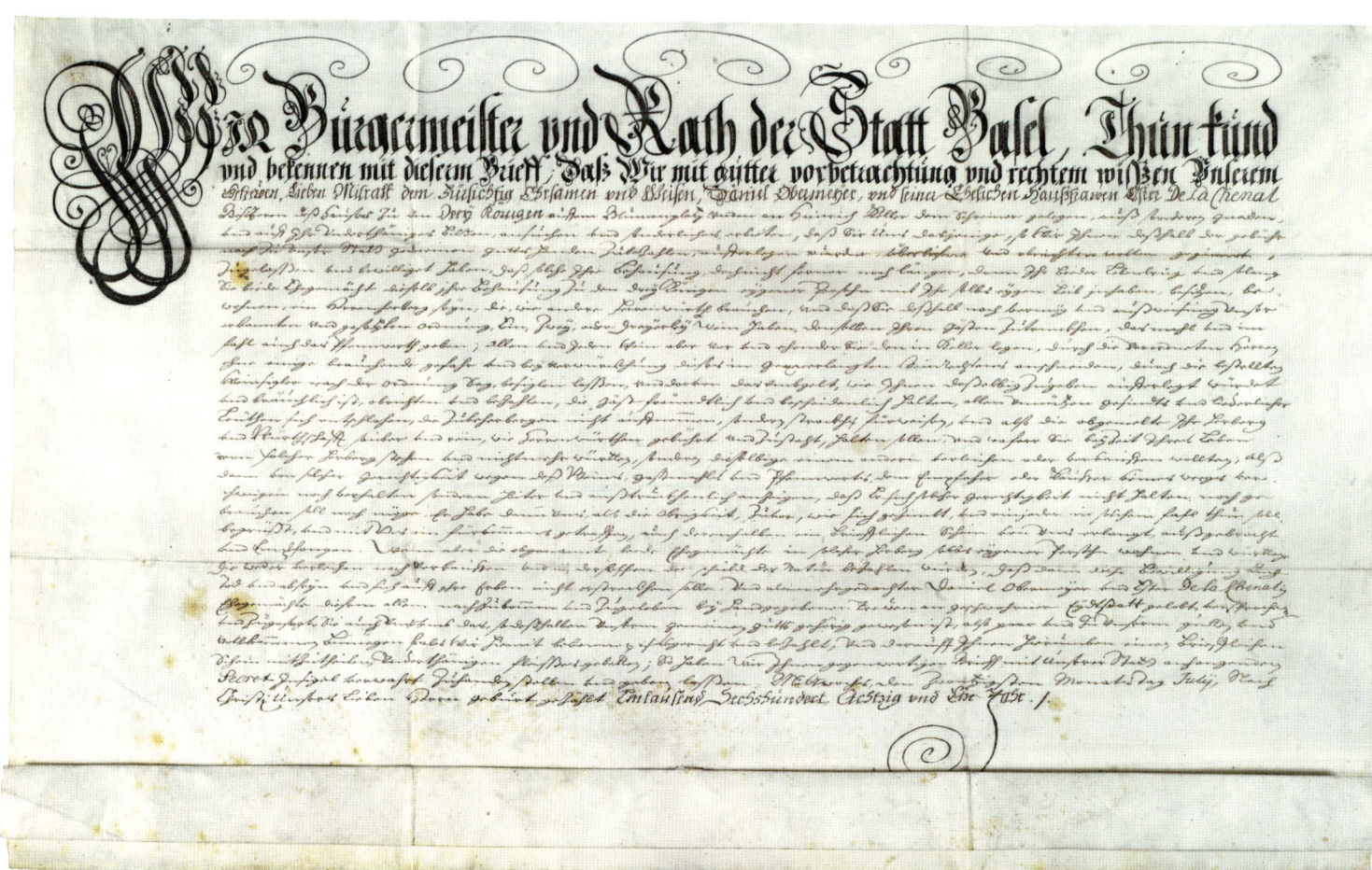

16 «Gründungsurkunde» des Gasthofs
zu den Drei Königen mit dem Siegel der Stadt,
ausgestellt am 20. Juli 1681.

Zur Baugeschichte

Bürgermeister und Rat der Stadt Basel verliehen am 20. Juli 1681 dem Ratsherrn Daniel Obermeyer und seiner Ehefrau Esther de Lachenal das Recht, in ihrem Haus am Blumenplatz unter der Bezeichnung «zu den Drei Königen» eine Herrenherberge zu betreiben (Abb. 16). Mit dieser Gasthof-Kategorie war es den Wirtsleuten erlaubt, dreierlei Weine zu lagern und auszuschenken, Gäste mit Mahl oder günstiger Speise («Pfennwerth») zu verköstigen und Fremde zu beherbergen.[30] Im Frühjahr 1682 erhielt Daniel Obermeyer die Bewilligung, Wasser aus dem Trog des auf der Allmend oben am Blumenplatz stehenden Urbansbrunnens durch «ein möschen Röhrlin» (Messingrohr) in sein Wirtshaus zu leiten.[31] Neben dem zu jener Zeit kostbaren Trinkwasser, das an den öffentlichen Brunnstätten geholt werden musste, konnte allein derartiges Gebrauchtwasser den überdurchschnittlich hohen Wasserbedarf eines Gasthofs decken. Ein Brief des späteren Dreikönigswirts Julius Wald belegt, dass die Leitung vom Urbansbrunnen ins Hotel noch 1873 bestand und das zugeführte Wasser besonders in den Sommermonaten dringend benötigt wurde.[32]

1682, ein Jahr nach der Gründung, sah sich das Ehepaar Obermeyer-de Lachenal aufgrund eines Familienzwists gezwungen, das Wirtshaus «samt Gerechtigkeit zu einem lauffenden Brunnens von dem Abwasser aus dem Brunnkasten bey St. Urban» an Hans Heinrich Hauser (S. 41), den vormaligen Kronenwirt, zu verkaufen.[33] Hauser, der den Gasthof zu den Drei Königen während 47 Jahren führte, baute diesen verschiedentlich um. «Obgleich ich bißdahin so viele Zimmer als möglich zu Logierung frömbder bey mir ankommendter Herren und Gästen erbauwen, so ist mir dennoch oftmahlen das Unglück begegnet, dass ich hohen Standtspersonen mangel besserer und mehrerer Gelegenheit in schlechte Zimmer und eng [habe] logieren müssen», lautete Hausers Begründung, mit der er 1707 bei den Behörden die Erweiterung des Gasthofs bis an den obrigkeitlichen Salzturm beantragte.[34] In der Folge wurde anstelle des bisherigen Heuspeichers ein Neubau mit zusätzlichen Gästezimmern erstellt und das Salztor mit einem neuen Heuboden überbaut, dessen tragende Balken in das Mauerwerk des Salzturms eingelassen wurden. Das Heu diente als Futter für die vielen im Gasthof untergebrachten Pferde.

1739 ging die «Gastherberg und Wirthschaft zu den Drey Königen […] sampt Hoofstadt, Stallungen, Mistwürfen, Bronnen» und dem in einem gesonderten Verzeichnis festgehaltenen Mobiliar und Hausgerät – darunter sind zwei Kutschen, eine Berline und eine Chaise, mit zugehörigem Geschirr sowie ein grosser, viertüriger Schrank aus Nussbaumholz speziell aufgeführt – für 19 000 Pfund an den gelernten Koch und vormaligen Zunftwirt zu Schmieden Johann Christoph Im Hof (1705–1782) und dessen Gattin Anna Frischmann (1705–1757) über (S. 47f.).[35] Im Hof stand dem Betrieb während 25 Jahren vor und führte ihn dank seiner ausgezeichneten Küche, der erlesenen Weine, aber auch dank trefflicher Ausbauten zu europäischem Ansehen. Er erkannte die in aristokratischen Kreisen aufkommende Mode des Reisens und passte sein Haus den Ansprüchen der vornehmen Klientel an. Die ausserordentliche Lage des Gasthofs nutzend, liess er 1749 zum Rhein hin eine offene Laube errichten,[36] die einen für die damalige Zeit spektakulären Ausblick auf den in Fluten vorbeiziehenden Strom, die beiden Stadtufer und die weite Umgebung bot (Abb. 17). Der von den Zeitgenossen auch als «Altane» bezeichnete Anbau war mit einem Springbrunnen, in dessen vergoldetem Bassin Fische schwammen, ausgestattet und diente im Sommer als Speisesaal. Die reizvolle Loggia stiess bei den Gästen aus aller Herren Länder durchwegs auf Entzücken und fand als Sehenswürdigkeit in zahlreichen Reisebeschreibungen bis ins 19. Jahrhundert Erwähnung (S. 72ff.). Der geschäftstüchtige Im Hof liess 1754 den offenen Saal und das Panorama nach einer Zeichnung von Emanuel Büchel stechen und setzte das Blatt bewusst als Werbemittel für seine Herberge ein (Abb. 18).[37] Mit einem aufgedruckten Text in französischer und deutscher Sprache lud der Wirt die Reisenden ein, nach Belieben für 24, 36, 48 oder 60 Kreuzer an seiner Table d'Hôte zu speisen und von den zur Verfügung stehenden Kutschen, Chaisen und Pferden Gebrauch zu machen (Abb. 19). Für die Wirksamkeit dieses ersten «Hotelprospekts» spricht, dass die Radierung von den nachfolgenden Dreikönigswirten Johann Ulrich Kleindorf

Der alte Gasthof zu den Drei Königen 1681–1842

17 Blick auf das Grossbasler Ufer unterhalb der Rheinbrücke mit dem Gasthof zu den Drei Königen und dem neu errichteten Speisesaal. Ausschnitt aus einer getuschten Federzeichnung von Emanuel Büchel, 1759.

18 Ansicht des laubenartigen Speisesaals mit Aussicht aus demselben. Radierung von 1754 nach einer Zeichnung von Emanuel Büchel, 1753.

19–21 Ausschnitte aus derselben Radierung mit gedrucktem oder handschriftlichem Eintrag unter Johann Christoph Im Hof, Johann Ulrich Kleindorf und Johann Ludwig Iselin.

(1765–1782) und Johann Ludwig Iselin (1782–1815) weiterverwendet wurde. Die Neuauflagen unterscheiden sich vom Original durch den veränderten, unter Kleindorf handgeschriebenen, unter Iselin gedruckten Text im linken Spiegel (Abb. 20, 21). Im Hof war es auch, der 1754 an der Fassade zum Blumenplatz die hölzernen Standbilder der Drei Könige als Wirtshauszeichen anbringen liess (S. 33ff.).[38]

Einen aufschlussreichen Einblick in die Einrichtung und Ausstattung des Im Hof'schen Betriebs gewährt ein Inventar, das um die Jahreswende 1764/65 im Hinblick auf den Verkauf des Gasthofs an Johann Ulrich Kleindorf erstellt wurde (Abb. 24).[39] Ausser den Privaträumen des Wirts, dem Sommerhaus, dem Keller, der Gaststube und der Küche umfasste das Haus damals 20 grosse und kleine Säle, Stuben und Kammern, wovon vier tapeziert, die übrigen gestrichen oder getäfert waren. Diese Gästezimmer, die Nummern und zumeist auch Namen trugen wie «Schnecken Saal», «Türcken Stuben», «Haubtman Stüblin» oder «Paradies», waren entweder mit einfachen Betten für die Dienerschaft oder aber mit komfortablen französischen Betten, Alkoven- oder Tombeau-, das heisst teilweise in Nischen stehenden Prunk- und Prachtbetten, für die Herrschaft bestückt. Unter den ansonsten einfach möblierten Zimmern fallen die Einrichtungen der «Vorderen neuen Stube» und des «Ersten Saals» in gehobenem Stil

Der alte Gasthof zu den Drei Königen 1681–1842

22 Ansicht des alten Gasthofs.
Radierung von Jeremias Burckhardt-Iselin, 1793.

23 Kreuzgewölbekeller, wie die drei Königsfiguren an der Fassade ein Relikt des alten Gasthofs.

24 Inventar des alten Gasthofs von 1765.

nach französischer Mode auf, die je eine sechs- bzw. siebenteilige, aus Fauteuils und Sesseln bestehende Sitzgarnitur, einen edlen Tisch aus Nussbaum oder mit gewundenen Beinen, ein «gross fein Gemähld auf dem Camin» und ein «Gemähld um dem Camin zu schliessen» (Ecran à feu) aufweisen. Im Sommerhaus stand noch immer der 1730 erstmals bezeugte grosse, viertürige Nussbaumschrank.

Aus der Ära des Nachfolgers Johann Ludwig Iselin-Fritschi (1782–1815), der als Franzosenfreund und Gastgeber des Generals Napoleon Bonaparte (24. November 1797) (S. 58ff.) in die Geschichte einging, stammen die ersten Ansichten des alten Gasthofs. Eine Radierung von Jeremias Burckhardt (1793) und eine Skizze von Constantin Guise (1833), die späteren Reproduktionen als Grundlagen dienten, geben die eher unscheinbare Front am Blumenplatz wieder (Abb. 14, 22). Auf den ersten Blick ist ersichtlich, dass der Gasthof aus mehreren Häusern unterschiedlicher Grösse zusammengefügt war, deren Dächer und Fenster variierten. Die rechte Seite des Gebäudekomplexes nahm der ehemalige Schertlinshof (S. 21) ein, der durch ein hohes Dach und die drei Königsfiguren (S. 33ff.) an der Fassade ausgezeichnet war. Ein schmaler Trakt mit dem Haupteingang sowie der 1707 erbaute, an das Salzhaus grenzende Flügel mit der öffentlichen Durchfahrt zum Rhein und der Heubühne darüber bildeten den rechten Teil der Liegenschaft. Auf den Darstellungen ist am Haus ein Schirmdach erkennbar, das 1761 als Unterstand für den Frankfurter Postwagen erstellt wurde.[40] Die Guise'schen Zeichnungen (Abb. 14, 15) zeigen auf dem Platz einen Sodbrunnen, der 1732 für die Trinkwasserversorgung des Gasthofs und der umliegenden Häuser erstellt, anfänglich mit einer Kübelaufzugsvorrichtung versehen und um 1800 mit einer Pumpeinrichtung modernisiert worden war.[41]

Der alte Gasthof wurde 1842 bis auf die Grundmauern abgebrochen und durch einen zeitgemässen Neubau mit klassizistischer Fassade, das heutige Hotel, ersetzt (S. 81ff.). Als Relikte der alten Herberge sind ein Kreuzgewölbekeller (Abb. 23) und die drei hölzernen Königsfiguren (Abb. 26) an der Fassade erhalten.

Anne Nagel

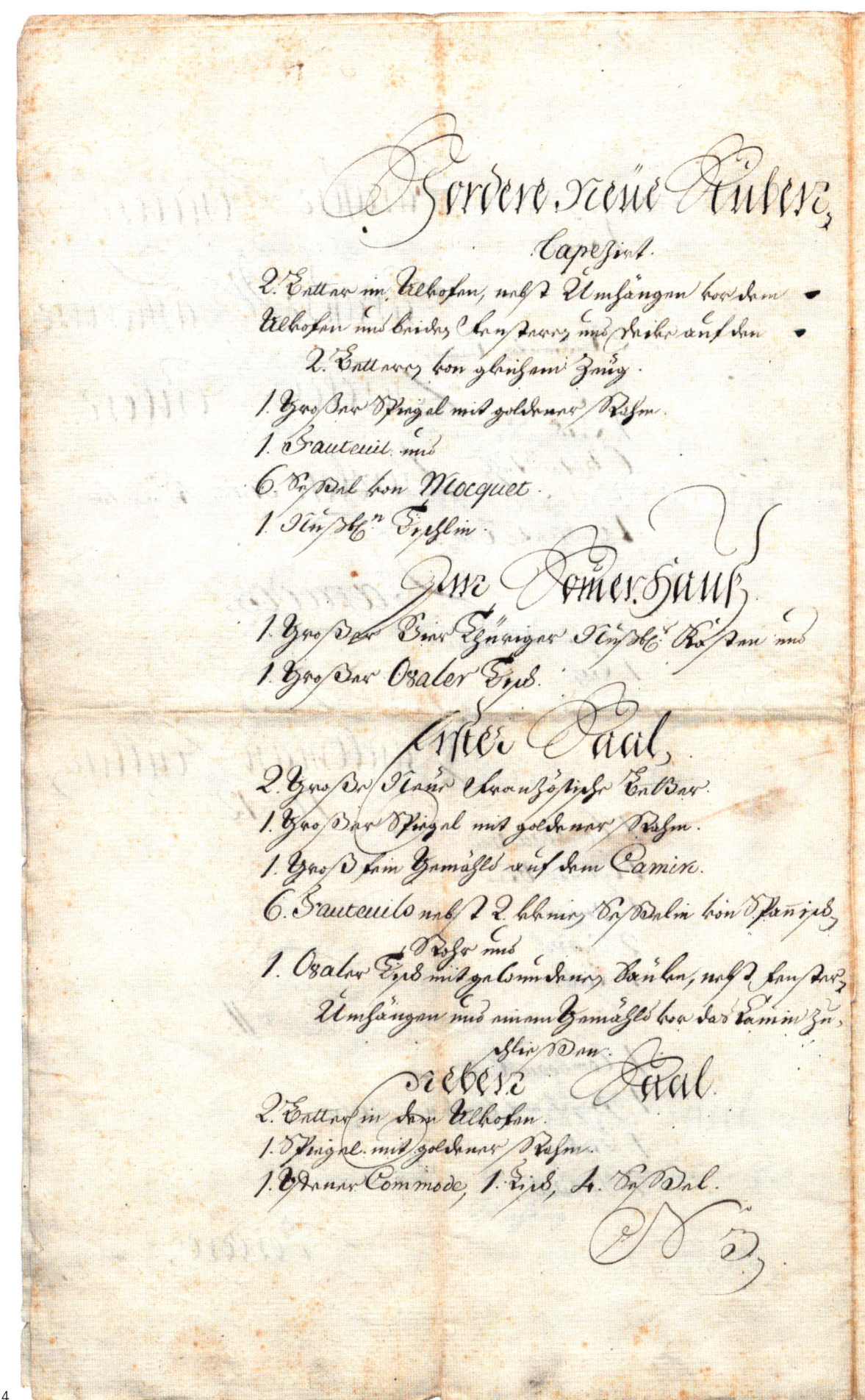

Die Drei Könige

Bis in jüngste Zeit bestand die weitverbreitete Ansicht, der Name des Hotels Drei Könige rühre von einer Zusammenkunft Kaiser Konrads, seines Sohnes Heinrich III. und König Rudolfs von Burgund im Jahre 1026 her (S. 12). Das durch die Chronik des Basler Staatsmanns und Geschichtsschreibers Peter Ochs überlieferte, irrtümlicherweise in ebenjenem damals noch nicht existierenden Basler Wirtshaus angesiedelte Ereignis[42] führte auch zur Auffassung, dass das heutige Hotel der älteste Gasthof Europas sei. Diese in der Literatur und mündlichen Überlieferung ständig wiederkehrende Anekdote kann anhand der historischen Schriftquellen eindeutig widerlegt und als Legende ausgewiesen werden. Denn eine von Bürgermeister und Rat ausgestellte Pergamenturkunde bezeugt den 20. Juli 1681 als wahres Gründungsdatum des Gasthauses zu den Drei Königen (Abb. 16). Dass der erste Gastwirt Daniel Obermeyer seiner Herberge diesen Namen verlieh, ist vor dem Hintergrund der damaligen Gepflogenheiten zu verstehen.

Die Drei Könige sind verknüpft mit den Weisen aus dem Morgenland, von denen der Evangelist Matthäus (Mt 2,1–11) berichtet, sie seien dem Stern des neugeborenen Jesuskindes nach Jerusalem gefolgt, hätten das Kindlein gefunden, es angebetet und ihm Gold, Weihrauch und Myrrhen geschenkt. Um diese Könige, die erst im 8. Jahrhundert ihre Namen Caspar, Melchior und Balthasar erhielten, rankte sich schon früh ein reicher Kranz von Legenden. Die Überführung ihrer Reliquien 1164 von Mailand nach Köln und deren Verwahrung im Kölner Dom löste beachtliche Pilgerströme aus und führte zu einer sich weit verbreitenden Verehrung. Da sie selbst unter einem guten Stern und von weit her nach Bethlehem gereist waren, erhob man die Drei Könige zu Patronen der Reisenden. In kirchlichen Segensformeln des Mittelalters wurden sie als Schutzheilige vor und während der Wallfahrt oder Reise angerufen. Der volkstümliche Glaube kannte den Brauch, ein Stück Papier mit den Namen der Drei Könige in den Schuh zu legen oder an die Kniekehlen zu binden, was die Reise beschleunigen und vor Ermüdung bei der Fusswanderung schützen sollte. Die Popularität, welche die Drei Könige genossen, führte dazu, dass sie auch zu Schutzpatronen der

25

25 Wirtshausschild, vermutlich vom Gasthof Drei Könige, 1752. Zur Wiedereröffnung des Hotels am 18. März 2006 überreichte die Basler Regierung dem Hotelbesitzer Thomas Straumann das Schild.

26 Die neu gefassten und vergoldeten Königsfiguren an der Fassade, 2006.

26

von den Reisenden und Pilgern besuchten Gasthäuser und Herbergen wurden. Gasthöfe zu den Drei Königen gab es im 15. und 16. Jahrhundert – um nur einige Beispiele zu nennen – in Nürnberg, Bern, Airolo, Bellinzona, Como, Mailand, Novara, Venedig, Siena und Rom sowie später in zahlreichen anderen europäischen Städten.[43] Selbst Kleinhüningen und Rheinfelden weisen im 18. Jahrhundert einen Gasthof mit dieser Bezeichnung auf. Auf den Wirtshausschildern sind die Drei Könige oft zu Fuss (Abb. 25), seltener, wie etwa an der Gotthardroute in Wassen oder Andermatt, zu Ross abgebildet.

Auch die Basler Königsfiguren, die als Relikte des alten, 1842 abgebrochenen Gasthofs noch heute die Hotelfassade schmücken, sind als zu Fuss Reisende dargestellt (Abb. 26). Sie tragen prächtige, reich mit Bordüren und Stickereien besetzte Gewänder und führen in goldenen Gefässen ihre kostbaren Gaben mit. Einer ins Mittelalter zurückgehenden Bildtradition entsprechend, symbolisieren sie die drei Lebensalter – Jüngling, Mann, Greis – sowie die drei damals bekannten Erdteile – Afrika, Asien, Europa. Gut identifizierbar ist der Älteste mit langem Bart, der in europäischer Manier eine Zackenkrone und einen pelzverbrämten Purpurmantel trägt. Die beiden anderen sind aufgrund ihrer orientalisch anmutenden Gewandung und ihrer turbanartigen Kopfbedeckungen als morgen- bzw. fremdländische Fürsten charakterisiert,

Der alte Gasthof zu den Drei Königen 1681–1842

27

28

27 Ansicht des alten Gasthofs mit den drei Königsfiguren. Lithographie nach einer Zeichnung von Constantin Guise, nach 1833.

28 Eine die ursprünglichen Farben der spätbarocken Figuren dokumentierende Skizze, 1922.

29 Die drei Königsfiguren auf dem Transport vom Maleratelier zum Hotel, 1981.

30 Die drei Königsfiguren im Restauratorenatelier zum Transport bereit, 2006.

wobei der Jüngste als Mohr den afrikanischen Kontinent vertritt.

Als im Jahre 1754 die drei lebensgrossen Figuren von wirkungsvoller Farbenpracht an der Gasthoffassade ihre Aufstellung fanden (Abb. 27), wird dies sicherlich grosses Aufsehen erregt haben. Einem Augenzeugenbericht zufolge soll Dreikönigswirt Johann Christoph Im Hof für die in Rheinfelden angefertigten hölzernen Bilder 72 Pfund gezahlt haben, die Kosten der Malerarbeiten nicht eingeschlossen.[44] Rheinfelden wies im 17. und 18. Jahrhundert mehrere namhafte Bildhauer und Bildschnitzer auf, die vornehmlich im Auftrag der katholischen Kirche arbeiteten. Stilistisch können die Königsfiguren des Hotels aufgrund ihres Habitus und ihrer Physiognomien der Tradition des Hauptmeisters der Fricktaler Barockplastik Johann Isaak Freitag (1682–1734) zugeordnet werden, des-

29

30

sen Werkstatt 1754 unter der Leitung seines Sohnes Franz Joseph Freitag stand.[45]

Die drei Skulpturen aus Lärchenholz haben die mehr als 250 Jahre, die sie nun schon als Wirtshauszeichen dienen, nicht unversehrt überdauert. Johann Ludwig Iselin, der den Namen wie auch das Wahrzeichen seines Gasthofs mit seiner republikanischen Gesinnung nicht mehr in Einklang zu bringen vermochte, nahm in den frühen 1790er Jahren den Königen die Kronen ab und wandelte sie in drei Mohren um.[46] Erst nachdem die Wogen der Französischen Revolution verebbt waren, erhielten sie ihre Kronen zurück. Auch Wetter und Luftverschmutzung haben den Figuren zugesetzt, machten Reparaturen und Ergänzungen (Szepter und Kelche) notwendig (Abb. 29). Die vermutlich sehr differenzierte spätbarocke Farbfassung wurde durch Neuanstriche überdeckt und ging 1962, als die Figuren vollständig abgelaugt wurden, verloren. Eine Skizze aus dem Jahre 1922 – der älteste noch vorhandene Beleg, der die ursprünglichen Farben dokumentiert (Abb. 28) – diente der im Jahr 2006 erfolgten Neubemalung als Grundlage (Abb. 26, 30). Die nun wieder blattvergoldeten Brokatstickereien und Bordüren verleihen den in nuancierten Farbtönen angelegten Gewändern einen wahrlich königlichen Glanz.

Anne Nagel

Der Spiegelhof – die Dépendance 1784–1903

Das Hotel Drei Könige besass während 120 Jahren eine Dépendance. Johann Ludwig Iselin, seit 1782 Dreikönigswirt, hatte 1784 den Spiegelhof, einen bürgerlichen Wohnsitz spätmittelalterlichen Ursprungs, in der Absicht erworben, zusätzliche Räume, insbesondere Stallungen und Remisen, für den Gasthof zu gewinnen.[47] Die Liegenschaft lag günstig, in Sichtweite des Gasthofs, an der Einmündung der Spiegelgasse in den Blumenplatz (Spiegelgasse 2/alte Nr. 209, auf der Parzelle der heutigen Kantonalbank). Das Anwesen von beachtlichem Ausmass, bestehend aus breitgelagertem Wohnhaus, rückseitigem Hof, Flügel- und Nebenbauten, wies zwei für die damalige Zeit sehr wertvolle Einrichtungen auf: einen sogenannten Abwasserbrunnen, der mit dem Gebrauchtwasser eines anderen Brunnens gespeist wurde, sich somit als Pferdetränke anbot, sowie einen Ziehbrunnen für die Gewinnung von trinkbarem Grundwasser. Iselin liess das Wohngebäude nur notdürftig herrichten, vergrösserte aber die Stallungen um ein Mehrfaches, was prompt Beschwerden der Nachbarschaft auslöste.

Als Schneidermeister Johann Jakob Senn 1841 den Gasthof Drei Könige samt Spiegelhof erwarb, übernahm er von seinem Vorgänger Joseph Müller auch die Idee, die alte Herberge durch einen den Ansprüchen des «modernen» Tourismus genügenden Neubau zu ersetzen (S. 81). Für Senns ausgeprägten Geschäftssinn und kluge Voraussicht spricht, dass er zunächst die inzwischen ziemlich verwahrloste Dépendance («delabrierte Behausung») als Unterkunft ausbauen liess, um den Gasthofbetrieb während der Bauzeit aufrechterhalten zu können (Abb. 31). Die Ausführung übertrug er seinem Architekten Amadeus Merian (1808–1889), der auch für den Neubau des Hotels verantwortlich zeichnete (S. 79f.). Im Juli 1842 war der Spiegelhof bezugsbereit. Im viergeschossigen Vorderhaus

Anzeigen.

Da ich von verschiedenen Seiten durch Reisende in Erfahrung gebracht habe, daß im Ausland die Rede gehe, als könnten, während dem in der Folge stattfindenden Neubau des Gasthofes zu den drei Königen keine Reisenden daselbst aufgenommen werden, so sehe ich mich veranlaßt, diese Sage (welche von Unkundigen herrühren kann) zu widerlegen, indem die, gegen Ende dieses Jahres beginnenden Bauten durchaus keine Unterbrechung in der Aufnahme von resp. Reisenden verursachen.

Als neuer Besitzer dieses Gasthofes, gebe ich mir die Ehre, denselben zugleich dem verehrl. reisenden Publikum bestens zu empfehlen, da es mein eifrigstes Bestreben seyn wird, den alten Ruf dieses bekannten Gasthofes, sowohl durch gute Ordnung als pünktliche Bedienung, stets zu unterhalten.

Basel im Februar 1842.

J. Senn, zu den 3 Königen.

31

waren 24 Gästezimmer und die Küche, auf dem rückwärtigen Areal Stallungen für 70 (!) Pferde, Remisen, ein Schweinestall, darauf ein Hühnergehege sowie die Waschküche untergebracht.[48] Nach der Eröffnung des neuen Hotels des Trois Rois 1844 diente der Spiegelhof weitere 60 Jahre als Dépendance. 1903 wurde er aus dem Hotelbesitz ausgegliedert. Die folgenden Jahrzehnte als Wohn- und Geschäftshaus dienend, fiel er 1935 wie das gesamte Häusergeviert der Korrektur der Spiegelgasse zum Opfer (Abb. 33).

Anne Nagel

31 Johann Jakob Senn kündigt die Kontinuität des Gasthofbetriebs während des Neubaus an. Annonce in der *Basler Zeitung* vom 18. Februar 1842.

32 Blick in die Spiegelgasse vom Blumenrain her mit dem Spiegelhof, zweites Haus rechts. Aquarell von Johann Jakob Schneider, 1883/85.

33 Der als Geschäftshaus dienende Spiegelhof kurz vor seinem Abbruch 1935.

Der alte Gasthof zu den Drei Königen 1681–1842

Gastwirte

Der seit Beginn florierende Gasthof zu den Drei Königen gewann im Lauf von 160 Jahren kontinuierlich an Bedeutung. Der Ruf des Hauses als Nobel- und Staatsherberge ersten Ranges konnte stetig ausgebaut werden. Dieser Erfolg trotzte auch politischen und wirtschaftlichen Krisen. Er ist in erster Linie den Wirten zuzuschreiben: höchst unterschiedliche, originelle Charaktere, die allesamt Fachkompetenz und Geschäftssinn bewiesen. Die Position des Gasthofs beruhte zudem auf hohem Wohnkomfort, gutem Personal und einer Küche erster Güte. Dadurch festigten sich auch die guten Beziehungen zur Obrigkeit und zur internationalen Kundschaft. Alle Betreiber der ersten Zeitspanne waren Herrenwirte im wahren Sinne des Wortes. Sie waren oder wurden allmählich Angehörige der gehobenen Schicht und mehrten den Ruhm des Gasthofs und ihren Wohlstand durch Klugheit und Gewerbefleiss.

Daniel Obermeyer – der erste Dreikönigswirt

Der Gasthof zu den Drei Königen wurde im Jahr 1681 gegründet. Es war Daniel Obermeyer (1630–1687), der erste Dreikönigswirt, der den Grundstein für die Jahrhunderte dauernde Tradition legte. Er war der Erste in einer bis heute ununterbrochenen Reihe von Betreibern.

Ob Jakob de Lachenal bereits 1672 Pläne zur Errichtung eines Gasthofs hatte, ist nicht bekannt (S. 19). Er hatte aber mit Sicherheit den Keller der ehemals Öhm'schen Liegenschaft als verstecktes Weinlager benutzt, wie eine Klage gegen ihn belegt.[49] Die entscheidenden Stellen zum Gründer Daniel Obermeyer finden sich im Staatsarchiv Basel-Stadt. In einer Ratsurkunde und im Wocheneinnahmenbuch wurde festgehalten: Am 20. Juli 1681 baten Daniel Obermeyer und seine Frau Esther, «Besitzer des Hauses zu den Drey Königen, aufm Blumenplatz», um die Erlaubnis, «dass ihre Behausung eine Herrenherberg sein möge und zwey oder dreierley Wein halten dürfen».[50]

Der zweite Eintrag, vom 6. August 1681, lautete: «Von Herrn Daniel Obermeyer des Rahts für das erkauffte Weinrecht in sein Neüwe Würthschaft am Blumen Platz zun 3 Königen g[e]n[an]t, l.R. 125 lb».[51] Mit Sicherheit war die «Neüwe Würthschaft» keine zufällige Bezeichnung.

Einen zweiten, deutlichen Beweis für die Gründung des Gasthofs liefert eine Eingabe der Schildwirte, der Berufskollegen, die argwöhnisch auf den Erfolg des neueröffneten Hauses blickten und 1687 an den Rat der Stadt gelangten. Die Wirte äusserten sich besorgt über die neue Konkurrenz, die ihre Existenz gefährdete. Ihre Eingabe ans Weinamt trug den Titel «Underthäniges Erklagen und Bitten […] entgegen die Weinschenken»:[52] «von dem vor wenigen Jahren ererst [sic!] und new und uns unerhört auffgekommenen Würthshauß zu den dreyen Königen, wie auch von der Metzger- und Schiffleuten Stuben, alda bald die meiste Gastung ist, […] unß aller Nutz, gewünn und Nahrung vollendts entzogen, mithin auch der Wärth unserer Würthschafften merklich geschwächet worden.»[53] Die zitierte Stelle, die bereits in die Zeit des dritten Dreikönigswirts Hans Heinrich Hauser (1651–1729) fällt (S. 41), illustriert den Aufstieg des jungen Gasthofs und belegt den Ärger und Neid der Konkurrenten.

Die spärlichen Angaben über Daniel Obermeyer sind rasch erzählt. Er wurde 1630 als Sohn des German Obermeyer (1588–1655) und der Margaretha Burckhardt geboren. Sein weitgereister Vater, Doktor der Medizin, wirkte als

34 Detail aus der Urkunde vom 20. Juli 1681 für Daniel Obermeyer und seine Frau Esther (vgl. Abb. 16, S. 26). Nachweis für die alte Praxis in Basel, das Herrenwirtepatent ad personas lebenslänglich zu verleihen.
«[…] dass solche Jhre Behausung doch nicht ferner noch länger, denn Jhr beider Lebenlang und so lang Sie beide Ehegemächt dieselb *jhre Behausung zu den drey Königen eygener Persohn mit Jhr selbs eygen Leib Jnhaben, besitzen bewohnen, ein Herrenherberg seyn* […].»

35 Wappen des Daniel Obermeyer, Zunftmeister und Dreikönigswirt, aus dem Wappenbuch der Schmiedenzunft. Aquarell, 1686.

36 Meisterkranz E.E. Zunft zu Schmieden, 1671. Zeichen der Ehre eines Zunftmeisters, u.a. des Daniel Obermeyer. Silber, getrieben und teilweise vergoldet. Arbeit von Christoph Beck I. (1658–1696), 1760 restauriert und erweitert von Johann Ulrich Fechter III. (1742–1791).

Professor der Mathematik an der Universität Basel und war 1635/36 deren Rektor.[54] Daniel Obermeyer war zünftig zu Schmieden, wo er 1681 Meister wurde (Abb. 35, 36). Bevor er als Herrenwirt tätig wurde, übte er möglicherweise ein Metallhandwerk oder den Beruf des Müllers aus.[55] Seine Ehe mit Esther de Lachenal wurde 1654 geschlossen, sie bildete die Basis für die 1681 erfolgte Übernahme der Liegenschaft am Blumenplatz, des neuen Gasthofs zu den Drei Königen.

Nach wenigen Monaten, im März 1682, ging das Schankrecht von Daniel Obermeyer formell auf seinen Schwiegersohn Franz Marin und seine Tochter Gertrud über.[56]

Franz Marin – ein kurzes Gastspiel

Kein Wirt des Gasthofs zu den Drei Königen hat ein so kurzes Gastspiel am Blumenplatz gegeben wie Franz Marin (1647–1718),[57] der Lothringer aus Pfalzburg. Sein Werdegang, seine Ausbildung im Gastgewerbe und die Stationen vor der Basler Zeit liegen im Dunkeln. Eingang in die Lokalgeschichte fand er höchst unfreiwillig: wegen eines Unglücks auf dem Rhein.

Im September 1679 bestieg er bei Zurzach, von der Messe kommend, mit einer Gruppe von Geschäftsleuten drei aneinandergekoppelte Weidlinge für die Heimfahrt nach Basel. Marin war als Hausknecht im Auftrag des Wirts zum Wilden Mann in Basel unterwegs. Die Schiffe kenterten, nur vier von dreissig Passagieren erreichten schwimmend das rettende Ufer, alle anderen ertranken. Die Überlieferung berichtet, dass die Ertrinkenden angesichts des nahen Tods noch ein erbauliches Lied anstimmten: «Wann mein Stündlein vorhanden ist». Marin überlebte das Unglück, verlor aber 3000 Taler anvertrautes Geld und 300 Pfund eigenes.[58] Dass sich Franz Marin hatte retten können, mag Zufall gewesen sein, vielleicht aber auch ein Beweis für die wundersame Kraft der Drei Weisen aus dem Matthäusevangelium, die als Schutzheilige gegen Feuer- und Wassergefahr verehrt wurden[59] und womöglich deshalb als Patrone des hochwassergefährdeten Gasthofs am Rhein dienten.[60]

Am 6. August 1681 wurde Marin bei seiner Aufnahme ins Bürgerrecht der Stadt Basel erneut aktenkundig. Aus dem Eintrag geht hervor, dass er «nun geraume Jahr in dem Württshauss zum Wilden Mann alhie sich in diensten» aufgehalten hatte. Die am gleichen Tag entrichtete Einbürgerungstaxe belief sich auf 125 Pfund.[61] Neun Tage später kaufte Marin das Zunftrecht zu Gartnern.[62]

Zur Stellung als Gastwirt kam Marin durch verwandtschaftliche Bande: Er war verlobt mit Gertrud Obermeyer, der Tochter des Besitzerehepaars Obermeyer-de Lachenal, die im gleichen Jahr den neuen Gasthof zu den Drei Königen eröffneten. Alles spricht dafür, dass dieser Kauf für ihre Tochter und den Schwiegersohn geplant war.[63] Die Heirat am 24. Oktober 1681 bildete somit den Auftakt zum kurzen Intermezzo des Paars im Gasthof zu den Drei Königen, das am 4. März 1682 mit dem Schankrecht amtlich wurde.[64] Die internen Verträge sind verschollen, doch gab der Eigentümer, Daniel Obermeyer, später zu Protokoll, er habe seinem Schwiegersohn den Betrieb «auf mehrere Jahre» verliehen.

Die Harmonie zwischen Schwiegervater und Schwiegersohn war offenbar von kurzer Dauer, denn bereits am 10. Juni 1682 gelangten sie mit einem Streit vor den Kleinen Rat. Obermeyer wollte einen raschen Verkauf des Gasthofs an eine Drittperson, «weilen er […] bis dahin gesehen, dass er Marin dem Würthshaus schlechtlich abwarte und nicht geringe Gefahr des Fewrs vorhanden seye».

Marin hatte diesem Handel zunächst mündlich zugestimmt, weil er vom gebotenen Verkaufspreis beeindruckt war. Der Familienzwist zog sich dennoch in die Länge und endete schliesslich mit dem Verkauf an Hans Heinrich Hauser. Weder Obermeyer noch Marin hatten greifbare Leistungen im jungen Gastbetrieb erbringen können. Ihr früher Streit brach die Aufbauphase abrupt ab. Gemeinsam mit Jakob de Lachenal waren sie aber trotzdem Pioniere der fortan erfolgreichen Herrenherberge. Franz Marin blieb dem Gastgewerbe auch nachher treu: Er und seine Frau Gertrud erwarben am 4. April 1687 den Gasthof zum Engel in der Spalenvorstadt, den sie solide führten und ihrem Sohn Franz weitervererbten.[65]

Hans Heinrich Hauser – Wirt über vier Jahrzehnte

Der junge Gasthof zu den Drei Königen war bereits stadtbekannt, als er nach kurzer Anlaufzeit am 25. Juli 1682 vom Ehepaar Obermeyer-de Lachenal für 4000 Reichstaler inklusive 30 Talern Trinkgeld verkauft wurde. Dem neuen Besitzer, Hans Heinrich Hauser (1651–1729), «dem gewesten Cronenwirt», leuchteten die Vorzüge des Gasthofs ein. Er war in unmittelbarer Nähe aufgewachsen und hatte die Gründung des «Drei Könige» und dessen Betrieb zuerst als Konkurrent miterlebt. Ebenso kannte er den Streit zwischen Obermeyer und dessen Schwiegersohn Marin, der ihm schliesslich den Kauf des attraktiven Streitobjekts in die Hand spielte. Am 30. September 1682 bezahlte Hauser der Stadt die obligaten 125 Pfund für die «Würtschafft Weingerechtigkeit».[66] Er blieb bis zu seinem Tod Dreikönigswirt – für 47 Jahre.

Die Hauser, ursprünglich aus Waldenburg, waren über Strassburg nach Basel gekommen. Caspar Hauser, der Vater von Hans Heinrich, erwarb 1650 das Basler Bürgerrecht und begründete eine Dynastie von Gastgebern in Basel, die über 200 Jahre nachgewiesen werden kann. Er wirtete seit 1659 erfolgreich in der «Krone» (Abb. 37).[67] Hier verbrachte Hans Heinrich die zweite Hälfte seiner Kindheit. Erlernt hatte er vermutlich zuerst den Beruf eines Kochs oder Pastetenbäckers. Wie die meisten Gastwirte war Hauser zünftig zu Gartnern. Diese wichtige Zunft wählte ihn am 10. August 1700 zum Sechser, was den Einsitz im Grossen Rat, dem Stadtparlament, einschloss.[68] Bis zu seinem Tod behielt Hauser diesen Ehrenplatz.

Verschiedene Quellen bestätigen, dass seine Fähigkeiten gefragt waren: 1704 wurde er als Vermittler zwischen dem beklagten Stubenknecht zu Metzgern und den Klägern, den Wirten zum Schwanen und zur Gilge, bestellt.[69] Zwischen 1705 und 1707 kam er dreimal in die engere Auswahl als Kandidat für das Zunftmeisteramt, schaffte diese Hürde aber nicht.[70] Dafür glänzte er etwa am 15. Oktober 1710 als belobigter Koch beim üppigen Zunftessen, zu dem die höheren Zunftchargen auch die «Frau Liebsten» mitbrachten.[71] Auch als unbescholtener Vormund von Waisenkindern innerhalb der Zunft war er tätig: eine Aufgabe, die zur Pflicht aller selbständigen Zunftbrüder gehörte.[72]

37 Wirtshauszeichen des ehemaligen Hauser'schen Gasthofs zur Krone an der Schifflände. Eisen, vergoldet, 18. Jahrhundert.

Auf riskantem Terrain

Dreikönigswirt Hauser war aber nicht nur karitativ engagiert, er bezog auch politisch Stellung. Durch seine Parteinahme für die «Ausschüsse» im «1691er Wesen» betrat er aber gefährliches Terrain. Bei den Ausschüssen handelte es sich nämlich um eine Gruppierung, die der Familienherrschaft der Burckhardt und Socin im Basler Staatswesen ein Ende bereiten wollte. Das Unterfangen scheiterte kläglich. Fest steht: Hauser sympathisierte mit den später als Aufrührer verurteilten, zum Teil hingerichteten Anführern (Abb. 38) der Ausschüsse. Als diese, zum Tod durch Enthaupten verurteilt, auf ihre letzte Nacht warteten, waren Hauser und sein Parteigänger Wassermann bei ihnen und konnten später die herzzerreissenden Abschiedsszenen schildern. Von einer Verurteilung blieb der Dreikönigswirt selbst aber verschont.[73] Seine Nähe zu den Ausschüssen, die er auch bekannt hatte, blieb jedoch in der Erinnerung haften. Dazu überlieferte im Juni 1692 die Beck'sche Chronik eine aufschlussreiche Anekdote. Sie spiegelt Hausers selbstironische Bewältigung seiner Parteinahme: «ließ sich […] der drey König Würth einen Ring machen, darauff er dreymahl stechen liess *Maul schweig. NB.* Er war auch ein Außschuß, Sapienti sat.»[74]

Begnadeter Koch und Gastgeber – auch für Staatsgäste

Hausers Qualitäten auf kulinarischem Gebiet waren weithin bekannt. Er war ein begnadeter Koch und Gastgeber, der sein Handwerk von Grund auf beherrschte. Der früheste gefundene Beleg für einen hohen Gast bei Hauser datiert vom 5. Dezember 1682. In der Abrechnung des Herrenküfers von Basel hiess es: «einem französischen Mar-

38

38 Hinrichtung des Dr. Fatio und seiner Mitverschworenen Konrad Mosis und Johann Müller auf dem Marktplatz am 28. September 1691. Ölgemälde nach verschollener Vorlage von Johann Rudolf Huber.

39 Predigerkloster mit Totentanz. Lavierte Federzeichnung von Emanuel Büchel, 1773.

40 Tod und Koch. Aquarellierte Federzeichnung von Emanuel Büchel, 1773.

41 Der Prediger Totentanz, Aquarellkopie von Johann Rudolf Feyerabend, 1806. Der Basler Totentanz beim Predigerkloster, zerstört 1805, war über Jahrhunderte eine Hauptattraktion für auswärtige Gäste. Vom Gasthof zu den Drei Königen war er nur eine Gehminute entfernt.

39

40

41

Der alte Gasthof zu den Drei Königen 1681–1842

quis so zu den dreÿ Königen logirt, acht kleine Kanten [Wein] 2 Ohm».[75] Das spricht zweifellos für das Ansehen des Gasthauses und seines Wirts. Es zeigt aber auch die alte Sitte der Basler Regierung, hohen Gästen Wein als Gastgeschenk zu verehren, in diesem Fall immerhin fast 100 Liter.

Im Dezember 1685, nach der Widerrufung des Edikts von Nantes, strömten viele französische Glaubensflüchtlinge nach Basel. Die Gartnernzunft lancierte eine Umfrage, welche Basler Wirte zur Aufnahme der Refugiés bereit seien. Es meldeten sich 22 Herbergswirte, die zusammen über 280 Personen «in billichem Preyß» übernehmen wollten, doch die «Drei Könige» fehlten auf dieser Liste.[76]

Hausers Parteinahme im «1691er Wesen» hatte insofern keine negative Konsequenzen, als die Regierung den französischen Gesandten Amelot beim Dreikönigswirt einquartierte: Man schrieb den 12. September 1697 – der hohe Gast, Resident in Solothurn, brach von der Festung Hüningen zum Staatsbesuch nach Basel auf. Die Stadt, die noch unter der schweren Krise von 1691 litt, zelebrierte sich selbst, indem sie einen prunkvollen Empfang veranstaltete. Gast und Bürgerschaft sollten gebührend beeindruckt werden. Zwei Dreierherren und zwei Kanzlisten holten den Gesandten an der Grenze ab. Der Weg wurde gesäumt von 130 jungen Berittenen mit blossen Degen. 490 Mann mit Gewehr säumten die St. Johanns-Vorstadt, beim Einzug durchs Tor zogen 40 Konstabler bis zum «Drei Könige» voraus. Dort nahm Amelot Quartier und genoss das Diner mit den Dreierherren. Am folgenden Tag stand ein Besuch im Rathaus auf dem Programm, worauf man im Zunfthaus zu Schmieden das üppige Mittagsmahl einnahm. Neue französische Öfen waren aufgestellt, die kostbarsten Spiegel aus der ganzen Stadt schmückten die Zunftstube. Zur Tafel vermerkte der Chronist sowohl kostbarstes Gedeck als auch «lauter von rahrstem Geflügel, alß Welschahnen, Fasanen, Rebhühner, Wachtlen, Schnepfen […] neben köstlichem Wiltpret». Das Faesch'sche Kunstkabinett und das Zeughaus am Petersplatz waren die nächsten Besuchsstationen. Das Mittagsmahl am Dienstag, wiederum zu den Drei Königen, wurde vom Donner aus zwölf kleinen Kanonen beim jeweiligen «Gesundheittrinken» begleitet. Amelot besuchte auch den berühmten Totentanz (Abb. 39–41) und das Münster. Später rechneten die Zeitgenossen genau nach, wo der Gast welche Summen gespendet hatte, und kamen zur tröstlichen Erkenntnis, dass sich der Aufwand der Stadt mit den Geschenken des Gasts ungefähr ausgeglichen hatte.[77]

Vornehme Staatsgäste waren mehrfach bei Hauser untergebracht. Einige Beispiele illustrieren dies: Der Gesandte Grossbritanniens besuchte 1717 mit seiner Gemahlin Basel und logierte im «Drei Könige». Er verliess die Stadt per Schiff nach Holland und London. Die Wochenrechnung zeigte für den Verzehr, die Stadtverordneten eingeschlossen, die Summe von 155 Pfund und 10 Schilling, wobei «Speysen und Wein», die der Gast als Reiseproviant bekam, eingeschlossen waren, nicht aber «sechs Schachteln Confect, so der Fraw Envoyé auff das Schiff verehrt worden». Dieses traditionelle Geschenk wurde mit über 30 Pfund verbucht.[78]

Als im November 1725 der kaiserliche Gesandte, Graf von Königsegg, mit Gefolge Basel besuchte, wurde er «beÿ dreÿ Königen kostbarlich bewürthet» und reich beschenkt. Zudem wurde er rund um die Uhr von 30 Stadtsoldaten bewacht.[79] Solche Staatsempfänge, die seit Hausers Zeit häufig hier gefeiert wurden, unterstreichen den Stellenwert des Gasthofs als Herrenherberge ersten Ranges und lassen auf eine hohe Qualität des Hauses und seines Besitzers schliessen.

Im Urteil der Zeitgenossen erschien aber auch ein ganz anderes Bild Hans Heinrich Hausers. Spitze Zungen und Federn waren stets präsent in der weltoffenen Rheinstadt, sie verschonten auch ihn nicht. Als im März 1700 Hausers Sohn nach Wien ging und dort nicht nur katholisch, sondern sogar Klosterbruder wurde, schrieben eingeweihte Beobachter, Hauser sei «ein gottloser, verruchter Mann […] [, der] continuirlich fluche», seinen Kindern habe er gewünscht, «dass sie der T.[eufel] hohlte». Auch der tragische Freitod der Tochter Dorothea (Frau des nachmaligen Ratsschreibers Gernler) in einem Sodbrunnen auf dem Hauser'schen Gut in der St. Johanns-Vorstadt wurde ähnlich beurteilt.[80] Als Hauser Ende 1721 die siebzigjährige Katharina Wentz ehelichte, wurde er so beschrieben: «der weltkundige Würth zu drey Königen […] ein abgenützter Cavalier dem kaum ein halb Jahr vorher seine vorige Frau gestorben».[81]

Auf wirtschaftlichem Gebiet ist die Leistung Hausers unbestreitbar: Für die erfolgreiche Führung des «Drei Könige» spricht der stattliche Verkaufspreis von 13 500 Pfund kurz nach seinem Tod, aus dem die Witwe, Hausers dritte Frau, jedoch keinen Gewinn ziehen konnte, denn die Kinder aus den zwei früheren Ehen kamen zum Zug.[82]

Johann Rudolf Huber – aus einer Künstlerdynastie

Er war einer, der zur wohlhabenden und gebildeten Oberschicht der Stadt Basel gehörte: Johann Rudolf Huber (1694–1782), Dreikönigswirt von 1730 bis 1739. Die nach dem Familienwappen benannten «Huber mit den drei Ringen» besassen eine ausgeprägte künstlerische Ader – gleich drei bekannte Maler gingen aus dieser Familie hervor. Bezeichnend ist die Tatsache, dass alle drei Künstler denselben Vornamen besassen wie der Dreikönigswirt: Johann Rudolf.

Der 1694[83] geborene spätere Dreikönigswirt kam erst auf Umwegen zu seinem Beruf. Sein Grossvater Alexander Huber (1625–1700) war zwar Storchenwirt, Johann Rudolf wählte aber trotz dieser familiären Prägung zunächst den Weg vieler Basler Kaufleute: Er genoss eine solide Schulbildung und immatrikulierte sich am 1. Oktober 1709 an der heimischen Universität. Wie damals üblich, wurde er

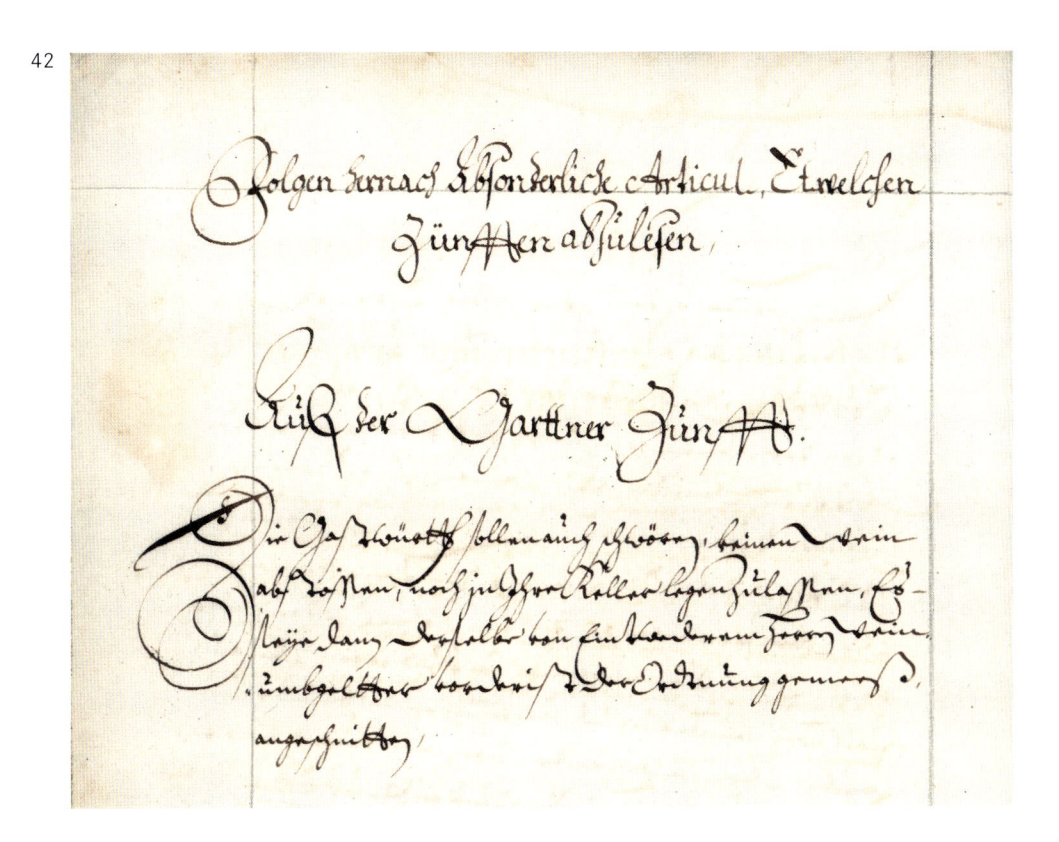

42 Ausschnitt aus der Eidesformel für die Wirte, 18. Jahrhundert. Wirte schworen, keinen Wein einzukellern, es sei denn, er sei vorher von den Weinumgeld-Herren angeschnitten (taxiert) worden.

Archiven kaum Spuren hinterlassen. Eines der spärlichen Details ist die Tatsache, dass er in der Gartnernzunft seit 1729 pflichtgemäss Waisenkinder von Zunftbrüdern als Vogt (Vormund) betreute.[89]

Seine Karriere nach dem Verkauf des «Drei Könige» im Juli 1739 wies einen Höhepunkt auf: 1747 wählte ihn die Stadt Basel zum Landvogt in Mendrisio – ein höchst einträglicher Posten, den er ab 1748 für zwei Jahre versah. Offenbar hatte Johann Rudolf Huber sich dort auch als Autor betätigt. Er verfasste eine Beschreibung dieser Vogtei aus der Sicht des geschulten Juristen.[90]

sehr jung Baccalaureus (1711) und zwei Jahre später Magister der freien Künste. Er begann zudem das Studium der Rechte, das er bis Mitte des Jahres 1715 betrieb.[84] Er schloss – auch das war für seine Zeit absolut üblich – das Jurastudium nicht ab, denn er wollte keine juristische Laufbahn einschlagen, wohl aber solide Rechtskenntnisse erwerben.

Im Jahr 1727 heiratete Huber Anna Margaretha Faesch (1710–1754).[85] Ein Jahr später kaufte er das Zunftrecht zu Gartnern und wurde bereits im Juli 1729 als neuer Dreikönigswirt bezeichnet, als ihn seine Zunft zu einem von drei Irtenmeistern wählte.[86] Huber und seine Frau schlossen den verbindlichen Kaufvertrag mit den Hauser'schen Erben am 16. März 1730 ab und bezahlten für den Gasthof 13 500 Pfund.[87] Innerhalb von neun Jahren steigerte sich der Wert des Anwesens um mehr als ein Viertel, denn der Nachfolger Im Hof bezahlte dafür 19 000 Pfund.[88] Ob grössere Umbauten oder Geschäftstüchtigkeit allein diese Werterhöhung verursacht haben, bleibt ungeklärt. Die wenigen Jahre Hubers als Dreikönigswirt haben in den

43 Drei Schlüssel mit Kette und Schildchen der Gartnernzunft, 17. Jahrhundert. Wie Gasthofschlüssel auch Symbole der Machtbefugnis über die Zunftstube.

44, 45 Porträts des Dreikönigswirts Johann Christoph Im Hof und seiner Gattin Anna Im Hof-Frischmann. Ölgemälde von Emanuel Handmann, 1755.

Johann Christoph Im Hof – eigenwillig und klug

Er hinterliess als Besitzer des Gasthofs zu den Drei Königen so markante Spuren wie keiner vor ihm: Johann Christoph Im Hof (1705–1786). Sein Porträt von Emanuel Handmann zeigt einen vornehm gekleideten Mann (Abb. 44). Die wachen Augen und leicht gepressten Lippen lassen ahnen, dass Im Hof genau wusste, was er wollte. Auch das Porträt seiner Frau Anna Frischmann (1705–1757) vermittelt Energie und Willensstärke (Abb. 45). Als Betrachter fühlt man sich von der resoluten Wirtin gemustert. Sie hat vermutlich nicht nur ihren Gästen, sondern auch ihrem Mann einigen Respekt abverlangt. Zwei handfeste Persönlichkeiten, die durch Haltung, Miene und Blick, aber auch durch die prächtigen Kleider ihren Status als wohlhabende, selbstbewusste Gastgeber zu den Drei Königen von 1739 bis 1765 unterstrichen. Handmann malte beide Bilder 1755, als das Wirteehepaar schon im reiferen Alter war.

An der Schwelle einer neuen Zeit

Johann Christoph Im Hof wurde ins Gastgewerbe hineingeboren. Seine Mutter Ursula, geb. Linder (1681–1753) war die Tochter des Schnabelwirts, der Vater Johann Jakob (1676–1727) war Spezierer und wurde 1719 Stubenknecht der Schlüsselzunft. Nach dessen Tod 1727 führte die tüchtige Mutter die Zunftstube weiter. Johann Christoph genoss eine gute Schulbildung und absolvierte eine Lehre als Pastetenbäcker. Das Zunftrecht zu Gartnern erwarb er 1727, spätestens von da an wirkte er als Stubenknecht zu Schmieden, einer beliebten Adresse für offizielle Gastmähler und Hochzeitsgesellschaften.[91] Im gleichen Jahr vermählte er sich mit Anna Frischmann. Zum Waisenvogt bestellt, wurde er 1730 im Zunftregister als «Koch zu Schmieden» bezeichnet.[92]

44

45

Schon als Zunftwirt zeigte Im Hof, dass er geschickt wirtschaften konnte – zuweilen auch an der Grenze des Erlaubten. Zusammen mit anderen Stubenknechten wurde er 1730 beklagt, fremde Leute zu verköstigen und zu beherbergen, was gegen die Regeln der Zunft verstiess. Die zuständige Zunft drohte mit Strafe und wies auf den geleisteten Eid hin.[93] Die Klagen gegen «unerlaubtes Wirten» kehrten ständig wieder.

Im Frühjahr 1738 wurde Im Hof erneut wegen der Aufnahme Fremder mit einer Mark Silber gestraft. Er gab aber keineswegs klein bei.[94] Die neidischen Schildwirte warfen ihm vor: «gestalten Er ja die meisten obrigkeitlich und bürgerliche Gastierungen, und bereits mehr vorgespahrt habe, als kein Würth».[95] Das bedeutet: Im Hof war sehr erfolgreich mit seiner Wirtschaft und hatte so viel zur Seite gelegt wie kein anderer.

Er sah nicht ein, weshalb er sich engen Reglementierungen unterwerfen sollte. Er entgegnete, wenn der Stubenknecht zu Metzgern Suppe und Fleisch an Gäste reiche, die fünf bis sechs Stunden von der Stadt entfernt wohnten, sehe er nicht ein, weshalb er selbst nicht den Offizieren der benachbarten französischen Festung Hüningen aufwarten dürfe. Diese seien schliesslich nur eine halbe Stunde von der Stadt entfernt und kehrten nur zum Vergnügen ein. Im Hof verlangte, seinen Beruf als Koch ohne Beschränkungen ausüben zu können. Sein Plädoyer krönte er mit der Bitte, die Zunftbrüder sollten ihm mehr Unterstützung gewähren.[96]

Die klagenden Wirte zogen jetzt sämtliche Register, indem sie direkt an Bürgermeister und Rat appellierten. Sie wiesen darauf hin, dass es nicht angehe, wenn «einem simplen Stubenknecht erlaubt» sei, «Ewer Gnaden heilsame Erkantnußen zu unserem größten Präjudiz und Schaden» zu umgehen. Es fiel später noch der hämische Vorschlag, die Regierung möge «ohne Zuziehung dieses weitberühmten Koches» durchgreifen.

Aufschlussreich war auch der Vorwurf, der Stubenknecht habe kaum Unkosten. Zur Führung einer «honnetten» Wirtschaft seien aber grosse Kosten nötig. Sogar die Gefahr, dass die betrogenen Wirte «an den Bettelstab gerathen wurden», wurde heraufbeschworen.[97] Im Hof beschäftigte auch das Weinamt, weil er 18 Saum Wein unversteuert bei einem Theologen einlagerte und sich später in die Ausrede flüchtete, der Wein gehöre gar nicht ihm, sondern seiner Mutter.[98]

Die gesamte Auseinandersetzung zeigt: Im Hof stand an der Schwelle einer neuen Zeit. Die Bestimmungen der Zünfte wurden immer mehr als Einengung empfunden. Zwar war die endgültige Beseitigung des Zunftzwangs erst eine Errungenschaft der Französischen Revolution. Die Persönlichkeit Im Hofs illustriert aber schon 60 Jahre zuvor den Kampf für ein freies Gewerbe.

Klagen und Rügen brachen auch nach seinem Antritt als Dreikönigswirt nicht ab. Im Hof und seine Frau erwarben den Gasthof am 28. August 1739 zum Preis von 19 000 Pfund. Empfindliche Bussen dämpften nur vorübergehend seine Umtriebe.

46 Weinmass der Gelten- oder Weinleutenzunft. Bronzeguss, 1753. Das Gefäss fasst 16 Basler Mass, d.h. 22,7 Liter.

Im Hof zeigte sich in vielen Bereichen geschäftstüchtig und mit sicherem Auge für den eigenen Vorteil. Als die gesetzlich privilegierten Fuhrleute von Basel klagten, Im Hof nehme ihnen nicht nur ganze Reisegesellschaften weg, sondern benutze dazu ohne Erlaubnis fremde Pferde, gab er im Verhör zur Antwort: «er habe dieses nicht angefangen, thue nur, wie ander».[99] Auch hier liess er sich also nicht einschränken.

Einblicke in die Welt der Gäste
Von 1739 bis 1744 hat der junge Besitzer ein Wirtsbuch geführt, das in der Abschrift von Stocker überliefert ist.[100] Im Eingangstext steht: «Dem Großen Gott seye Lob und Dank gesagt für Alles Gutte, so ich bis dahin empfangen hab. Insbesondere dass mich kein groß Unglück getroffen, vor besen [bösen] Schulden bin behüettet worden.» Die Bedeutung des Wirtsbuchs liegt in den Angaben zu besonderen Gästen. Leider nannte Im Hof nur herausragende Persönlichkeiten, ähnlich wie nach 1844 das *Goldene Buch* nur exklusive Namen aufnahm. Diese Selektion gibt über weite Strecken ein falsches Bild des Normalbetriebs. Rückschlüsse auf Belegung und Besucherstruktur sind daher nur ansatzweise zu ziehen. Das Wirtsbuch gibt aber da und dort interessante Aufschlüsse über die Zahlungsmoral der Gäste, ihre Ess- und Trinkgewohnheiten und über den Charakter des Wirts.

Eine konstante Belegung durch bestimmte Besuchergruppen ist vereinzelt festzustellen. An erster Stelle steht der Adel: Die Skala reicht vom einfachen Baron bis hinauf zum Herzog und Fürsten. Sehr gut vertreten war auch der katholische Klerus: zum Beispiel ein Kapuziner aus Dornach, der nichts bezahlen wollte, ein Jesuit in Begleitung des Beichtvaters der Königin von Polen mit seinem Diener, Benediktinerpatres aus Lothringen, die Äbtissin von Olsberg, der Propst von Bellelay in Begleitung einiger Patres, ein Arlesheimer Domherr und der Kanonikus von Minden. Eine bedeutende Klientel waren die schweizerischen und auswärtigen Militärs, vom Leutnant bis zum Feldmarschall, ferner die Gesandten. Zur Hauptklientel gehörten zudem Kaufleute. 1742 wurde ein Antonio Camillo Mary, Operateur aus Konstantinopel, mit einem Gefolge von 18 Personen erwähnt. Offenbar hatte er im Gasthof seine Dienste angeboten.

Durchweg amüsant sind Im Hofs Kommentare zur Zahlungsmoral seiner Gäste. Er vermerkte alle Schattierungen: «zahlt», «zahlt mit Genügen», «zahlt mit Dank», «zahlt mit Vergnügen», «zahlt mit aller Generosität». Umgekehrt hiess es «ist ein armer Schelm», «hat mich betrogen», «ist alß ein Lump gestorben». Zum Hofmeister des Grafen Kolowrath vermerkte Im Hof: «ist Hr. Baron als Hofmeister etwas genau». Im Wirtsbuch ist auch der Nachweis zu finden, dass der alte Brauch, anstelle der Zeche Waren und Geräte als Pfand zu hinterlassen, auch zu seiner Zeit noch lebendig war. So hinterliess Hauptmann Stupan 1741 «ein Chäschen [Chaise = Kutsche] sammt Geschirr, 1 Paar Tertzeroll oder Sackpistoll». Dass Im Hof pedantisch genau war, geht aus diversen Einträgen hervor. Beim Brigadier Lochmann, der «mit allem Dank» zahlte, wog Im Hof die erhaltene Goldmünze und stellte fest, dass der vierfache alte Louisdor 28 Gramm zu leicht war.[101]

Im Hofs Frau starb im Juni 1757. Bereits im Dezember des gleichen Jahres ehelichte er Ursula Burckhardt. Die zweite Ehe war nicht immer von Glück begleitet, der Streit zwischen den Eheleuten eskalierte fünf Jahre später. Die Handgreiflichkeiten und das langwierige Gezänk endeten vor dem Ehegericht und im Sommer 1763 mit einer zweijährigen Trennung von Tisch und Bett.[102]

Als Dreikönigswirt war Im Hof mehr Glück als im Privatleben beschieden. Er plante weitsichtig und veranlasste kluge Ausbauten. Er war beredsam, geschäftstüchtig und verfügte über ein ausserordentliches kulinarisches Talent. Der Ausbau des Gasthofs zum führenden Haus in Basel ist ihm zu verdanken – er schuf mit seinem eigenwilligen und beharrlichen Charakter die solide Grundlage für den künftigen Touristenmagneten. Seine Nachfolger konnten auf diesem Fundament aufbauen.

Der unglückliche Stuart-Prinz in Basel
Hotels waren seit je nicht nur Aufenthaltsorte der Reichen, der Mächtigen und Schönen, sondern auch der Heimatlosen, Emigranten und Unglücklichen. Zu den tragischsten Persönlichkeiten, die Basel als Refugium zur Zeit Im Hofs wählten, gehörte der Stuart-Prinz Charles Edward (1720–1788), dessen Aufenthalt minutiös erforscht wurde (Abb. 47).[103] Der schottische Dichter Robert Burns hat «Bonnie Prince Charlie» unsterblich gemacht.

Die Vorgeschichte: Der als Sohn König Jakobs VIII. von Schottland geborene Erbprinz wollte die Rückkehr seines Vaters in die Heimat erzwingen. Er gewann mächtige Freunde und begann einen tollkühnen Feldzug. Im Jahr 1745 feierte er glänzende Schlachterfolge und eroberte Teile Schottlands. Am 16. April 1746 aber wurde er in der Schlacht bei Culloden von den Engländern vernichtend geschlagen und entkam durch eine abenteuerliche Flucht. Wie seine Heimat Schottland ging auch der spätere Thronprätendent einer hoffnungslosen, demütigenden Zeit entgegen. Frankreich gewährte ihm zwar 1746 Asyl, wies ihn aber aus politischem Kalkül Ende 1748 wieder aus. Es folgte eine unstete, von Spionen beobachtete Irrfahrt von Land zu Land, die viel Anlass zu Klatsch an den europäischen Höfen gab. Die Ankunft des Prinzen in Basel markierte den Anfang seiner tragischen Zerrüttung.

Ende September 1754 kam er mit seiner Gefährtin Clementina Walkinshaw und der gemeinsamen Tochter Charlotte in Basel an. Er berichtete seiner Bank in Paris: «my adress is a L'oberge des Trois Rois a Bâle en Suise». Der Prinz benutzte hier diverse Decknamen, so «Mr. Thomson, gentilhomme» oder «Mr. Douglas». Schon vor Ende 1754 übersiedelte er vom Hotel Drei Könige in den «Wilden Mann» und danach bis 1756 in eine private Wohnung.[104]

Der einzige Erfolg gelang ihm bei der Wahrung seines Inkognitos, denn weder amtliche noch private Quellen erwähnten je seine königliche Herkunft.[105] Eine Rechnung vom 20. April 1755 belegt jedoch Charles' herrschaftliche Lebensart.[106] Weil ihm standesgemässe Auftritte in der

47 Porträt des Prinzen Charles Edward Stuart, Thronprätendent von Schottland. Lithographie, 19. Jahrhundert.

Öffentlichkeit verwehrt blieben, leistete er sich als Entschädigung offenbar allerlei Exzesse, ergab sich dem Alkohol und prügelte seine Partnerin regelmässig. Er verkam und wurde zum Zerrbild seiner selbst. Um den 28. Juni 1756 verliess er Basel mit seiner treuen Gefährtin. Die kleine Tochter blieb vorerst in der Obhut einer loyalen Magd zurück. Einzelne Basler Freunde, darunter Johann II. Bernoulli, hielten ihm dennoch die Treue. Sie kannten sein Geheimnis und verschwiegen seine Herkunft. Isaak Iselin hingegen fällte noch vier Jahre später ein vernichtendes Urteil über den Abgereisten: Er nannte ihn schlicht einen Irren.[107]

Details zu Charles' Aufenthalt im Hotel des Trois Rois sind nicht überliefert, doch spricht die kurze Anwesenheit des Stuart-Prinzen für den Stellenwert des Gasthofs – aber auch dafür, dass die Preise Im Hofs für einen Exilanten auf die Dauer zu hoch waren.

Johann Ulrich Kleindorf – vom Kellner zum Wirt

Der erste namhafte zugezogene Betreiber des längst etablierten Gasthofs – nach der Episode um Franz Marin – war Johann Ulrich Kleindorf (1723–1795) aus Nürnberg. Er machte auf seiner Wanderschaft durch Deutschland auch in Basel Station. Sein Vater war der Stadtbürger und Handelsmann Johann Friedrich Kleindorf. Mit 17 Jahren verliess Johann Ulrich seine Vaterstadt. Sein erstes Zeugnis für vier Jahre treue Arbeit als Kellner erhielt er im April 1743 vom Wirt im «Wilden Mann» zu Ansbach.[108] Sein Patron attestierte ihm beste Führung.[109] Danach arbeitete Kleindorf im Gasthof zum Schwanen in Würzburg, den er ebenfalls mit bestem Zeugnis verliess (Abb. 48).[110] In der Folge kellnerte er zur weissen Schlang in Frankfurt am Main, wo ihm sein Patron neben Treue und Fleiss bestätigte, dass er stets das Auge auf den Vorteil des Wirts gerichtet habe.[111]

Kaum in Basel angekommen, trat Kleindorf als Kellner in den Dienst von Benedikt Kuder zum Wilden Mann. Im Juni 1760 wechselte er nach Schinznach, wo er mit seiner Frau Esther aus Basel das Habsburger- oder Schinznacher Bad übernahm. Das Bad war ein berühmter Gasthof mit Heilstätte, der breiten Schichten offenstand (Abb. 49). Ausserdem entwickelte sich Schinznach in jener Zeit zum Versammlungsort der aufgeklärten Schweiz. Dort erfolgte

48 Arbeitszeugnis für Johann Ulrich Kleindorf von Johann Franz Merckel, Schwanenwirt in Würzburg, ausgestellt am 16. Juni 1744.

49

1761 die Gründung der Helvetischen Gesellschaft, in der sich die fortschrittlichsten Köpfe der alten Eidgenossenschaft vereinigten.[112] Der Basler Ratsschreiber und Philanthrop Isaak Iselin (1728–1782) war Mitbegründer dieser Bewegung.[113] Ziel der gemeinnützig orientierten Vereinigung war die Schaffung einer neuen Schweiz auf ethisch soliden Grundlagen. Sie verschrieb sich dem Kampf gegen politische Missbräuche, gegen die Ausbeutung der Untertanen in den gemeinen Vogteien und gegen die grassierende Reisläuferei. Eines ihrer Hauptanliegen war die Förderung der religiösen Toleranz zwischen Katholiken und Protestanten. Die Helvetische Gesellschaft war eine Sammelbewegung für nationale Selbstbesinnung und Erneuerung.[114]

Nach drei Jahren entschlossen sich Kleindorf und seine Frau zur Rückkehr in die Stadt am Rhein. Als Ehemann einer Baslerin hatte der Nürnberger gute Aussichten, das Bürgerrecht zu erwerben. Er wandte sich an Bürgermeister und Rat von Basel und bat um Aufnahme.[115] Neben den Arbeitszeugnissen und einem lobenden Attest des Pfarrers von Birr fallen interessante Details seines Gesuchs auf: Kleindorf legte dar, er wolle weiterhin als Gastwirt tätig sein und dass er ein Vermögen von über 5000 Talern besitze. Der Hinweis, dass er kein Leibeigener, sondern Bürger der Freien Reichsstadt Nürnberg sei, schützte ihn und die Stadt Basel vor unliebsamen Regressen. Kleindorf war auch bereit, vom lutherischen zum reformierten Bekenntnis zu wechseln.[116]

Die Gartnernzunft in Basel wusste um das Aufnahmebegehren Kleindorfs, und die Tavernenwirte, die eine Konkurrenz befürchteten, erhoben Einspruch. Die Aufnahmekommission wurde gefragt, ob man ihn nicht dazu bewegen könne, einen anderen Beruf als den eines Tavernenwirts zu wählen.[117] Offenbar hatte Kleindorf aber die besseren Karten, denn am 24. Februar 1764 wurde er mit seiner Frau ins Basler Bürgerrecht aufgenommen und bezahlte eine Gebühr von 100 neuen französischen Talern, der Beitritt zur Gartnernzunft erfolgte parallel.[118] Zehn

49 Ansicht des Schinznacher Bades. Kupferstich von David Herrliberger, 1754.

50 Kaiser Joseph II. von Habsburg (1765–1790). Kupferstich von Jean Michel Probst, 1789.

Monate später, am 31. Dezember 1765, wurde der Kauf des Gasthofs zu den Drei Königen besiegelt.[119] Der Kaufpreis lag bei 27 000 Pfund.[120, 121]

Der wohl berühmteste Gast Kleindorfs war Kaiser Joseph II. (1765–1790), der am 17. Juli 1777 unter dem Decknamen Graf von Falkenstein nach Basel reiste und hier die Sehenswürdigkeiten besuchte (Abb. 50). Im «Drei Könige» nahm er das Mittagsmahl ein. Joseph II. reiste am Nachmittag nach Freiburg im Breisgau weiter. Es gibt dazu eine reizende Anekdote, denn der letztlich doch enttarnte Kaiser löste durch seine Abreise einen Menschenauflauf vor dem «Drei Könige» aus: Der Bauernschuhmacher Bolli, genannt «Bolli en bas», hatte sich zu weit vorgedrängt und trat dabei dem hohen Herrn auf den Fuss. Daraus entstand ein Vierzeiler, der den typischen Basler Witz verdeutlicht:
«Der Bolli en bas ist eine Kuh
Er trat dem Kaiser auf den Schuh
Dieser schlug ihn aus Dankbarkeit
Zum Ritter aller Höflichkeit.»[122]

Kleindorf blieb bis 1781 Betreiber des «Drei Könige». Leider hinterliess er weder persönliche Aufzeichnungen noch eine Gästeliste. Aber sein Werdegang vom Kellner zum Dreikönigswirt war bemerkenswert: Er illustriert die Möglichkeiten des sozialen Aufstiegs in jener Zeit. Als er am 12. Februar 1795 auf dem Friedhof zu St. Peter bestattet wurde, zeigte sich seine Verbundenheit mit der Familie des Nachfolgers Iselin.[123] Er setzte ein Legat an Rosina Iselin, Tochter des Dreikönigswirts und seines Patenkindes Anna Maria Fritschi, fest. Sie erbte zwölf holländische Dukaten sowie eine goldene Taschenuhr und eine silberne Kassette. Das Legat wurde von der Gartnernzunft genauestens vermerkt. Zeugen und Bürgen wurden verpflichtet, dass es bis zur Volljährigkeit der Beschenkten unangetastet blieb.[124]

Schauergeschichten und Kuriositäten um den Gasthof zu den Drei Königen

«Bei Nacht verübte Mordthat»
Als am Ostermontag 1716 gegen Mitternacht «etliche Herren Söhn von den 3 Königen Herkommen und auf den Gassen ein Rumor machten», geriet die Patrouille mit ihnen in Streit. Die Nachtschwärmer flohen über die Schneidergasse, an der Hutgasse erwischte Johann Jakob Bachofen einen der Burschen am Arm. Der Gefasste stiess ihm darauf seinen Hirschfänger «in den hohlen Leib», Bachofen versuchte vergeblich, sich zu verteidigen. Drei Tage später starb der Gefreite Bachofen. Im folgenden Prozess wurden zwei der Rädelsführer, Huber, des Malers Sohn, und König, als Hauptverdächtige verhört und mit einer Busse von je 200 Pfund für die Hinterbliebenen des Opfers bestraft, was die Basler Chronistik als Schande vermerkte.[125]

Das Experiment des Ballonfahrers
U.a. am 10. März 1788 stieg Jean-Pierre Blanchard,[126] der französische Ballonfahrer, vom Markgräflerhof mit seinem Ballon auf, musste aber schon hinter dem Münsterplatz landen. Blanchard, ein grosser Pionier der Ballonfahrt, hatte angeblich rund sechs Wochen im Hotel Drei Könige logiert. Die Basler Chronik erwähnte Blanchards Experiment verständnislos und kommentierte es hämisch.[127]

Das Nashorn im «Drei Könige»
Unter dem 18. Februar 1748 berichtete der Überreiter Bieler in seiner Chronik: «Auf Basel ist von Straßburg ein Renoceros oder Nashorn angekomen, welcher 14 Tag lang in 3 Königen, welcher nach Proportion der Persohn vor [für] 2, 3, 4-6 Batzen, auch auf Descretion zu sechen gewesen.»[128]

Scherzhaftes Degengefecht mit tödlichen Folgen
Am 18. Februar 1744 gegen Mitternacht entstand in der Dreikönigs-Gaststube ein Geplänkel, das in eine scherzhafte Degenfechterei mündete. Der Kürschner Lukas Schmid traf den Banquier Achilles Werthemann so unglücklich, dass dieser «zu Tod erstochen». Die Verhöre ergaben, dass es kein vorsätzlicher Mord war. Die Familie des Opfers verzichtete auf Satisfaktion. Schmid floh trotzdem, wurde daher am 23. April für vogelfrei erklärt und erst fünf Jahre später begnadigt.[129]

Tödlicher Sturz einer Magd
1754 «den 11. Mai ist des bey 3 Königen sich aufhaltenden Türckischen Operators Magd, als sie Blunder [Tücher] außhängen wollen, überwogen, in den Hof hinunder zu tod gefallen».[130]

Johann Ludwig Iselin – Wirt in stürmischer Zeit

Auf den ersten Blick vermutet man keinen Gastwirt – der wache, asketisch wirkende Mann auf dem einzigen erhaltenen Porträt (Abb. 53) war dennoch eine der markantesten Figuren in der Geschichte des Gasthofs zu den Drei Königen: Johann Ludwig Iselin (1759–1838). Er führte sein Haus meisterhaft und gewinnbringend über dreissig Jahre von 1783 bis um 1815 und mehrte den Ruhm in schwierigen Zeiten politischer Umwälzungen. Vielleicht ist die Zeit des Wirts Iselin gerade deshalb eine der spannendsten. In seine Zeit fiel der legendäre Besuch Napoleon Bonapartes. Johann Ludwig Iselin wurde als Sohn des Bleichers Johann Ludwig und dessen Frau Susanna Elisabeth Löchlin im Badenhof an der Utengasse im Kleinbasel geboren.[131] Das Gastgewerbe lernte er durch eine sorgfältige Ausbildung im französischen Sprachraum, in Frankfurt am Main «und später in andern Städten».[132] Die Bekanntschaft mit seiner späteren Ehefrau Anna Maria Fritschi (1760–1798) brachte Iselins Leben in die entscheidende Richtung. Anna Marias Taufpate war der wohlhabende, kinderlose Dreikönigswirt Johann Ulrich Kleindorf, der mit Iselins Vater das Glück des Brautpaars langfristig plante (S. 53). Am 3. Mai 1781 wurde das «Kaufprojekt» ausgefertigt, worauf «Gastherberg und Wirtschaft, zu den drey Königen genannt», für 40 000 Pfund in den Besitz der Eltern Johann Ludwig Iselins übergingen.[133] Eine ausführliche «Eheabrede» (Ehevertrag) regelte die finanzielle Zukunft der beiden Brautleute. Das Dokument, eines unter vielen kulturhistorischen Bijous, beweist den Wohlstand der Beteiligten und den Stellenwert von Ehe und Familie im gehobenen Gastgewerbe: Onkel, Schwäger und sogar ein Grossonkel unterschrieben gemeinsam.[134]

Am 28. Juni 1783 erhielt Johann Ludwig Iselin das verbriefte Privileg, den Gasthof zu den Drei Königen weiterhin als Herrenherberge zu führen. Das bedeutete, warmes Essen und dreierlei Wein reichen zu dürfen.[135] Die Hochzeit mit der Schuhmachterstochter Anna Maria wurde am 23. September 1783 in der Dorfkirche Riehen geschlossen.[136] Sechs Monate zuvor hatte Iselin das Zunftrecht zu Gartnern erworben.[137] Iselin erweiterte den Gasthof schon bald: 1785 kaufte er den Spiegelhof an der Spiegelgasse dazu. Die Dépendance diente vorerst als Unterkunft für die

53 Porträt des Dreikönigswirts Johann Ludwig Iselin. Silberstiftzeichnung, um 1810.

Gefolgsleute vornehmer Gäste, als Lagerraum und als Remise für Kutschen.[138]

Ein Bewunderer Frankreichs

Johann Ludwig Iselin war als Wirt und Unterhalter erfolgreich und beliebt. Seine unverhohlene Sympathie für Frankreich und die Französische Revolution verbarg er als Mann von grosser Geradlinigkeit nie. Im fortschrittlichen «Kämmerlin zum Rheineck», dem 1797 gegründeten patriotisch-revolutionären Klub in Basel, war er seit Anbeginn dabei. Der politische Zirkel, der namhafte Bürger vereinigte, benannte sich nach dem Treffpunkt, dem Haus des Bierbrauers Erlacher am Rheinsprung. Ab Januar 1798 nannte er sich «Gesellschaft zur Beförderung bürgerlicher Eintracht». Dass die revolutionären Umwälzungen in Basel zu jener Zeit unblutig verliefen, ist eines der Verdienste dieser Kerngruppe. Iselins Rolle darin ist unklar. Sein Kollege Wernhard Huber war der Meinung, Iselin sei zu inkonsequent und plauderhaft, insgesamt für die Revolution unbrauchbar.[139] Der Apotheker Huber, von Zeitgenossen als überaktiver Hitzkopf kritisiert, urteilte wohl auch hier einseitig, denn Iselins Ruf und sein glänzender Erfolg zeigten ihn stets als zielbewussten, klugen Mann mit Augenmass. Dazu kam seine solide Geschäftsführung, mit der er sich von den meisten übrigen Wirten der Stadt unterschied.[140] Dass er überdies auch ein rührend sorgender

Grossvater war, belegen die Berichte seiner Enkel lange nach seinem Tod.[141]

Iselins «fromme und stille Frau», die mehr für die Kinder denn für den Gasthof da war, hatte offenbar wenig Freude am Wirteberuf «und freute sich über jeden 4 Spänner, der beim Haus vorbei und durch die Schwanengasse zum Storchen fuhr».[142] Durch ihren frühen Tod im Jahr 1798 wurde die Bindung an Söhne und Töchter noch enger. Es wird berichtet, dass die Töchter Iselins sehr schön gewesen seien und «von Rathsherrensöhnen geheirathet wurden».[143] Die Heiratspolitik der Iselins zeigte, dass sie zur obersten gesellschaftlichen Schicht Basels gehörten: So war zum Beispiel der bedeutendste Mäzen und reichste Mann der Stadt, Christoph Merian (1800–1858), mit einer Enkelin Iselins verheiratet.[144]

Das Hotel des Trois Rois und die Politik

Die Umwälzungen in Europa im Zuge der Französischen Revolution wirkten auf Basel unmittelbarer als auf die übrige Schweiz. Für den Gasthof zu den Drei Königen waren sie zukunftsentscheidend. Die gewaltige Erschütterung durch den Sturz der Bourbonen in Frankreich löste Flüchtlingswellen aus, die sich auf die gesamte Schweiz auswirkten.

Wie in Frankreich selbst ging auch in der Stadt Basel ein Riss durch die Bürgerschaft. Es kristallisierten sich zwei politische Lager heraus: die Anhänger der alten, konservativen Ordnung und die Verfechter der neuen Ideale von Freiheit, Gleichheit und Brüderlichkeit. Im Mittelpunkt stand für die Handels- und Handwerkerstadt wie eh und je das Geschäft, das auch unter erschwerten Bedingungen weiter gedeihen musste.

Iselin war ein erfahrener Geschäftsmann und gehörte gleichzeitig zum Kreis der Fortschrittlichen. Er verstand es auch während der folgenden Wirren von Revolution, Helvetik und Mediation, sein Haus sehr rentabel zu führen. In seinem Hotel stiegen nach dem Sturm auf die Bastille höchste Vertreter und Anhänger der französischen Krone ab, darunter der Finanzminister Jacques Necker mit seinem Schwiegersohn und Baron Erik Magnus de Staël, Gesandter Schwedens in Frankreich. Necker und seine Gemahlin reisten und wohnten mit grossem Gefolge.[145] Auch eidgenössische Repräsentanten wurden oft bei Iselin auf Staatskosten einquartiert, so im Mai 1792 die Ratsherren Hirzel aus Zürich und Balthasar aus Luzern.[146]

Die Sympathie Iselins für die Revolution bewirkte allmählich, dass die Anhänger des alten Regimes lieber in die zwei anderen standesgemässen Gasthöfe zum Wilden Mann und zum Storchen umzogen. Das Hotel des Trois Rois entpuppte sich als Aushängeschild der Patrioten. Deutlich sichtbares Zeichen dafür: Iselin hatte im Zuge der Revolution die Statuen der Drei Könige ihrer Kronen beraubt und nannte sein Haus seit 1798 «zu den drei Bildern» bzw. auf Französisch «aux Trois Mages».[147] Erst nach dem Fall Napoleons kamen die Könige wieder zu Ehren und zu ihren Kronen.

Mit der Französischen Revolution wurde Basel auch zum Aktionsfeld auswärtiger Spione. Aus unzähligen Berichten geht hervor, wie in allen Wirtsstuben der Stadt agitiert und diskutiert wurde. Laut einem französischen Geheimreport waren zu Beginn des Jahres 1794 die Mehrzahl der Basler Anhänger des alten Regimes, die Freunde der Revolution hingegen eine kleine Minderheit. Die Polizei sei im Grunde aristokratisch gesinnt und sympathisiere wie die Bürger mit den französischen Emigranten, hiess es wiederholt.[148] Ein Spitzel Frankreichs ärgerte sich darüber, dass die Basler auf die Gesundheit des Kaisers in Wien tranken und ihre Hunde voller Spott mit den Worten riefen: «Daher, Bürger! Daher, Patriot!» («Viens, citoyen! Viens, patriote!»)[149]

Die Tochter Ludwigs XVI. – eine königliche Geisel

Im Dezember 1795 wurde das neutrale Basel Schauplatz der europäischen Geschichte. Lange diplomatische Verhandlungen zwischen Wien und Paris hatten zur Übereinkunft geführt, die in Paris gefangengehaltene Tochter Ludwigs XVI. gegen fünf französische Kriegsgefangene auszutauschen.[150]

Die Bourbonenprinzessin Marie Thérèse Charlotte (1778–1844) wurde im Tour du Temple festgehalten, die fünf Kriegsgefangenen waren seit 1793 in österreichischem Gewahrsam. Unter ihnen befanden sich Kriegsminister

Beurnonville sowie die Generalbevollmächtigten Maret und Sémonville. In sechs Tagen reiste «Madame Royale» mit Gefolge und Bewachern von Paris nach Hüningen. Alle Vorkehrungen waren getroffen, damit sie unerkannt bleiben konnte: Ankunfts- und Abfahrtszeiten der Übernachtungsplätze wurden vorsorglich in die Dunkelheit verlegt. In Chaumont jedoch, wo die Reisenden im «Fleur de Lys» Quartier bezogen, wurde die Prinzessin erkannt und von den Deputierten der Gemeinde feierlich begrüsst.

Die letzte Reiseetappe führte über Dannemarie, Altkirch und Saint-Louis nach Hüningen. In der Auberge du Corbeau wurden die letzten Formalitäten des Austauschs geregelt. Derweil erreichten die französischen Geiseln über Freiburg im Breisgau Riehen. Der Sekretär der französischen Gesandtschaft, Bacher, besuchte am Morgen in Hüningen die Prinzessin, die wenig begeistert war, Frankreich verlassen zu müssen, und ihren Patriotismus bekundete. Am Nachmittag begrüsste Bacher die Geiseln Österreichs bei ihrer Ankunft in Riehen. Gegen Abend trafen Prinzessin und Gefolge im Landhaus des Basler Bürgers Reber beim St. Johanns-Tor ein. Dort wurde die Prinzessin formell den kaiserlichen Delegierten übergeben. Darauf fuhr Bacher wieder nach Riehen zu den befreiten Landsleuten. Als die Geiseln eintrafen, stand auf beiden Stras-

54 Ankunft der Prinzessin Marie Thérèse Charlotte auf Basler Territorium, 26. Dezember 1795. Kolorierter Kupferstich von Christian Haldenwang, 1796.

senseiten vor dem damals sogenannten Hotel des Trois Mages (Drei Könige) eine beträchtliche Menschenmenge, die «Vive la République!» rief. Die Bourbonenprinzessin fuhr auf dem schnellsten Weg nach Rheinfelden, auf österreichisches Territorium.[151] Ihre eilige Durchreise wurde später in einem Erinnerungsbild festgehalten (Abb. 54). Der französische Gesandte Barthélemy (1747–1830) hingegen quartierte die Befreiten bei Johann Ludwig Iselin ein und spendierte ein feierliches Bankett. Wieder wurde das Hotel am Rhein sichtbar als Hochburg der Anhänger des republikanischen Frankreich gewürdigt.

Die Trikolore auf dem Hotel des Trois Rois

Solange die Machtverhältnisse noch nicht gefestigt waren, wurde die neutrale Stadt Basel von den neuen Machthabern in Frankreich als Rückendeckung geschätzt. Die lokalen Politiker zwang diese Situation zu aufwendigen und riskanten diplomatischen Aktivitäten. Es gelang ihnen, die drohende Besetzung durch französische Truppen zu verhindern und die Staatsumwälzung von 1798 ohne Blutvergiessen zu bewältigen. Der Kopf der damaligen Basler Diplomatie war der brillante Jurist Peter Ochs. Sein Intellekt, sein Eifer und sein Ehrgeiz polarisierten schon die Zeitgenossen. Ochs ist für die Geschichte des Gasthauses zu den Drei Königen unerhört wichtig, war er doch die treibende Kraft hinter vielen Staatsbesuchen und Empfängen. Eine interessante Episode, welche die Verstrickungen Basels und des Hotels zeigt, war die Anwesenheit des französischen Revolutionsagenten Joseph Mengaud aus Belfort. Dieser kam im September 1797 in Basel an und bezog Quartier bei Iselin. Mengaud war eine der zwiespältigsten Figuren des Direktoriums in Basel und wurde von den Zeitgenossen als säbelrasselnder Parvenü geschildert, hochgespült von den Launen der Revolution. Er konnte von den gemässigten Baslern um Peter Ochs nur mühsam im Zaum gehalten werden.[152]

Bei seiner Vorstellung im Basler Rathaus wurde er sehr nüchtern empfangen. Das Direktorium in Paris, als dessen Handlanger, Spion und Sprachrohr Mengaud wirkte, erteilte ihm den Auftrag, den britischen Gesandten Wickham beim Stand Bern zu desavouieren. Wickham kam dem je-

55

55 Porträtmedaillon des Generals Napoleon Bonaparte während seines Aufenthaltes im Gasthof zu den Drei Königen. Gouache auf Elfenbein von Marquard Wocher, 1798, nach einer Zeichnung vom 24. November 1797.

56 General Napoleon Bonaparte mit Tross wird beim Einzug in Basel am 24. November 1797 vor der St. Alban-Schanze mit Kanonendonner begrüsst. Kolorierte Radierung von Jakob Kaiser.

doch mit seiner Abreise zuvor. Solche Agitationen vergifteten das Klima und zeigen, wie stark die Eidgenossenschaft bereits ins Kalkül der Kriegsmächte eingebunden war. Mengaud sandte laufend gehässige Berichte nach Paris, in denen er sich über die mehrheitlich konservativ gesinnten Basler beklagte.

Er spannte vom Hotel des Trois Rois aus die Fäden für das französische Netz in der Schweiz, bis er abberufen wurde. Das Haus war ein sichtbarer Aussenposten Frankreichs: Während Mengauds Aufenthalt blieb die französische Trikolore auf dem Hotel ständig gehisst. Der Höhepunkt seiner Amtszeit in Basel war zweifellos der Besuch Napoleon Bonapartes am 24. November 1797, der ihm auch die ersehnte Akkreditierung als französischer Geschäftsträger in der Schweiz brachte.

Napoleon: das denkwürdigste Diner im Hotel des Trois Rois

Der Besuch Napoleon Bonapartes und das ausgedehnte Staatsdiner im Dreikönigs-Speisesaal waren Sternstunden in der Geschichte des Hotels. Die Stadt Basel befand sich im Fieberzustand. Ankunft und Besuch des Generals wur-

56

den mit Spannung erwartet. Mit unerhörtem Aufwand sollte das Grossereignis über die Bühne gehen.¹⁵³ Der ausgedehnte Freundeskreis Iselins riss sich um Hilfsfunktionen im Gasthof. Alle wollten Teil des grossen historischen Augenblicks sein. Der geschichtliche Hintergrund für Napoleons Besuch: Er war auf dem Weg von den Friedensverhandlungen von Campo Formio in Italien zum Rastatter Kongress.

Am 21. November betrat er Schweizer Boden und reiste ins Basler Gebiet über Langenbruck, Waldenburg und Liestal. Überall war das Volk auf den Beinen. Truppen säumten die Strassen, in Liestal ertönten Kanonendonner und die Rufe «Freiheit! Gleichheit!». Eine Stunde vor Basel holte die Basler Freikompanie den hohen Besucher ab. Der Zug nach Basel formierte sich. Vorneweg ritten zwei Kuriere des Generals, gefolgt von den Jägern der Freikompanie und dem Sechsspänner mit den Ratsdeputierten Hagenbach und Gemuseus. Den achtspännigen Wagen Napoleons begleiteten Husaren, dahinter fuhren die Offiziere des Gefolges, den Schluss bildeten Dragoner.

Gegen Mittag war es so weit: Bonaparte fuhr durch das St. Alban-Tor und hielt Einzug wie ein regierender Fürst (Abb. 56). Durch ein dichtes Volksgedränge bewegte sich der Zug langsam zum Gasthof zu den Drei Königen. Die Basler Infanterie paradierte auf dem Blumenplatz, vor dem Hotel wartete die Ehrenwache der Grenadiere. Napoleon stieg aus dem Wagen, betrat den Speisesaal und blickte zum erstenmal auf den Rhein. In diesem Moment traf die Delegation der Basler Regierung ein: Bürgermeister Buxtorf und Oberstzunftmeister Ochs sowie vier Ratsherren, die Napoleon unter der Saaltür herzlich begrüsste.

Die in Französisch gehaltenen Ansprachen umrahmten den Anlass. Die Rede des Bürgermeisters trug die Handschrift Peter Ochs' und feierte Napoleon als Freiheitshelden. Die Ausführungen des Generals hingegen irritierten trotz aller Freundlichkeit – denn er verglich Basel mit Genf und sagte, beide Städte hätten wegen ihrer demokratischen Gesinnung die Freundschaft der Nachbarrepublik Frankreich erworben. Genf stand damals kurz davor, Frankreich einverleibt zu werden. Allerdings fügte Bonaparte hinzu, er werde eine Trennung Basels von der Schweiz nicht billigen.

Beim Staatsdiner sass der hohe Gast zwischen Peter Ochs und Bürgermeister Buxtorf,¹⁵⁴ neben den offiziellen Honoratioren. Darunter befanden sich auch General Dufour[155] aus Hüningen und zwei Verwandte Napoleons: der Basler Pastetenbäcker Werner Faesch und dessen Neffe Jeremias Bürgi. Napoleon war mit der Familie Faesch verwandtschaftlich verbunden, da sein Stiefgrossvater der Basler Franz Faesch war, ein Offizier in französischen Diensten.[156] Dessen Sohn, der spätere Kardinal Joseph Faesch (1763–1839), Stiefbruder von Napoleons Mutter Laetitia, war 1794, als die ganze Familie Bonaparte aus Korsika verbannt worden war, bei den Basler Verwandten untergekommen. Napoleon redete den bald achtzigjährigen Faesch mit «mon cher cousin» an. Rundum zeigte der Korse beste Laune und verblüffte die Basler nur mit der direkten Frage «Was geben Sie uns für das Fricktal?». Keiner der Anwesenden wusste die Anspielung zu deuten, was nicht erstaunt. Denn Österreich hatte sich in einer Geheimklausel des Friedens von Campo Formio bereit erklärt, das Fricktal gegen angemessene Bezahlung abzutreten.

Vor dem Speisesaal herrschte ein riesiges Gedränge. So viele Zaungäste wollten Napoleon beim Essen zuschauen, dass die Wachen eingreifen müssen, «pour empêcher qu'on ne l'étouffe» («damit er nicht erstickt werde»). Einige privilegierte Ratsherren wirkten als Bedienstete, darunter der Direktor der Kaufmannschaft, Johann Jakob Merian, der als Kellner auftrat. Lucas Vischer gelang es, heimlich eine Skizze des Feldherrn anzufertigen, die er später dem Miniaturisten Marquard Wocher als Vorlage für ein Medaillon übergab.[157] Napoleon wirkte übermüdet und ausgezehrt. Das Wocher'sche Porträt ist ungeschönt und trifft diesen Zustand meisterhaft (Abb. 55).

Für eine halbe Stunde zog sich Napoleon mit Mengaud zu einer geheimen Beratung zurück.[158] Schriftgiesser Wilhelm Haas nutzte seine Funktion als Offizier in der Ehrenwache und unterbreitete Napoleon und Bacher den Entwurf zur Karte der Cisalpinischen Republik. Der General zog eigenhändig den letzten Ergänzungsstrich zur neuen Grenze und genehmigte die persönliche Widmung, die Haas ihm vorlegte.[159]

Kurz danach brach Napoleon mit seinem Gefolge auf. Er wurde von den Basler Truppen über die Rheinbrücke bis zur Staatsgrenze begleitet. In den gegenseitigen Dankesschreiben beschworen sowohl das Direktorium als auch die Basler Regierung Freundschaft und Frieden. Nur wenige ahnten, dass dieser Staatsbesuch gleichzeitig ein Schwanengesang auf die alte Schweiz war.

Die Helvetik – eine neue Zeit

Basel und die Landschaft feierten am 22. Januar 1798 das denkwürdige Verbrüderungsfest auf dem Münsterplatz. Während am 5. März die Städte Solothurn, Freiburg und Bern von den Franzosen besetzt wurden, blieb Basel verschont. Einen Monat später galt auch für Basel die helvetische Staatsverfassung, die grösstenteils aus der Feder von Peter Ochs stammte und ein Programm formulierte: Im Zentrum standen die Prinzipien der Volkssouveränität und die Menschenrechte. Damit hatte die repräsentative und zentralistische Demokratie nach dem Muster Frankreichs auch in der Schweiz Geltung erlangt.

Die Helvetik brachte den Wirten von Basel auch ein neues Steuersystem: Zuvor hatte eine einmalige Summe lebenslang die Ausschank- und Herbergsbewilligung eingeschlossen, neu wurde eine jährliche Patentgebühr von zwei, später einem Franken fällig. Das einstige Weinumgeld wurde nun in die allgemeine Getränkeabgabe umgewandelt, die sich auf fünf Prozent des Umsatzes belief. Das vorgedruckte und handschriftlich ergänzte Formular enthielt neben der Steuervorschrift die Befugnis, «alle Sorten Speisen und Getränke zu verwirthen, auch Reisende zu beherbergen, jedoch so, dass derselbe […] in seiner Wirthschaft auf Sittlichkeit und Ordnung halte».[160] Die Bürokratie hatte ihren festen Platz. Die angedrohte Busse von fünfzig Franken für das allfällige Versäumnis, das Patent alljährlich zu verlängern, deutet auf die Verschärfung der Staatsaufsicht hin.

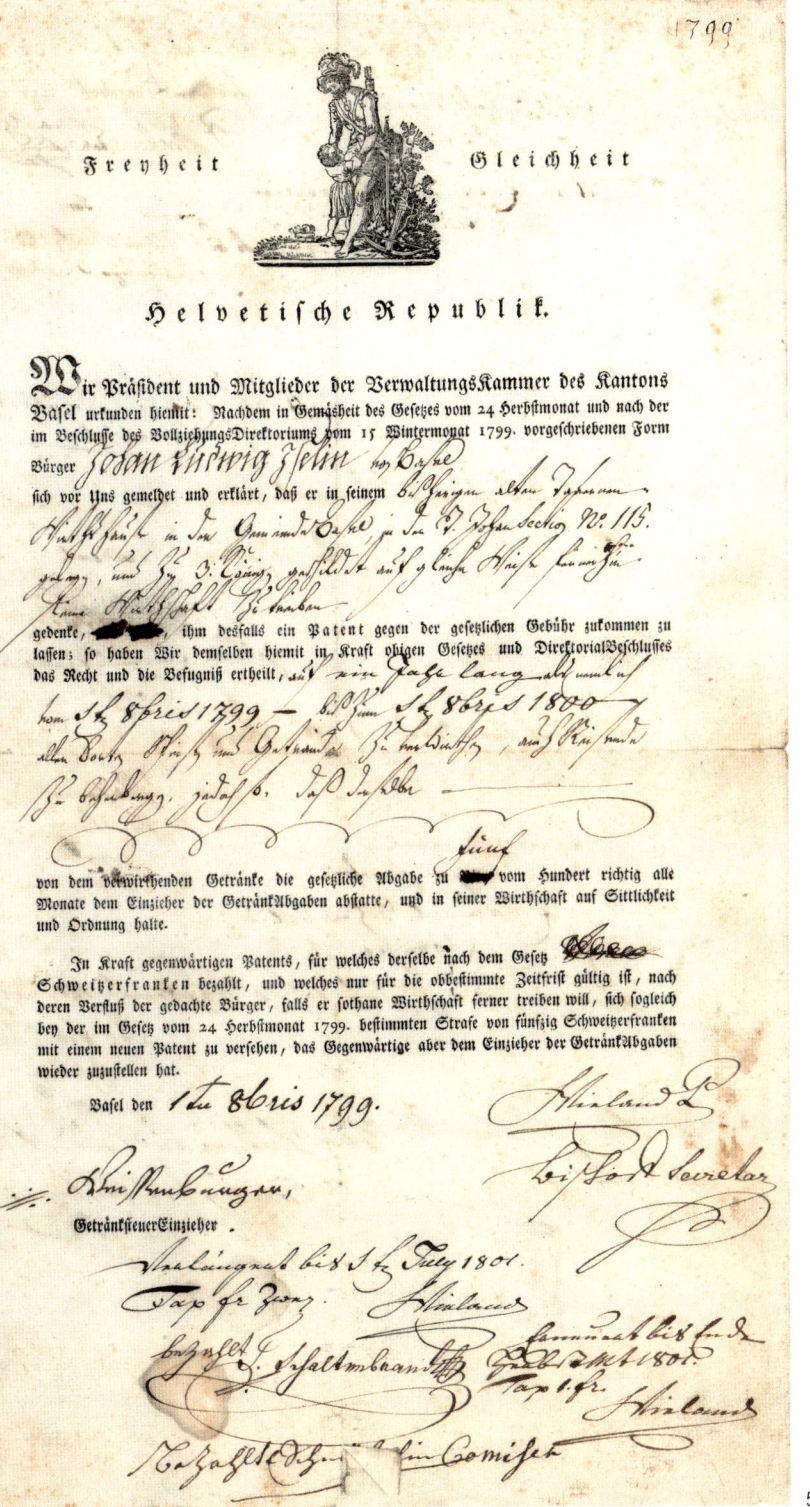

Johann Ludwig Iselin zog sich zur gleichen Zeit, als der Stern Napoleon Bonapartes zu verblassen begann, allmählich von der aktiven Arbeit im Gasthof zurück. Iselin konnte auf eine bewegte Zeit mit vielen Höhepunkten zurückblicken. Er legte um 1815 die Führung des Gasthofs in die Hände seiner drei Söhne Johann Ludwig (1791–1848), Johann Jakob (1794–1876) und Johann Rudolf (1796–1869).

57 Spindel-Taschenuhr mit den Drei Königen. Vermutlich von einem französischen Refugié in Basel gefertigt, erstes Fünftel des 19. Jahrhunderts.

58 Wirtepatent für Johann Ludwig Iselin, ausgestellt am 1. Oktober 1799, mit jährlichen Erneuerungen bis Dezember 1803.

Die Söhne Iselins

Der Übergang des Gasthofs an die Söhne Johann Ludwig, Johann Jakob und Johann Rudolf (Abb. 59) vollzog sich allmählich. Laut Familiengeschichte traten zuerst alle drei die Nachfolge des Vaters an, doch nach kurzer Zeit übernahm der Älteste, Johann Ludwig, das Haus auf eigene Rechnung.[161] Ob Johann Rudolf je aktiv an der Führung des Hauses beteiligt war, bleibt fraglich, denn die Zunfterneuerung zu Gartnern wurde im Jahr 1814 nur von seinen beiden Brüdern vollzogen. Er selbst trat in die Schlüsselzunft ein und machte dort Karriere.[162]

Es gibt wenig Greifbares über die Geschäftsführung der Söhne. Dies liegt sicherlich auch am verschollenen Hotelarchiv. Dennoch ist davon auszugehen, dass der Ruhm des Hauses konsolidiert und weiter gepflegt wurde. Die alten Drei Könige erhielten um 1814/15 ihre ursprünglichen Namen und Formen wieder. Im selben Jahr wurden die beiden Brüder Johann Ludwig und Johann Jakob noch als «dermalige 3 König Würthe» in der Vogtrechung der Gartnernzunft erwähnt.[163]

Johann Jakob Iselin wählte privat und politisch eine eigenständige Laufbahn. Er wirkte als Kaufmann, wurde Grossrat, Kleinrat und Gerichtsherr. Als ihn die Gartnernzunft zum Meister wählte, schlug er das Amt umgehend aus.[164] Beim Verkauf des Gasthofs im Jahr 1829 trat Johann Ludwig Iselin als alleiniger Verkäufer auf. Gemeinsam mit seinem Bruder Johann Rudolf war er später als Inhaber des Kolonialwarengeschäfts am Totentanz tätig. Bekannt ist ausserdem, dass er in der Basler Landwehr den Rang eines Rittmeisters der Kavallerie bekleidete.[165]

59 Johann Rudolf Iselin, Sohn des Johann Ludwig Iselin. Fotografie.

60 Beglaubigungsseite aus der Eheabrede zwischen Johann Jakob Iselin und seiner Braut Anna Maria La Roche, 10. Juli 1820. Zweite Unterschrift links von Johann Ludwig Iselin.

Joseph Müller – Visionär für das neue Hotel

Mit dem Elsässer Franz Joseph Ignaz Müller (1803 187?) aus Altkirch erwarb der dritte Ausländer den Gasthof zu den Drei Königen. Im Unterschied zu seinem Nürnberger Vorgänger Johann Ulrich Kleindorf beantragte er das Bürgerrecht von Basel jedoch nicht, denn auch seine Frau Maria Magdalena, geborene Sutter, stammte aus dem Elsass. Nur wenig ist zu Müllers Leben überliefert. Das aufschlussreichste Dokument ist sein Brief an den Rat von Basel, in dem er um die Bewilligung bat, den Gasthof zu den Drei Königen erwerben zu dürfen. Bereits vorher erstellte er einen Vorvertrag mit Johann Ludwig Iselin Sohn, auf den unten eingegangen wird. Der Bittbrief Müllers ist mit seiner blumigen Sprache ein besonderes kulturhistorisches Dokument:

Wohlweiser Herr Bürgermeister
Hochgeachte Herren

Der Unterzeichnete, Joseph Müller von Altkirch, dermals Kellner im Gasthof zum Schwert in Zürich, und in gleicher Eigenschaft früher während sechs Jahren allhier zum Wilden Mann und zum Storchen in Diensten, wünscht mit einiger vermöglicher Verwandter Beÿhülfe, den Gasthof zu Drei Königen allhier an sich zu kaufen, hat auch bereits sich mit dem Eigenthümer über die Bedingungen unter gebührenden Vorbehalt der hochobrigkeitlichen Bewilligung verständigt, und nimmt nun die Freÿheit, Hochdieselben um geneigte Bewilligung zu diesem Kaufe geziemend zu bitten.

Obschon ich in ein sehr großes Unternehmen eintrete, so darf ich doch hoffen, es werde mir beÿ anhaltender Thätigkeit und Umsicht gelingen, mich eines guten Erfolgs erfreuen zu können, und nicht nur mir samt etwaiger Familie mein Auskommen zu verschaffen, sondern auch diesen von jeher rühmlich bekannten Gasthof in seinem Ansehen zu erhalten, als welches ich mir bestens angelegen seÿn lassen.

Ausserdem wird es meine beständigste Sorge seÿn, mich der Vortheile, welcher ich vermittelst Hochdero geneigter Bewilligung als französischer Bürger theilhaftig zu werden wünsche, zu keinen Zeiten unwürdig zu zeigen, sondern mich durch getreue Beobachtung der mir gegen die hiesigen Gesetze und Verordnungen obliegenden Pflichten in Hochdero Schutz und Wohlwollen bestens zu empfehlen, so dass es Hochdieselben wie ich zuversichtlich hoffe, nie bereuen werden, einen jungen Anfänger zu seinem künftigen Glück hilfreich Hand verliehen zu haben.

Sollte mir vollends die Ehre widerfahren, dass Hochdieselben oder einzelne verehrliche Glieder aus Dero Mitte über meine Dienste verfügen wollten, oder Hohe Gäste des hiesigen Standes in diesem Gasthof absteigen, so würde ich mir es zur angenehmen Pflicht machen, mich dieses aufmunternden Zutrauens möglichst würdig zu zeigen.

Überhaupt vermag ich es kaum recht auszudrücken, wie sehr meine Verwandten und ich über die Aussicht, die sich mir eröffnet, erfreut sind, und wie sehr mich die Nachricht beglücken wird, dass Hochdieselben diesen Kauf zu bewilligen geruhen, und daß ich somit denselben als völlig unwiderruflich geschlossen betrachten kann.

In dieser getrosten Zuversicht habe ich die Ehre, mit tiefstem Respekt mich zu nennen

Euer Weisheiten Meiner Hochgeachteten Herren

Gehorsamster Diener
J. Muller

Basel, am 8ten Heumonat 1829[166]

Der Brief zeigt mit Ausnahme der eigenhändigen Unterschrift die geübte Hand eines unbekannten Schreibers. Bemerkenswert sind die Laufbahn des künftigen Dreikönigswirts, der äusserst devote zeitgenössische Ton und die Wertung des Gasthofs als erstklassiger Betrieb. Am gleichen Tag hatte Müller nämlich den Vorvertrag mit Iselin unterzeichnet. Darin wurde der Kauf zu «Einhunderttausend Schweizerfranken Capitalgeld» festgelegt. Ein beidseitig unterzeichnetes Inventar listete zudem «Leinenzeug, Bettgeräth, Silbergeschirr, sämtliche Mobilien, Hand-, Tisch-, Küchen-, Keller- und Stallgeräth» auf. Für die Bezahlung des vereinbarten Drittels hafteten neben Müller vier solidarische Bürgen aus Strassburg und Altkirch.

Der Spiegelhof blieb im Iselin'schen Besitz und wurde für jährlich 400 Franken vermietet.[167] Müller erhielt das Vorkaufsrecht dieser Dépendance zum Kaufpreis von 10 666 Schweizer Franken.[168] Am 26. September 1829 erhielt Müller als Dreikönigswirt die Niederlassung in Basel[169] und führte den Gasthof bis 1841.

Nach dem Verkauf des Gasthofs erschien er als Partikular (Rentner) und meldete sich am 21. Februar 1854 ab.[170] Er wohnte fortan auf dem prächtigen Schlatthof in der Landschaft bei Aesch, wirkte dort als grosszügiger Stifter für die katholische Pfarrkirche und erhielt in ihr eine feste Ehrenbank für seine Familie.[171] Der Schlatthof ging spätestens 1852 in Müllers Besitz über.[172] Er verkaufte den Hof 19 Jahre später an den Elsässer Peter Hell aus Willer.[173] Offenbar nahm Müller bereits vorher wieder in Basel Wohnsitz, denn 1868 und 1870 figurierte er als Partikular an der Clarastrasse 19 im Adressbuch.

Müller war offenbar ein weitsichtiger Gastgeber, doch ist heute nicht mehr nachvollziehbar, inwieweit er oder sein Nachfolger Senn den Neubau vorgeplant hatten. Seine diversen Eingaben ans Bauamt zeigen aber, dass er die aufkommende neue Zeit mit Wasser- und Eisenbahnverkehr richtig einschätzte (S. 125). Er schmiedete Pläne, ein neues Hotel zu bauen. Vermutlich aus finanziellen Überlegungen hatte er sich aber zurückgezogen, um fortan in behaglicher Ruhe zu leben. Die publizierten Gästelisten seit 1838 beweisen, dass Müller eine verwöhnte internationale Kundschaft zu deren voller Zufriedenheit betreut hatte (S. 131).

Maximilian Triet

61 Unterschrift des Dreikönigswirts Joseph Müller.

62 Der entscheidende Akt der Kantonstrennung: Sieg der Landschaft über die Stadt Basel bei der Hülftenschanze, 3. August 1833. Kolorierte Lithographie von J. C. Stader nach Martin Disteli.

Von Kaisern, Klerikern und Aussenseitern

Wer die historischen Quellen des Hotels Drei Könige untersucht, steht in Bezug auf dessen Gäste vor einer grossen Hürde. Denn über die gesamte 325-jährige Geschichte des Hotels gibt es, abgesehen von den letzten zehn Jahren, nur zwei Gästelisten. Die erste ist das Wirtsbuch von Johann Christoph Im Hof. Es deckt den Zeitraum von August 1739 bis Juli 1744 ab (S. 49). Das zweite, fast lückenlose Gästeverzeichnis wurde im *Tagblatt der Stadt Basel* von 1838 bis 1854 im *Fremden-Anzeiger* publiziert. Dieser verzeichnete alle auswärtigen Gäste täglich, getrennt nach Herbergen. Im Gegensatz dazu ist Im Hofs Wirtsbuch unvollständig, führte es doch nur wenige, herausragende Gäste auf, die dem Wirt durch Rang, Namen oder besonderes Verhalten erwähnenswert schienen. Die Einträge pro Jahr beschränkten sich auf wenige Monate, und die Zahl der Einträge lag zwischen einem und zwei Dutzend. Es ist schwer, detaillierte Angaben zu finden. Diese Sachlage verhindert eine systematische Auswertung des Alltäglichen, sei es bezüglich Berufsgattung, sozialer Schichtung oder Beweggründen für einen Aufenthalt. Im Verlauf der Recherche ist der Historiker auf Vermutungen und Streufunde angewiesen, die in amtlichen und privaten Akten und Chroniken meist Ausserordentliches, aber wenig Alltägliches überliefern. Zur Illustration der Besucherstruktur wird auf den folgenden Seiten Charakteristisches und Aphoristisches zusammengefasst.

Leider ist das Original des Wirtsbuchs verschollen, doch gibt es die Transkription von Stocker, auf die hier Bezug genommen wird.[174] Im Hof nannte als ersten Gast vom 27. bis 29. August 1739 den Grafen von Leiningen und Hardenberg mit dessen Hofmeister Ebel und zwei Bediensteten. Die Speisefolge vermittelt interessante Einblicke in die Tafelkultur des 18. Jahrhunderts.

Der Adel als Konstante

Schon vor Im Hofs Zeit war der Adel im Gasthof zu den Drei Königen ein wichtiger Teil der Kundschaft. Bei Johann Rudolf Huber hielt sich beispielsweise 1731 die Prinzessin von Hessen-Rheinfels auf, die Schwester der Königin von Sardinien. Ein Jahr später logierte Prinz Emanuel von Portugal eine Nacht im «Drei Könige».

Wie ein Graf im 18. Jahrhundert tafelte

Das erste Nachtessen bestand aus:
«Sup[pe], Fricassé, Welsch Hünlein, Sallath, 5 Assiettes Dessert, 2 Buteillen Burgunder, 1 But[eille] ord[inaire]. Brod».

Das Mittagessen am Folgetag:
«1 Sup[pe], 1 Stück Fleisch mit Rättig, 1 Dutzend Pastetli, 1 Blatte Blumenköhl, 1 Blatte Hanen [Hähne] à l'Orange, 1 Häslein, 1 Capaun, 1 Sallath, 5 Assiettes Dessert, 4 But. Burgunder».

Das folgende Nachtessen gibt Aufschluss über die Vielfalt des Angebots:
«1 Krebssup[pe], 1 Blatte Salmen, 1 Blatte Duben [Tauben] en compot, 1 Ardichaux [Artischocke], 10 Lorchen [?], 2 Hanen, 1 Sallath, 1 Blatte Zünglein, 1 Blatte Salmling, 1 Blatte Kreps [Krebse], Obs[t], 2 Assiettes Dessert, Brod, 2 But. Burgunder».[175]

Der Hofmeister speiste mit dem Grafen, die Bediensteten erhielten ein einfacheres Mahl. Insgesamt bezahlte der Graf, der noch zwei Flaschen Burgunder auf den Weg mitnahm, für zwei Übernachtungen und drei Essen 26 Pfund und 6 Schilling, für die Bediensteten separat 3 Pfund und 15 Schilling.

Neben den königlichen Abkömmlingen gab es unter den Gästen Im Hofs alle Stufen des Hoch- und Landadels: Fürsten (z.B. von Liechtenstein, Esterházy), Herzöge, Grafen und Barone. Je nach Rang reisten die Herrschaften mit einem stattlichen Gefolge, so der Markgraf von Baden-Baden mit «sechs Cavaliers und Controlleurs, Sekretären, Kammerdienern, Mundkoch samt zähen [zehn] Bediente».[176] Die zwei Prinzen von Hessen-Darmstadt erschienen mit zwei Kavalieren, zwei Kammerdienern und neun Be-

63 Empfang des französischen Gesandten Barthélemy beim Grenzübertritt von Basel nach Frankreich am 2. Juni 1797. Aquarell von Johann Jakob Schwarz.

64 Einzug des Belagerungskorps in Hüningen unter Erzherzog Johann von Österreich am 28. August 1815. Die Festung, die seit 1681 eine treue Klientel des Gasthofs zu den Drei Königen geliefert hatte, wurde geschleift. Kolorierte Aquatinta von Samuel Frey.

diensteten.[177] Pferde, für die eigens bezahlt wurde, gehörten meist zum Reisetross. Monsieur Diclans brachte am 23. Februar 1740 gleich zwanzig Pferde des Kardinals de Rohan im Stall des Gasthofs unter.[178] Wer mit geliehenen Pferden und Kutschen reiste, konnte bei Im Hof beides mieten oder kaufen. So notierte der Wirt etwa bei Madame d'Arnoncourt und ihrer Tochter: «Ein Chaise mitgäben 192 fl, L 3655.4 kr».[179]

Eine genaue Betrachtung zeigt: Innerhalb der Erbaristokratie gab es eine starke Dominanz uradliger Geschlechter aus dem deutschen und elsässischen Raum. Die Vertreter des nachbarschaftlichen Adels, so die von Andlau, von Bärenfels, von Kageneck, von Reinach, von Schönau, von Schauenburg, begründeten ausserdem eine Tradition – denn bis heute hält der regionale Adel dem Hotel Drei Könige ununterbrochen die Treue.

Der Gasthof als Residenz für Staatsgäste

Wenn es galt, einen hohen Staatsgast würdig unterzubringen oder mit einem Bankett zu ehren, war das «Drei Könige» zusammen mit dem Gasthof zum Wilden Mann eine der ersten, bald sogar die erste Adresse in Basel. Ob es der Staatsbesuch des Gesandten Amelot von 1697 (S. 44) war oder der kaiserlich-österreichische Gesandte Graf von Königsegg, der 1725 auf der Reise nach Spanien einen Zwischenhalt machte und «samt seinem gefolg, nebst überreichung schöner präsenten bey drey Königen kostbahr bewürthet und biß zu seine Abreyß tag und nacht mit 30 Stadt Soldaten bewacht»[180] wurde: Stets bildeten Staatsgäste unterschiedlichster Couleur einen wichtigen Teil der Kunden. Auch dem Bruder des französischen Ambassadeurs in Solothurn, de Bonac, erwies der Rat 1728 die Reverenz, indem er ihn im «Drei Könige» unterbrachte und zu seinen Ehren einen grossen Ball im Posthaus veranstaltete, «dazu vornemmes Frauen Zimmer von hier invitiert wurde». Der Chronist bemerkte dazu, dass trotz grossen Gewitters und trotz vorher verkündetem «Mandats wider das Dantzen» bis in den frühen Morgen hinein getanzt worden sei.[181] Auch der spanische Gesandte Don Cornejo, der in Luzern residierte, hatte 1733 auf der Durchreise hier sein Quartier bezogen.

Zwei weitere Hintergründe der Gesandtschaftsbesuche spielten eine wichtige Rolle: die Handelsbeziehungen der Stadt zum Ausland und die Werbung und Rekrutierung von Söldnern. Letztere wurden von verschiedenen Mächten über ihre Gesandten vorbereitet und von Werbeoffizieren abgewickelt: so etwa im März 1734, als der Grosse Rat den Hauptleuten und Bürgern Iselin und Ryhiner, den Be-

64

Militärs und Söldner

Offiziere diverser europäischer Armeen waren konstant eine wichtige Gruppe von Gästen. Sie vereinigte Adel und Grossbürgertum, eine gleichfalls privilegierte Oberschicht. Wie kirchliche Pfründen waren auch Offiziersstellen einträgliche Posten: Manche vornehme Familie in der Schweiz lebte von den Einkünften aus Vermittlung und Führung von Söldnern für fremde Mächte – von der Nordsee bis nach Sizilien. Die Präsenz hoher Militärs zog sich von Anfang an durch die Geschichte des Hotels Drei Könige.

Die Affäre mit dem Genfer Obersten Pictet wirft ein Schlaglicht auf die Funktion des Hotels unter Im Hof. Pictet,[183] im März 1748 Gast im «Drei Könige», hatte in Basel Söldner angeworben und dabei die Regeln der städtischen Werbungskammer verletzt. Er hatte den erlaubten Rahmen der Rekrutierungen überzogen. Als die Werbungskammer einschritt und Pictet zu einer Busse von zehn neuen Louisdor und zu Kerkerhaft verurteilte, sprach Dreikönigswirt Im Hof vor. Er versprach, die verlangte Summe für Pictet als auftragten des französischen Gesandten de Bonac, die Bewilligung erteilte, in der Stadt und auf der Landschaft zweihundert Mann für eine Kompanie anzuwerben.[182]

Kaution vorzustrecken, worauf der Oberst den Arrest umgehen und abreisen konnte. Die Werbungskammer stritt sich mit dem Wirt bis vor den Kleinen Rat. Er wurde zur Barmherzigkeit («zur Clementz») empfohlen, und der Rat beschloss, dieses Geschäft dürfe nie mehr vorgebracht werden.[184] Das Beispiel Im Hofs belegt, dass die Präsenz hoher Offiziere zur Söldnerwerbung durchaus üblich war: ein notwendiges Übel in der alten Eidgenossenschaft, das seit der Reformation zwar verpönt, aber einträglich und daher geduldet war.

Kaiser und Könige

Durch alle Jahrhunderte sind angehende, regierende und entmachtete Monarchen im Hotel Drei Könige bezeugt. So war der Zarewitsch Paul Petrowitsch 1782 als «comte du Nord» hier anwesend.[185] Paul war der Sohn Katharinas der Grossen. Von 1796 bis 1801 verkörperte er als Zar Paul I. den Despoten und Humanisten in einer Person. Er wurde 1801 Opfer eines Meuchelmords. Auch Vertreter der Habsburgermonarchie residierten im «Drei Könige»: Kaiser Joseph II. (1765–1790) beehrte das Haus 1777 mit seinem Besuch, allerdings inkognito als Graf von Falkenstein (S. 53).

65

Einer der seltsamsten Gäste war sicherlich der abgesetzte König Gustav IV. Adolf von Schweden (1792–1809) (Abb. 65). Er hatte 1810 als Graf von Gottorp ein Zimmer, das er als Kajüte bezeichnete, in der Nähe des Birsig bezogen, den er Kloake schimpfte. Nach der Scheidung von seiner Frau Friederike Dorothea von Baden 1812 führte er einen unsteten Lebenswandel und soll mehrere uneheliche Kinder gezeugt haben. 1818 kehrte er wieder nach Basel zurück, wo er sich nach einem erneuten Intermezzo im «Drei Könige» das Haus St. Johanns-Vorstadt 72 kaufte, als Oberst Gustafsson dort lebte und im selben Jahr für 1500 Franken das Basler Bürgerrecht erwarb. Er wurde hier zeit seines Lebens nicht glücklich, ärgerte sich über das Geschrei badender Kinder im Rhein, bewarb sich umsonst um den Posten eines Zeughausverwalters und sandte 1822 den Basler Bürgerbrief beleidigt an das Rathaus zurück. Sein unglückliches Flüchtlingsleben endete 1837 in St. Gallen mit seinem Tod. Gustav Adolf hatte die letzten Jahre seines Lebens in ärmlichen Verhältnissen verbracht – ein trauriges Ende für einen ehemaligen schwedischen König.

Kleriker, Wirte und Schauspieler

Regelmässig kehrte der katholische Klerus aus der Eidgenossenschaft, aus dem Elsass und aus Lothringen ein. Schon Im Hof verzeichnete eine Vielzahl von Prälaten: die Domherren von Arlesheim, Pröpste und Prioren sowie Ministerialen grosser Klöster. Das Bemühen um den Absatz ihrer landwirtschaftlichen Produkte führte sie häufig nach Basel.

Auf Besuch kamen oft auch Berufskollegen Im Hofs, die Gastwirte Murbach aus Schaffhausen,[186] Spöhrer vom Roten Haus in Brugg[187] und Vogelsang zum Roten Turm in Solothurn.[188] Sie alle waren wahrscheinlich durch die gemeinsame Klientel mit dem «Drei Könige» verbunden. Interessante Gäste der besonderen Art waren im Jahr 1741 sicher auch eine Frau Meyer, die Im Hof als Komödiantin bezeichnete, sowie ein anonymer Schauspieler mit seiner Frau, der «mit Dank» bezahlte.[189]

Im Hof vermerkte in seinen zwei Wirtsbüchern nur wenige englische Edelleute sowie einzelne italienische, ungarische und polnische Adlige. Seine selektive Liste umfasste vor allem deutsche, französische und elsässische Kunden. Eine weitere Kategorie waren alleinreisende Damen, die später, im 19. Jahrhundert, bedeutend zahlreicher vertreten sein sollten. Unter diesen Frauen figurierten die Äbtissin von Olsberg, die Gräfin von Zinzendorf mit Sohn und Hauslehrer sowie eine Frau von Planta.

Handelsleute, Bildungsreisende und Gebildete

Über die wohl allgegenwärtige, grösste Gästegruppe in Gasthof und Hotel zu den Drei Königen, die Handelsleute, Bankiers und Geschäftsleute aller Art, schweigen die Quellen. Ihre Präsenz war so selbstverständlich, dass sie gar nicht erst erwähnt wurden. Dass die Basler Geschäftsleute ihre Partner seit der Gründung des Gasthofs vor allem im «Drei Könige» fanden, ist sicher. Das Fehlen von Hinweisen mag in der Diskretion liegen, die zum Markenzeichen eines gehobenen Gastbetriebs gehört.

Mit der Aufklärung im 17. und 18. Jahrhundert gewannen Reisen in die Schweiz, für die Basel oft Anfangs- oder Ab-

65 Porträt Gustav IV. Adolfs von Schweden als amtierender König (1792–1809). Kupferstich, um 1800.

66, 67 Gedruckte Listen der in den verschiedenen Gasthöfen der Stadt logierenden Fremden, 1822 und 1823. Markiert sind die Gäste des Gasthofs zu den Drei Königen.

Verzeichniß der in die Stadt gekommenen Fremden.

Basel, vom 20. December 1822.

NAMEN.	STAND.	HEIMATH.	LOGIS.	THOR.
Graf von Rochefort m. Gefolg	Pair	England	drey Königen	Riehen
Herr Wesster	Kaufm.	Frankfurt	-- --	
-- Auger	-- --	Paris	Storchen	
-- Jalmeta	-- --	Domo d'Osola	-- --	
-- Vogien zu 3	-- --	Nancy	-- --	
-- Lecomte	-- --	Paris	-- --	
-- Bret	-- --	Tain	-- --	
-- Sagnier	-- --	Nismes	-- --	
-- Hirt		Aarau	-- --	
Graf von Reinach	Commandant	Bern	-- --	--
Herr von Grimm	Hauptmann	Solothurn	-- --	Johann
-- Tugginer		-- --	-- --	
Jgfr Lenfort	Partic.	London	-- --	
Herr Jaeggy	Kaufm.	Mümliswyl	Wildenmann	
-- Lucadon mit Gefolg	Obrist-Lieutenant	Berlin	-- --	
-- Bernard	Kaufm.	Altkirch	-- --	
-- Elbert	-- --	Bern	Schwanen	
-- Lotzmann	-- --	Mülhausen	-- --	
-- Pitsch	-- --	Reinheim	-- --	
-- Boulet	-- --	Chauxdefods	Kopf	

Verzeichniß der in die Stadt gekommenen Fremden.

Basel, vom 24. April 1823.

NAMEN.	STAND.	HEIMATH.	LOGIS.	THOR.
Graf von Bismarck mit Gefolg	General	Carlsruhe	drey Königen	Bläsy
Baron von Wertmüller	Officier	Paris	-- --	
Chevallier Hünerwadel	-- --	-- --	-- --	
Herr Goubaux	Kaufm.	Craonne	-- --	
-- Lagrange		Beaume		
-- Thormann	-- --	Bern	Storchen	
-- Havelaar zu 2	-- --	Rotterdam	-- --	--
-- Jetzler	-- --	Schaffhausen	-- --	Johann
-- Besson	-- --	Genf	-- --	
-- Barmier	-- --	Gray	-- --	Alban
-- Stauffer		Bern		Bläsy
Baron von Poutaer	Güterbesizer	Montbéillard	-- --	
Mad. Beck		Homburg		
Herr Fischer	Raths-Herr	Schaffhausen	Wildenmann	
-- Dreyer	Kaufm.	Heilbronn	-- --	
-- Georg	-- --	Sursee	-- --	
-- Degen	-- --	Worms	Schwanen	
-- Lincker	-- --	Speyer	-- --	
-- Bunhhoh	-- --	Sachsen	Crone	Alban
-- Landsmann	-- --	Mülhausen	-- --	
-- Roesler	Canzlist	Asperg	Schnabel	
-- Schmid	Student	Opfingen	Blumen	
-- Geiseler		Willisau		

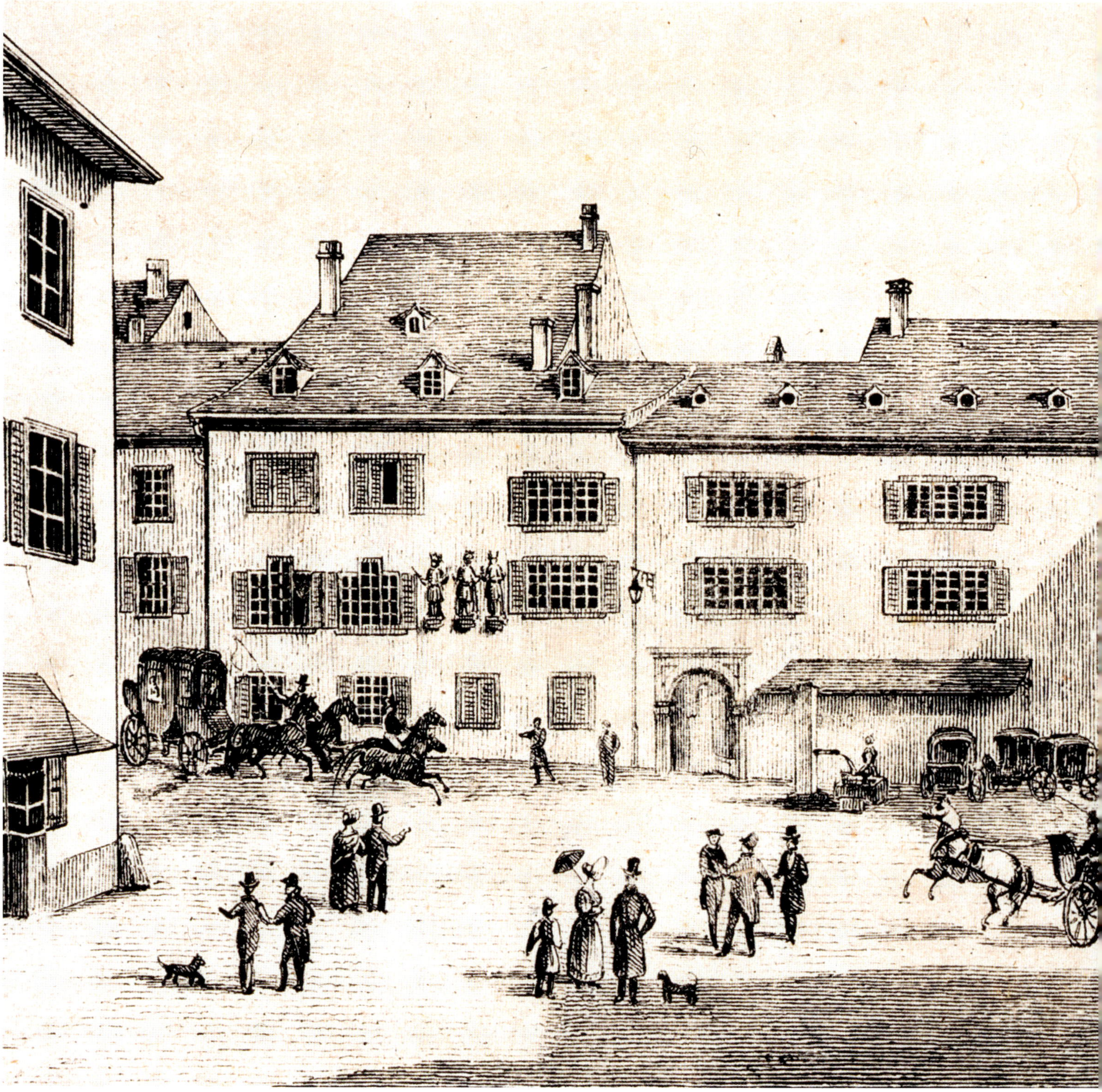

reisestation war, zunehmend an Bedeutung. Reisen diente seit je der Bildung. Der Bildungsreisende, bis ins 19. Jahrhundert meist ein Individualist, begab sich auf die Spuren der Geschichte. Er besuchte Naturschönheiten und traf Gleichgesinnte. In Basel besuchte er in der Regel das Münster, den Totentanz, das Haus zur Mücke, Vorläufer der Universitätsbibliothek und der Museen, sowie das Rathaus.

Vielfältig waren die Verbindungen von Dreikönigsgästen zu gebildeten Basler Bürgern: Die Familie Bernoulli war mit dem französischen Gelehrten Pierre-Louis Moreau de Maupertuis (1698-1759) verbunden und gewährte ihm bis zu seinem Tod Gastrecht.[190] Auch der grosse italienische Physiker Alessandro Volta (1745-1827), ebenfalls im Gasthof bezeugt, trat wohl mit den Bernoulli in Kontakt.

Voltaire ist als Gast im «Drei Könige» nur durch James Boswell (1740-1795) bezeugt. Für den Schotten Boswell, Biograph des grossen Schriftstellers Samuel Johnson, war das Reiseziel die Begegnung mit Rousseau und Voltaire, auch sein Gespräch mit dem Dreikönigswirt Im Hof offenbarte diese Absicht.

Als der ungarische Reichsgraf József Teleki (1738-1796) Ende Juli 1759 nach Basel kam, logierte er zuerst bei Im Hof im «Drei Könige». Dann reiste er auf seiner Studienreise weiter nach Bern und Genf, wo er Voltaire besuchte. Während seiner späteren, längeren Aufenthalte in Basel, zwischen 1759 und 1761, wählte er bescheidenere Unterkünfte.[191]

Ein Sonderfall unter den Dreikönigsgästen war Johann Wolfgang von Goethe (1749-1832). Er kam als Kunstfreund und Sammler von Gemmen und Stichen. Seine Bezugsperson war der damals weithin berühmte Christian von Mechel (1737-1817). Goethe war zweimal in Basel, seine erste Unterkunft im Juli 1775 ist unbekannt, doch als er Ende September 1779 mit Herzog Carl August von Sachsen-Weimar-Eisenach (1758-1828) in Basel eintraf, logierten beide im «Drei Könige».

Auch Giacomo Casanova (1725-1798) verstand sich als Bildungsreisender. Sein Aufenthalt im «Drei Könige» war eingebettet in einen Beziehungskonflikt zu einem Kanonikus, wobei – wie könnte es anders gewesen sein – eine schöne Frau die zentrale Rolle spielte.

Versuch eines Fazits

Zur Kontinuität in der Besucherstruktur von 1681 bis 1830 ist festzuhalten: Die Hauptklientel stammte aus der Schweiz, aus Deutschland und dem heutigen Frankreich. Aus den Niederlanden, Österreich-Ungarn, Italien, Polen und Russland kam eine kleinere Gästeschar, die immer wieder erwähnt wurde.

Die Beweggründe für einen Aufenthalt im Gasthof zu den Drei Königen sind selten schriftlich greifbar. Als Hauptmotiv stehen geschäftliche Tätigkeiten im Zentrum, auch für hochrangige Militärs. Adel, Kaufleute und Handelsherren bildeten die Hauptkundschaft. Je nach politischer Lage war eine Vielzahl der Geschäfte staatspolitisch gefärbt, was besonders in der Ära Iselin deutlich wurde.

Als zweites Motiv für einen Besuch ist das Bildungs- und Reiseerlebnis zu nennen. Die schöne Lage am Rhein, mitten in Basel, übte zusammen mit der Behaglichkeit des Hauses und der hochstehenden Küche schon damals eine grosse Anziehungskraft aus. Der Ruf des Gasthofs als erste Herrenherberge in Basel sicherte dem Gast einen gehobenen Status und diente der Repräsentation. Dies kam sowohl Kaufleuten wie auch Bildungsreisenden zustatten. Die bessere Gesellschaft traf hier ihresgleichen. Auch die Geschichten berühmter Gäste, die über die Jahrhunderte gesammelt und gezielt verbreitet wurden, festigten den Ruf der Nobelherberge. Das «Drei Könige» hat nicht zuletzt auch von der neutralen Haltung der Stadt Basel in den meisten kriegerischen Konflikten im nahen Ausland profitiert. Dies ermöglichte diskrete Begegnungen, die in der Nachbarschaft undenkbar gewesen wären.

Maximilian Triet

68 Ansicht des alten Gasthofs am Blumenplatz. Ausschnitt aus einer Lithographie nach Constantin Guise (vgl. Abb. 27, S. 34).

Der alte Gasthof in Briefen und Reisebeschreibungen

1688

«A Basle, vous logerez au trois Rois & vous y serez bien traitté, mais cherement.»[192]

Maximilien Misson (1650?-1722), ein nach England übergesiedelter Hugenotte, bereiste 1687/88 den Kontinent und schuf mit «Nouveau Voyage d'Italie» (1691) einen frühen, weit ins 18. Jahrhundert gültigen Reiseführer.

1760 und 1761

«[…] il faut faire ses accords à l'avance, et alors on est bien traité et à des prix raisonnables. Ce fut par cette précaution qu'à Bâle je me garantis du fameux écorcheur Imhoff, à l'auberge des Trois-Rois.»[193]

«D'Augsbourg je me dirigeai sur Bâle par Constance, où je logeai à l'auberge la plus chère de la Suisse. Le maître, nommé Imhoff, était le premier des écorcheurs; mais je trouvai ses filles aimables, et après m'y être amusé pendant trois jours, je poursuivis mon chemin [vers Paris].»[194]

Giacomo Girolamo Casanova (1725-1798), der berühmte italienische Abenteurer, dessen Name als Synonym für Skandale und die Kunst der Verführung gilt, stieg mehrere Male im Gasthof Drei Könige ab.

24. November 1764

"We arrived at Bâle and put up at the Three Kings, finely situated on the bank of the Rhine. Imhof, our landlord, was a most original fellow. He was prodigiously fluent in the praises of his town, which he said deserved to be seen at great length, so that I should stay with him several days. He went out and took a turn with us, expatiating on all that he saw. We supped at his table d'hôte, where he harangued on the number of people and on the distinguished savants who had been in his house. […] He amused me much, and I concluded him to be either a very honest fellow, or a very great rogue. (Casanova thought him a rogue. He kept a register in which he characterised as scoundrels all his guests who did not give him as large tips as he thought they should have done.) I had a most excellent bedchamber."[195]

James Boswell (1740-1795), schottischer Schriftsteller und Rechtsanwalt, bereiste 1764-1766 den Kontinent und stand mit Jean-Jacques Rousseau und Voltaire in enger Verbindung.

4. Juli 1777

«In einem der hiesigen Wirthäuser, zu den drey Königen, ist ein Saal am Rheine, wo im Sommer die öffentliche Tafel gehalten wird. Er hat eine Art von Gallerie, wo ich die Fremden oft mit Erstaunen und Entzücken stehen sehe. Man hat den Rhein gerade unter sich, dessen grüne Wellen majestätisch dahin wallen. In einer kleinen Entfernung sieht man die malerische Rheinbrücke nebst der kleinen und einem Theile der großen Stadt; darüber hinaus zeigt sich eine schöne bergige Landschaft. […] Ich speiste vorgestern da, wie ich es bisweilen thue, und fand unerwartet einige Landsleute in einer Gesellschaft von mehr als zwanzig Personen, die untermischt deutsch, französisch und englisch sprachen. Des Morgens besucht man hier seine Bekannten, die im Wirthshause wohnen, und die sich oft ihr Frühstück in diesen Saal bringen lassen.»[196]

Carl Gottlob Küttner (1755-1805) aus Leipzig, der nach einem Studium der Philosophie als Hauslehrer in Basel, England und Irland tätig war und viele Reisen durch Europa unternahm, avancierte zum renommierten Reiseschriftsteller.

26. September 1777

«[…] il bel teatro della Città si gode in questo Albergo dei tre Rè da una grande e bella terrazza, da cui si sputa nel fiume: noi sortiamo dalla nostra camera a questa terrazza, e dalla finestra guardiamo in una piazzetta, a cui mettono tre strade: non possiamo essere meglio alloggiati.»[197]

Alessandro Volta (1745-1827), Physiker aus Como, ging als Erfinder der Batterie und Begründer der Elektrizitätsforschung in die Geschichte ein.

1779

«Bey unserer Ankunft zu Basel giengen wir geradesweges nach den Drey Königen. Dieser Gasthof hat die anmuthigste Lage, die man sich nur immer einbilden kann. Der Rhein strömet an seinen Mauern hin, und aus den Fenstern eines großen Speisesaals übersieht man diesen herrlichen Strom und die fruchtbaren Auen und Gefilde jenseits desselben.»[198]

John Moore (1729-1802), schottischer Arzt und Schriftsteller, der u.a. Voltaire und Friedrich den Grossen besuchte und dessen Reisebeschreibungen grossen Anklang fanden.

1781

«L'auberge des Trois-Rois est la plus fréquentée & la plus agréable, une galerie ouverte y sert de salle à manger en été. Le Rhin qui coule au pied de la maison, le pont de bois qui est extrêmement large & toujours couvert de voitures, de passans & de promeneurs, la petite ville de Basle, & plus loin le marquisat de Bade avec une partie de Brisgaw & de l'Alsace, forment ensemble le tableau le plus riche & le plus riant. Ceux qui aiment à rencontrer beaucoup de monde, ne peuvent manquer de se plaire en ce lieu, où chaque jour on voit des étrangers de toutes le nations, & où l'on parle quelquefois dans la même heure cinq ou six langues différentes.»[199]

Johann Rudolf Sinner (1730-1787), langjähriger Oberbibliothekar der Stadt Bern, «einer der feinsten Köpfe und der gebildetsten Berner des 18. Jahrhunderts».

30. Juni 1786

«Wir stiegen in den drey Königen ab. […] Der Abend wurde auf der Galerie, die über den Rhein gebaut ist, zugebracht, wo wir auch speißten. Die vortrefliche Aussicht, die man da genießt, muß das abgehende an der Bewirthung, die übrigens wol bezalt werden muß, vergüten.»[200]

Wilhelm Gottfried Ploucquet (1744-1814), Professor der Medizin, Arzt und Schriftsteller in Tübingen.

November 1786

«Der beste und wegen seiner Lage am Rhein besuchteste, obgleich schlicht gebaute Gasthof zu Basel ist zu den 3 Königen. Im Sommer ist die table d'hote auf einem Altan; auf der Mitte des Tisches kann man eine fontaine springen laßen in deren Bassin Fische schwimmen.»[201]

Christian Gottlieb Schmidt (1755-1827), protestantischer Geistlicher, der als Superintendent zu Weissenfels an der Saale wirkte.

1787

«Bâle n'est pas beau; plusieurs de ses rues sont en pente, ses édifices sont irréguliers; mais le Rhin y est superbe; sa largeur, sa rapidité lui donne un air majestueux, que relèvent les campagnes environnantes. Un grand pont de bois réunit les deux parties de la ville. […] On a la vue de ce pont de la belle terrasse de l'auberge des Trois Rois, ouverte sur le fleuve, et servant, dans l'été, de salle à manger: c'est la plus grande salle et la plus agréable de celles que j'aie vues en Suisse, où les auberges sont généralement tenues d'une manière dont on n'a pas d'idée en France, soit pour la grande disposition du local, les commodités qu'on y trouve et l'exquise propreté qui y règne, soit pour le ton des gens, la ponctualité du service et l'honnêteté des maîtres.»[202]

Madame Roland, gebürtige Manon Philipon (1754-1793), französische Revolutionärin und Schriftstellerin, übte als begeisterte Republikanerin durch ihren Salon grossen Einfluss auf die Politik der Girondisten aus. Sie wurde wie die meisten Girondisten im Jahr 1793 nach einem Schauprozess hingerichtet.

August 1791

«Ich stieg hier [in Basel] bei einem trefflichen Gasthofe ab, wo ich aus meinem Zimmer die herrlichste Aussicht über den Rheinstrom und Basel bis an den stolzen Jura genieße. […] Ich speiste täglich mit einer Menge Aristokraten beides Geschlechts.»[203]

Frederik Sneedorf (1760-1792), Professor aus Kopenhagen, der auf einer Englandreise durch den Umsturz des Reisewagens ums Leben kam.

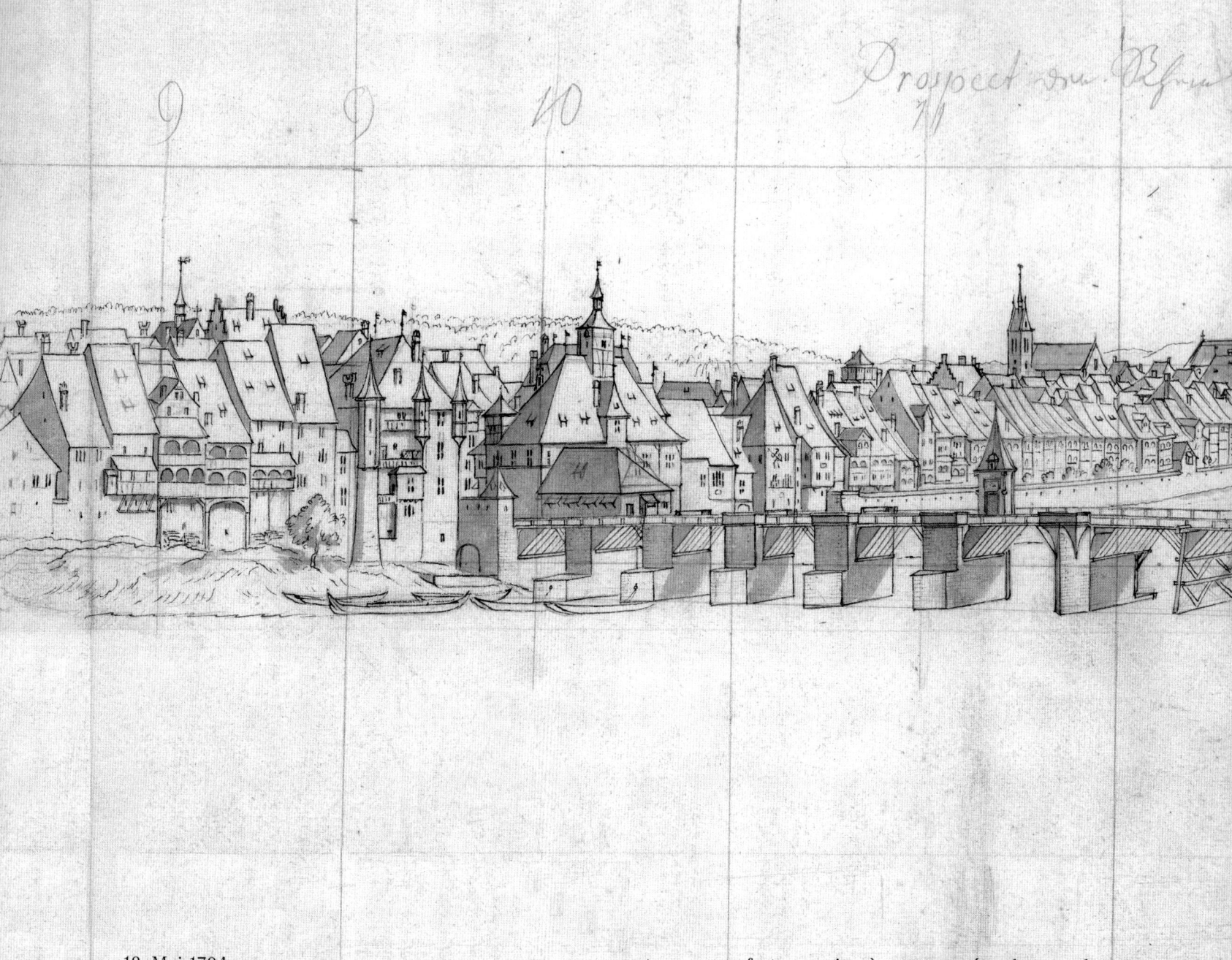

18. Mai 1794

«Gestern war es, [...] daß wir gegen Abend in Basel anlangten, und uns sogleich in dem wegen der Menge der Fremden, die man daselbst antrift, berühmten Gasthofe zu den drey Königen einlogirten; dessen Lage an dem Rhein-Ufer äusserst angenehm ist, und in welchem ein offener Altan des Sommers zum Speisesaale dient, zu dessen Füssen der Rhein vorbeyfließt, und von welcher aus man die mit Wägen, Pferden, und Fußgängern beständig bedekte Rheinbrücke sehr genau siehet.»[204]

1795–1798

«L'auberge des trois rois était autrefois des meilleures de la Suisse, recommandable surtout par la beauté de son site. La salle à manger est placée immédiatement au-dessus des flots du Rhin. On y respire avec délices un air pur continuellement renouvellé. Ceux qui aiment les belles vues et les bons morceaux, peuvent satisfaire également l'un et l'autre goût. Celui de l'hôte parait être de faire ses comptes un peu fort, aumoins à ce que prétendent quelques voyageurs de mauvaisse humeur. Mais qu'importe un petit vuide dans la bourse, pourvu que l'estomac y soit délicieusement rempli.»[205]

Rudolf Henzi (1731–1803), Berner Zeichner, Kunstdilettant und Prinzenerzieher in Den Haag, durchwanderte das Erzbistum Basel zu Beginn der Helvetik.

Anne Nagel

72 Blick vom Hotel Drei Könige stromaufwärts auf die Rheinbrücke und die beiden Stadtufer. Lavierte Federzeichnung von Emanuel Büchel.

73 Die rheinseitige Fassade. Aufriss von Amadeus Merian, 1842.
74 Rheinseitige Ansicht des Hotels. Lithographie, 1844.

Das Hotel
zu den Drei Königen
1844–2004

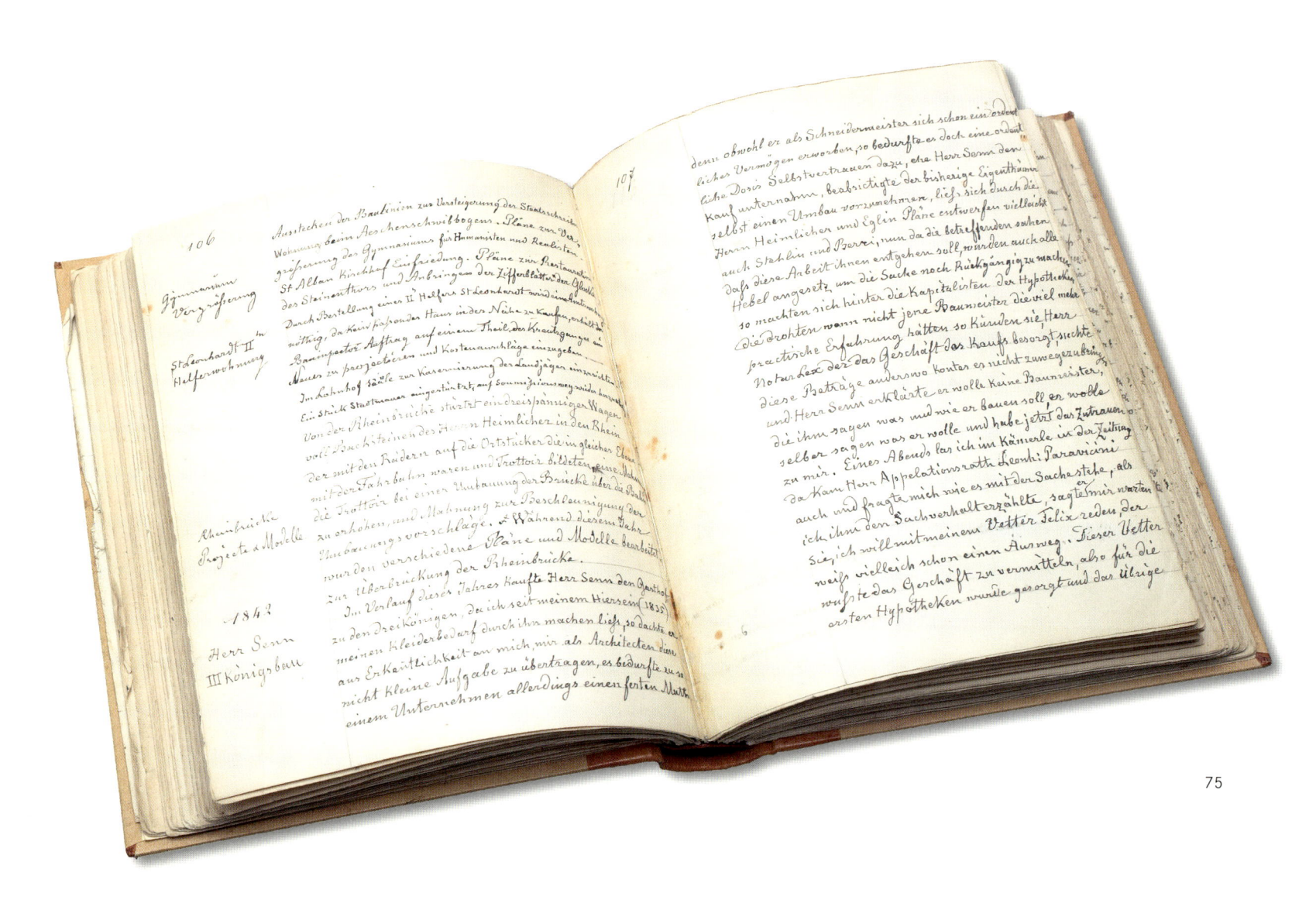

75 Die in den 1880er Jahren von Amadeus Merian
verfasste Autobiographie.

76 Porträt des Amadeus Merian. Fotografie
von Jakob Höflinger, 1863/71.

Architekt Amadeus Merian

Amadeus Merian wurde am 11. Mai 1808 als Sohn des Zimmermanns und Sägers Friedrich Merian in der Merian'schen Säge in Kleinbasel geboren (Abb. 76).[206] Hier, in der Mühle am ehemaligen Sägergässlein, die seit 1553 der Familie gehörte, hatte auch der berühmte Kupferstecher Matthäus Merian im September 1593 das Licht der Welt erblickt.

Für das Baufach entschlossen, besuchte Amadeus Merian neben dem Gymnasium die Basler Zeichnungsschule sowie verschiedene Mathematikkurse an der Universität. Von 1828 bis 1831 absolvierte er eine Lehre als Steinhauer und Gipser in Pforzheim und Bruchsal. Von dort zog Merian nach München, wo er fünf Semester an der Akademie der Bildenden Künste, nebenbei an der Polytechnischen Schule und an der Baugewerbeschule studierte. Besonders der Unterricht bei Friedrich von Gärtner (1791–1847), der die Münchner Akademie neben Karl Friedrich Schinkels Bauakademie in Berlin und Friedrich Weinbrenners Bauschule in Karlsruhe zur wichtigsten Architektenausbildungsstätte in Deutschland gemacht hatte, prägte die Stilrichtung Merians.

Im Ungewissen über seine berufliche Zukunft, da ihm die für einen anerkannten Baumeister erforderliche zweijährige Steinmetz-Ausbildung fehlte, kehrte Amadeus Merian 1835 nach Basel zurück und trat das nach der Kantonstrennung neu geschaffene Amt eines städtischen Bauinspektors (heute Kantonsbaumeister) an – mit einem Jahresgehalt von 1200 Franken keine lukrative, so doch eine sichere und verantwortungsvolle Stelle. In dieser Position übte er nun während 25 Jahren einen wichtigen Einfluss auf das hiesige Bauwesen und Architekturschaffen aus. Ihm oblagen der bauliche Unterhalt der staatlichen Liegenschaften, die Erstellung von Werkplänen für Bauten, die von anderen Architekten für die Stadt entworfen worden waren, sowie die Restaurierung verschiedener Kirchen, namentlich des Münsters. Zu den «modernen» Aufgaben seines Amtes gehörten die permanenten Unterhaltsarbeiten an der teils steinernen, teils hölzernen Rheinbrücke und Planungen für die Eisenbahnlinie Strassburg–Basel. Besondere Genugtuung bereitete Merian, neben seinen amtlichen Pflichten auch Bauten für private Auftraggeber ausführen zu dürfen. Darunter sind das Gesellschaftshaus der Drei Ehrengesellschaften «Café Spitz» am Kleinbasler Brückenkopf (1838–1841, 1969 durch Brand bis auf die Umfassungsmauern zerstört und wiederaufgebaut), der Neubau der Spinnwetternzunft an der Eisengasse (1838/39, 1930 umgebaut) und vor allem das Hotel Drei Könige am Grossbasler Rheinufer (1842–1844) von Bedeutung. Mit diesen Gesellschafts- und Gasthäusern entstanden in Basel signifikante Werke des romantischen Klassizismus Münchner Prägung – einer Stilrichtung, die sich durch die Kombination eines kompakten Baukörpers mit feingliedrigem, klar strukturiertem und ornamental bereichertem Oberflächenrelief auszeichnet.

Der Autobiographie Merians (Abb. 75)[207] ist zu entnehmen, dass «das politische und kulturelle Klima Basels in

76

den Jahren der Konsolidierung als neues Staatswesen von Engstirnigkeit und provinziellem Kleinmut geprägt war»[208] und der Beruf des beamteten «Staatsarchitekten» wenig Anerkennung brachte. Enttäuscht über die Machenschaften und Intrigen, mit denen massgebende Politiker die Ausführung der wichtigsten Bauten in andere Hände spielten, trat Merian 1859 von seinem Amt als Bauinspektor zurück.

Als Mitglied des Grossen Rats sowie des Grossen und Kleinen Stadtrats beschäftigte er sich weiterhin mit öffentlichen Baufragen. Neben seinen Aufgaben in der Kollegialbehörde präsidierte er seit 1861 die Land- und Waldinspektion, seit 1872 das Brunn- und Bauamt und nahm bei zahlreichen Architekturprojekten bzw. -wettbewerben in Basel und anderen Schweizer Städten Einsitz in Expertenkommissionen und Preisgerichten. Die Berufung als Professor an das Eidgenössische Polytechnikum in Zürich 1857 und als Zürcher Stadtbaumeister 1861 lehnte er aus Familien- und Altersgründen ab.

Am 11. Januar 1889 verschied Amadeus Merian, der zeitlebens unvermählt und ohne Nachwuchs geblieben war. Mit ihm verlor die Stadt Basel nicht nur einen treuen Diener, sondern einen der bedeutendsten Architekten des 19. Jahrhunderts, der als sein Hauptwerk das elegante Hotel Drei Könige hinterliess.

Anne Nagel

77 Kaufbrief vom 1. März 1842, der den Verkauf des Gasthofs von Joseph Müller an Johann Jakob Senn definitiv besiegelt.

78 Erster Aufriss des Hotels. Lithographie, 1841.

Zur Baugeschichte

Es war der aus dem elsässischen Altkirch stammende Joseph Müller-Sutter, seit 1829 Dreikönigswirt, der als Erster den Gedanken hegte, den alten Gasthof durch einen Neubau zu ersetzen. Denn mit dem Aufkommen der regelmässigen Linienschifffahrt auf dem Rhein 1838 war in Basel ein neues Zeitalter des Tourismus angebrochen. Generell war Reisen dank der verbesserten Verkehrsmittel nun weniger beschwerlich und nicht mehr nur für aristokratische Kreise erschwinglich, sondern hatte sich als Erlebnis und Vergnügen in der bürgerlichen Gesellschaft etabliert. Müller, der vorausschauend ahnte, dass die im Entstehen begriffene Eisenbahnlinie Strassburg–Basel zusätzliche Reisende nach Basel bringen werde, wollte den gestiegenen Ansprüchen des «modernen» Tourismus mit einem neuen, luxuriös ausgestatteten Hotel begegnen. «Wenn es zwar in dem Wesen eines solchen Etablissements [ersten Ranges] liegt, dass nicht nur nach innerer Zweckmässigkeit und Ausschmückung gestrebt werde, sondern dass auch der äussere Teil des Gebäudes sich durch Schönheit und Geschmack vortheilhaft auszeichne und mithin die Stadt selbst dadurch eine dem Auge wohlgefällige architektonische Zierde erhalte, so kann es jedem Bürger und den Baubehörden nur erwünscht sein, einen solchen Bau entstehen zu sehen» waren die selbstbewussten Worte, mit denen Müller dem Baukollegium im September 1841 seinen Plan vorlegte.[209] Die für sein Projekt erforderlichen Konzessionen – die Überbauung des als Lände dienenden Rheinquais mit Arkaden sowie die Verbauung der Front des 1830 aufgehobenen Salzhauses, um eine gerade Hotelfassade am Blumenplatz zu erreichen (Abb. 80) – wurden ihm im darauffolgenden Monat erteilt.[210] Doch bereits wenige Tage später verkaufte Müller den Gasthof samt Remise und Stallungen im Spiegelhof (S. 36f.) an den Schneider Johann Jakob Senn (Abb. 77).[211] Dieser übernahm das vorliegende Konzept, wandte sich aber von den bisherigen Baumeistern ab und übertrug Bauinspektor Amadeus Merian (S. 79f.) den Auftrag.[212] «Obwohl Senn als Schneidermeister sich ein ordentliches Vermögen erworben hatte»,[213] wurde das Unternehmen grösstenteils mit Hilfe von Hypotheken und Aktionären finanziert. Um den Verkauf der Aktien voranzutreiben,

78

erstellte Senn einen Prospekt, dem erste lithographierte Pläne beigelegt wurden (Abb. 78). Für die Anfertigung dieser ersten Entwürfe zog Merian für wenige Wochen den 25-jährigen Jakob Friedrich Studer bei, der 1840 bei Architekt Philippe Franel am Hôtel des Trois Couronnes in Vevey gearbeitet hatte und der sich später mit Hotel- und Tourismusbauten in Bern und im Berner Oberland einen Namen machte.[214] Das Aktionärskomitee, im Glauben, für die anspruchsvolle Aufgabe einen erfahrenen Architekten engagieren zu müssen, bat Daniel Pfister, der mit dem Hotel Baur en Ville in Zürich (1836–1838) einen neuartigen Bau von bedeutender Grösse und Eleganz geschaffen hatte, um einen Alternativentwurf für das Hotel Drei Könige.[215] Doch wurde Pfisters Plan, der im Inneren des Gebäudes eine grosszügig angelegte, halbrunde Kutscheneinfahrt vorschlug, als zu verschwenderisch beurteilt. Damit ging der Auftrag definitiv an Amadeus Merian.[216]

Zunächst wurde die Dépendance an der Spiegelgasse, die während der Bauzeit des Hotels als provisorische Unterkunft dienen sollte, ausgebaut (S. 36). Am 15. November 1842 begann der Abbruch des alten, aus sechs Gebäuden bestehenden Gasthofs am Blumenplatz (Abb. 79). Die Abtragung schritt schnell voran, da der Schutt aufgrund des hohen Pegelstands direkt in den Rhein geworfen werden konnte. Der unverzüglich begonnene Neubau wurde unter

79

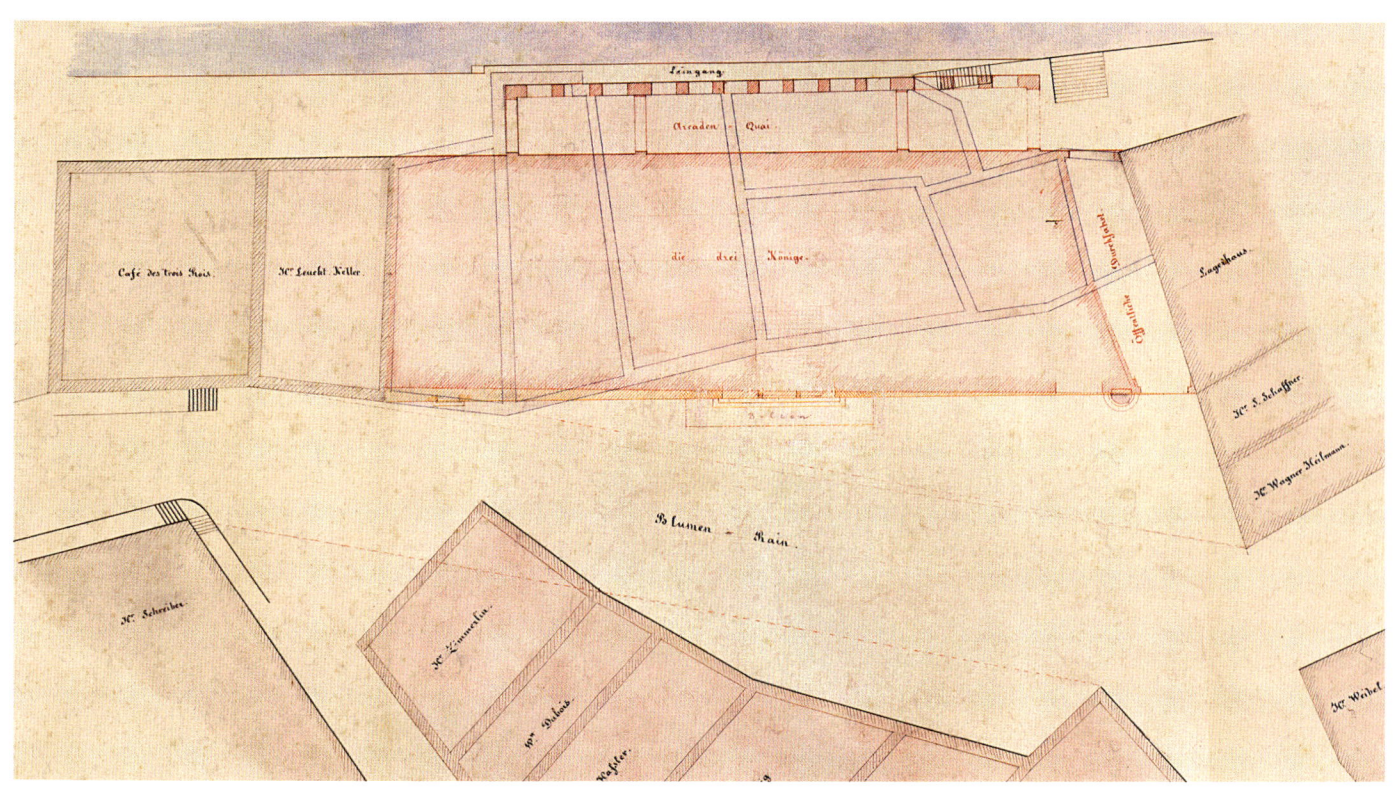

80

Beteiligung von 90 bis 100 Handwerkern binnen kürzester Zeit aufgeführt. Bereits zum Jahresende erhoben sich an der Hauptfassade die Bogen des Erdgeschosses und gegen den Rhein die Arkade des Untergeschosses. Ende April 1843 wurde das vierte Obergeschoss in Fachwerk errichtet, und am 13. Mai war alles unter Dach.[217] Nach 15-monatiger Bauzeit, am 15. Februar 1844, lud der Besitzer Johann Jakob Senn seine Baumeister und andere Honoratioren, darunter Berufskollegen aus dem In- und Ausland, zur feierlichen Eröffnung. Tags darauf übergab er das Haus mit seinen 120 Zimmern der Öffentlichkeit (Abb. 81). Tatsächlich beanspruchte der Innenausbau aber noch weitere Wochen und war erst zum Eidgenössischen Schützenfest und zur gleichzeitigen 400-Jahr-Feier der Schlacht bei St. Jakob (30. Juni 1844) endgültig fertiggestellt.[218]

Der Neubau stiess auf grosse Anerkennung. «Man weiß nicht was man an diesem Gebäude zuerst bewundern soll, ob die Großartigkeit der Anlage, oder die geschmackvolle Ausführung, ob die Zweckmäßigkeit der innern Einrichtungen vom Sousterrain weg bis ins oberste Stockwerk oder die einzig schöne Lage am Rhein, mit der umfassenden, ein ganzes Panorama darbietenden Aussicht», schrieb das lokale *Avis-Blatt*.[219] Selbst Leopold Grossherzog von Baden, der am 11. Juni 1844 im Hotel abstieg, war von der komfortablen und eleganten Einrichtung des Hauses angetan.[220] Einem etwa zur selben Zeit im Hotel logierenden wohlhabenden Engländer namens Gray gefiel die Einrichtung so gut, dass er den Architekten kennenzulernen wünschte und einen Lohndiener nach ihm sandte.[221] Zu den Besonderheiten des Hauses gehörten der rheinseitige

79 Abbruch des alten Gasthauses. Aquarell von Achilles Bentz, 1842.

80 Der aus mehreren Gebäuden bestehende alte Gasthof und das neue Hotel. Situationsplan von Amadeus Merian, 1842.

81 Johann Jakob Senn kündigt die Eröffnung seines neuen Hotels an. Annonce in der *Basler Zeitung* vom 15. Februar 1844.

81

Speisesaal, die englische Betkapelle (S. 92f.) sowie die Aussichtsplattformen auf dem Dach.

Am 15. Juni 1844 wurde die Eisenbahnlinie zwischen Strassburg und Basel in Betrieb genommen, deren Stationsgebäude auf dem «Schällemätteli» keine 500 Meter entfernt vom neu eröffneten Hotel Drei Könige lag. Für viele der Fahrgäste, darunter zahlreiche Engländer, die den Kontinent und insbesondere die Schweizer Alpen bereisten, bildeten Basel und das Hotel Drei Könige gewissermassen als Tor zur Schweiz ein wichtiges Etappenziel, bevor die Reise vorerst noch per Kutsche ihre Fortsetzung nahm. 1849 erlag die Personenschifffahrt zwischen Mainz und Basel der Konkurrenz der Eisenbahn – dies nicht nur

Das Hotel zu den Drei Königen 1844–2004

zum Nachteil des Hotels, denn damit verschwand der lästige Steinkohlenrauch der unmittelbar vor dem Haus anlegenden Dampfschiffe.

Das äussere Erscheinungsbild

Das neue Hotel Drei Könige gehört wie das Hôtel des Bergues in Genf (1829), das Hotel Baur en Ville in Zürich (1838), das Hôtel Gibbon in Lausanne (1839), das Hôtel des Trois Couronnes in Vevey (1842) und der Schweizerhof in Luzern (1845) zu einer ersten Generation städtischer Grosshotels, die in optimaler Verkehrs- und Aussichtslage errichtet wurden und die sich in ihrer Bauweise und Infrastruktur von den traditionellen Gasthöfen deutlich unterschieden. Dieser frühe Typus schweizerischer Hotelarchitektur bediente sich der damals geläufigen Architektursprache des Klassizismus.[222] Das Hotel Drei Könige ist als Hauptwerk Merians ein signifikantes Beispiel des romantischen Klassizismus Münchner Prägung. Ein wohlproportionierter Aussenbau, feingliedrige Dekorationen sowie die das Erdgeschoss bestimmenden Rundbogen zeichnen diese Stilrichtung aus.

Das Hotel Drei Könige ist kein frei stehender Bau von effektvoller Wirkung, sondern fügt sich ohne laute Prachtentfaltung in die geschlossene Häuserzeile ein. Der viergeschossige Baukörper in seiner ursprünglichen Breite (ohne die dreiachsige Erweiterung von 1911/12 gegen Norden) tritt zur Strasse hin mit einer 19-achsigen Fassade in Erscheinung, die dem Grundriss entsprechend dreigeteilt ist: Zwei flache Seitenrisalite, die durch Lisenen gerahmt und durch ein Konsolgesims an der Traufe akzentuiert sind, flankieren den Mittelteil (Abb. 82). Über dem als

82 Die strassenseitige Fassade.
Aufriss von Amadeus Merian, 1842.

83 Ansicht des Hotels. Fotografie, vor 1900.

84 Der Mittelbereich der Fassade mit Haupteingang und Königsfiguren.

85 Der bis 1900 am unteren Fassadenabschnitt angebrachte Dreikönigsbrunnen.

Sockel ausgebildeten, rustizierten Erdgeschoss mit tief eingeschnittenen Rundbogenöffnungen liegen die drei Obergeschosse mit Rechteckfenstern. Da die Behörden eine in den Strassenraum vorspringende Vorhalle («Peristyl») nicht genehmigten, verlegte Merian den Eingangsbereich hinter die Fassade und brachte, um dennoch das Ein- und Aussteigen im Trockenen zu gewährleisten, über der Eingangsarkade einen Balkon an. Dieser auf Ornamentkonsolen ruhende Balkon mit kunstvollem, gusseisernem Geländer und die spätbarocken Königsfiguren darüber (S. 33f.), die von einem kleinen Balkon baldachinartig überhöht sind, akzentuieren die Mitte der grossflächigen Fassade (Abb. 84). Der untere Abschnitt des bis zur Aufschüttung des Blumenrains im Jahr 1900 deutlich höheren Sockelgeschosses wies ursprünglich zwei Tore – eine Remiseneinfahrt und eine öffentliche Durchfahrt zum Rhein – auf. Diese flankierten einen Wandbrunnen aus Solothurner Kalkstein, der 1844 von der Stadt errichtet worden war (Abb. 83, 85).[223]

Eindrucksvoll ist die rheinseitige Situation des Hotels, seine Lage direkt am Wasser. Ein vorspringender, durch ein zusätzliches Geschoss erhöhter Mittelbau und zwei

Längendurchschnitt.

Grundplan des Erdgeschoß.

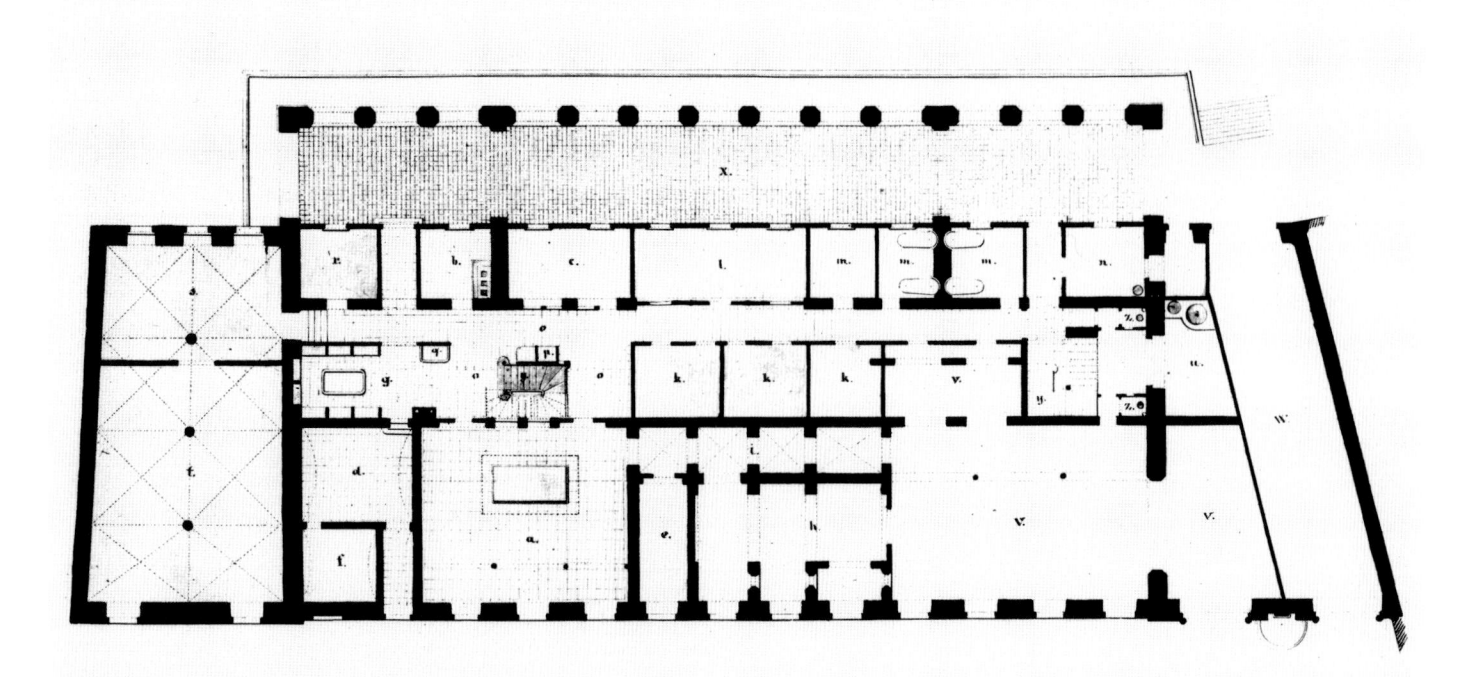

Querdurchschnitt.

schmale, zurücktretende Seitentrakte lassen die Dreiteiligkeit des ursprünglichen Hotels deutlich erkennen (Abb. 73, 74). Der Mittelrisalit ruhte anfänglich auf einer offenen Arkade (Abb. 88), die der frühen Passagierschifffahrt als gedecktes Quai diente und erst später durch das Schliessen der Bogenöffnungen dem Hotel als zusätzlicher Raum zufiel. Über dem Unterbau lagen die Gesellschaftsräume des Erdgeschosses, die sich mit grossen Rundbogenfenstern und einem durchgehenden Balkon zum Rhein hin öffneten. Das Dachgeschoss des Mittelbaus wies eine grosse Terrasse und zwei Eckpavillons auf. Diese Dachterrasse sowie die zusätzlichen Aussichtsplattformen auf den Ecktürmchen, sogenannte Belvedere, die einen grossartigen Rundblick auf die Stadt und die fernen Anhöhen – Vogesen, Schwarzwald und Jura – boten, gehörten zu den Attraktionen des Hauses. Mit ihren gepflegten Proportionen und sparsam eingesetzten Dekorationen repräsentiert die Rheinfront wie die Hauptfassade eine verhaltene Eleganz. «Ich hätte gerne an den Façaden mehr Luxus verwendet, allein ich erachtete als erste Bedingung zweckmässige confortable innere Einrichtung, die eine Abträglichkeit [Rentabilität] erwarten lasse, da das Vermögen im Verhältniss zu einem solchen Unternehmen von Seite des Herrn nicht besonders gross war», begründete Architekt Amadeus Merian diesen Sachverhalt.[224]

Die innere Ausstattung
Das Hotel in seiner ursprünglichen Ausdehnung bestand aus einem Hauptgebäude und zwei Seitentrakten (Abb. 90) und war durch einen zentralen Lichthof bestimmt. Der das Tageslicht ins Gebäude führende Lichthof, ein wichtiges Element in der Hotelarchitektur vor der Einführung des elektrischen Lichts, hatte 1842 im Hôtel des Trois Couronnes in Vevey, das in mancherlei Hinsicht dem Hotel Drei Könige Pate stand, dreifache Anwendung gefunden.[225] Der in seiner Architektursprache und Ausführung weitaus bescheidenere Lichthof in Basel besteht aus marmorierten Holzsäulen, die im Erdgeschoss Rundbogen, in den Obergeschossen Gebälke tragen und von gusseisernen Brüstungsgittern begleitet sind (Abb. 91). An den Lichthof schliesst rechter Hand die Haupttreppe an, die

86 Längsschnitt
durch das neue Hotel, 1842.

87 Souterraingrundriss
des neuen Hotels, 1842.

88 Querschnitt
durch das neue Hotel, 1842.

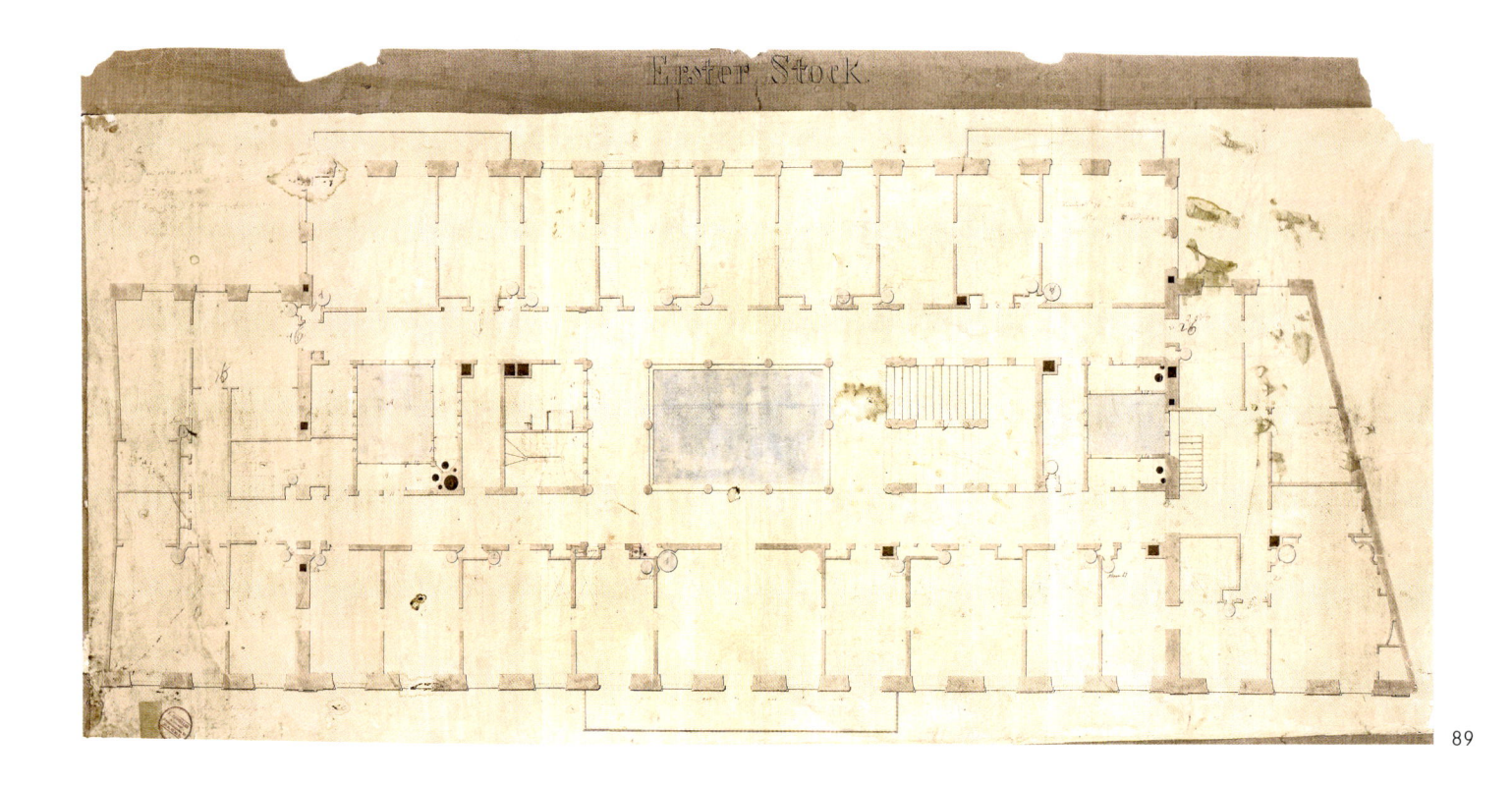

89 Das erste Obergeschoss.
Grundriss von Amadeus Merian, 1842.

90 Erdgeschossgrundriss
des neuen Hotels, 1842.

91 Der Lichthof, das eigentliche Herzstück
des Hotels, 2006.

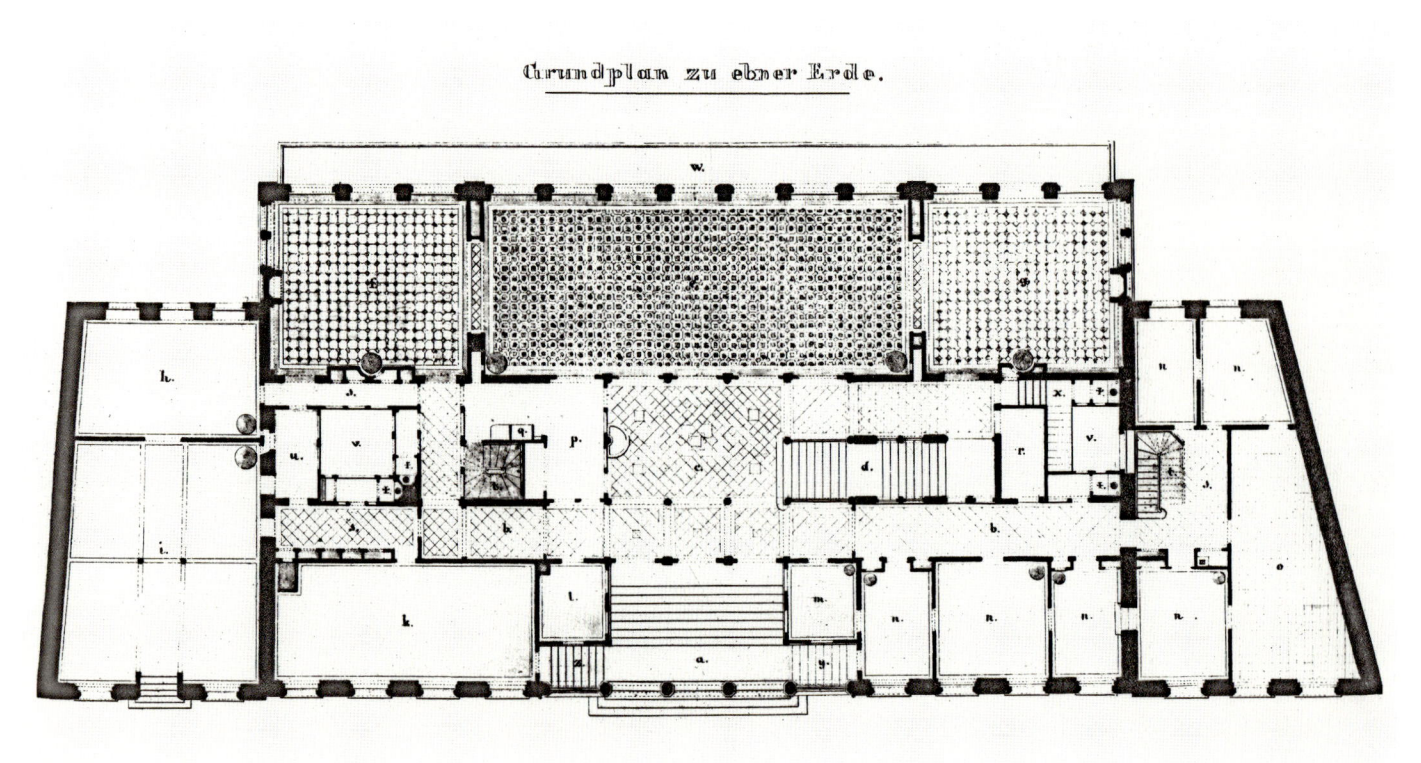

91

Das Hotel zu den Drei Königen 1844–2004

92   93   94

ursprünglich als offene Anlage vom einfallenden Licht des Innenhofs profitierte. Das durch spätere Umbauten mehrfach veränderte Erdgeschoss beherbergte anfänglich folgende Räume (Abb. 90):[226] Die innere Eingangshalle in der Mittelachse mit Buchhalterzimmer und Portierloge wurde vom Kutschersaal und von der Wohnung des Hotelbesitzers flankiert, die beide vom Eingangsbereich über eine eigene Treppe erschlossen waren. In den Seitentrakten waren links ein Restaurant mit separatem Eingang und ein Rauchsaal, rechts die Lingerie und weitere Privaträume untergebracht. Die Rheinseite des Erdgeschosses nahmen die repräsentativen Gesellschaftsräume – Frühstückssaal, Speisesaal, Lesesaal – ein. Diese lichtdurchfluteten Säle, die sich mit grossen Rundbogenfenstern zum Rhein hin öffneten, wiesen edle Tafelparkettböden, grosse zylinderförmige Kachelöfen und Cheminées auf. Insbesondere der 120 Fuss lange, mit Wanddekorationen geschmückte Speisesaal, in dessen Mitte wirkungsvoll das vergoldete Springbassin des alten Gasthofs stand, stiess bei den Gästen mehrheitlich auf Bewunderung.

Im Souterrain befanden sich Küchen- und Kellerräume, Service- und Gerätekammern, aber auch drei Badezimmer mit insgesamt vier Badewannen für die Gäste (Abb. 87). Das alte, von einem Vorgängerbau stammende Gewölbe im rechten Seitentrakt diente unter anderem als Weinkeller. Der linke Seitentrakt barg einen öffentlichen Durchgang zum Rhein und eine Remisen- bzw. Lieferanteneinfahrt. Die nicht sehr grosse Einstellhalle war für die Aufnahme grösserer Warensendungen und hoteleigener Fahrzeuge bestimmt, während die Reisewagen der Gäste in der Remise der Dépendance an der Spiegelgasse (S. 36f.) untergebracht wurden.

Die Originalgrundrisse der drei weitgehend übereinstimmenden Obergeschosse (Abb. 89) zeigen eine Aufreihung der Gästezimmer entlang der Längsseiten gegen Strasse und Rhein, in der Kernzone den Lichthof, die Haupt- und Personaltreppen sowie zwei zusätzliche Licht- und Luftschächte, an die Toiletten (S. 101) angeschlossen waren. Einigen Zimmern in den Seitentrakten bzw. Eckbereichen waren Alkoven und Salons beigegeben. Die Verbindungstüren zwischen den Räumen erlaubten es, die Zimmer einzeln oder in beliebiger Anzahl als Appartements zu vermieten. Die baugeschichtlichen Untersuchungen im Vorfeld der Renovation von 2004 bis 2006 haben Befunde zutage gebracht, die von den Obergeschossen ein weitgehend vollständiges Bild der originalen Grundausstattung vermitteln.[227] Die Böden der Längskorridore und Gänge um den Lichthof waren mit roten Tonplatten belegt, die Haupttreppe aus rotem Sandstein hell gestrichen. Die Wände dieser Bereiche zeigten über einer schwarz marmorierten Sockelleiste eine altrosafarbene, dunkelrot gerahmte Marmorierung, die sich vom blaugrau gestriche-

95

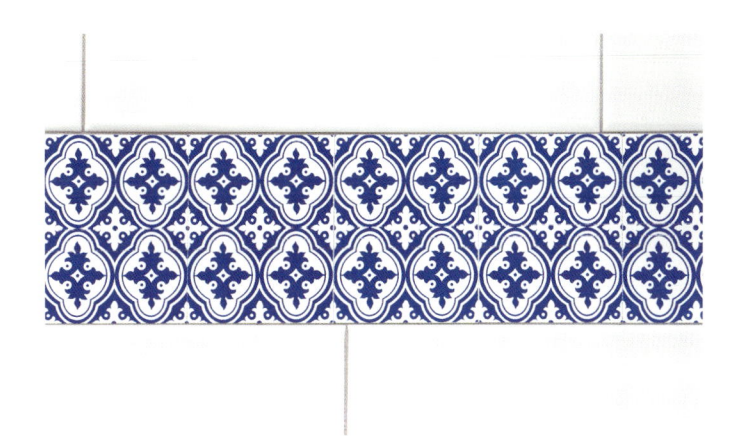

96

nen Deckenspiegel mit himmelähnlicher Tiefenwirkung abhob. Die warmen Farbtöne der Wände und Böden bildeten ausserdem einen reizvollen Kontrast zur grauen, steinimitierenden Farbgebung der Lichthofarchitektur, die ihrerseits durch punktuelle Vergoldungen an den Säulenkapitellen und Brüstungsgittern eine Auflockerung erfuhr. Die mit Riemen- oder einfachen Parkettböden belegten Gästezimmer waren unterschiedlich tapeziert. Die nur in spärlichen Fragmenten gefundenen Tapeten – frühe maschinell hergestellte «Endlos»-Papiererzeugnisse französischer Herkunft – zeigen im Geschmack der Zeit Motive der Neurenaissance (Arabesken, Mauresken) oder des Neurokoko in matten Farben auf cremefarbenem bzw. hellgrauem Fond (Abb. 92, 93). Oben und unten wurden die Tapeten wirkungsvoll von roten, goldgehöhten Veloursbordüren gerahmt. Eines der streng stilisierten, linearen Pflanzenornamente, das mit den Schmuckmotiven der gusseisernen Balkon- und Lichthofgitter aufs engste verwandt ist, diente 2005 als Vorbild für das Dekor der neu angefertigten Papier- und Seidentapeten der Gästezimmer (Abb. 94, 95). Die Tapeten der ehemaligen Sanitärräume waren mit einem flächenhaften, ultramarinfarbenen Vierpassmuster in neugotischem Stil bedruckt, das 2005 auf Wandfliesen in den Küchen Wiederverwendung fand (Abb. 96).

Da gemalte Ansichten, frühe Fotografien oder ausführliche Beschreibungen des Inneren fehlen und die alten Möbel sich nicht eindeutig dem Bestand von 1844 zuordnen lassen, existieren keine näheren Informationen über die ursprüngliche Einrichtung und Möblierung der Gästezimmer und Gesellschaftsräume. Einzig die englische Betkapelle fand aufgrund ihrer aussergewöhnlichen Ausstattung in zeitgenössischen Berichten eingehende Erwähnung.

Anne Nagel

92   Tapete im Neurenaissancestil, Arabesken mit Emblemen. Zweifarbendruck, Frankreich, um 1840.

93   Aufwendige Gaufrage-Tapete im Neurokokostil. Übereinander angeordnete, reichverzierte Kartuschen und goldgehöhte Veloursmotive. Frankreich, um 1840.

94   Tapete im Neurenaissancestil mit Mauresken. Einfarbendruck, Frankreich, um 1840.

95   Seidentapete mit Maureskenmotiv. 2005 angefertigt nach einer Papiertapete aus der Zeit um 1840 (Abb. 94).

96   Küchenfliesen mit Vierpassmuster. 2005 angefertigt nach einer Papiertapete aus der Zeit um 1840.

Die englische Betkapelle

Bereits im Oktober 1843, vier Monate vor der Eröffnung, machte die Tagespresse auf eine Besonderheit des neuen Hotels aufmerksam.[228] Berichtet wurde von einem kleinen Salon, in den «die vollständige vortrefflich erhaltene Bet-Kapelle aus der fürstabtlich St. Gallischen Sommerresidenz Wyl versetzt worden» sei. Die Rede war von einem Wandtäfer «mit kunstvoller Schnitzarbeit und reichsten zum Theil sehr sinnigen Verzierungen von Holzmosaik». Dank einer beim Einbau gefundenen Inschrift konnte der Verfasser des Zeitungsartikels sogar den Urheber, Schreinermeister Joseph Müller aus Ossingen, und das Entstehungsjahr 1580 nennen. Demnach war das Täfer der Betkapelle wie der heute im Historischen Museum St. Gallen ausgestellte sogenannte Opsersaal im Auftrag des Fürstabts Joachim Opser (1577–1594) entstanden, der im Jahr 1580 am Hof zu Wil bedeutende Umbauten veranlasst hatte.[229] Ähnlich wie die prächtige Wandbekleidung des Opsersaals muss diejenige der Betkapelle architektonisch gegliedert und mit Intarsien aus verschiedenen Holzarten und -furnieren verziert gewesen sein.

Das Täfer, das auf unbekannten Wegen nach Basel gelangte, wurde in den mittleren längsrechteckigen Raum der Beletage eingebaut, dessen Fenster(-Türen) sich zum Blumenplatz hin auf den grossen Balkon öffnen. Die Decke über den vertäferten Wänden war in pompejanischem Stil reich dekoriert (Abb. 97, 98). Der Deckenspiegel zeigte hellgraue, goldgehöhte Rosetten auf rotockerfarbenem Grund und war von grünen, karminroten und ockerfarbenen Friesen mit fein aufgemalten Ornamenten, schwarzen Profilstäben und Goldfilets gerahmt. Ein sechsteiliger Scheibenzyklus, der die sieben Werke der Barmherzigkeit darstellte, schmückte seit 1846 die Fenster (Abb. 99–104).[230] Die vom begabten Basler Kleinmeister Hieronymus Hess entworfenen und von Glasmaler Lorenz Helmle in Freiburg i.Br. ausgeführten Glasmalereien, die heute als verschollen bzw. zerstört gelten, deren Entwürfe aber erhalten sind, fügten sich mit ihrer historisierenden Bildsprache und monochromen Farbgebung dezent in das Interieur ein. Während die beiden Darstellungen «Hungrige speisen/Durstige tränken» (Abb. 99) und «Fremde beherbergen» (Abb. 100) auf die zentralen Aufgaben eines

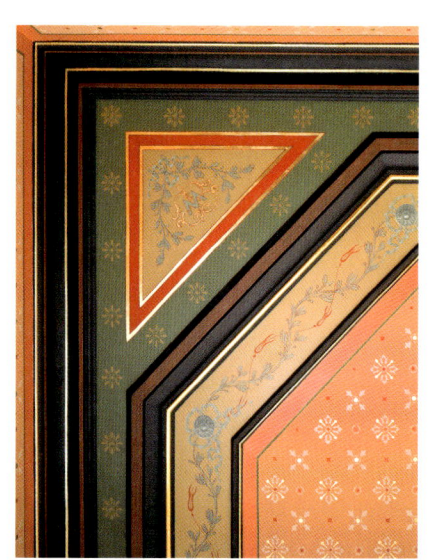

97   98

jeden Gasthofs Bezug nehmen, darf die Bildschöpfung zu «Kranke pflegen» (Abb. 102), nämlich der Besuch des französischen Königs Franz I. am Sterbebett Leonardo da Vincis mit den drei Königslilien im Zwickelmedaillon, als eine diskrete Anspielung auf das Hotel Drei Könige gelten.[231]

Das «antike Zimmer aus dem Fürst-Abt St. Gallischen Schlosse» erhielt 1844 die Funktion einer englischen Betkapelle, womit Dreikönigswirt Johann Jakob Senn auf die Bedürfnisse seiner überaus zahlreichen angelsächsischen Kundschaft einging. In den 1840er Jahren setzte auch in anderen Schweizer Tourismusregionen der Bau englischer Gotteshäuser ein, die jedoch mehrheitlich als eigenständige Bauten in neugotischem Stil errichtet wurden.[232]

Neben den englischen Adeligen, Militärs, politischen Gesandten und Repräsentanten mit ihrem Gefolge, bei denen das Hotel Drei Könige seit je als bevorzugte Unterkunft galt, stiegen hier zunehmend – dies belegen die im *Tagblatt der Stadt Basel* publizierten Fremdenlisten – wohlhabende Bürger auf Bildungsreise ab, oftmals in Gesellschaft oder in Begleitung ihrer Familien. Wurden die Gottesdienste

100   101

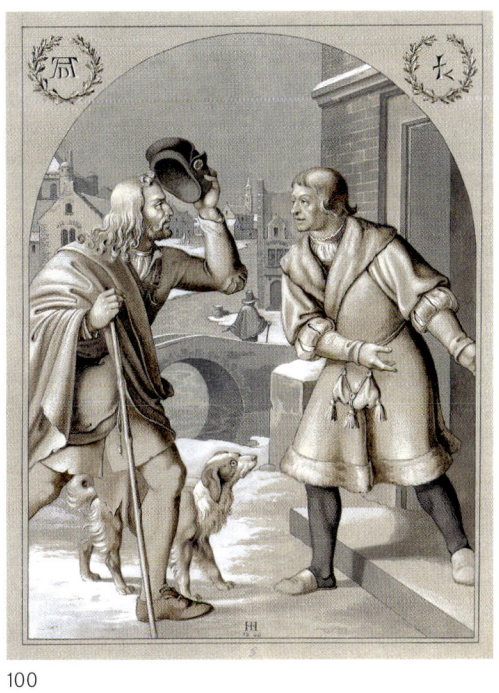

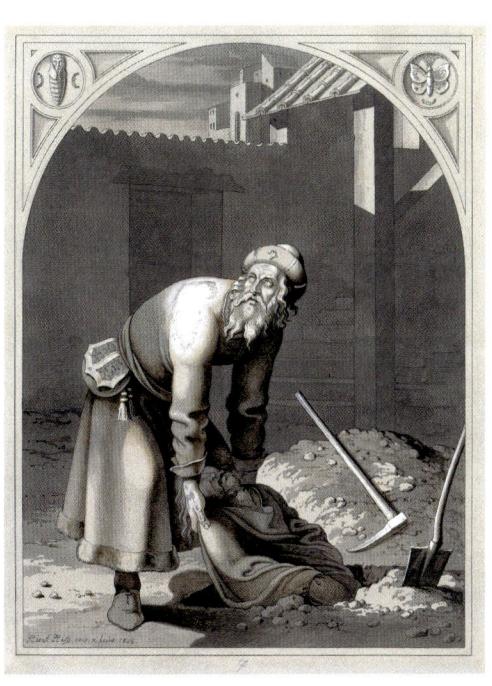

103   104

97, 98   Originale und rekonstruierte Deckenmalerei
in der ehemaligen englischen Betkapelle.

99–104   Entwürfe zu einem Scheibenzyklus
in der ehemaligen Betkapelle des Hotels Drei Könige.
Lavierte Federzeichnungen von Hieronymus Hess, 1846:
«Hungrige speisen / Durstige tränken»,
«Fremde beherbergen», «Nackte bekleiden»,
«Kranke pflegen», «Gefangene besuchen»,
«Tote begraben».

Das Hotel zu den Drei Königen 1844–2004   93

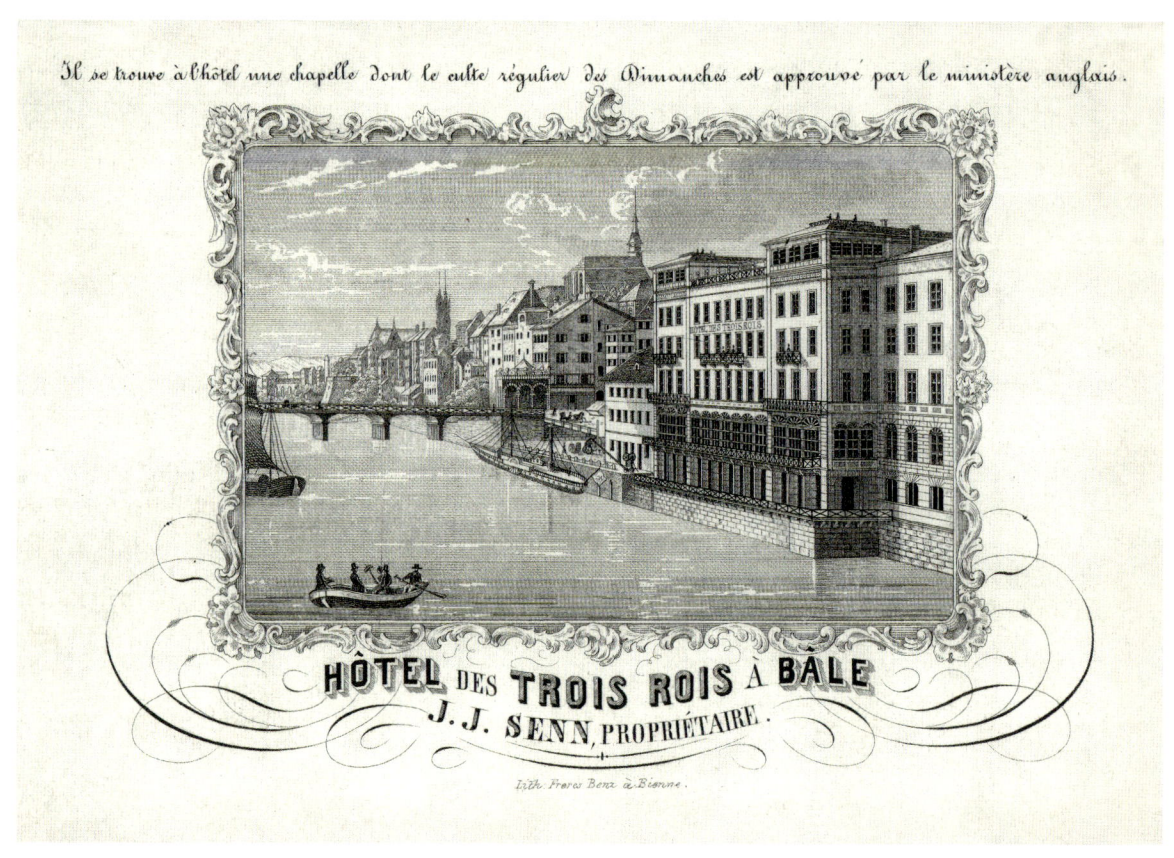

anfangs von den Kaplänen der adeligen Reisegesellschaften abgehalten, übernahm ab 1854 ein Pfarrer der Londoner Missionsgesellschaft (Commonwealth and Continental Church Society), der als Dauergast im Hotel einquartiert war, den Sonntagsgottesdienst während der Sommersaison (Abb. 105). Damit stand die Betkapelle des Hotels Drei Könige auch den Gästen anderer Hotels sowie den Mitgliedern der anglikanischen Kirche offen. Aufgrund der zunehmenden Raumnot wurde der Gottesdienst 1862 vorübergehend in die Martinskirche verlegt, um wenige Jahre später ein neues Domizil im Erdgeschoss des Hotels zu finden. Mit der Abberufung des letzten Pfarrers im August 1914 wurde der englische Gottesdienst im Hotel Drei Könige definitiv eingestellt.[233]

Bereits 1862, nachdem die Betkapelle im ersten Obergeschoss ihre Funktion verloren hatte, verkaufte Johann Jakob Senn deren Ausstattung, darunter vermutlich auch das Renaissance-Täfer und die Glasmalereien, die seither spurlos verschwunden sind.

Anne Nagel

105 Geschäftsannonce, mit der Johann Jakob Senn den englischen Sonntagsgottesdienst in der Hotelkapelle propagiert. Lithographie, nach 1854.

106 Ansicht des Hotels. Fotografie von Adam Várady, vor 1900.

Spätere Ein- und Umbauten

Bereits in den Jahren um 1860 versah Hotelbesitzer Johann Jakob Senn die rheinseitige Aussichtsplattform zwischen den beiden Eckpavillons, deren Blechabdeckung schadhaft und undicht war, mit einem Dach – ein erster Eingriff, der die reizvolle Dachausbildung der Rheinfassade merklich veränderte (Abb. 106).[234] Dieser frühen Umbauphase ist auch die Neugestaltung zweier Zimmer im ersten Obergeschoss zuzuordnen, deren heutige Namen an prominente Gäste erinnern: Das Herzl-Zimmer (Abb. 107, 108), ein schmaler Raum in der Mittelachse der rheinseitigen Zimmerflucht, soll 1897 und in den folgenden Jahren während der Internationalen Zionistenkongresse in Basel dem österreichischen Schriftsteller Theodor Herzl (1860–1904) als Logis gedient haben (S. 159ff.). Die Napoleon-Suite (Abb. 109), ein Ecksalon am Ende derselben Enfilade, hält die Erinnerung an ein grosses Ereignis in der Geschichte des Hauses, den 24. November 1797, wach, als Napoleon Bonaparte nach einem glorreichen Empfang im Speisesaal des alten Gasthofs dinierte. Der Ecksalon, der erst 1844 mit dem heutigen Hotelbau entstand und deshalb dem französischen General und späteren Kaiser nicht als Unterkunft gedient haben kann, war jedoch mit den angrenzenden Räumen während 15 Jahren (1919–1934) von Erzherzog Eugen von Habsburg (1863–1954), dem wohl berühmtesten Dauergast des Hotels, bewohnt (S. 163ff.). Beide Interieurs – Herzl-Zimmer und Napoleon-

106

107

108

Suite – sind durch stuckierte und bemalte Decken und Wände im Neu-Louis-XVI-Stil ausgezeichnet. Besonders luxuriös ausgestattet ist die lindgrüne Napoleon-Suite, deren Deckenfeld mit Wolkenhimmel von anmutig ausgemalten Medaillons und vergoldeten Verzierungen gerahmt wird, während die Supraporten mit Stuckmedaillons geschmückt sind (Abb. 110).

Das Hotel erlitt im Jahr 1900 einige Einbussen, als nach dem Abbruch der angrenzenden Gewerbehalle, des einstigen Salzhauses an der Schifflände, der Blumenrain erhöht und der Tramverkehr in Betrieb genommen wurde. Die Aufschüttung der Strasse führte zum Verlust der beiden Einfahrtstore (der öffentlichen Durchfahrt zum Rhein und der hoteleigenen Remiseneinfahrt), des 1844 an der Fassade erstellten Wandbrunnens und mehrerer Küchenfenster im Untergeschoss.[235] «Die Tramwagen, die jeweilen beim Passieren ein donnerndes Gepolter verursachen und das ganze Hotel in zitternde Schwingungen bringen», stellten das bislang wegen seiner ruhigen Lage geschätzte Hotel vor neue Herausforderungen.[236]

In der Absicht, das 1909 umgestaltete Erdgeschoss durch ein neues Restaurant mit separatem Eingang zu erweitern, erwarb Dreikönigswirt Lucien Bossi 1911 die nördlich anstossende Nachbarliegenschaft (Blumenrain 10) und liess von den Architekten Suter & Burckhardt einen dreiachsigen historisierenden Anbau errichten.[237] Das neue Restaurant öffnete sich zum Rhein hin mit einer frei ausladenden, verglasten Veranda (Abb. 111).

107, 108   Herzl-Zimmer, um 1920 und 2006.

109   Napoleon-Suite, um 1920.

110   Blick vom Ecksalon der Napoleon-Suite in den angrenzenden Raum mit Rixheimer-Tapete «La Vigie de Koat-Ven», 2006.

109

110

Der südliche Seitentrakt des Hotels ging 1915 in den Besitz der angrenzenden Basler Kantonalbank (Blumenrain 2) über, wurde vom Hotel abgetrennt und den Zwecken der Bank angepasst (unter anderem durch den Einbau einer Schalterhalle im Erdgeschoss). Erst 1965 wurde dieser Trakt baulich wieder mit dem Hotel vereinigt.[238]

1934, angesichts der geplanten Korrektionen des umliegenden Stadtbereichs, erwarb die Blumenrain Immobilien AG die Hotelliegenschaft. Die neuen Besitzer waren entschlossen, das Hotelpatent auf einen Hochhaus-Neubau am Centralbahnplatz zu übertragen und das Hotel am Blumenrain inklusive Kantonalbank durch einen modernen Mehrzweckbau zu ersetzen. Finanzielle Gründe und schwierige Verhandlungen mit den Behörden brachten letztendlich das Neubauprojekt zum Scheitern und bewirkten die Erhaltung des Hotels Drei Könige.[239] 1936/37 erfolgte durch die Berner Architekten Kurt Rieser und Raymond Wander eine Generalrenovation des Inneren (Abb. 144a–m, S. 114), die einer Ausweidung des Gebäudes gleichkam. Ausstattung und Mobiliar wurden ausgeräumt und zerstört oder zerstoben in alle Winde. Ohne Rücksicht auf Verluste wurden die historischen Mauern, Fachwerkwände und Holzbalkendecken durch Betonarmierungen und Eisenträger verstärkt und der Lichthof über dem Erdgeschoss mit einer Stahlbetondecke geschlossen.[240] Diesem Eingriff folgten bis ins späte 20. Jahrhundert rund 30 weitere (Teil-)Umbauten, die einerseits die laufende Anpassung an die sich wandelnden Komfortansprüche (Abb. 157a–m, S. 122), andererseits die Erneuerung der sanitären und technischen Anlagen betrafen. Mit dem vollständigen Neuaufbau des vierten rheinseitigen Obergeschosses für zusätzliche Gästezimmer 1954/55, der zur Beseitigung der Eckpavillons und zur Vereinheitlichung des Daches führte, erfuhr die Rheinfront eine weitere massgebliche Veränderung.[241]

Anne Nagel

Das Hotel zu den Drei Königen 1844–2004

111 Restaurant im Erweiterungsbau Blumenrain 10.
Fotografie von Alfred Kugler, 1912.

Technische Installationen: Beleuchtung, Heizung und Sanitäranlagen

In allen Hotels der ersten Klasse war bis in die zweite Hälfte des 19. Jahrhunderts die Kerzen- oder Petrolbeleuchtung an der Tagesordnung. 1851 kostete im Hotel Drei Könige das Wachslicht 1 Franken bei einer Zimmermiete von 2 Franken – ein stolzer Aufpreis, zumal eine Kerze nicht gerade zur optimalen Ausleuchtung eines Zimmers beitrug.[242] Als 1881 die Zimmerpreise bei 3 bis 6 Franken lagen, hatte der Gast für Bedienung und Licht eine im Verhältnis etwas günstigere Pauschale von 1½ Franken zu entrichten.[243] Die Gasbeleuchtung, die in Basel 1852 eingeführt wurde, brachte eine erste Verbesserung. Mit 49 Flammen gehörte das Hotel Drei Könige zu den ersten und wichtigsten Gasabonnenten.[244] Einen vergleichbaren Gasverbrauch hatten in Basel nur die Gesellschaftsbauten wie das Stadtcasino am Barfüsserplatz und die Lesegesellschaft am Münsterplatz, während der Gaskonsum anderer Gasthöfe – beispielsweise des «Storchen» mit 24 Flammen, des «Wilden Manns» mit 31 Flammen, der «Krone» mit 11 Flammen oder des «Kopfs» mit 12 Flammen – bei weitem bescheidener ausfiel. Es ist davon auszugehen, dass die Gasbeleuchtung, die eine relativ starke Verrussung und eine unangenehme Erwärmung der Räume mit sich brachte, im Hotel Drei Könige nur in der Eingangshalle, im Speisesaal und in den anderen Aufenthaltsräumen des Erdgeschosses installiert war. In den Gästezimmern blieb bis zur Einführung der Elektrizität die Kerze oder Petrollampe die einzige Lichtquelle.

Mit der Erfindung der Glühlampe 1879 und ihrer Präsentation an der Elektrizitätsausstellung in Paris 1881 fand die elektrische Beleuchtung rasch Verbreitung. In das Jahr 1882 fielen denn auch erste Bemühungen, das Hotel Drei Könige zu elektrifizieren. Der Maschinenfabrik Bürgin & Alioth, die eine Stromzufuhr vom Claragraben zum Hotel und das Spannen von Drähten durch Kleinbasler Gassen und über den Rhein hinweg beantragte, wurde keine Konzession erteilt. Auch das Gesuch eines anderen Anbieters von 1892, eine Starkstromleitung von der Petersgasse 7 über die Spiegelgasse bis zum Hotel zu erstellen, wurde abgewiesen.[245] Ein gesicherter Nachweis für elektrisches Licht im Hotel Drei Könige findet sich erst für das Jahr 1898.[246]

Da 1891 die Elektrizität im Haus noch fehlte, wurde ein zunächst hydraulischer Personenaufzug zwischen Lichthof und Personaltreppe eingerichtet (Abb. 112).[247] Bei dem bereits 1879 erwähnten Aufzug[248] handelte es sich noch nicht um einen Personenlift, sondern um einen handbetriebenen Waren- und Speiseaufzug, der von Anfang an – wie auf den Originalplänen zu erkennen – vom Küchenkorridor im Souterrain über das Office im Erdgeschoss bis in einen Personalraum der Zimmeretagen reichte. Jede der Etagen verfügte über einen eigenen Service, der für die Betreuung der Gäste, im Speziellen für die Bedienung des Aufzugs, für das Beheizen der Zimmer und die Zuteilung des Wassers zuständig war.

Die Grundrisspläne von 1842 belegen, dass jedes Gästezimmer in den oberen Etagen über einen Kachelofen verfügte, der vom Flur aus eingeheizt werden konnte. 1896 bezahlte der Gast für das Brennholz pro Korb 2 Franken (Abb. 113). Die Gesellschaftsräume im Erdgeschoss waren mit grossen, zylinderförmigen Öfen bestückt. Lesesaal und Frühstückssaal, die rheinseitig den grossen Speisesaal flankierten, wiesen zusätzlich je ein Cheminée auf. Bereits 1856 erhielt der Speisesaal, dessen herkömmliche Ofenheizung offensichtlich nicht genügte, eine Luftheizung, die nach dem heutigen Kenntnisstand die erste derartige Anlage in einem Schweizer Hotel ist.[249] Dieses frühe Zentralheizungssystem, bei dem die Luft in einer Heizungsanlage erwärmt, durch Röhren bzw. Kanäle transportiert und in den zu beheizenden Räumen ausgeblasen wird, wurde 1883 erneuert und vermutlich auf weitere Räume ausgedehnt.[250] Als 1897 eine Niederdruck-Dampfheizung an die Stelle der Luftheizung trat, wurden in den Zimmern die Kachelöfen durch Radiatoren ersetzt.[251]

Seit 1682 führte eine Leitung dem Gasthof Gebrauchtwasser aus dem Trog des öffentlichen Urbanbrunnens zu – eine den grossen Wasserbedarf des Hauses deckende Einrichtung, die nachweislich noch im Jahre 1873, wahrscheinlich aber noch länger bestand. Der Sodbrunnen auf dem Blumenplatz, der seit 1732 die Trinkwasserversorgung des Gasthofs und der umliegenden Häuser garantiert hatte, wurde 1844 infolge des Hotelneubaus aufgehoben und durch einen Wandbrunnen an der unteren Fassade

Basel.

Gasthof zu den Drei Königen.

Haus ersten Ranges, in prachtvoller, ruhiger Lage am Rhein, und im Centrum der Stadt. 150 Zimmer und Salons. Bäder auf jeder Etage. Hydraulischer Personenaufzug. Omnibus an beiden Bahnhöfen.

[8171] Besitzer: C. Flück.

112

BASEL (273 M. ü. M.) **HOTEL DREI KÖNIGE**
Prachtvolle, ruhige Lage am Rhein u. im Centrum der Stadt. Grosse Terrasse mit Aussicht auf die Brücken, Münster, Vogesen, Schwarzwald. Lese- und Rauchzimmer, Damensalon, Bibliothek, Personen-Aufzug, Telephon, Bäder, Douchen, Luftheizung. Omnibus an beiden Bahnhöfen.
Der Besitzer: C. Flück.

Preis pro Person und pro Tag	
Geöffnet: Das ganze Jahr	Während des ganzen Jahres Fr.
Zimmer m. 1 Bett	4.50 bis 8.—
" m. Doppelbett	7.— " 11.—
" m. 2 Bett	8.— " 15.—
(ausgenommen Appartementszimmer)	
Beleuchtung / Bedienung	i. Zimmerpreis inbegriffen
Heizung	2.— per Korb
Privatsalon	von 15.— an
Frühstück compl.	1.50
I. T. d'hôte o. W.	3.50
II. T. d'hôte o. W.	5.—
Pension mit Zim.	von 12.— an
Omnibus	1.—
Trinkgeld	—
Pensionspreise bei mindestens 5 Tagen Aufenthalt.	
Kinder bis zu 10 Jahren geniessen ½–½ Ermässigung.	
Dienerschaft: Fr. 5 ohne Zimmer.	

113

HÔTEL DES TROIS ROIS À BÂLE

CHAMBRES & APPARTEMENTS AVEC SALLES DE BAINS PRIVÉS

AUTO-GARAGE

L. A. BOSSI
PROPR^{re}

Bâle, le 29th June 1913

114

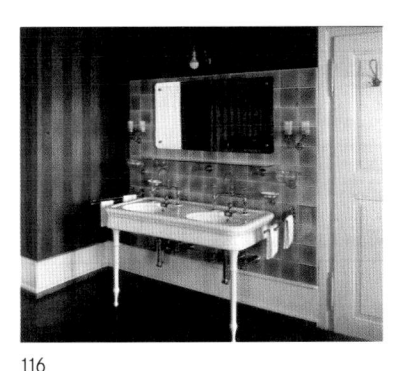

des Hotels ersetzt (Abb. 85, S. 85). Im selben Jahr erhielt Hoteldirektor Johann Jakob Senn die behördliche Genehmigung, das Wasser des stillgelegten Sodbrunnens in sein Haus zu leiten.²⁵² So verfügte das neue Hotel Drei Könige von Anbeginn über fliessendes Wasser in allen Etagen und damit über einen Komfort, der in Basel erst ab 1875 mit der Inbetriebnahme der ersten städtischen Druckwasserleitung zum Standard wurde. Das Wasser wurde vom Souterrain in die Reservoirs im vierten Stock gepumpt und über ein Leitungsnetz im Hotel verteilt. Auf den Zimmeretagen führte die Leitung in eine Wasserkammer, von wo aus das Personal den Gästen die gewünschte Wassermenge ins Zimmer trug. Baderäume auf den Etagen, geschweige denn in Verbindung mit Gästezimmern gab es 1844 und auch die nächsten Jahrzehnte noch keine. Drei Bäder mit insgesamt vier Badewannen standen den Gästen im Souterrain zur Verfügung. Hingegen wies das Hotel Drei Könige von Anfang an je vier Toiletten pro Etage auf, die bei den Licht- und Luftschächten angeordnet und an die direkt in den Rhein mündenden Abwasserkanäle angeschlossen waren.

Noch 1908 zählten Waschtisch oder -kommode sowie die aus Schüssel und Krug bestehende Waschgarnitur zum Mobiliar eines jeden der 90 Gästezimmer mit ihren insgesamt 132 Betten (ohne Kammern und Personalzimmer). Lediglich die Baderäume auf den Etagen – zwei im ersten, je einer im zweiten und dritten Obergeschoss – und ein Privatbad, das einem Appartement der Beletage zugeordnet war, verfügten über fliessendes Wasser und Badewannen. Die im Inventar von 1908 in grosser Zahl aufgeführten Sitzbadewannen machen deutlich, dass das Baden auf den Zimmern in tragbaren Behältern offensichtlich zu jener Zeit noch üblich war.²⁵³ 1911 und 1924 wurden die Sanitäreinrichtungen des Hotels Drei Könige auf insgesamt 15 Etagen- bzw. Privatbadezimmer und 15 Zimmerlavabos erweitert (Abb. 115–117)²⁵⁴ – der heutige Komfort lag demnach noch in weiter Ferne.

Anne Nagel

112 Anzeige aus *Die Schweiz. Praktisches Handbuch für Reisende*, 1891.

113 Anzeige aus *Die Hotels der Schweiz*, 1896.

114 Briefkopf aus der Ära des Hotelbesitzers Lucien A. Bossi, nach 1911.

115–117 Die 1924 von der Firma Albert Grüne installierten Sanitäranlagen: Lavabos, Badezimmer. Fotografien von Theodor C. Hoffmann, 1924.

Das Hotel zu den Drei Königen 1844–2004

Besitzer und Betreiber

Johann Jakob Senn – vom Schneider zum Hotelier
Aufgrund seiner günstigen Lage am Rheinknie war Basel über Jahrhunderte ein Anziehungspunkt für Menschen aus der Region und dem angrenzenden Ausland. Die Stadt verdankte ihre Vitalität dieser Zuwanderung und «Blutauffrischung». Auch Johann Jakob Senn (1799–1881) war Sohn eines Zuzügers aus der Nachbarschaft, dem ehemaligen Untertanendorf Binningen. In kürzester Zeit fand er durch Gewerbefleiss und Klugheit Eingang in die etablierte Gesellschaft Basels. Johann Jakobs Vater war der Indienne-Drucker und spätere «Lohnlakaie» (Hoteldiener) Friedrich Senn, seine Mutter die Krankenwärterin Susanna Barbara Senn. Er war dreijährig, als die Eltern nach Basel übersiedelten. Der Vater fand im Gasthof zum Storchen eine Stelle als «Lohnbedienter». Nach dem Schulbesuch erlernte Johann Jakob Senn das Schneiderhandwerk. Bis nach Dessau führte ihn die Lehrzeit, dort wurde er 1815 auch konfirmiert.[255]

Am 2. April 1825 erwarb er gegen eine Gebühr von 400 Franken das Bürgerrecht der Stadt Basel. Schneidermeister wurde Senn im gleichen Jahr, die Prüfung war genau umschrieben: «Hat […] sein Meister Stück aufgewiesen[,] schneidt Rok und Pantalon in Natura und zeichnet einen Mantel auf den Boden.» Die Zensur lautete «besteht ganz gut», was eine ausgezeichnete Note war. Nach Brauch zahlte Senn für das Meisterstück 10 und für die Aufnahme in die Zunft zu Schneidern 24 Franken.[256]

Seine erste, 1825 geschlossene Ehe ging bereits zwei Jahre später in die Brüche und wurde 1831 geschieden. Prächtig florierte hingegen sein Geschäft: Innert weniger Jahre galt er als einer der führenden Herrenschneider der Stadt. Die Neider blieben nicht aus.[257] Zweifellos waren sein Selbstbewusstsein und seine ausgesprochene Courage auch Grund für seinen Erfolg. Er bildete Lehrlinge aus, darunter zwei Waisen: seinen Neffen Leonhard Stehlin und Johann Franz Roth aus dem Waisenhaus.[258] Auswärtige Schneidergesellen auf der Walz fanden bei ihm stets gute Arbeit.[259]

Seine zweite Frau, Ursula Isenegger, schenkte ihm zehn Kinder, von denen nur fünf volljährig wurden. 1834 kaufte Senn das Haus St. Bartholomä am Nadelberg, wo er seinen Geschäfts- und Wohnsitz einrichtete und die Eltern sowie

118 Zizenhausener Figurengruppe «Wirths-Manier. Manières des Aubergistes». Dem englischen Gast gegenüber ist der Wirt devot, dem Handwerksgesellen gegenüber abweisend. Ton, gebrannt und bemalt, nach einer Vorlage von Hieronymus Hess, 1. Hälfte 19. Jahrhundert.

119 Rechnung aus der Ära Senn für Kost und Logis eines unbekannten Gastes vom 27. Mai bis 1. Juni 1853. Von der Gesamtsumme von 94 Franken entfielen Fr. 15.– auf das Zimmer, Fr. 6.75 auf den Service. Ein Déjeuner kostete Fr. 1.50, eine Flasche guten Weines Fr. 3.–.

Mémoire

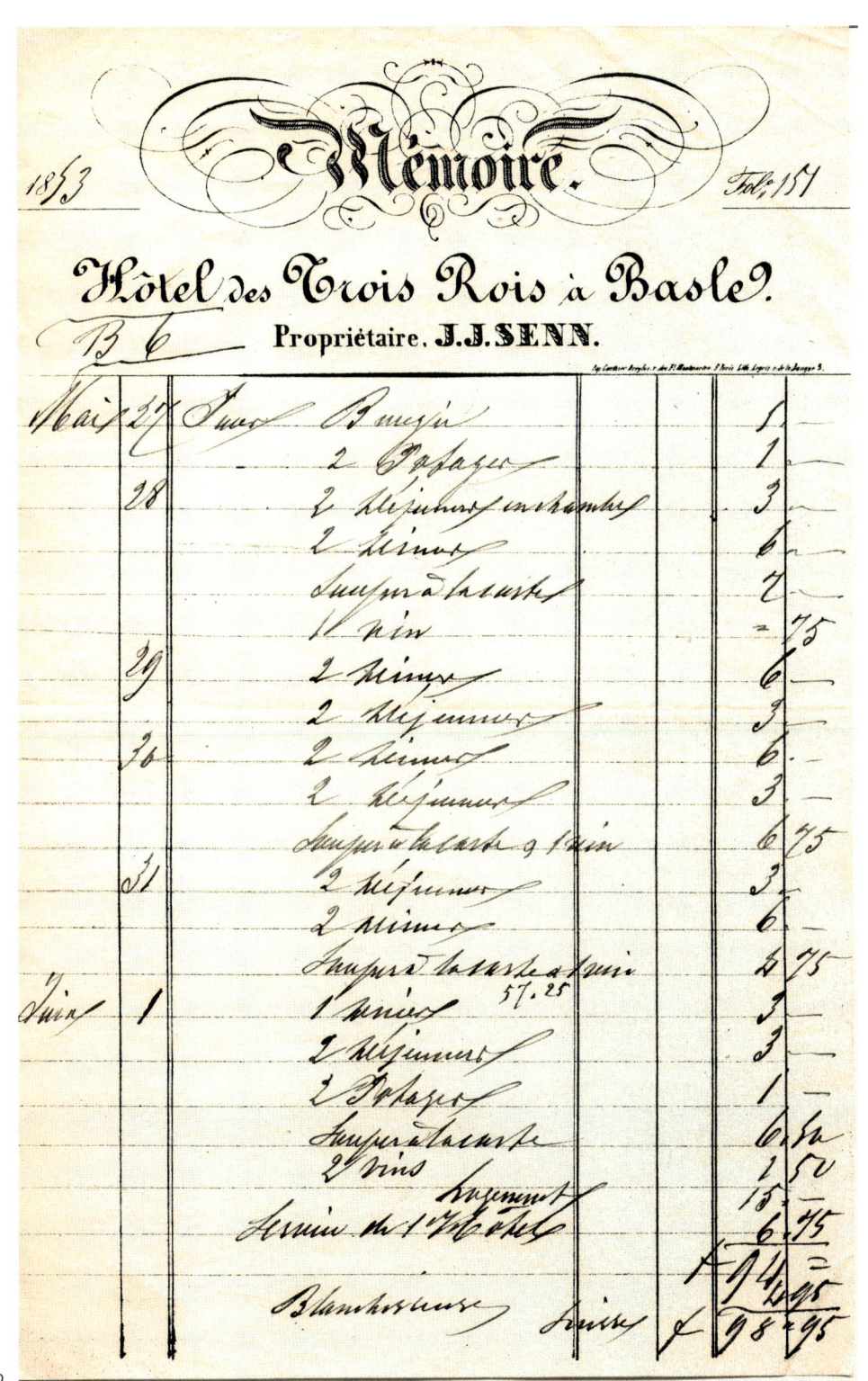

1853 Fol. 154

Hôtel des Trois Rois à Basle
Propriétaire. **J. J. SENN.**

B C

Mai	27		1 Bougie	1	—
			2 Potages	1	—
	28		2 Déjeuners en chambre	3	—
			2 Diners	6	—
			Souper à la carte	7	—
			1 vin	—	75
	29		2 Diners	6	—
			2 Déjeuners	3	—
	30		2 Diners	6	—
			2 Déjeuners	3	—
			Souper à la carte & vin	6	75
	31		2 Déjeuners	3	—
			2 Diners	6	—
			Souper à la carte & vin	4	75
Juin	1		1 Diner 57.25	3	—
			2 Déjeuners	3	—
			2 Potages	1	—
			Souper à la carte	6	80
			2 vins	1	50
			Logement	15	—
			Service de l'Hôtel	6	45
				84	—
			Blanchissure suite	14	95
				98	95

119

120

121

einen Bruder aufnahm. Die Nähe der Schneiderei zum Hotel Drei Könige am Blumenrain und sein Vater, der weitgereiste Gasthofbediente, gaben wohl entscheidende Impulse zum Erwerb des «Drei Könige». Auch sein erfolgreicher Geschäftsgang trug dazu bei, dass Senn 1841 den Gasthof von Joseph Müller erwarb. Vermutlich war auch die Familie Iselin, die noch Geld in das «Drei Könige» investiert hatte, mit dem erfolgreichen Schneidermeister rundum zufrieden.[260]

Joseph Müller, der Vorgänger, hatte bereits die Zeichen der anbrechenden neuen Zeit erkannt und versuchte, den verwinkelten Gasthofkomplex durch einen Neubau zu ersetzen (S. 81ff.). Senn übernahm nach dem Kauf die Grundidee und wusste, dass er das Hotel während der Bauzeit in reduzierter Form in dessen Dépendance im Spiegelhof weiterbetreiben musste (S. 36f.).

Als Senn das Hotel 1866 verkaufte, übergab er seinem Nachfolger einen bestens florierenden Betrieb. Das Hotel des Trois Rois war binnen 22 Jahren zur weltbekannten Destination aufgestiegen und besetzte den ersten Rang unter den Basler Gastbetrieben.

120, 121 Ansichten des Hotels. Kolorierte Federlithographien, Hasler & Co., Basel, 1844.

122 Firmenvignette/Briefkopf des Julius Wald-Linder. Lithographie, nach 1866.

123 Porträt des Julius Wald-Linder. Fotografie von A. Kümmerly, Bern, vor 1866.

Julius Wald-Linder – ein Hotelier aus Preussen

Mit August Heinrich Julius Wald-Linder (1823–1883) (Abb. 123) erlebte das Hotel Drei Könige seinen wohl vielseitigsten Besitzer. Wald kam im preussischen Königsberg als Sohn eines Pastors zur Welt und studierte vermutlich an der dortigen Universität Pharmazie.[261] In den 1840er Jahren übersiedelte er nach Neuchâtel, wo er einige Jahre eine Apotheke führte. Neuchâtel war zwar seit 1814 ein Schweizer Kanton, unterstand aber bis zum Neuenburgerhandel von 1857 dem König von Preussen. 1849 lernte Wald am Neuenburgersee seine künftige Frau, die Basler Bürgerstochter Lydia Linder (1820–1889), kennen, die er am 20. November des gleichen Jahres heiratete.[262] Das Paar zog darauf nach Hofstetten bei Brienz.

Wald war ungemein rührig, denn er betrieb einen schwunghaften Handel: Er führte gegen 25 Sorten Mineralwasser, Tees, Gewürze, Olivenöl, Madeira und besass den «Bazar Suisse» in Hofstetten, wo er Schnitzereiwerke verkaufte. Die *Thuner Chronik* berichtet, dass er eine Vielzahl von Antiquitäten kaufte und verkaufte, vor allem Skulpturen aus Holz oder Elfenbein. 1856 inserierte er in der *Thuner Chronik*: «Einige Jünglinge, welche Anlagen und Neigung haben, die Holzschnitzkunst zu erlernen, finden als Lehrlinge in dem Atelier des Unterzeichneten vorteilhafte Aufnahme […].»[263] Julius Wald trat aber nicht nur als betriebsamer Geschäftsmann auf: Seit 1855 war er auch Experte für die Bernische Kantonal-Kunstausstellung und begutachtete die eingereichten Werke.[264]

1857 wurde Wald Bürger von Basel.[265] Ein Jahr später erweiterte er sein Geschäft um ein Spiegel- und Rahmenatelier und warb als Depositär «für moussierende Limonaden und künstliche Mineralwasser».[266] Die Chronik erwähnt 1859 auch ein Ehrendiplom, das ihm an einer Kunstausstellung in London «für Schnitzlerwaren» verliehen wurde.[267] Vermutlich um dieselbe Zeit übernahm das Ehepaar Wald-Linder die Direktion des Hotels Bellevue in Thun. Eine der letzten Meldungen in Thun datierte vom Dezember 1865: Offenbar war der Kauf des Hotels Drei Könige bereits beschlossen, denn Wald forderte alle offenen Rechnungen bis Mitte Dezember an.[268]

Am 4. Januar 1866 meldete das *Kantonsblatt* den Verkauf des Hotels Drei Könige mit Dépendance und einem Grundstück im Davidsbodengässchen an das Ehepaar Wald-Linder.[269] Über Walds Ära im Hotel Drei Könige fliessen die Quellen sehr spärlich, denn Geschäftsbücher und Gästelisten fehlen. Immerhin: Julius Wald versah das Goldene Buch (Abb. 125) neu mit einem kalligraphischen Frontispiz (Abb. 124) und entwickelte offenbar eine besondere Affinität zur deutschen Kundschaft. Im Goldenen Buch,

124   Titelblatt des Goldenen Buches, angelegt von Julius Wald. Tusche, Gouache und Goldfarbe auf Papier, 1866 (?).

125   Das Goldene Buch, ein von Johann Jakob Senn 1844 angelegtes, von Julius Wald nach 1866 neu gebundenes Gästebuch.

126   Schliesse des Goldenen Buches mit den Heiligen Drei Königen. Arbeit des Basler Goldschmieds Ulrich Sauter. Silber, vergoldet, graviert und punziert, nach 1866.

127   Porträt des Caspar Flück-Steiner. Klischeedruck nach Fotografie.

das er noch ausschliesslich als Fürstenbuch verstand, hatten sich zwischen 1866 und 1874 die Spitzen einiger regierender Häuser eingetragen: Der liberale Grossherzog Friedrich I. von Baden (1852–1907) war einer der Ersten.[270] An königlichen Gästen verzeichnete Wald einige Mitglieder des Hauses Orléans, die Königinwitwe Elisabeth von Preussen (1868), Prinz Faisal von Ägypten (1869), Königin Louise von Dänemark mit Prinzessin Thyra (1872), Christian IX. von Dänemark (1873) mit Prinz Waldemar und Margherita von Savoyen aus dem italienischen Königshaus (1873); sie belegten mit ihrem Besuch, dass das Hotel des Trois Rois Weltruf besass. Mehr als 50 solcher Berühmtheiten verzeichnete Wald. Zu seiner eigentlichen Tages- und Stammkundschaft, den Kaufleuten, Bankiers, Juristen, Politikern und Ferienreisenden, fehlen die Unterlagen leider – obwohl sie zweifellos entscheidender waren als die gelegentlich residierenden Nobilitäten.

Das folgenreichste politische Ereignis, der Deutsch-Französische Krieg von 1870/71, fand im Goldenen Buch ebenfalls seinen Niederschlag, denn die hohen Gäste blieben aus. In beiden Jahren gab es bloss vier Einträge, darunter die Gräfin von Flandern[271] und der Fürst zu Salm[272]. Der französische Hochadel residierte während der nächsten Jahrzehnte nur noch sehr sporadisch im «Drei Könige», während die deutsche Aristokratie deutlich häufiger zu sehen war. Julius Wald verkaufte das Hotel 1874 und zog sich auf seine Altersresidenz, den Platanenhof in Basel, zurück. Er versah bis zu seinem Tod das Amt eines Konsuls des Deutschen Reiches.[273] Der Nachruf betonte sein geselliges Wesen ebenso wie seine ausgesprochene Liebe zur Kunst und zu Antiquitäten.[274] Seine Herkunft und die persönlichen Beziehungen legten zudem die Grundlage für den häufigen Besuch von Gästen aus dem Königreich Preussen.

127

Caspar Flück – Vater und Sohn

Die entscheidende Periode nach dem Deutsch-Französischen Krieg von 1870/71 bis ins Jahr 1908 ist von der Quellenlage her äusserst schwer zu rekonstruieren. Die Besitzer und Betreiber waren zweifellos tüchtige, gut ausgebildete Fachleute. Sie sind aber in ihrer Entwicklung und Geschäftsführung als Dreikönigswirte kaum mehr zu fassen. Das Fehlen eines Hotelarchivs wiegt schwer: Nur über einen der Hoteliers, Caspar Flück-Bichsel, gibt es Ansätze einer Biographie.

Caspar Flück-Bichsel

Caspar Flück-Bichsel (1828–1895) aus Brienz kaufte das «Drei Könige» im Frühjahr 1874 von Julius Wald.[275] Er war vorher bereits in Genf als Hotelier tätig gewesen und hatte das Basler Bürgerrecht 1868 gegen eine Gebühr von 250 Franken erworben.[276] Flück war, wie die Aufnahmenotiz zeigt, zünftig zu Gartnern.[277] Von 1883 bis 1887 engagierte er sich als Präsident des Basler Hotelier-Vereins. In den 16 Jahren seiner Tätigkeit verzeichnete das Goldene Buch 26 Gäste aus regierenden Häusern, darunter die Königinnen Sophie von Schweden und Norwegen, Carola von Sachsen, der spätere König von Italien, Umberto von Savoyen (1878–1900), der zur Jahrhundertwende einem Attentat zum Opfer fiel. An deutschen Nobilitäten sind Mitglieder folgender Familien zu nennen: die von Glücksburg, Hanau, Hohenzollern/Preussen, Sachsen-Altenburg, Mecklenburg-Schwerin, Reuss, Thurn und Taxis sowie Württemberg. Einblick in den Geschäftsgang gibt ein Brief Flücks von 1888 an die Taxationskommission der Wirtschaften. Er führte aus, er habe erstens «ein sehr theures Geschäft, wohl das theuerste in Basel». Er beklagte sich zudem darüber, dass sich die Verkehrsverhältnisse zu seinen Ungunsten entwickelt hätten: Seit Eröffnung der Verbindungsbahn reisten viele Fremde direkt weiter, und mehrere neue Gastbetriebe am Centralbahnhof reduzierten die Zahl seiner Besucher stark.²⁷⁸ 1890 verkauften er und seine Ehefrau Magdalena (1830–1901) das Hotel an ihren Sohn Caspar.²⁷⁹

Caspar Flück-Steiner

Der in Genf geborene Caspar Flück (1849–1918) besuchte die Schulen in Basel und durchlief danach eine kaufmännische Lehre in einem Basler Bankhaus (Abb. 127).²⁸⁰ Beim Vater erwarb er sich Kenntnisse der Hotelbranche. In England, Italien und Deutschland verdiente er sich die ersten Sporen im Gastgewerbe und versah in Genf und Luzern Direktionsposten. 1887 rief ihn der alternde Vater nach Basel zurück. Flück heiratete im selben Jahr Katharina Elisabeth Steiner, die ihm und dem Schwiegervater im Hotel kräftig zur Hand ging. Die umsichtige Geschäftsführung und sein Talent in kaufmännischen Belangen vereinigten sich bei Caspar Flück-Steiner mit einem ruhigen, angenehmen Wesen. Von 1892 bis 1895 amtierte er als Präsident des Basler Hotelier-Vereins. Im Schweizer Hotelier-Verein wirkte er unter anderem 14 Jahre lang als Vereinskassier. Die Zahl der Übernachtungen im «Drei Könige» sank zwischen 1901 und 1903 von 9363 auf 7843 im Jahr. Dennoch modernisierte Flück-Steiner das Hotel schonend. Unter dem guten Dutzend herausragender Gäste, die im Goldenen Buch verewigt sind, war der Sühneprinz Chun 1901 der höchste (S. 161), gefolgt vom rumänischen Königspaar Carol I. und Elisabeth (1890 und 1893). Wie schon unter seinem Vater blieb der deutsche Hochadel dem Haus treu. Offenbar wirtschaftete das Ehepaar Flück-Steiner trotz variierendem Geschäftsgang gut.

Caspar Flück-Steiner, durch ein Ohrenleiden zunehmend schwerhörig geworden, verkaufte sein Hotel 1903 und privatisierte fortan in Basel. Weil die Ehe kinderlos blieb, setzte er in seinem Testament neben den Verwandten die Gemeinde Brienz mit 100 000 Franken als Miterbin ein und bedachte mehrere andere gemeinnützige Institutionen, darunter die Gesellschaft zur Förderung des Guten und Gemeinnützigen (GGG) mit einem ansehnlichen Betrag von 200 000 Franken zur Unterstützung bedürftiger Kinder. Sein Gesamtvermögen betrug um 800 000 Franken, was nach heutigem Geldwert rund der zehnfachen

Summe entspräche.²⁸¹ Trotz leichter Schwankungen erlebte das Paar eine relativ sichere Konjunkturlage ohne einschneidende Kriegsauswirkungen, was den unmittelbar folgenden Besitzern nicht vergönnt sein sollte.

Über die Brüder Carl Samuel (1872–1934) und Wilhelm Hofer (1883–1967), die das Hotel Drei Könige 1903 von Caspar Flück kauften und nur fünf Jahre als «Gebrüder Hofer»²⁸² wirtschafteten, sind bis heute keine nennenswerten Quellen bekannt. Immerhin führten sie die Tradition, Fürsten zu beherbergen, weiter und durften Persönlichkeiten wie König Oscar II. von Schweden und Norwegen,²⁸³ Fürst und Fürstin von Metternich-Winneburg,²⁸⁴ den Prinzen Max von Baden²⁸⁵ und die russischen Prinzen Boris und Andrej Galizyn²⁸⁶ unter ihren Gästen begrüssen.

128 Geschäftskarte mit strassen- und rheinseitiger Ansicht des Hotels aus der Ära Caspar Flück-Bichsel. Lithographie, um 1875.

129 Rechnungskarte mit rheinseitiger Ansicht des Hotels aus der Ära Caspar Flück-Bichsel. Lithographie, 1888.

130 a–p Ansichtskarten aus der Zeit von 1885 bis 1905.

a b c

d e f

g h i

k l m

n o p

Das Hotel zu den Drei Königen 1844–2004

Familie Bossi – vom Ersten zum Zweiten Weltkrieg

Der in Brienz im Bündner Oberland geborene Luzius Anton Bossi (1862–1919) (Abb. 131) wuchs mit rätoromanischer Muttersprache auf. Das Landleben prägte ihn: Er besuchte die damals übliche Winterschule und half im Sommer in der Landwirtschaft, insbesondere beim Viehhüten. Nach dem Schulabschluss folgte eine umfassende Vorbereitung auf den Hotelierberuf «im In- und Ausland».[287] Er arbeitete sich empor und wurde in den 1890er Jahren Direktor des Kulm-Hotels in St. Moritz. Von dort berief man ihn ins Grand Hôtel des Alpes in Territet, wo er als Direktor wirkte. Sein Bruder leitete das Palace Hôtel in Leysin. Am 21. April 1898 vermählte sich Luzius Anton, der sich später Lucien A. Bossi nannte, mit Rosa Häfelin (1873–1928) (Abb. 132), der Tochter der «Waage»-Wirtsleute in Baden. Das noch erhaltene handschriftliche Hochzeitsmenü aus dem Hotel du Lac in Rapperswil ist in Inhalt und Form ein kleines Meisterwerk und legt Zeugnis ab von einer kulinarisch verwöhnten Gästeschar.[288] Bossi erwarb ein Hotel in Vevey, zog sich aber nach der Unterzeichnung des Vertrags zurück und bezahlte ohne Zögern die Konventionalstrafe. Offenbar hatte er Grösseres vor.[289] Als 1908 das Hotel Drei Könige zum Verkauf stand, griff er zu und führte es bis zu seinem Tod.

Während die Söhne Hans und Walter, geboren 1899 und 1900, später auch Lucien, Jahrgang 1902, die Schule in Basel besuchten, sprach der Vater daheim mit ihnen stets nur Französisch, das Rätoromanische verdrängte er. Nach einer schwungvollen Phase von sechs Jahren brach der Erste Weltkrieg aus: Die Auslastung des «Drei Könige» sank rapide. Da half auch General Wille, der sporadisch hier abstieg, nicht über die Ausfälle hinweg.[290] Als Präsident des Basler Hotelier-Vereins und Vermögensverwalter des Schweizer Hotelier-Vereins sowie Förderer des lokalen Verkehrswesens stellte Bossi seine Arbeitskraft in den Dienst der Allgemeinheit.[291] Der Geschäftseinbruch machte Bossi gesundheitlich schwer zu schaffen. Er verbrachte die letzten Wochen seines Lebens in der Heilanstalt Friedmatt, bis ihn der Tod am 27. Oktober 1919 von seinem Leiden erlöste.[292]

Die tüchtige Witwe Rosa Bossi-Häfelin führte den Betrieb weiter. Sie hatte zunächst mit Schulden zu kämpfen, die aber in einer Nachlassstundung geregelt wurden. Gemeinsam mit ihrem Schwager Joseph Anton überbrückte sie die zwei Jahre, bis der Sohn Walter (1899–1975) ins Geschäft einsteigen konnte. Dieser gab die Pläne auf, seine kauf-

131 Porträt des Lucien A. Bossi. Fotografie.

132 Porträt der Rosa Bossi-Häfelin. Fotografie.

133 Das Ehepaar Lucien und Rosa Bossi-Häfelin mit ihren Kindern Alfred, Lucien, Walter und Hans (v.l.n.r.). Fotografie von Alfred Kugler, um 1911.

134 Kofferetikette. Farblithographie, um 1920.

135 Kofferetikette. Farblithographie, Richter & Cie., Neapel, um 1910.

136–138 Werbeprospekt «Hotel Drei Könige am Rhein» mit Stimmungsbildern, nach 1936.

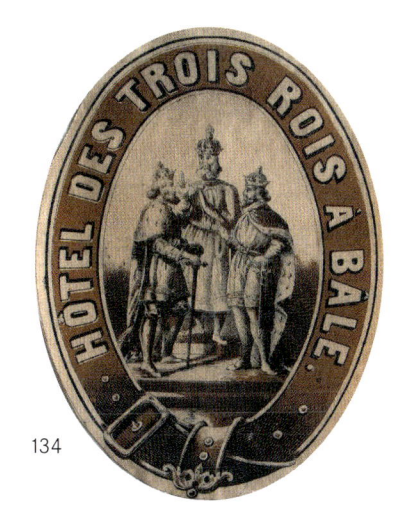

männische Lehre in Neuchâtel mit der Anstellung in einer Bank abzurunden, und bereitete sich während zweier Jahre auf das Hotelfach vor. Als Sekretär im Grandhotel Bürgenstock, bei Verschwägerten, lernte er seine spätere Frau Elise Hélène Brönnimann kennen, die er 1925 in Basel heiratete.[293] Seit den frühen 1920er Jahren unterstützte Walter seine Mutter in der Hotelleitung. 1927 übernahm er die Funktion des alleinigen Direktors. Mit seiner jungen Frau wohnte er im Hotel und bewirkte, dass das «Drei Könige» wieder zur ersten Adresse am Platz wurde. Wie sein Vater engagierte er sich als Präsident im Basler Hotelier-Verein und im Vorstand des Verkehrsvereins. Dennoch gelangte das Hotel 1934 in neue Hände: Da das ganze Vermögen der Familie Bossi in den Gastbetrieb investiert war, blieb nach einem Streit unter den vier Brüdern als einziger Ausweg nur der Verkauf an die Blumenrain Immobilien AG, Bern, von Albert und Raymond Wander. Damit endete für das Hotel Drei Könige die Tradition, dass der Hotelier gleichzeitig auch Besitzer war. Bossi blieb noch bis 1936 Direktor des Hotels. Der Weinkeller wurde beim Verkauf unter die Brüder aufgeteilt, jeder

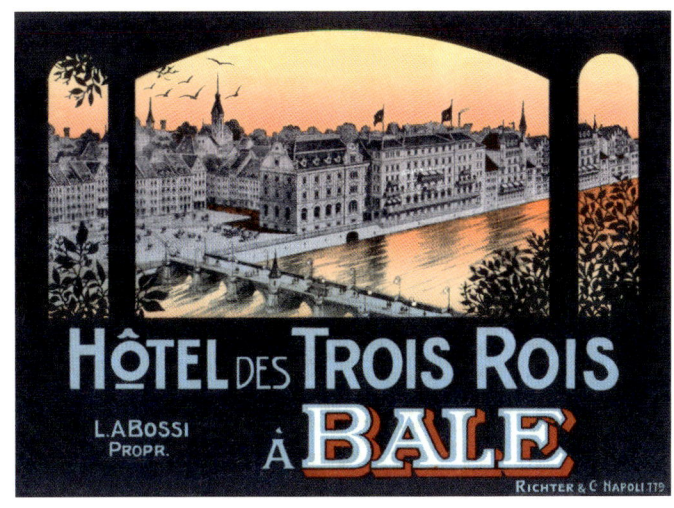

134

135

136   137   138

Das Hotel zu den Drei Königen 1844–2004   111

139 Werbeplakat des Hotels von Hans Thomamichel. Farblithographie, 1939.

140 Unbekannte Gäste auf dem Balkon des Hotels, darunter wahrscheinlich der Chemiker Max Bodenstein. Fotografie von Alfred Kugler, um 1910.

141 19. April 1915. General Ulrich Wille verlässt das Hotel Drei Könige. Fotografie.

142 20. Mai 1911. Peter I., König von Serbien (1903–1921), besteigt den Wagen vor dem Hotel Drei Könige. Postkarte nach einer Fotografie von Alfred Kugler, 1911.

143 Goldbrosche mit Edelsteinen, die Erzherzog Eugen von Habsburg der Dreikönigswirtin Rosa Bossi-Häfelin 1934 als Abschiedsgeschenk überreichte.

141

142

erhielt die stattliche Anzahl von 2000 Flaschen. Walter Bossi, offenbar ein Finanzgenie, spekulierte an der Börse und hegte die Absicht, gelegentlich ein anderes Hotel zu erwerben. Unter seinen späteren Tätigkeiten ist die Führung anderer Gastbetriebe zu erwähnen: in den Sommern 1943 und 1944 des Disentiser Hofs für die wegen Kriegshandlungen in Tunis festsitzenden Verwandten Tuor, 1947 des Grandhotels Engelberg, 1948/49 des Kurhotels Passugg. Im März 1950 schliesslich erwarb er die Aktienmehrheit des Kurhauses Sonnmatt in Luzern, das er gründlich sanierte und zu neuer Blüte brachte. 1974 verkaufte er das «Sonnmatt». Im Oktober des Folgejahres starb Walter Bossi in Luzern.[294]

Gefahr des Untergangs und kurzer Neubeginn

Als 1934 die Presse erfuhr, dass das ehrwürdige «Drei Könige» von der Blumenrain Immobilien AG (später Hotel Drei Könige AG) abgerissen werden könnte und einem Mehrzweckbau weichen sollte, griff sie die Geschichte des beliebten und fest im Bewusstsein der Basler Bevölkerung verankerten Hotels auf. Sowohl die *Basler Nachrichten* als auch die *National-Zeitung* liessen in Artikeln die ruhmreiche Vergangenheit des Hauses und dessen berühmte Gäste aufleben.[295] Glücklicherweise scheiterten die Abriss- und Neubaupläne. Der Architekt Raymond Wander setzte stattdessen auf eine Renovation des Hauses, die zwischen Oktober 1936 und April 1937 erfolgte. Das alte Standardmobiliar des Hotels wurde – zur Freude vieler Stadtbewohner – öffentlich verkauft und wich zeitgenössischen Einrichtungen.[296] Mit einem enormen Werbeaufwand wurde das Hotel Anfang April 1937 wiedereröffnet.[297]

Persönliche Spannungen zwischen den neuen Besitzern und der Hotelführung, aber auch der bedrohliche Nachbar Deutschland überschatteten die folgenden Jahre. Bossis Nachfolger Alfred Mathys räumte seinen Posten im April 1938.[298] Er wurde durch Friedrich Walter Hochuli abgelöst.[299] Der Zweite Weltkrieg erstickte vorderhand alle hoffnungsvollen Pläne. Die Kräfte wurden anderweitig gebunden, Hotelbesucher blieben aus, und 1940 wurde das Hotel vorübergehend geschlossen.

143

a

b

c

d

e

f

g

h

i

k

l

m

114 144

Alfred Kienberger – Wegbereiter einer neuen Zeit

Der bedeutendste unter den Dreikönigshoteliers im 20. Jahrhundert war zweifellos Alfred Kienberger (1907–1983) (Abb. 145). Seine lange und äusserst erfolgreiche Geschäftsführung von 1941 bis 1972 ist bis heute Vorbild geblieben. Kienberger wurde nach der kurzen Amtszeit von Direktor Friedrich Walter Hochuli mit der Führung des gefährdeten Hotels betraut. Er war im Umfeld der berühmten Hotels Hof Ragaz und Quellenhof gross geworden, die Gründungen der bekannten Unternehmerfamilie Simon waren. Seine vorzügliche Ausbildung durchlief er in der Ecole commerciale in Lucens und in der Hotelfachschule Lausanne. Erfahrungen als Kellner sammelte er im «Trois Couronnes» in Vevey. Englisch, Kochkenntnisse, Buchhaltung und Controlling erlernte er in London im Holborn Restaurant und im Hotel Victoria an der legendären Park Lane, wo er zuletzt die Rezeption betreute. Danach folgten Sekretariatsstellen im Quellenhof Ragaz, im Viktoria Hotel Zürich, im Kurhaus Lenzerheide und im Waldhaus Sils Maria.

144 Innenaufnahmen aus dem Jahr 1944
a Küche
b Speisesaal
c Veranda
d Salon de Chasse
e Halle
f Treppenantritt
g Bar
h Doppelzimmer im 2. Obergeschoss
i Einzelzimmer im 4. Obergeschoss
k Lichthof im 4. Obergeschoss
l Personalzimmer im 4. Obergeschoss
m Dachboden

145 Der Hoteldirektor Alfred Kienberger liebte es, dann und wann Geige zu spielen. Fotografie, um 1970.

Bereits mit 21 Jahren war Kienberger Chef de Réception im Waldhaus Vulpera, ein Posten, den er für kurze Zeit auch im Hôtel des Palmiers in Hyères versah. Sein Pflichtbewusstsein führte ihn von Vulpera zum nächsten Erfolg. Als nämlich «Papa Bähler» (Karl Albert B., 1868–1937), der legendäre Pionier und Besitzer des Winter Palace in Luxor, mit seiner Braut im Waldhaus zu später Stunde anreiste und ein eher dürftiges Zimmer über einem Schweinestall zugewiesen bekam, bereitete und servierte ihm der junge Kienberger dort ein gepflegtes kaltes Buffet mit Champagner. Bähler war so begeistert, dass er ihm umgehend einen Vertrag für das Hotel in Luxor zustellte. Von 1929 bis 1934 arbeitete Kienberger im Winter dort und wurde bald Direktor des Winter Palace.

Ab 1934 leitete er in der warmen Jahreszeit den Hof Ragaz und im Winter das Grand Hotel Altein in Arosa. Durch den Kriegsausbruch 1939 musste das «Altein» im Winter geschlossen werden, denn es mangelte an Öl für die aufwendige Heizung und die vielen Kochherde. Kienberger suchte eine neue Stelle. Da kam die Stellenausschreibung des Hotels Drei Könige am Rhein gerade recht. Seine einflussreichen Förderer, Oberst Schmidheiny, Korpskommandant Lardelli[300] und vor allem der Schwiegersohn des Besitzers, Dr. Gossweiler, Direktor der Dr. Wander AG in Bern, sorgten dafür, dass am 10. Januar 1941 die Anstellung des 33-Jährigen erfolgte.[301] Auch die Heirat mit der Arzttochter Ursula Markwalder (*1916) erwies sich als Glücksfall. Die promovierte Volkswirtschaftlerin brachte nämlich wertvolles ökonomisches Fachwissen mit. Die Markwalder waren familiär mit dem bekannten Hotel Verenahof in Baden verflochten. Dort hatte das Mädchen Ursula den Dichter Hermann Hesse, einen Patienten ihres Vaters, als väterlichen Freund erlebt. Das Paar Kienberger-Markwalder verkörperte in Basel die ideale Verbin-

146

dung von Fachkompetenz, Geschäftstüchtigkeit und Stil. Im «Drei Könige» war Ursula Kienberger als Ehefrau nicht direkt ins Geschäft eingebunden, aber dennoch für Fachfragen und anspruchsvolle Korrespondenzen gefragt. Ihre Bildung und Erziehung machten sie zur idealen Repräsentantin.

Die entscheidende Leistung Alfred Kienbergers besteht darin, dass er das Hotel Drei Könige am Rhein aus der Kriegsdepression rettete und wieder zum führenden Haus in Basel aufbaute. Die ersten zahlungskräftigen Gäste nach dem Krieg waren amerikanische Truppen, unter ihnen drei hohe Generäle. Später prägten Grosskunden die Gästestruktur: Die Bank für Internationalen Zahlungsausgleich sowie etablierte Banken und die Chemische Industrie in Basel fanden in Kienberger einen kompetenten Partner, auf den sie sich verlassen konnten. Während der Mus-

146 Werbeprospekt des Hotels.
Wolfsberg-Druck, Zürich, 1940er Jahre.

147 Champagnerglas für eine Hochzeit im Hotel Drei Könige, 19. April 1954. In Goldlettern sind das Festmenü und die Weine aufgetragen.

148 Küchenchef Robert Leuenberger mit einem Brautpaar vor der Hochzeitstorte. Fotografie, 1950er Jahre.

149 Gesellschaft der Hochzeit Franz und Salome Christ-Birkhäuser im Salon des Hotels Drei Könige. Fotografie von Werner Jeck, 30. Mai 1968.

termesse war das Hotel Drei Könige stets wichtigster Treffpunkt der Handelswelt. Mit grossem Organisationstalent diente Kienberger überdies in vielen lokalen, nationalen und internationalen Fachverbänden, darunter im Basler Hotelier-Verein und im Verkehrsverein. Stattlich ist auch die Zahl der kulinarischen Zirkel, die durch ihn mitgeprägt wurden, so die Confrérie de Saint-Vincent. Seine Kompetenz brachte er zudem als Verwaltungsrat des Grand Hotels Bad Ragaz, des Hotels Bellevue in Bern und des Hotels Waldhaus in Sils Maria ein.

Eine Meisterleistung Kienbergers war seine rasche Integration in die Basler Gesellschaft. Sein Charme und seine Bescheidenheit liessen niemanden Standesschranken spüren. In der Familie galt er als guter Gatte und Vater, aber auch als Workaholic, der ganz für sein Hotel lebte. So war zum Beispiel sein einziger Sohn gehalten, keine offiziellen Räume zu betreten: Der disziplinierte und hart arbeitende Kienberger war ein strenger Vater. Doch ab und zu schmuggelte Chefkoch Leuenberger (S. 119) den Knaben ins «Küchenkabäuschen». Von dort durfte er unbemerkt schauen, welche Gäste über die Treppe schritten. In Alfred Kienbergers Lebenslauf war dieses Muster vorgezeichnet, hatte er doch schon 1941 notiert: «Trotzdem ich im Hotel aufgewachsen, bin ich streng erzogen und in den Jugendjahren vom Hotel-Luxus stets ferngehalten worden.»[302]

Mit dem Ausscheiden aus der Hotelleitung verkaufte Kienberger 1972 seinen Aktienanteil an Raymond Wander. Er blieb aber weiterhin aktiv, u.a. als Freund und Berater von Marcus Wallenberg im Grand Hotel Stockholm. Seit 1960 hatte dieser als Teilhaber und Delegierter des Verwaltungsrates das Hotel Drei Könige nach aussen vertreten. Kienberger war der Letzte in der langen Reihe der Betreiber, die zugleich Anteile am Hotel besassen. Fortan erfüllten die Direktoren die Funktion von Angestellten. Alfred Kienberger ist rückblickend gesehen eine herausragende Figur in der jüngeren Geschichte des Hotels Drei Könige. Er hatte den in der Krise steckenden Betrieb gerettet und das internationale Renommee in zäher Arbeit wiederaufgebaut. So fand das traditionsreiche Haus den Anschluss an die Gegenwart.[303]

147

148

149

Das Hotel zu den Drei Königen 1844–2004

150

151

Langjährige Hotelangestellte – zwei Beispiele
Adolf Borner (1905–1978), einer der Concierges in der langen Geschichte des Hotels Drei Könige, wird hier hervorgehoben, weil er die erfolgreiche Ära Kienberger massgeblich mitgestaltete. Am 1. Oktober 1936 trat er nach einer beeindruckend vielseitigen Praxis in der Schweiz und in London die Stelle als Concierge im Hotel Drei Könige an, die er bis 1966 mit grossem Engagement und Kompetenz versah. Dem absolut zuverlässigen Mitarbeiter stellte Alfred Kienberger 1948 ein hervorragendes Leumundszeugnis aus. Darin hiess es: «Er geniesst nicht nur das volle Vertrauen seines Prinzipals, sondern auch dasjenige einer äusserst anspruchsvollen internationalen Kundschaft, welche sich im ersten Hause Basels auf industrielle, diplomatische, kulturell hochstehende Kreise aus allen Ländern der Welt erstreckt.» Im Nachsatz wurde Borners «sehr gute Disziplin als Abteilungschef über das ihm unterstellte Personal» bescheinigt.

Zeitzeugen bestätigen dieses Bild, Borner ist in ihrer Erinnerung eine selbstbewusste, facettenreiche Persönlichkeit mit gutem Augenmass. Er konnte eisern lästige Krämer verscheuchen und umgekehrt voll Charme die anspruchsvolle Klientel verwöhnen, traf blitzschnelle Entscheidungen im Sinn der Direktion und sicherte so die Behaglichkeit des Hauses. Seine jüngeren Untergebenen erlebten ihn als Concierge von altem Schrot und Korn, mitunter als stolzen «vierten König».

150 30. Dezember 1945. Der französische Aussenminister Georges Bidault und seine Gattin verlassen das Hotel. Fotografie, dem Concierge Adolf Borner gewidmet.

151 Robert Leuenberger vor seinen beliebten Langustenkreationen. Fotografie von Atelier Eidenbenz, um 1950.

152 Erzherzog Eugen von Habsburg betritt mit Zoë von Schildenfeld das Hotel, dahinter Concierge Adolf Borner. Fotografie mit Autogramm des Erzherzogs, um 1950.

152

Als Tagconcierge bestritt Borner ein Tagespensum von elf bis zwölf Stunden. Sein Anfangslohn lag bei monatlich 50 Franken. Wie im Hotelfach üblich, blieb der Fixlohn niedrig, doch die Tüchtigkeit zeigte sich im Trinkgeld – Borner gelangte so zu einem gewissen Wohlstand.

Von unzähligen berühmten Gästen hat Borner wenige mit Erinnerungsstücken dokumentiert, darunter Erzherzog Eugen von Habsburg (1863–1954) mit Zoë von Schildenfeld, Georges Bidault (1899–1983), Aussenminister von Frankreich mit Gattin, und die schwedischen Filmstars Viveca Lindfors (1920–1995) und Lauritz Falk (1909–1990).

Robert Leuenberger (1899–1974), der weit über das Pensionsalter hinaus die Dreikönigsküche mit starker Hand führte, stand in der Tradition der klassischen französischen Küche. Ein Jahr Sprachaufenthalt in der französischen Schweiz und eine Lehre beim bekannten Traiteur Vögeli in Zürich hatten die Basis gelegt für das anschliessende Wanderleben: Das Hotel Belvedère in St. Moritz markierte den Beginn, später folgten dort Saisonstellen im Carlton, im Kulm und im Palace, ebensolche in Lausanne im Hotel Cecil und Savoy, in Tarasp im Waldhaus, in Luzern im Schweizerhof, des Weiteren im Menna-House in Kairo, in Gourmetrestaurants in Paris, in Venedig im Royal Danieli und Excelsior auf dem Lido, im Carlton Cannes und im Winterpalace Luxor.

In Basel begann Leuenberger als Koch im Casino und wechselte 1937 als Chefkoch ins Hotel Drei Könige. Die reiche Erfahrung in grossen Häusern der Welt setzte Leuenberger an seiner Lebensstelle optimal um. Schon in der Lehre hatte er grosse Bankette zu planen, kalte Buffets vorzubereiten und optisch ansprechend zu präsentieren gelernt. Diese organisatorische und gestalterische Fähigkeit entwickelte er immer weiter. Er modellierte gern mit Butter, Margarine oder Eis und hatte die Gabe, für jeden Anlass ein passendes Dekor zu kreieren, sei es bei der Ankunft des Ursula-Reliquiars, bei Hochzeiten, Bällen oder bei gastronomischen Banketten der Amicale, einer gehobenen Vereinigung von Gourmets im Umkreis von Alfred Kienberger.

Als Koch von grosser Disziplin und Strenge verlangte er von seinen Mitarbeitern vollen Einsatz. Noch im Alter, als er wegen eines kürzeren Beins einen Stock benötigte, konnte er Lehrlinge cholerisch und notfalls handgreiflich in jene Pflicht zwingen, die ihm zeitlebens auf den Leib geschrieben war.[304] Leuenberger lebte für sein Hotel Drei Könige, verdiente, wie Adolf Borner, nicht viel und hatte wenig Zeit für seine Familie. Sternstunden waren für ihn die berühmten Gäste, die seine Kochkunst lobten. Dann und wann erhielt er eine Kiste guten Weins als Sonderbelohnung für Grosseinsätze. Im Nachlass befindet sich unter anderem die Menükarte des Nachtessens für Feldmarschall Bernard L. Montgomery (1887–1976), das der Regierungsrat Basel-Stadt am 12. August 1956 gegeben hatte, mit Unterschrift des hohen Gastes. Leuenberger verstand sich als Dienender und legte seinen ganzen Stolz in die kulinarische Pflege der Klientel. Er versah seine Stelle bis 1970 und war ein solider Eckpfeiler für den Erfolg des Hotels unter der Ägide von Alfred Kienberger.

Das Hotel Drei Könige und die Basler Fasnacht

Fasnacht ist Basel pur – dem wahren Basler ist sie heilig. Eine Woche nach der andernorts üblichen Fasnacht versinkt die Stadt von Montag 4 Uhr bis Donnerstag 4 Uhr im Fieber.

Auch im Hotel Drei Könige wurde Fasnachtgeschichte geschrieben. Mit Hilfe des jungen Direktors Alfred Kienberger und dessen Freund Leonhard, genannt «Leni» Kost wurde hier die «Guggemusig 46», benannt nach ihrem Gründungsjahr, aus der Taufe gehoben. Als Taufpaten wirkten Mitglieder der Fasnachtsclique «Alti Schnooggekerzli» mit, in der die alteingesessenen Basler Familien nach wie vor stark vertreten sind und mit Trommeln und Piccolos «ihre» Fasnacht geniessen. Der Querschnitt der Familien reicht von Burckhardt über Christ und Koechlin bis zu den Sarasin und den Vischer – die berufliche Vielfalt geht vom Handwerker über den kaufmännischen Angestellten bis hin zum etablierten Gastronomen. Hauptsache ist, dass die Mitglieder Humor und einen leicht schrägen musikalischen Touch mitbringen. Das Abendkonzert auf dem Marktplatz und später auf dem Barfüsserplatz, längst als «Monsterkonzert» der Guggenmusiken etabliert, wurde von der «Gugge 46» initiiert.

Absoluter Höhepunkt der Fasnacht war und ist der berühmte Dienstagsball der «Gugge 46», der jahrzehntelang im Hotel Drei Könige stattfand. Mitglieder und Freunde aus dem Bekanntenkreis erhielten Zutritt, wenn sie beim Concierge eine Ballkarte erstanden hatten. Der Ball selbst wurde legendär, ausgesuchte Ehrengäste, exquisite Getränke und Speisen machten ihn zum alljährlichen Gesamtkunstwerk. Stadtbekannte Persönlichkeiten wie die Künstlerin Irène Zurkinden oder ihre Berufskollegen Jean Tinguely und Daniel Spoerri feierten mit. Seit je spielte ein grosses Ballorchester zum Tanz auf. Die Ballnacht kulminiert noch heute mit der Wahl der «Jumpfere Gugge» in einem Schönheitswettbewerb. Kostüm und Larve sind entscheidend für die Bewertung – Haut darf nirgends sichtbar sein!

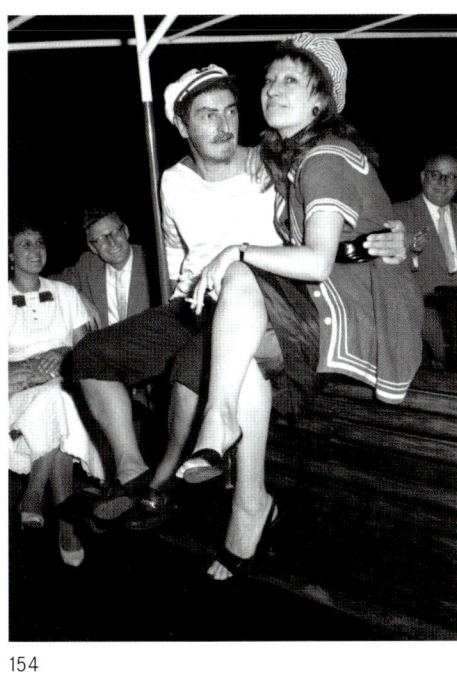

153 «Gugge 46» auf dem Marktplatz in Basel, Fasnacht 1951. Ölgemälde von Irène Zurkinden, 1951.

154 Die Basler Künstlerin Irène Zurkinden mit einem Mitglied der «Gugge 46». Fotografie, 1950er Jahre.

155 Die drei Könige werden an der Fasnacht in drei Waggisse verwandelt. Fotografie von Peter Armbruster, 1980er Jahre.

156 Plakette der «Gugge 46» nach einem Entwurf von Peter Affolter. Kupferprägung, 1992.

Seit 1976 werden die Dreikönigsstatuen an der Eingangsfassade alljährlich für die Fasnacht als «Waggisse» verkleidet (Abb. 155). Die Figur des «Waggis», eine liebevoll-böse Verulkung des Elsässers schlechthin, gehört seit dem 19. Jahrhundert zum Kanon der Basler Fasnacht. Die Idee und ihre Umsetzung tragen die Handschrift von Hanns U. Christen (1917–2003) und Pitt Buchmüller (*1944). Sie bezweckte den Abbau der Schwellenangst und die Öffnung des Luxushotels für Fasnachtsgäste. Christen, als Journalist und Gastrokritiker unter dem Kürzel «sten» stadtbekannt, und der Speditionskaufmann Buchmüller, 1974 Gründer der «Lufthyler-Waggis-Clique», waren dem Hotel Drei Könige seit je eng verbunden. Die Zweckentfremdung der Heiligen Drei Könige mag Aussenstehenden als Sakrileg vorkommen, Einheimische aber wissen diesen Tribut an die Fasnacht zu schätzen.

Das Hotel zu den Drei Königen 1844–2004

a

b

c

d

e

f

g

h

i

k

l

m

157

122

Wandel und Wechsel[305]

Die auf Alfred Kienberger folgende Zeit war für das Hotel eine sehr wechselhafte, unterschiedlich erfolgreiche Epoche. Abgesehen von baulichen Veränderungen wurde zwar das Renommee erhalten, eine zukunftsgerichtete Strategie für das Hotel konnte allerdings nicht entwickelt werden. Von 1972 bis 1976 führten Bernhard und Therese Amberg-Bütikofer das Hotel, das rund 120 Zimmer mit insgesamt 160 Betten anbot. 1976 verkaufte Raymond Wander den Komplex an die Société d'exploitation et de gestion hôtelière in Genf. Der eigentliche Käufer war der französische Graf Guy de Boisrouvraye (?-1980), nach Wander der zweite Hotelbesitzer aus dem Ausland. Die de Boisrouvraye sind verwandt mit der Familie Agnelli in Turin und dem Fürstenhaus von Monaco. Verwaltungsratsdelegierter war Giovanni de Mercurio. Er leitete als Generaldirektor das Hotel von Genf aus. Nach dem Tod des Grafen übernahm seine Tochter, die Comtesse Albina de Boisrouvraye, das «Drei Könige». In den 1980er Jahren wohnte Fiat-Boss Giovanni Agnelli einige Male im «Drei Könige», als er sich im Kantonsspital Basel medizinisch behandeln liess.

Mit dem Verkauf von 1976 wechselte auch die Direktion. Der Berliner Alexander Theine (*1939), geschult in Deutschland, Frankreich und Belgien, führte das «Drei Könige» vom Juli 1976 bis April 1982. Ein grosser Erfolgsdruck zwang ihn zu längst überfälligen Optimierungen und Personalentlassungen, die ihm als Berliner verübelt wurden. Auch die verordnete Beflaggung des Hotels mit der Europa- und der Genfer Flagge – ohne die traditionelle Basler Flagge – kam schlecht an. Theine hatte Mühe, die alten Stammkunden zurückzugewinnen.

Nach einem kurzen Intermezzo erwarb Guérin Janna im Oktober 1982 das Patent. Drei Jahre später übernahm Roman Steiner die Führung, die er Mitte 1989 an Manfred Ernst und Margreth von Däniken abgab. Finanzielle Verfehlungen einer Angestellten mit einer Deliktsumme von rund einer Million Schweizer Franken führten 1993 zu einem erneuten Wechsel: Mit dem erfahrenen Jacques Pernet (*1948), der bereits von 1982 bis 1988 erfolgreich im Hotel Euler gewirkt hatte, fand die Comtesse einen Vollbluthotelier, der wieder Ordnung ins Haus brachte. Jacques Pernet machte sich bald als Berater und Hotelier selbständig und steuerte künftig im Auftrag der Besitzerin als Verwaltungsrat das Hotel Drei Könige. Auch nach der Berufung von Rudolph Schiesser (*1959) im September 1994 bis zum Verkauf an die Richemond-Héritage-Gruppe 2000 handelte er auf strategischer Ebene, kontrollierte den Geschäftsgang, liess aber die Direktion im erfolgreichen operativen Geschäft selbständig gewähren. Die

157 Innenaufnahmen aus den Jahren 1974/75
a Rôtisserie des Rois
b Restaurant «Rhy-Deck»
c Salon Gobelin
d Salon vert
e Terrasse
f Dreikönigsbar
g Halle
h Kings' Club
i Sitzungszimmer
k Halle im 1. Stock
l Doppelzimmer
m Salon Nr. 122

158 Hoteldirektor Manfred Ernst und Dreikönigs-Küchenchef Bernard Muller. Fotografie, um 1990.

finanzielle Sicherheit, gewährt durch wohlhabende Besitzer, erlaubte einige Investitionen. Weil das Hotel mit einer Auslastung von durchschnittlich 55% fast jedes Jahr Gewinne erzielte, konnten diese teils reinvestiert werden, deckten aber niemals den ganzen Investitionsbedarf für die nötigen umfassenden baulichen Verbesserungen.

Der Verkauf der Hotel Drei Könige AG an die Richemont-Héritage-Gruppe liess Gerüchte aufkommen, die Zukunft des altehrwürdigen Hauses sei in ernste Gefahr geraten. Diese Hotellerie- und Immobilienholding ist nicht zu verwechseln mit dem Richemont-Konzern, der Luxusmarken (Uhren, Schmuck, Bekleidung u.a.) besitzt. Von anderen Hotelkäufen war bekannt, dass die Geschäftsphilosophie der Richemond-Gruppe stark von Rentabilitätsdenken geprägt war. Die gewachsene Tradition eines Grandhotels hatte nicht oberste Priorität. Erst durch die Übernahme des Hotels durch den Unternehmer Thomas Straumann (S. 206) im Jahr 2004 und die Erweiterung um den Kopfbau, das Bank- und Verkehrsvereinsgebäude, war hier die Kontinuität gesichert.

Mit Rudolph Schiesser als Direktor ist zum ersten Mal seit der Pensionierung von Alfred Kienberger wieder eine Periode der Beruhigung und Qualitätssteigerung im Hotel Drei Könige angebrochen. Die Voraussetzungen waren klar: Es galt, das durch eine gravierende Unterschlagungsaffäre geschädigte Hotel wieder voranzubringen. Die Besitzerin stützte sich bei der Berufung auf den Rat des interimistischen Direktors Jacques Pernet. Rudolph Schiesser, dessen Eltern die traditionsreiche Confiserie Schiesser am Marktplatz führten, erfüllte erfolgsentscheidende Voraussetzungen: Im Unterschied zu seinen Vorgängern war er gesellschaftlich in Basel stark verwurzelt. Seine umfassende Ausbildung (Handelsschule in Basel, Hotelfachschule in Lausanne, Cornell University Ithaca, New York) entsprach modernsten Standards. Die Hotelleriepraxis hatte er im Hilton Basel, im Hilton Yaoundé (Kamerun) und zuletzt im Impérial Palace Annecy vertieft. Schiesser beherrschte sein Metier, er besass ein Faible für Optimierungen und Neukonzeptionierungen; Jacques Pernet lobt ihn heute noch als erfolgreichsten Dreikönigsdirektor nach Kienberger.

Die bedeutendste, zukunftssichernde Tat Schiessers ist der Kauf des Hauses Blumenrain 2, den er gemeinsam mit dem damaligen Basler Finanzdirektor Ueli Vischer während rund sechs Jahren vorbereitete. Mit dem Erwerb des Hauses von der Stadt Basel für die Richemond-Héritage-Gruppe, Genf, war die Voraussetzung für die überfällige Gesamtrenovation und letztlich für den Rückbau des Merian-Gebäudes von 1844 geschaffen. Schiesser führt das Hotel mit seinem Mitarbeiterstab diskret und bestimmt. Anders als viele seiner Vorgänger, die einst noch im Hotel wohnten, trennt er sein Familienleben strikt vom Geschäft, es sei denn, es fallen Repräsentationspflichten an. Durch die Familie seiner französischen Gattin ist er auch im Grand Casino Basel involviert, dem er seit dessen Eröffnung 2002 als Verwaltungsratspräsident vorsteht.

Maximilian Triet

159 «Ankunft des ersten Dampfschiffes in Basel am 28. Juli 1832». Lichtdruck nach H. Frey, 2. Hälfte 19. Jahrhundert.

Verkehrsknotenpunkt Basel am Rhein

Die Dampfschifffahrt auf dem Rhein: eine Episode
Eine Reise durch die Schweiz war bis in die 1830er Jahre umständlich und beschwerlich. Zwei- oder mehrspännige Kutschen und Reisewagen waren das Fortbewegungsmittel der Wahl. Wohlhabende verfügten über eigene Kutschen, die anderen Reisenden bewegten sich mit Hilfe privater Fuhrunternehmer. Wer reiste, brauchte viel Zeit. So benötigten etwa englische Reisende mit dem Ziel Basel etwas mehr als eine Woche von Calais in die Stadt am Rhein. Auf holprigen, staubigen Strassen rumpelte man tagelang durch die Gegend.

Eine neue Epoche bahnte sich an, als die Dampfschifffahrt den Rhein eroberte. Die Jungfernfahrt des Dampfers «Stadt Frankfurt» nach Basel im Jahr 1832 war aber nicht mehr als eine schöne Episode. Er legte am 28. Juli bei der Schifflände an und wurde mit Kanonendonner und einem Willkommenskonzert empfangen (Abb. 159). Im Hotel Drei Könige fand das offizielle Festbankett für die Gäste statt. Am 29. Juli bestiegen es die Basler Ratsherren und das Handelskomitee zu einer Spazierfahrt nach Grenzach, die volle drei Stunden dauerte. Das Schiff blieb zehn Tage in Basel.[306]

Pläne für neue Schiffe und die Verbindung von Basel nach Kehl, ebenso Zollverhandlungen für die Zukunft kamen aber zum Erliegen, weil der schwelende Bürgerkrieg mit der Basler Landschaft die Kräfte der Stadt band. Die Niederlage Basels und die Kantonstrennung von 1833 verhinderten weitere Fortschritte. Erst vier Jahre später erfolgte ein Durchbruch, als die Regierung am 1. November den Brüdern Oswald aus dem französischen Saint-Louis die Erlaubnis erteilte, Personen und Waren mit Dampfbooten zu befördern. Niemand ahnte anlässlich der Begrüssungs-

159

feier und während des Festbanketts im «Drei Könige», dass durch die Konkurrenz und das Aufkommen der Eisenbahn die Oswald'sche Firma bereits zum Scheitern verurteilt war. Ihr Service général de navigation war nur von kurzer Lebensdauer und stellte wegen hoher Verluste bereits 1842 den Betrieb ein.[307]

Ein zweiter Unternehmer, der sich in der Dampfschifffahrt betätigte, war der Deutsche Friedrich Kaufmann. Sein «Adler N° 1» legte im Juni 1840 in Basel an. Er mass 150 mal 12 Fuss und bot Platz für 200 Passagiere. Im Unterschied zu den Oswald'schen Schiffen war er hauptsächlich für den Fremdenverkehr und erst in zweiter Linie für Gütertransporte konzipiert. Seit 1841 fuhr der «Adler» die Strecke Basel–Mannheim und wurde rege benutzt. Verhandlungen zum Zusammenschluss der beiden Konkurrenten scheiterten. Die Kölner Schifffahrtsgesellschaft entwickelte sich zur grössten Konkurrenz, weil sie mit den Unternehmern der Strassburger Eisenbahnlinie einen Monopolvertrag schloss, der ihr den Zugang zum attraktiven Eisenbahnnetz sicherte. Dies war eine geschickte Lösung, denn für die neue Verbindung zum Niederrhein konnten Eisenbahn- und Schiffsbillette in Postämtern und Gasthöfen, unter anderem auch im «Drei Könige», gekauft werden.[308] Dennoch erlitten die «Adler des Oberrheins» 1849 nach einer mehrjährigen Durststrecke das gleiche Schicksal wie das Oswald'sche Unternehmen. Das dauernde Pech mit dem «Adler N° 2» und der 1844 vollzogene Anschluss Basels ans Eisenbahnnetz waren der Todesstoss für ein Unternehmen, das hoffnungsvoll begonnen hatte.

Der Anbruch des modernen Verkehrszeitalters: die Eisenbahn

Der 11. Dezember 1845 läutete für die Stadt Basel ein neues Zeitalter ein: Es war der Tag, an dem der neu erbaute Französische Bahnhof in Basel festlich eröffnet wurde (Abb. 162). Bundespräsident Jonas Furrer (1805–1861) und der eidgenössische Staatsschreiber August von Gonzenbach (1808–1887) unterstrichen mit ihrer Präsenz die nationale Bedeutung des ersten Bahnhofs auf Schweizer Boden. Beide wohnten während der Festlichkeiten vom 11. bis zum 13. Dezember im Hotel Drei Könige, also rund 400 Meter von der Bahnstation entfernt.[309] Bereits ein gutes Jahr zuvor waren die ersten Züge von Saint-Louis nach Basel gelangt. Nun gab es täglich fünf feste Verbindungen Basel–Strassburg und zurück, zusätzlich mehrere Lokalzüge, u.a. nach Colmar und Mülhausen. Basel war für die nächsten 15 Jahre das Nadelöhr für den Personenverkehr aus Frankreich, Belgien, den Niederlanden, Deutschland, Skandinavien, Grossbritannien und sogar aus Russland. So erreichte 1846 der berühmte Charles Dickens (1812–1870) mit seiner Familie Basel, nachdem er von Belgien per Dampfer nach Strassburg gereist und dort auf die Eisenbahn umgestiegen war. Er hielt sich im Hotel Drei Könige auf und reiste danach per Kutsche nach Lausanne.[310] Die Entwicklung des Schienennetzes verlief äusserst dynamisch: Im Jahr 1852 wurde Strassburg mit Linien aus Paris und der Pfalz verbunden. Ein Jahr zuvor hatte die Badische Bahn die Leopoldshöhe in Weil am Rhein erreicht. Am 1. Februar 1855 wurde bereits der zweite Bahnhof Basels eröffnet: der Badische Bahnhof auf dem Areal der heutigen Messe Basel. Basels Monopolstellung im Schienenverkehr wurde erst gebrochen, als französische Linien bei

160 «Port de Basle». Lithographie von Hasler & Cie. nach H. Zemp, um 1840. Der Dampfer führt zwei Kutschen auf Deck, dahinter der Gebäudekomplex des alten Gasthofs zu den Drei Königen.

161 24. August 1903. Ankunft des Dampfschiffes «Justitia», das eine neue Ära des Güterverkehrs auf dem Rhein einläutete. Fotografie von August Höflinger.

162 Der Französische Bahnhof (Linie Strassburg–Basel) auf dem Schällemätteli in Basel, eingeweiht am 11. Dezember 1845, erster Bahnhof auf Schweizer Territorium, rund 400 Meter vom Hotel Drei Könige entfernt. Kolorierte Planzeichnung.

Das Hotel zu den Drei Königen 1844–2004

163

Genf (1858) und Pontarlier (1860) neue Grenzübergänge bedienen konnten.

Das Hotel Drei Könige hatte eine ganz besondere Stellung in dieser Entwicklung, denn die bedeutendsten Eisenbahnpioniere jener Zeit stammten aus England und beehrten das Haus regelmässig mit ihrem Besuch. So hatte der junge Schweizer Bundesstaat den beiden Ingenieuren Robert Stephenson (1803-1859) und Henry Swinburne (1821-1855) den Auftrag erteilt, im August 1850 einen Vorschlag für ein künftiges Eisenbahnnetz vorzulegen. Swinburne weilte im Juni 1850 als Gast im «Drei Könige».

Mit der Gründung der Schweizerischen Centralbahn 1853 wurden die Strecken Basel-Luzern und Olten-Bern-Thun geplant, Kernstück sollte der Hauenstein-Tunnel bei Läufelfingen werden. Ende 1854 war die Linie Basel-Liestal verkehrsbereit. Die Centralbahn beauftragte den britischen Unternehmer Thomas Brassey (1805-1870) mit der Bauleitung: einen tüchtigen, reichen Grossunternehmer, der zeitweise 10 000 Arbeiter beschäftigte und bei seinem Tod ein Vermögen von drei Millionen Pfund Sterling hinterliess. Brassey wohnte mit seinen Assistenten 1854 mehrmals im «Drei Könige».[311] Der Hauenstein-Durchbruch von Läufelfingen nach Olten war mit 2500 Metern der damals weltweit längste Tunnel. Es war geplant, ihn in zwei Jahren fertigzustellen, Verzögerungen verhinderten dies aber. Am 28. Mai 1857 entzündete sich ein Schacht, die Explosion tötete 63 Arbeiter, für die später auf dem Friedhof Trimbach ein Denkmal errichtet wurde. Die furchtbare Tragödie traf viele Familien und belastete auch Brassey, denn er haftete als Unternehmer mit seinem Vermögen für den Schaden. Der Tunnel konnte erst am 1. Mai 1858 eröffnet werden.[312]

Eine weitere Etappe des Eisenbahnverkehrs begann im Juli 1860, als die Strecke Strassburg-Basel mit der Schweizerischen Centralbahn verbunden wurde. Nun fuhren die Züge von und nach Basel im neuen Centralbahnhof ein, und der französische Grenzbahnhof St. Johann verlor nach weniger als zwei Jahrzehnten seine Bedeutung. Einen weiteren Einschnitt bedeutete der Deutsch-Französische Krieg von 1870/71: Er veränderte nicht nur die Landkarte, sondern auch die Situation in Basel. Elsass und Lothringen waren an das Deutsche Reich gefallen, und Frankreich suchte neue Verbindungswege, um deutsches Territorium zu umfahren. Auch der Erste Weltkrieg stellte Basel vor ähnliche Probleme - und vor verschlossene Grenzen - und brachte den Reiseverkehr mit den Nachbarländern zwi-

163 Droschkenstation vor dem Hotel Drei Könige. Auch nach dem Aufkommen der Eisenbahn war die Kutsche noch wichtiges Verkehrsmittel für unerschlossene Reiseziele.
Fotografie von Jakob Höflinger, vor 1892.

164 Der Hotelomnibus «Renault», betrieben von der Firma Settelen, Basel. Auf dem Trittbrett Batterie und Azetylen-Vergaser für die Beleuchtung.
Fotografie, 1911 (?).

schenzeitlich zum Erliegen. Dennoch zog die Eisenbahn insgesamt eine unglaubliche Belebung des Fernverkehrs und der Reisetätigkeit nach sich – eine Beschleunigung, die erst durch das Aufkommen des Individualverkehrs nochmals gesteigert wurde.

Das Zeitalter des beginnenden Individualverkehrs
Für das Hotel Drei Könige entstand mit dem Aufkommen von Tram und Automobil eine völlig neue Verkehrssituation. Boten Gasthof und Hotel früher eigene Pferde und Kutschen an, so wurde im letzten Viertel des 19. Jahrhunderts ein Vertragspartner beauftragt: Louis Herdener betrieb bis 1892 mit drei Omnibussen den Personenverkehr für das «Drei Könige». Mit dem Verkauf durch die Witwe im Jahr 1893 ging die Firma in den Besitz der Basler Droschkenanstalt Settelen (BDA) über, die im selben Jahr die Transporte übernahm. 1910 schloss Dreikönigswirt Lucien Bossi (S. 110) mit der BDA einen achtjährigen Vertrag.

Interessant sind die Details: Paragraph 1 regelte, dass Settelen dem Hotel einen betriebssicheren Autoomnibus mit eleganter Karosserie zur Verfügung stelle, Marke Renault 10/14 PS, mit acht Plätzen zum Transport von Gästen zu den beiden Basler Bahnhöfen (Abb. 164). Das Personengepäck pro Fahrt war auf 250 Kilogramm limitiert. Ausserdem verpflichtete sich der Bushalter, für das Hotel täglich 50 Kilometer zu fahren. Er erhielt dafür pauschal 47.50 Franken. Jeder Kilometer mehr kostete 95 Rappen. Noch im Jahr 1910 musste ein einspänniger, gummibereifter Omnibus mit Kutscher zu 15.50 Franken pro Tag dazugemietet werden – allerdings ist nicht klar, ob dies wegen häufiger Autopannen oder wegen des hohen Verkehrsaufkommens geschah. Der meiste Verkehr pulsierte in der Hauptreisezeit von Mai bis September. Die restlichen Monate brachten kaum Umsatz. Zwischen 1920 und 1928 wurden maximal 21 592 (im Jahr 1922) und minimal 13 706 Kilometer gefahren. Berechnet man die Anzahl Fahrten à 4 Kilometer, so gelangt man zu erstaunlichen Zahlen: Es waren jährlich zwischen 3400 und 5400 Touren, die mit dem Hotelbus zurückgelegt wurden. Ab 1930 bot Settelen auch einen Taxiservice an, der bis 1954 aufrechterhalten wurde und täglich zwischen drei und neunzehn Fahrten verzeichnete. Die grossen Schwankungen der Fahrten und auch der Besucherzahlen glichen sich während und nach dem Zweiten Weltkrieg aus: Dies war direkte Folge der veränderten Besucherstruktur unter Alfred Kienberger (S. 115) – das Hotel des Trois Rois etablierte sich immer mehr als Businesshotel und internationaler Treffpunkt, der unabhängig von den Jahreszeiten frequentiert wurde.[313]

Maximilian Triet

Das Fürstenbuch, heute das Goldene Buch genannt, verzeichnet zahlreiche Einträge von Monarchen und ihren Familien, die im Hotel Drei Könige nächtigten.

165   Wappen der Grossherzöge von Baden. Aquarell, um 1866. Eintrag: Grossherzog Friedrich I. (1856–1907), 3. März 1866.

166   Wappen derer von Oranien-Nassau, der weitverzweigten Stammfamilie der Grossherzöge von Luxemburg und des Königshauses der Niederlande. Aquarell, um 1866. Eintrag: Prinz Alexander der Niederlande, 3. Oktober 1866.

Gäste und Gästegruppen – Grundtendenzen und stetiger Wandel

Die Tatsache, dass der Gasthof und das Hotel Drei Könige stets eine führende Stellung bewahrte und die höchsten Preise am Platz verlangte, beschränkte seine Gästeschaft auf eine elitäre Schicht. An vorderster Stelle standen und stehen Geschäftsleute im weitesten Sinn, Bankiers, Kaufleute, Händler und Fabrikanten. Über sie ist sehr wenig Persönliches überliefert, denn ihre Geschäfte wurden meist im verschwiegenen Rahmen abgewickelt. Auch vereinzelte andere Berufssparten, etwa Zahnärzte, die im Hotel praktizierten, oder ein Daguerreotypist, der 1849 mehrere Wochen hier tätig war, wählten das Hotel aus geschäftlichen Gründen.[314] Ferien- und Bildungsreisende kamen erst im 19. Jahrhundert mit dem organisierten Fremdenverkehr, vor allem aus England, nach Basel. Sie benutzten das «Drei Könige» als Ausgangs- oder Zwischenstation während einer Schweizer Reise.

Die enorme Präsenz von Adligen und hohen Militärs, die sich wie ein roter Faden durch die Hotelgeschichte zieht, hat oft weniger mit Finanz- oder Warengeschäften zu tun: Gasthof und Hotel sind für diese Schichten eine standesgemässe Residenz auf Zeit, die oft von den gleichen Familien über Generationen besucht wird. Der Dreikönigsaufenthalt von regierenden Häuptern und Diplomaten ist eine weitere Konstante. Ihre geheimen Missionen liegen nur in wenigen Fällen auf der Hand, etwa zur Zeit des Sonderbundskrieges 1847, als der französische Gesandte einige Wochen mit Personal im Hotel wohnte.[315]

Obwohl Gästelisten weitgehend fehlen, darf man davon ausgehen, dass rund fünfzig bis siebzig Prozent der Hotelresidenten Stammgäste waren, ob sie nun längere Zeit hier verweilten oder periodisch wiederkehrten: Das «Drei Könige» war und ist bis heute ein Traditionshotel, das vom

Wiedererkennen und von der historischen Überlieferung lebt.

Seit dem 17. Jahrhundert bis in die Gegenwart wurden wichtige Staatsgäste empfangen und beherbergt. Auch Exponenten aus der Welt der Musik und Kunst, aus dem Show- und Filmbusiness und dem Sport verkehren später regelmässig im Hotel. Ihre Präsenz hat meist im Goldenen Buch Niederschlag gefunden. Die von den Betreibern geförderte Geltungsgeschichte des Hotels faszinierte natürlich auch die Gäste. Geschichte und grosse Namen sind im Hotel greifbar und allgegenwärtig. Dies zeigt sich in Bildern, Prospekten und mündlicher Überlieferung, besonders aber in der Napoleon-Suite und im Herzl-Zimmer.

Das politische Umfeld

Die exponierte Lage Basels an der Grenze zu Deutschland und Frankreich hatte immer ihren Einfluss auf die Besucherfrequenz der Basler Hotellerie, sowohl im Positiven wie im Negativen. Die meist neutrale Haltung der Stadt, auch im Sonderbundskrieg, begünstigte den Besucherfluss. Gravierende Auswirkungen hatten vor allem Kriege: die Kantonstrennung von Basel-Stadt und Basel-Landschaft 1830/33, der Deutsch-Französische Krieg von

167 Wappen derer von Nassau, im Zentrum der goldene Löwe des Herzogtums. Aquarell, um 1866. Einträge: Herzogin Adelheid und Herzog Adolf I. von Nassau (1839–1866), Grossherzog von Luxemburg (1890–1905), 5. Januar 1872.

168 Wappen des Vereinigten Königreichs Grossbritannien und Irland. Aquarell, um 1866. Eintrag: Victoria von Sachsen-Coburg-Saalfeld, Herzogin von Kent, Mutter der Queen Victoria, 30. Mai 1844.

169 Wappen des Königreichs Württemberg. Aquarell, um 1866. Eintrag: König Wilhelm I. (1816–1864), Kronprinz Karl und Prinzessin Sophie, 19. Juli 1844.

170 Grosses Staatswappen des Königreichs Preussen. Aquarell, um 1866. Eintrag: Kronprinzessin Victoria, Tochter der Queen Victoria von Grossbritannien und Mutter des deutschen Kaisers Wilhelm II., 25./26. November 1872.

171 Wappen der Fürsten zu Leiningen. Aquarell, um 1866. Eintrag: Fürst Carl Friedrich Wilhelm Emich, 1844.

172 Wappen des Grossherzogtums Mecklenburg-Schwerin. Aquarell, um 1866. Eintrag: Grossherzog Friedrich Franz II. (1842–1883), 2. Juni 1866.

Das Hotel zu den Drei Königen 1844–2004

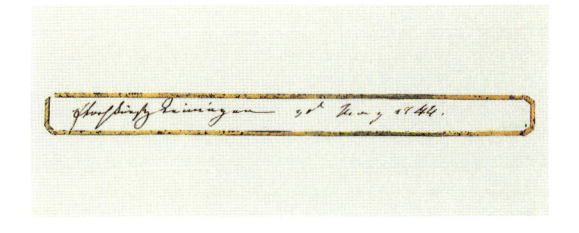

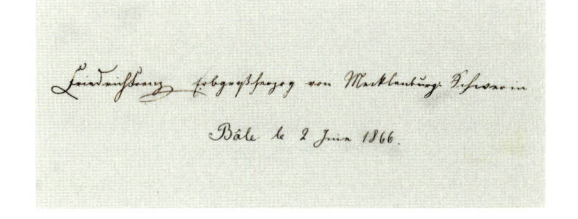

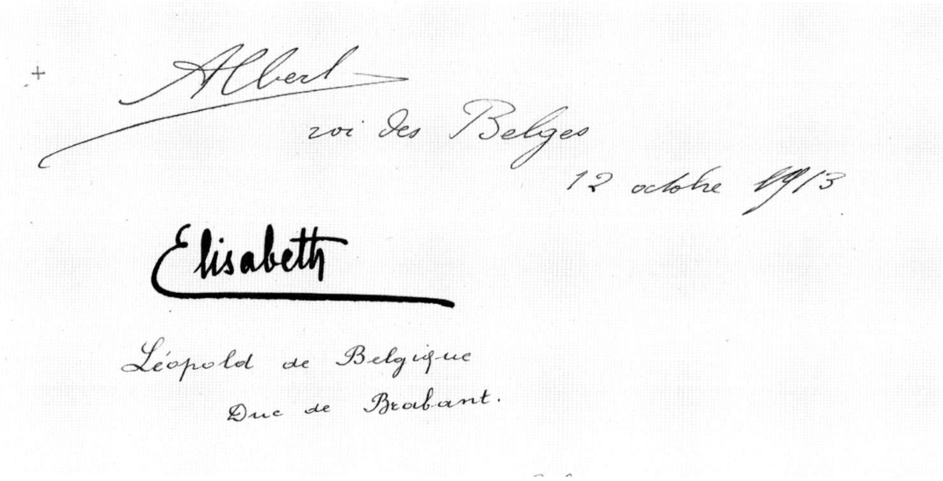

Albert
roi des Belges
12 octobre 1913

Elisabeth

Léopold de Belgique
Duc de Brabant.

173

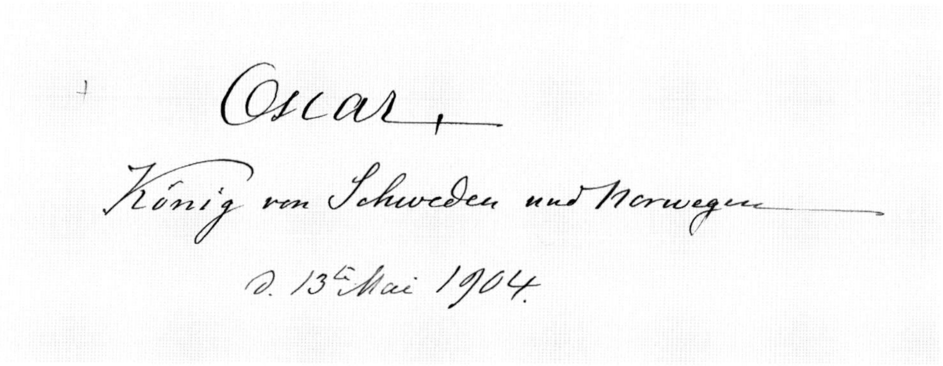

Oscar

König von Schweden und Norwegen

d. 13ᵗ Mai 1904.

174

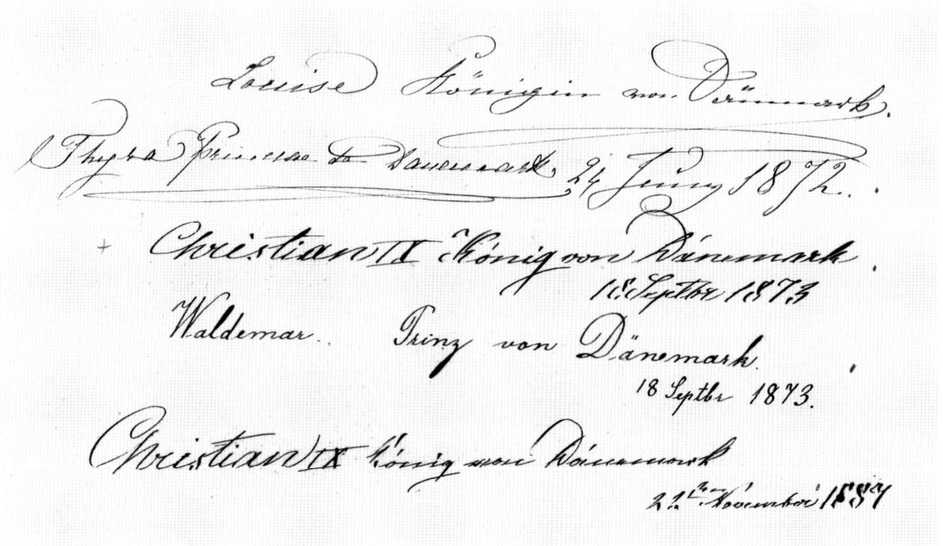

Louise Königin von Dänemark.
Thyra Prinzessin zu Dänemark, 24 Juny 1872.
Christian IX König von Dänemark.
18 Septbr 1873
Waldemar Prinz von Dänemark.
18 Septbr 1873.
Christian IX König von Dänemark
22ᵗᵉⁿ November 1887

175

1870/71 und besonders die beiden Weltkriege 1914–1918 und 1939–1945.
Unzählige Revolutionen in den Nachbarländern wirkten sich ebenso aus: Einerseits nahm die Reisetätigkeit ab, andererseits wurden Basel und seine Hotels Zufluchtsorte für Flüchtlinge und Emigranten. So trafen während der Belagerung Strassburgs (15.–22.9.1870) 1261 Flüchtlinge in Basel ein. Unter 14 Gastbetrieben nahm das Hotel Drei Könige mit 219 Personen die grösste Anzahl auf.[316]
Die Weltwirtschaftskrise im 20. Jahrhundert traf das Hotel Drei Könige empfindlich. Der Verkauf des Hauses an Wander im Jahr 1934 ist vor diesem Hintergrund zu sehen.

Herkunft und bevorzugte Reisezeiten der Gäste

Aus den erhaltenen Fremdenlisten von 1838 bis 1854 lässt sich, trotz spärlicher Angaben zu den Personen, die Frequenz und die Herkunft der Dreikönigsgäste ermitteln.

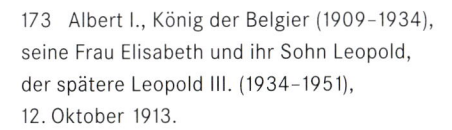

173 Albert I., König der Belgier (1909–1934), seine Frau Elisabeth und ihr Sohn Leopold, der spätere Leopold III. (1934–1951), 12. Oktober 1913.

174 Oscar II., König von Schweden (1872–1907) und Norwegen (1872–1905), 13. Mai 1904.

175 Louise von Hessen-Kassel, Königin von Dänemark, Thyra Prinzessin von Dänemark, 24. Juni 1872. Christian IX., König von Dänemark (1863–1906), 18. September 1873 und 22. November 1887. Waldemar Prinz von Dänemark, 18. September 1873.

176 Porträt des Arthur Wellesley, 1. Herzog von Wellington. «Field Marshal the Duke of Wellington». Kupferstich H. Cook nach R. Scanlan, 1. Viertel 19. Jahrhundert.

Auffällig und mit der damaligen Reiselust verknüpft ist die starke Belegung des Hotels in den Monaten Mai bis Oktober, in denen oft über 200 Personen gleichzeitig im Hotel wohnten, während die Zahl im Januar auf weniger als zehn Gäste schrumpfte.
Von der Nationalität her dominierten Engländer, Schotten, Iren und auch vereinzelte Amerikaner. Manche Briten gaben als Herkunftsort die Kolonie Indien an. Sehr zahlreich waren die Gäste aus Deutschland, das damals in zahllose Herrschaftsbereiche zerstückelt war. Danach kamen Franzosen und Russen, gefolgt von Italienern und Schweizern. Belgier, Niederländer, Österreicher, Polen, Dänen und Ungarn waren sporadisch vertreten. Vereinzelt tauchten Reisende aus der Türkei, Syrien und Ägypten auf.

Die britische Präsenz

Stellvertretend für alle im «Drei Könige» vertretenen Gästeländer soll hier Grossbritannien, insbesondere England, gestreift werden, weil es einige Jahrzehnte lang die Reisenation schlechthin war. Die Zahl der englischen Gäste im erwähnten Zeitraum geht in die Tausende. Auffallend ist die stattliche Anzahl der anwesenden britischen Gruppen, die aus reichen Adels- und Grossbürgerkreisen stammten. Nicht selten reisten mehrere Familien zusammen und führten einen eigenen Kaplan mit, in der Regel einen jungen Geistlichen. Gutsituierte Reverends pflegten das Hotel aber auch allein mit ihren Gattinnen aufzusuchen, ebenso viele hohe Offiziere und einige Generäle. In der Hochsaison wohnten leicht über fünfzig Briten gleichzeitig im Hotel. Die durchschnittliche Aufenthaltsdauer in Basel betrug zwei bis drei Tage, sei es vor oder nach der «Grand

chitekten Augustus Pugin als Leitfigur der Neugotik in England gilt und 1841 eine Reise durch Europa mit dem Zweck unternahm, katholische Kirchenkunst und Reliquien für englische Gotteshäuser zu sammeln.[318] Wenig ruhmreich war ein Resident von 1846, Charles Wentworth FitzWilliam, 5. Earl FitzWilliam (1786–1857),[319] weil er 6000 Angestellte während der Grossen Hungersnot in Irland 1847 von seinem Land vertrieb. Auf der Überfahrt nach Kanada oder kurz nach der Ankunft starben die meisten der Auswanderer.

Wie eine Ironie der Geschichte mutet der kürzlich entdeckte Aufenthalt zweier berühmter Briten im «Drei Könige» an: Marquis of Douro (1845)[320] und Lord Beresford (1852)[321]. Der Erste war kein anderer als Arthur Wellesley, 1. Herzog von Wellington (1769–1852) (Abb. 176), der Besieger Napoleons in der Schlacht bei Waterloo. Der Zweite, William Carr, 1. Viscount Beresford (1768–1854), hatte als General der britischen Armee in den napoleonischen Kriegen unter Wellington gedient. Obwohl die zwei historischen Persönlichkeiten im «Drei Könige» übernachteten, wurde keine Suite nach ihnen benannt, sie reisten privat und erregten – im Gegensatz zu Napoleon – keinerlei Aufsehen.

Tour» durch die Schweiz oder nach Italien. Es ergäbe ein eigenes Lexikon des Hochadels, wollte man all die britischen Lords und Ladys, Herzoginnen und Herzöge, Prinzessinnen und Prinzen im «Drei Könige» auflisten. Ausser ihnen frequentierten Bankiers, Juristen, Ärzte und Kaufleute das Hotel.

Aus einer grossen Menge reicher und reichster Touristen werden aus historischen Gründen hervorgehoben: Alexander Baring, 1. Baron Ashburton (1774–1848) war Präsident der Handelskammer und Chairman der Barings Bank. Vermutlich brachten ihn Geschäfte 1838 ins «Drei Könige».[317] Im gleichen Jahr stieg hier John Talbot ab, 16. Earl of Shrewsbury (1791–1852), der gemeinsam mit dem Ar-

Eine kleine Auswahl von Staatsmännern im Hotel Drei Könige:

177 Willy Brandt, deutscher Bundeskanzler (1969–1974). Fotografie, 1960.

178 Helmut Schmidt, deutscher Bundeskanzler (1974–1982). Fotografie, o.D.

179 Jiang Zemin, Präsident der Volksrepublik China (1993–2003), 26. März 1999.

180 Tenzin Gyatso, der XIV. Dalai-Lama (seit 1940), 5. Mai 2001.

181 Valéry Giscard d'Estaing, Staatspräsident von Frankreich (1974–1981), 17. Februar 1987.

182 Dov Schiliansky, Präsident der Knesset in Israel (1988–1992), 19. Dezember 1991.

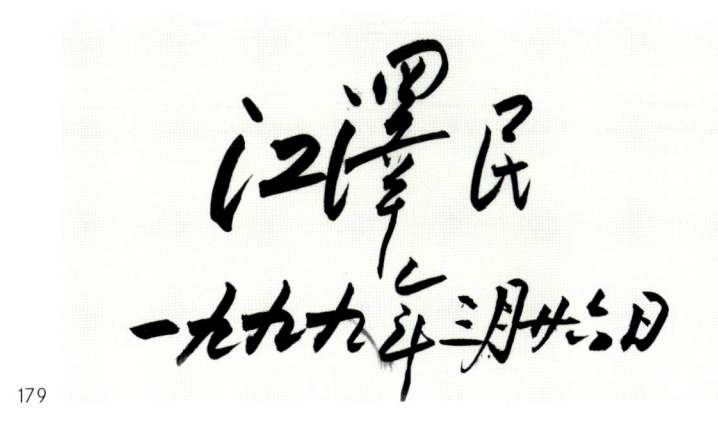

Ein Ort der Musik

Die Liebe zur Musik hat in der Stadt Basel eine grosse Tradition. Man behauptet, das Theater habe hier nur deshalb nie die Hauptrolle im Kulturleben gespielt, weil es als leicht anrüchig galt oder mit dem Sittenkodex des strengen Protestantismus schwer vereinbar gewesen sei. Fest steht: Die Basler Aristokratie hat seit je das Musikleben in Form von Hausmusik und öffentlichen Konzerten gefördert und lebhaft besucht. Bis heute sind Symphonie- und Kammermusikkonzerte sowie Gesangsdarbietungen gesellschaftliche Treffpunkte. Das Angebot war stets breit gefächert, es reichte von der Vorklassik bis zur jeweiligen Avantgarde.

Die öffentlichen Konzertprogramme in Basel können weit zurückverfolgt werden, doch ist die Rolle der Musik im frühen Gasthof und im jungen Hotel Drei Könige wesentlich schwieriger auszuloten.[322] Das Hotel stand immer zwischen privater Herberge und öffentlichem Raum – das Fehlen musikalischer Programme ist eine Folge dieser Stellung. Die populären Volksgasthöfe hingegen pflegten im 19. Jahrhundert, dem «Vereinsjahrhundert», ein buntes Gesellschaftsleben mit Kegelabenden, Tanz- und Fasnachtsveranstaltungen und Volkstheatern. Sie warben kräftig in den Zeitungen dafür. Das führende Gasthaus jedoch übte seinem Ruf gemäss vornehme Zurückhaltung. Die wenigen amtlich erfassten und bewilligten Tanzveranstaltungen an der Wende vom 19. zum 20. Jahrhundert im Hotel des Trois Rois waren fast ausschliesslich Hochzeitsbälle und Soireen des «Berner Leist».[323] Über das Musikleben im alten Gasthof zu den drei Königen ist wenig überliefert. Einzelne Konzerteinlagen, vor allem Ständchen für offizielle und private Gäste, sind erst gegen die Mitte des 19. Jahrhunderts belegt.[324] Bei fröhlichen Anlässen fehlte die Tafelmusik selten, denn die gehobene Klientel war diese kultivierte Art von Unterhaltung seit je gewohnt.

Musikkoryphäen als Gäste

Über das Hotel Drei Könige als Herberge für herausragende Künstler, Musiker und Sängerinnen gibt es eine Fülle von Quellen. Vor und nach der Errichtung des Merian-Baus stiegen hier bekannte Komponisten, Interpre-

183

tinnen und Interpreten ab, eine Tendenz, die bis in die jüngste Zeit anhält.³²⁵

Eine entscheidende Figur im Basler Musikleben des 19. Jahrhunderts war Musikdirektor Ernst Reiter (1814– 1875). Als Gestalter öffentlicher Konzertprogramme wählte er sowohl die Musizierenden als auch deren Unterkunft. Seit 1839 wirkte er als Kapellmeister der Konzertgesellschaft und danach als Chordirigent des Basler Gesangvereins und der Basler Liedertafel. Ihm verdankte die Stadt den Ruf einer hochstehenden Musikstadt, verstand er es doch, die Besten ihres Faches hierher zu verpflichten. Seine Beziehung zu hochrangigen Vertreterinnen und Vertretern des Musiklebens wird in unveröffentlichten Briefen an ihn sichtbar, die ein Sammlerehepaar in Basel gegenwärtig minutiös dokumentiert.³²⁶ Reiter war Dauergast im «Drei Könige», doch als Stadtresident beschränkten sich seine Besuche auf Treffen mit den hier wohnenden Musikerinnen und Musikern. Auch als Dirigent von Willkommens- und Abschiedsständchen für berühmte Gäste trat er mehrmals im Hotel auf.³²⁷ Die Liste der Gäste liest sich wie ein Who's who des Musiklebens vergangener Zeiten.

184

185

183   Porträt des Xaver Schnyder von Wartensee. Lithographie, 1841.

184   Xaver Schnyder von Wartensee kündet Ernst Reiter am 20. Februar 1852 seine Ankunft im Hotel Drei Könige an: *«Wir haben fest vor, wenn immer das Wetter und unsere Gesundheit es erlaubt, bei der freundlichen Gelegenheit uns das Vergnügen zu machen, unsere theuren Freunde in Basel wieder zu sehen, und endlich einmal einem Konzerte bei Ihnen beizuwohnen, und Ihr schönes musikalisches Leben, von dem ich schon lang große Achtung habe, kennen zu lernen. Wir würden in günstigem Fall den 5ten März vormittags von Freiburg her, wo wir zu übernachten gedenken, in Basel bei den drei Königen eintreffen.»*

185   Unterschrift von Felix Mendelssohn Bartholdy, 20. Juni 1838.

186   Silhouette von Richard Strauss. Lithographie, um 1910 (?).

187   Porträt des Franz Liszt. Lithographie, um 1845.

Der gefeierte Felix Mendelssohn Bartholdy (1809–1847) war 1842 unterwegs zum Eidgenössischen Musikfest in Lausanne. Zusammen mit einem gleichnamigen Bankier und in Begleitung der Gattinnen bezog man am 2. August Quartier im Hotel Drei Könige.[328] Am 4. August hiess ihn eine Delegation des Basler Gesangvereins im Hotel mit einem Ständchen willkommen,[329] ein Ausdruck der Sympathie für den glänzenden Pianisten, Dirigenten und Komponisten.

Auch ein bekannter Schweizer Komponist, der Spätklassiker und Frühromantiker Xaver Schnyder von Wartensee (1786–1868) (Abb. 183), wohnte im Februar 1852 standesgemäss im «Drei Könige».[330] 1840 feierte die Schweizerische Musikgesellschaft ihr Jahresfest in Basel. Das zweite Konzert begann mit Schnyders Ouvertüre zur Oper «Fortunat». Schnyder von Wartensee ging später nicht nur als Komponist, sondern auch als Philanthrop in die Geschichte ein. Für kurze Zeit hatte er bei Pestalozzi in Yverdon als Erzieher gewirkt und schliesslich sein Vermögen in eine Kulturstiftung eingebracht, die seinen Namen bis heute trägt.[331]

Tagblatt der Stadt Basel

Pränumerations-Preis halbjährlich 30 Batzen, drei Monate 15 Batzen.
Insertion: Die durchgehende Zeile 4 Kr., die gespaltene 2 Kr.

Montag   N° **131**.   den 4. August 1851.

Verzeichniß der in den Gasthöfen logirenden Fremden.

In den drei Königen.

Hr. Prinz u. Prinzessin v. Doria a. Rom.
" Hamilton m. Fam. a. Surrey.
HH. Butler, Hull, Bromke m. Fam. u. Coken a. England.
" Browen, Ledder u Shelton a. Amerika.
Hr. Baldistero a. Turin.
" Lerieuz a. Brüssel.
" Jäger a. Wien.
" Straßer a. Frankfurt.
" äsin Randisen m. Fam. a. Borstel.
HH. Seabrook, HovRinson, Smit u. Hart m. Fam. a. Philadelphia.
Hr. Humpfrys m. Fam. a. England.
" Johnston v. da.
*" Pearton m. Brud. a. Schottland.
HH. Campbell u. Gilzeau v. da.
Hr. Taylor a. St. Louis.
Frau v. Vidailton m. Tocht. a. Frankreich.
Hr. Jarquieu v. da.
" Carteron m. Gatt. v. da.
" Sacuders m. Gatt. a. England.
HH. English, Sauford u. Gebrüd. Collis a. New-Havre.
Hr. Boistel a. Zürich.
" Moris a. Virginia.
" Rutherpord a. Amerika.
" Beil m. Fam. a. Worms.
" Eggers m. Fam. a. Mecklenburg.
" Luigi Massini a. Mailand.
" Halbiet v. da.
" Warmuth a. Wien.
" Müllner m. Gatt. v. da.
" Allen a. Cincinnati.
" Ordre a. England.
H. Gebr. Plumier v. da.
r. Duibuit m. Gatt. a. Wesserlingen.
Oberstl. v. Witte m. Gatt. a. Hannover.
" **Schumann m. Gatt. a. Düsseldorf.**
" Ladewez-Adlerkron m. Gatt. a. England.
HH. Ambrose u. Jousse v. da.

Im Storchen.

HH. Holmes, Waterfold u. Knight a. England.
Hr. Kunkler a. Genf.
" Simpson a. England.
" Bauer a. Hamburg.
" Knörr a. Luzern.
HH. Owen u. Ablott a. Irland.
*Hr. Haller a. Bern.
" Lindner a. Straßburg.
" Kreppler a. Genf.
" Leistet a. Wolfenbüttel.
" Maille m. Fam. a. Paris.
" Pontmair a. Metz.
" Haw a. England.
" Delaharpe a. Lausanne.
" Loret a. Genf.
" Scothich a. Rouen.
" Berger a. Bischweiler.
" Heymann a. Crefeld.
" de Londer a. Nancy.
" Mulhonne v. da.
" Du Pasquier a. Neuenburg.
" Greizmacher a. Berlin.
" Batten m. Gatt. a. Paris.
" Woodeack a. York.
" Moßner m. Gatt. a. Berlin.
" Stein m. Gatt. a. Nürnberg.

Im Wildenmann.

HH. Gebr. Wilkes u. England.
Hr. Du Buit m. Fam. a. Wesserlingen.
" Brühl a. Frankfurt.
" Meynardie a. Bergamo.
" Wilson a. Glasgow.
" Daughters m. Fam. a. Schottland.
" Knoll a. Italien.
" Taraboth a. Genua.
" Tackermann a. Waldeck.
" Dietler a. Bern.
" Knaudt m. Fam. a. Mecklenburg.
" Giffeni m. Gatt. a. Mailand.

188 Die im *Tagblatt der Stadt Basel* vom 4. August 1851 publizierte Fremdenliste. Unter den im Gasthof zu den Drei Königen logierenden Gästen sind Robert und Clara Schumann vermerkt.

189 Porträt des Richard Wagner. Farblithographie, spätes 19. Jahrhundert.

Franz Liszt und Richard Wagner

Als im Frühsommer 1835 der grösste Klaviervirtuose seiner Zeit, Franz Liszt (1811–1886) (Abb. 187), nach Basel kam, reiste er inkognito und wohnte im Gasthof zum Storchen.³³² Seine Geliebte aber, die schöne Marie Gräfin d'Agoult, residierte mit ihrer Mutter standesgemäss im Gasthof Drei Könige. Ein öffentlicher Auftritt kam für den erschöpften Musiker nicht in Frage, doch machte die Nachricht vom Aufenthalt des Genies in Basel rasch die Runde. Wie früher schon bei Königs- und Kaiserbesuchen verlegte man die wichtigsten Begegnungen auch diesmal in den privaten Rahmen verschwiegener Bürgerhäuser.

Eine besonders reizende Begebenheit war Liszts ungeplanter Besuch beim jungen Baumwollkaufmann Daniel Heusler-Thurneysen. Dieser vermerkte in seinen handschriftlichen Notizen unter dem 12. Juni 1835: «Ich wusste, dass Liszt, der Claviervirtuos, hier ist, durchreisend, auf einer Erholungsreise: darf keine Anstrengung sich und uns kein Conzert geben: nimmt keine Einladungen an. Kommt zu Knop in Musikladen. Dieser bestellte mich um 3 Uhr und ich kam. Um ½ 4 Uhr kam Liszt mit (soi disant) der jungen schönen Gräfin d'Agoult Flavigny Bethmann. Er gieng im Oberzimmer an Flügel, ich durfte folgen. Er spielte bis die Saiten sprangen; ich both mein Piano an; angenommen. Das Paar und Knop begaben sich zu mir [ins Haus zur Zossen, St. Alban-Vorstadt]. Mit ihm unterwegs über Manches von Paris gesprochen. Bei mir spielte er Fantaisie von Schubert, Thalberg, Concerto und Etudes von Chopin, von Moscheles. Das Entzücken raubte mir die Sprache, ich bin entmuthigt, ich spiele verächtlich schlecht […]. Er ist groß, äusserst dürr, langes Gesicht, blaß, macht viel Gesten, geistreich im Gespräch und Urtheil.»³³³

Bei seinem zweiten Basler Besuch vom 19. bis zum 25. Juni 1845 wohnte Liszt im neuen Hotel des Trois Rois, ebenso die Pariser Sängerin Mulder-Dupont mit ihrem Gatten. Liszts erstes Konzert fand gleich am ersten Abend im Casino statt, die folgenden zwei im alten Stadttheater, dem ehemaligen Ballenhaus. Den Auftritt der Mulder-Dupont vier Tage später begleitete Liszt am Flügel. Am 11. Juli 1845 stand der Meister wieder im Mittelpunkt des Programms «im hiesigen Stadt Theater», begleitet von Musikdirektor Ernst Reiter (Geige), dessen Frau (Gesang) und Eduard Lutz (Klarinette). Man spielte Beethoven, von Weber und «un air dans les montagnes, nocturne pastorale sur un thème d'E. Knop»: Der Musikalienhändler und Cellist Ernst Knop wurde also vom grossen Liszt mit Variationen geehrt! Diese kleine Begebenheit belegt den Charme des Virtuosen und seine Verbundenheit mit den Basler Verehrern. Liszts Ruhm fand überdies Niederschlag in einem kleinen Porträt, das die lokale Lithographieanstalt Hasler für 5 Batzen anpries. Die Konzertpreise hingegen waren sehr hoch: Sie schwankten zwischen 1 und 4 Franken und waren deshalb nur für wohlhabende Zuhörer erschwinglich. Wo Liszt bei seinem zweiten Besuch wohnte, ist unklar: entweder anonym im «Trois Rois» oder privat bei einem Basler Musikfreund.

Einen bleibenden Dank stattete das Genie dem Basler Männerchor ab, der ihn nach dem zweiten Konzert im Juni mit einem Fackelzug zum Hotel heimbegleitet hatte. Liszt komponierte nämlich drei Stücke für vierstimmigen Männerchor, die zuerst in Basel erschienen, dann umgearbeitet wurden und schliesslich Eingang in die Sammlung «Geharnischte Lieder» fanden. Die Texte dazu hatte der Basler Arzt Theodor Meyer-Merian (1818–1869) verfasst. Das zweite Lied widmete Liszt dem Baumeister Johann Jakob Heimlicher, einem Berufsgenossen Amadeus Merians, allerdings auf dessen Qualität als Sänger im Männerchor anspielend.

Auch Robert Schumann (1810–1856) und seine Frau Clara (1819–1896), die Edelsteine der romantischen Musik, besuchten Basel und wohnten 1851 im Hotel Drei Könige

(Abb. 188). Im Hauskonzert bei der Familie Heusler-Thurneysen fiel Reiter auf, «wie still und in sich gekehrt dieser Mensch ist».[334] Nach Roberts Tod hat Clara Schumann Basel noch mehrmals besucht und mit unvergesslichen Konzerten beglückt.

Am 6. Oktober 1853 wurde das kaum zehnjährige Hotel des Schneidermeisters Senn (S. 102) Schauplatz eines Freundschaftstreffens, das in die Musikgeschichte einging. Liszt gastierte auf Einladung des Grossherzogs von Baden in Karlsruhe. Weil sein Freund Richard Wagner (1813–1883) (Abb. 189) wegen seines Engagements in der Märzrevolution polizeilich gesucht wurde und deshalb die Grenze zu einem deutschen Staat nicht überschreiten durfte, hatte man eine Zusammenkunft im nahe gelegenen Basel vereinbart. Liszt wollte Wagner eine Gruppe junger Musiker vorstellen. Wagner, Huldigungen kaum abgeneigt, berichtete darüber in seiner Autobiographie: «Ich war zuerst am Ort und saß des Abends allein im Speisesaale des Gasthofs ‹Zu den drei Königen›, als ich im Vestibüle von einem nicht zahlreichen aber kräftigen Männerchore die Trompetenfanfare aus ‹Lohengrin› gesungen hörte. Die Tür öffnete sich und Liszt als Chef führte die liebenswürdige und heiter erregte Bande zu mir. Zum ersten Male seit seinem abenteuerlichen Winteraufenthalte in Zürich und St. Gallen sah ich Bülow wieder, mit ihm Joachim, Peter Cornelius, Richard Pohl und Dionys Pruckner. Für den anderen Tag meldete mir Liszt die Nachkunft seiner Freundin Karoline von Wittgenstein mit ihrer jungen Tochter Marie an. Es konnte nicht fehlen, dass die ungemein freudige Stimmung dieser Begegnung, welche bei aller Gemütlichkeit die eigentümlichen Züge einer großherzogen Ungewöhnlichkeit, wie alles, was von Liszt ausging, an sich hatte, an diesem Abende sich bis zu exzentrischer Fröhlichkeit steigerte.»[335]

Die ausgelassene Runde feierte bis tief in die Nacht. Als die Fürstin von Sayn-Wittgenstein am Folgetag eintraf und bereits der Abschied nahte, trug Wagner dem erweiterten Kreis den «Siegfried» aus dem «Ring des Nibelungen» vor. Kurz vor der Abreise hatte Wagner allerdings noch eine Unstimmigkeit mit dem Geiger Joachim zu glätten versucht: Dieser war zwischen seiner jüdischen Herkunft und seiner Wagner-Verehrung hin- und hergerissen, vor allem aber völlig verunsichert durch antisemitische Äusserungen des Meisters. Die begreifliche Empörung – oder Verunsicherung – führte so weit, dass Joachim beim Vorlegen eigener Kompositionen Wagner fragte, ob er «dieser Arbeit wohl etwas Jüdisches anmerken würde». Wagner war gerührt und angeregt zu «einem besonders teilnahmsvollen Abschiedswort und einer herzlichen Umarmung Joachims». Offenbar war Wagner aber so sehr von sich eingenommen, dass er die sarkastische Spitze Joachims nicht gespürt hatte und sich noch 1869 wunderte: «Ich habe ihn seitdem nie mehr wieder gesehen, sondern über seine Haltung gegen Liszt und mich nur das Allerwunderlichste erfahren müssen.»[336]

Inwieweit Basel und das Hotel Drei Könige im Beziehungsnetz Franz Liszt/Marie Gräfin d'Agoult/Richard Wagner/Hans von Bülow (Abb. 190) eine belebende Rolle gespielt hatten, ist unklar. Immerhin: Cosima, zunächst von Bülows und ab 1870 Richard Wagners Gattin, war eine der Töchter aus der freien Verbindung der Gräfin d'Agoult mit

190 Hans Guido Freiherr von Bülow, erster Mann von Liszts Tochter Cosima. Fotografie, um 1860.

191 Ferruccio Busoni am Flügel. Druck, Anfang 20. Jahrhundert.

191

Franz Liszt und Basel, und das Hotel Drei Könige besass im Leben der hier Erwähnten einen besonderen Erinnerungswert.

Die Primadonna und der königliche Harfenist

Ein berühmtes Künstlerpaar zog vom 13. bis zum 25. April 1842 in das «Drei Könige», um in Basel aufzutreten:[337] Die Primadonna Anne Bishop (1810–1884) war eine der abenteuerlichsten Frauengestalten im Musikleben des 19. Jahrhunderts. Sie hatte elf Jahre zuvor ihre Berufskarriere als Sopranistin an der Royal Academy of Music in London begonnen und im gleichen Jahr ihren Lehrer geheiratet, den Komponisten Henry Rowley Bishop (1786–1855). Auf Konzerttouren mit ihrem Mann lernte sie den Harfenisten Robert Nicolas-Charles Bochsa (1789–1856) kennen, der sie für die italienische Oper begeisterte. Bochsa, Sohn eines Oboisten, musizierte zuerst am französischen Hof, bevor er Professor und königlicher Harfenist an der Royal Academy in London wurde. Mit ihm trat sie 1839 in Irland und Schottland auf, und das Unvermeidliche geschah: Die Bishop und Bochsa verliebten sich unsterblich ineinander. Nach der Tournee verliess Anne Bishop ihren Mann und flüchtete mit ihrem Geliebten auf den Kontinent, wo sie in den wichtigsten Hauptstädten zu hören war. Nur Frankreich blieb dem Liebespaar verwehrt, weil Bochsa dort als Bigamist und Urkundenfälscher steckbrieflich gesucht wurde.

In Basel trat das Paar gemeinsam auf. Die Stadt war eine unter zahllosen Stationen, denn allein 1840/41 gab Anne Bishop über 260 Konzerte. Als sie zwei Jahre später von Ferdinand II., König beider Sizilien (1830–1859), als «Primadonna assoluta» an das Theater San Carlo in Neapel verpflichtet wurde, sang sie dort in 27 Monaten 327 grosse Partien in zwanzig Opern – ein enormes Programm. Nach einem kurzen Aufenthalt in England folgten Konzerte in New York, Philadelphia und Mexiko-Stadt. Ihr Geliebter starb am 6. Januar 1856 auf einer Konzertreise in Australien. Auf dem noch erhaltenen Grabstein für Bochsa in Sydney erscheint der Name der Primadonna in grösseren Lettern als der des Verstorbenen, dessen sie «in sincere devotedness» gedenkt – vielleicht ein Hinweis darauf, dass sie die Führungsrolle bei diesem Künstlerduo innehatte. Die rastlose Sängerin zog auch nach diesem Schicksalsschlag ihre Tourneen mit eisernem Willen durch. In zweiter Ehe mit dem New Yorker Juwelenhändler Schultz verheiratet, gab sie auch Bühnengastspiele in Südamerika. Das Reise- und Tourneeleben blieb aufregend: Unterwegs nach China, erlitt sie 1866 gemeinsam mit ihrem Mann Schiffbruch, beide wurden erst nach mehrtägiger Irrfahrt gerettet. Indien, Australien und London folgten als weitere Destinationen. Die Bishop beendete ihre Karriere in den Vereinigten Staaten: Im April 1883 gab sie ihren letzten Auftritt in New York. Zeitgenössische Komponisten und Musikkritiker waren aber geteilter Meinung über ihre Kunst. Zwar bestritt niemand ihre Meisterschaft, doch lehnten Verdi und Donizetti sie rundweg ab. Sie war in den Vereinigten Staaten einerseits sehr populär, erschien aber vielen nur als technisches Genie ohne Wärme. Dennoch waren die Konzerte von Bishop und Bochsa in Basel Höhepunkte des Musiklebens. Der Musikalienhändler Knop verlegte parallel zum Aufenthalt der beiden eigens Bochsas Lied «Je suis la Bayadère», das dieser für seine «Madame Bishop» komponiert hatte. Als Fussnote sei erwähnt, dass auch der grosse Opernkomponist Gaetano Donizetti (1797–1848), der keineswegs ein Freund der Bishop war, Ende September 1847 im Hotel des Trois Rois übernachtete.

Ferruccio Busoni, das Wunderkind

Der grosse Pianist und Kosmopolit Ferruccio Busoni (1866–1924) (Abb. 191) hatte in Triest als Siebenjähriger sein Debüt, bestritt mit neun Jahren Klavierabende in Wien und dirigierte bereits mit zwölf Jahren. Bereits mit 15 Jahren wurde er Mitglied der Akademie in Bologna. Seine weitgespannte Reise- und Lehrtätigkeit wurde so umschrieben: «Seine Heimat war das ganze musikalische Abendland.»[338] Seinen Ruhm begründete Busoni durch sein Klavierspiel. Aber auch in seinen weiteren Berufen als Musikwissenschaftler, Dirigent und Komponist brachte er es zu einer stupenden Meisterschaft. Busoni gilt heute als theoretischer Wegbereiter für die Ablösung vom Tonalen und die Hinwendung zur Atonalität, die er freilich in seinen Werken nicht anwandte. Später widerrief er seinen Vorstoss und mahnte zur Rückbesinnung auf die Klassik. Der Besuch in Basel weist ihn als Kunstkenner aus, denn er schreibt in einem Brief vom 25. Februar 1900: «Holbein und Böcklin gesaugt», wobei Böcklins «Vita somnium breve» (Das Leben ist ein kurzer Traum) grossen Eindruck auf ihn machte. Basel feierte ihn als Pianisten, er liebte die Stadt und verfasste im Hotel Drei Könige, dem Haus seiner Wahl, eine der seltenen klugen Stilreflexionen:

> «Das Hôtel, das ich hier bewohne, ist groß, comfortabel und in seiner Art schön, aber aus der Biedermanns (oder Biedermeyer)-Zeit stammend. Der Styl oder Unstyl dieser Periode gab mir die folgende Reflexion ein. Diese Zeit muß von den reinen historischen Stylarten (in Architektur und Kunstgewerbe) gedacht haben, ungefähr wie wir (in der Kleidung) von den historischen Kostümen denken. Wir finden sie schön, malerisch und kleidsam; würden es aber als Maskerade betrachten uns römisch, mittelalterlich oder Rokoko zu kleiden. Unsere Kindheit wurzelt noch in jener Zeit und ich kann, trotz meiner Vernunft, noch immer von einem Biedermann-Salon jenen Begriff von feierlich-gediegener Ausstattung empfinden, den mir stylisirte Ameublements nicht so geben, wenn sie auch künstlerisch mehr erfreuen und ästhetisch mehr befriedigen. So kann ich mir noch immer ein vornehmes, altes Vereinslokal am besten im Biedermeyer Styl denken (z.B. den Schillerverein in Triest) oder höchstens noch im Empire-Geschmack; nie aber mit künstlerisch-phantastischer Einrichtung […].»[339]

192

Zwei weitere weltbekannte Komponisten, Gustav Mahler (1860–1911) und vermutlich auch der exzentrische Richard Strauss (1864–1949) (Abb. 186), logierten im Juni 1903 im Hotel des Trois Rois, als sie am grossen Musikfest des Allgemeinen Deutschen Musikvereins und des Schweizerischen Tonkünstlervereins in Basel teilnahmen. Die schöne Alma Mahler (1879–1964) war mit von der Partie. Nach dem Tod ihres Mannes sollte sie eine kurze Beziehung zum Maler Oskar Kokoschka eingehen, später Walter Gropius und zuletzt den Dichter Franz Werfel heiraten. Mit etwas Phantasie kann sie als Muse von Kokoschkas Gemälde «Die Windsbraut» im Kunstmuseum Basel gelten.

192 Igor Fjodorowitsch Strawinsky, der erstmals 1885 als dreijähriger Knabe im Hotel Drei Könige zu Gast war, kehrte 80 Jahre später dorthin zurück. Fotografie, ca. 1960.

193 Ferenc Fricsay, Dauergast im Hotel Drei Könige, am Dirigentenpult. Fotografie, vor 1960.

194 Yehudi Menuhin als Wunderkind, war wiederholt zu Gast im Hotel Drei Könige. Druck, 1920er Jahre.

Igor Strawinsky und Paul Sacher

Der russische Komponist Igor Fjodorowitsch Strawinsky (1882–1971) (Abb. 192), Sohn eines Geigers, schrieb sich am 19. Mai 1965 ins Goldene Buch des Hotels Drei Könige ein und vermerkte, dass er bereits im Jahr 1885 in diesem Hotel gewohnt habe. Strawinsky muss also als Dreijähriger mit seinen Eltern unterwegs gewesen sein. Dies scheint nur auf den ersten Blick verwunderlich, denn wohlhabende Russen pflegten damals noch mit ihren Familien in europäischen Spitzenhotels abzusteigen. Strawinskys Beziehung zu Basel war eine besonders innige, nicht zuletzt dank des grosszügigen Mäzens, Musikliebhabers und Dirigenten Paul Sacher (1906–1999), der wie seinerzeit Ernst Reiter die Spitzen der zeitgenössischen Musik hierher verpflichtete. Für Strawinsky und Sacher hatte das Hotel des Trois Rois eine besondere Bedeutung. Strawinsky wohnte wiederholt hier, sofern er nicht bei Sacher auf dem Schönenberg bei Pratteln weilte. Geburtstagsfeiern innerhalb der Familie Sacher, vor allem die der grossen Mäzenin Maja Sacher (1898–1989), der Haupterbin des Pharmakonzerns F. Hoffmann-La Roche AG, wurden alljährlich im gediegenen Rahmen des Hotels Drei Könige zelebriert. Auch die weltbekannte, aus der Region stammende Violinistin Anne Sophie Mutter (*1963 in Rheinfelden [Baden]), die von Paul Sacher gefördert wurde, war im Hotel zu Gast.

Strawinskys Musik wurde in den Basler Konzertprogrammen eine wertvolle und dauernde Grösse. Der Nachlass des Kosmopoliten unter den Komponisten konnte 1983 in New York für rund 12 Millionen Franken ersteigert werden und hat seither seine würdige Bleibe in der Paul Sacher Stiftung im Haus auf Burg am Münsterplatz in Basel, wenige Gehminuten vom Hotel Les Trois Rois entfernt. Hier steht er den Musikwissenschaftlern aus aller Welt für Forschungszwecke zur Verfügung.[340]

Das Hotel als Residenz
von Stardirigenten und Solisten

Unter den zahlreichen Solistinnen und Solisten der klassischen und modernen Musik, die im «Drei Könige» zu Gast waren, sind die wenigsten im Goldenen Buch erfasst. Doch schon die dort aufgeführten zeigen den hohen Status des Hotels. Unter den Dirigenten ragen heraus: Hans Knappertsbusch (1888–1965), häufig persönlicher Gast der Familie Kienberger, Sir Thomas Beecham (1879–1961), Ferenc Fricsay (1914–1963) (Abb. 193) und Herbert von Karajan (1908–1989), die in den 1950er Jahren mit ihren Orchestern Gastspiele gaben. Von Karajan war ein regelmässig wiederkehrender Gast. 1978 schrieb er ins Buch: «heute so gut wie immer». Ursula Kienberger erinnerte sich an Knappertsbuschs Lob des Hotels: «Wenn ich im

193

194

‹Drei Könige› beim Anziehen des Fracks die Arme ausbreite, stosse ich nicht wie in anderen Hotels mit den Händen gleich an die Zimmerwände.» Der ungarische Stardirigent Fricsay und seine Frau waren treue Hotelgäste. Fricsay starb am 20. Februar 1963 im nahen Spital, seine Frau wurde von Ursula Kienberger betreut. Auch der grosse russische Cellist, Dirigent und Komponist Mstislaw Rostropowitsch (*1927) war häufig in Basel und hier im Hotel zu Gast. Er verewigte sich Ende des Jahres 2000 ebenfalls im Goldenen Buch. Der französische Komponist, Musiktheoretiker und Dirigent Pierre Boulez (*1925) pflegt ebenso dieses Hotel als Oase der Ruhe zu wählen, wann immer er in Basel Station macht.

Als führende Solisten sind die Pianisten Wilhelm Kempff (1895–1991) und Arthur Rubinstein (1887–1982), die Violinisten Yehudi Menuhin (1916–1999) (Abb. 194), Nathan Milstein (1903–1992) und Wolfgang Schneiderhan (1915–2002) zu nennen. Menuhin, der 1991 wieder einmal hier wohnte, erinnerte sich an seine Jugendzeit: Im Alter von 13 Jahren hatte sich das Wunderkind mit seinen Eltern im Hotel Drei Könige einquartiert, bis die Familie ein Privathaus bezog. Der Pädagoge Adolf Busch betreute Menuhin als seinen Meisterschüler in Basel, und die Rheinstadt wie das Hotel waren entscheidende Marksteine im Leben dieses weltbekannten Musikers.[341]

Sängerinnen und Sänger: von der ernsten zur leichten Muse

Die legendäre «schwedische Nachtigall» Jenny Lind-Goldschmidt (1820–1887) (Abb. 195) lebte für einige Tage im September 1852 im «Trois Rois». Bis heute ist das Hotel die bevorzugte Unterkunft weltberühmter Stars aus allen Sparten der Musik geblieben. Neben Grace Bumbry und

195 Jenny Lind, genannt die schwedische Nachtigall. Farblithographie, Mitte 19. Jahrhundert.

196 Die legendäre Ella Fitzgerald im Konzert. Druck, um 1980.

197 Josephine Baker, Tänzerin und Revuestar, verbrachte die Silvesternacht 1962 im Hotel Drei Könige. Fotografie.

198 Chris de Burgh als Überraschungsgast bei der Feier zur Wiedereröffnung am 18. März 2006.

199 Der Kultsänger Bob Dylan verewigte sich am 29. Juli 1981 mit einem Selbstporträt im Goldenen Buch.

200 Die Rolling Stones waren mehrere Male im Hotel zu Gast. Eintrag von 1995 im Goldenen Buch mit launigen Kommentaren.

Montserrat Caballé figurierten beispielsweise Placido Domingo und Luciano Pavarotti darunter.

In der weltoffenen Musikstadt Basel fanden traditionsgemäss auch Konzertveranstaltungen im Bereich Jazz- und Unterhaltungsmusik bis hin zu Rock- und Popkonzerten statt. Der Vibraphonist Lionel Hampton (1908–2002) wurde zum Dreikönigshabitué: Seit dem Jahr 1958 bis ins hohe Alter trat er in Basel auf. Auch Duke Ellington (1899–1974), Jazzpianist und Bandleader, ist 1966 bezeugt. Die unvergessliche Ella Fitzgerald (1917–1996) (Abb. 196) liess sich anlässlich ihres Konzerts 1981 im «Drei Könige» verwöhnen und bedankte sich mit einer herzlichen Widmung im Goldenen Buch ausdrücklich für den Genuss.

Musical-, Rock- und Popgrössen im Hotel Drei Könige

Aus der grossen Palette von Glanz und Glamour der internationalen Bühnen haben viele Stars das Hotel Drei Könige bevorzugt. Die spektakuläre Josephine Baker (1906–1975) (Abb. 197) feierte den Jahreswechsel 1962/63 im «Trois Rois». Die Tänzerin, Sängerin und Kämpferin gegen Rassismus war auch bekannt als Adoptivmutter von zwölf Kindern aus unterschiedlichen Kulturen. Seit den 1960er Jahren von ständigen Schulden geplagt, bestritt sie bis zuletzt periodisch Bühnenshows und starb im April 1975 vier Tage nach dem grossen Erfolg des Musicals «Josephine» in Paris an einem Hirnschlag. Die Schlagersängerin Mireille Mathieu (1971) und die «Cabaret»-Diva Liza Minnelli (1989) schmücken das Goldene Buch ebenso wie Whitney Houston (1990), die mit sieben erstplazierten Hits in Folge bereits im *Guinness-Buch der Rekorde* verewigt wurde.

Unter den männlichen Musikstars ist die Bandbreite von Dreikönigsgästen ebenso gross. Zum Teil liegen Welten zwischen Peter Alexander und Bob Dylan (Abb. 199), Neil Diamond und Joe Cocker, den Rolling Stones (1995) (Abb. 200) und Udo Jürgens, Bryan Adams, Julio Iglesias und Bryan Ferry. Das Programm dieser Persönlichkeiten spiegelte die nationalen und internationalen Hitparaden ihrer Zeit, von der süsslichen Schnulze bis zum zornigen Rock 'n' Roll. Einen vorläufigen Höhepunkt setzte Chris de Burgh (*1948) als Überraschungsgast mit einem Live-Sonderprogramm anlässlich der Eröffnung des Les Trois Rois am 18. März 2006 (Abb. 198). Der Auftritt des zweihundertfachen Gold- und Platingewinners war ein unvergesslicher Auftakt für das prächtig wiedererstandene Hotel.

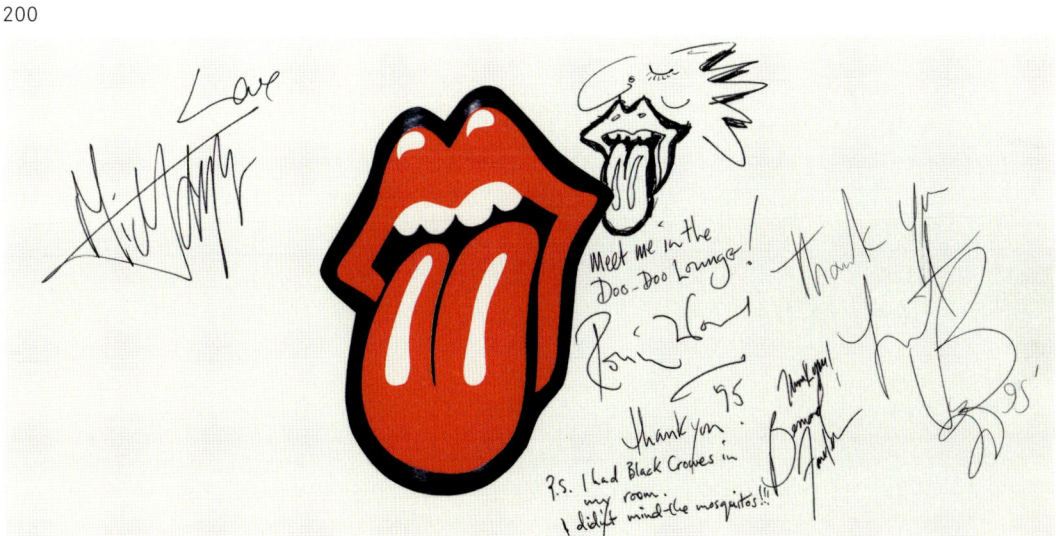

200

Lothar Löffler – eine Basler Legende am Piano

Die Bar im Hotel Drei Könige mit ihrem gepflegten, beruhigenden Ambiente war über Jahrzehnte untrennbar verbunden mit dem Pianisten Lothar Löffler (1918–1995), der wie kein Zweiter die einmalige Stimmung herbeizaubern konnte, von der noch heute viele Zeitgenossen schwärmen. Schon als sechsjähriger Knabe begann Lothar mit dem Klavierspiel. Das schulische Rüstzeug vermittelten ihm in Basel die Primarschule St. Johann, das Mathematisch-Naturwissenschaftliche Gymnasium und schliesslich das Kollegium in Schwyz.

Zurück in Basel, begann er eine Ausbildung als Sortimenterlehrling bei Musik Hug und erhielt Klavierunterricht beim Pianisten Max Brefin. Der junge Lothar besass ein besonderes Talent für die Unterhaltungsmusik, das ihm bald Engagements im In- und Ausland einbrachte. Schon 1941 hatte er sein eigenes Orchester, in dem die Sängerinnen Kitty Ramon und Phyllis Heymans sowie die Solisten Ernst Höllerhagen und Eddie Brunner mitspielten.

Unternehmergeist zeigte Löffler 1944 mit der Gründung des eigenen Schallplattengeschäfts, das allerdings erst florieren konnte, als die schwere Nachkriegszeit überwunden war. Schallplatten waren Teil seines Lebens – nicht nur als Handelsware, sondern als Leidenschaft. Lothar Löffler stieg früh in die Produktion eigener Tonträger ein. Fast 90 Platten aus Schellack und über 50 Langspielplatten produzierte er. Die Adaption von Doris Days «Sentimental Journey» mit dem Produzenten Rosengarten und Kitty Ramon brachte ihm eine Goldene Schallplatte ein. Einmal spielte Löffler auch Akkordeon, weil sein Produzent keinen Bedarf mehr an Pianisten hatte.

Löfflers unnachahmlicher Stil war eine Kombination von Präzision und einfühlsamer Diskretion. Jegliche Effekthascherei war ihm fremd – hier lag das Geheimnis seines Erfolgs. Sein Charme und sein Talent, dem jeweiligen Rahmen zu entsprechen, liessen ihn zu einem besonderen Markenzeichen des Hotels Drei Könige werden. Unvergesslich ist der sonntägliche «Thé dansant», ebenso die obligaten alljährlichen Dreikönigsbälle der Tanzschule Bickel, in der die gute Gesellschaft ihren Nachwuchs ausbilden liess. Löffler trat zudem in verschiedenen Formationen auf, am bekanntesten war das Ballorchester «Lothar Löffler and his Ambassadors» mit dem unverkennbaren klassischen Big-Band-Sound. Während knapp drei Jahrzehnten spielte Löffler im Hotel, ungefähr gleich lange unterhielt er mit seinem Spiel im Radiostudio Basel die ganze Region. Hin und wieder wurde sogar direkt aus dem Hotel gesendet. Die freundschaftliche Beziehung zwischen dem Direktor und dem Hausmusiker führte dazu, dass Alfred Kienberger Taufpate (S. 115) von Löfflers Tochter wurde – eine Verbindung, die bis heute in bester Erinnerung bleibt.[342]

Ein Ort der Literatur

Die Reihe der Schriftsteller und Dichter, die im Gasthof und Hotel Drei Könige eingekehrt sind, ist beeindruckend. Man darf annehmen, dass es noch viel mehr waren als die bisher bekannten, denn über Jahrhunderte fehlen Gästejournale. Spezialforscher und Autographenhändler stossen hin und wieder auf Dreikönigsgäste – ein Glücksfall für das Hotel, wenn diese Funde an die Hotelverantwortlichen weitergeleitet werden.

Was hat die Schriftsteller aus aller Herren Länder gerade ins «Drei Könige» geführt? Der Ruf, die besondere Lage? Wichtig war wohl beides. Hinzu kommt, dass das Hotel seit eh und je ein gesellschaftlicher Treffpunkt und ein Ort des anregenden Austauschs war.

Dieser Ausflug ins Reich der Literatur geschieht freilich mit einem Augenzwinkern. Und er ist kurz, denn unter den Dichtern im engeren Sinn haben nur ganz wenige das Hotel in ihrem Werk gewürdigt, sie haben sich damit begnügt, Gast zu sein. Weder seinerzeit Voltaire, Goethe noch später Rainer Maria Rilke oder Thomas Mann gingen in ihren Werken auf ihre Basler Residenz ein, sondern erwähnten sie beiläufig als standesgemässen Gastbetrieb, indem sie das edle Briefpapier des Hotels für ihre Post verwendeten. Der Grund liegt auf der Hand: Sie wählten den Gastbetrieb keineswegs als Werkobjekt ihrer Arbeit, sondern schlicht als Garanten für komfortable Unterkunft und Verpflegung. Bis heute wurde das Hotel Drei Könige nicht zum Hauptschauplatz eines literarischen Werks gewählt. Dennoch finden sich Erwähnungen in einigen Werken. Ganz anders fallen die Würdigungen des «Drei Könige» in der Reiseliteratur aus. Diese Literaturgattung, die seit der Renaissance Bildung vermittelte und im 18. und frühen 19. Jahrhundert die Schweiz als Idylle von Hirtenleben und Alpen darstellte, wurde massgeblich beeinflusst von Jean-Jacques Rousseau und Albrecht von Haller. Basel als Eingangs- und Ausgangspforte für Schweizer Reisen wurde mit dem Aufkommen des organisierten Reiseverkehrs im 19. Jahrhundert wichtig. Entsprechend vielfältig war die Palette offizieller Reisehandbücher, die hier weniger von Belang sind als die privaten Reiseschilderungen.

Die Lage des Hotels wurde fast überall besonders hervorgehoben: zuerst der Rhein, der Blick auf die Mittlere Brücke, an klaren Tagen südlich in die sanften Hügelzüge des Baselbietes und nordöstlich in den Schwarzwald. Der Gast sass beim lebendigen Verkehrsmittelpunkt der Stadt. Er hatte den Genuss, am ruhigen Strom zu wohnen, die Wonne, das zauberhafte Farbenspiel der nächtlichen Lichter auf dem Wasser, das pulsierende Leben der Menschen, Fahrzeuge und Schiffe betrachten zu können. Die historischen Sehenswürdigkeiten in Fussdistanz, das bunte Gemisch der Hotelgäste aus Adels- und Wirtschaftskreisen, der luxuriöse Komfort bis hin zu reservierten Kutschen und später Omnibussen waren ebenso wichtig wie eine vielseitige, gute Küche.

Dickens, Balzac und Rilke

Charles Dickens (1812–1870) (Abb. 203), der im Juni 1847 mit seiner Frau im «Drei Könige» abstieg, hat dieses verewigt, freilich ohne den Namen zu nennen. In *No Thoroughfare*, das er gemeinsam mit Wilkie Collins verfasste, erwähnte er beiläufig das «Drei Könige»: "They had late dinner, and were alone in an inn room there, overhanging the Rhine; at that place rapid and deep, swollen and loud. Vendale and Obenreizer walked to and fro: stopping at the

203

201, 202 Lothar Löffler am Flügel im Radiostudio Basel und in der Hotelbar. Fotografien, 1950er und 1960er Jahre.

203 Charles Dickens, der sozialkritische englische Romancier. Fotografie, 2. Hälfte 19. Jahrhundert.

Das Hotel zu den Drei Königen 1844–2004

window, looking at the crowded reflections of the town lights in the dark water […]."³⁴³ Das Hotel wird nicht weiter erwähnt, doch ist bemerkenswert, dass der Rhein als dramatischer Hintergrund für die Akteure Obenreizer und Vendale dient. Dickens schenkte der Schilderung der Verkehrsverhältnisse in der Schweiz um 1847 weitaus mehr Beachtung: "Many of the railroads in Switzerland that tourists pass easily now, were almost or quite impracticable then. Some were not begun; more were not completed. On such as were open, there were still large gaps of old road where communication in the winter season was often stopped; on others, there were week points where the new work was not safe, either under conditions of severe frost, or of rapid thaw."³⁴⁴ Für Dickens war das «Drei Könige» vor allem ein gutes und komfortables Hotel, das er auf dem Höhepunkt seines Ruhms immerhin literarisch erwähnte.

Eingehender berührte ein weiterer englischer Schriftsteller, Anthony Trollope (1815–1882), in seiner Novelle *Can You Forgive Her?* (1864/65) das Hotel. Auch er nannte den Namen nicht, doch widmete er ein ganzes Kapitel dem grossen Balkon: "They were sitting at Basle one evening in the balcony of the big hotel which overlooks the Rhine. This big hotel is always full of tourists who are either just beginning or just completing their Swiss doings. The balcony runs the length of the house, but it is spacious, and little parties can be formed there with perfect privacy. The swift broad Rhine runs underneath, rushing through from the bridge which here spans the river; and every now and then on summer evenings load shouts come up from strong swimmers in the water, who are glorying in the swiftness of the current."³⁴⁵ Die zitierte Stelle hat einen poetischen Reiz und Informationswert, zumal sie die Rolle des Hotels auf der «Grand Tour» und die variable Funktion des Balkons schildert.

Der französische Novellist Edmond Valentin About (1828–1885), der kurz vor seinem Tod noch Offizier der Ehrenlegion wurde, verfasste eine der treffendsten Schilderungen des Hotels. Sein Roman *Trente et quarante*, der 1865 bereits seine fünfte Auflage erlebte, dreht sich um eine Beziehungs- und Reisegeschichte mit Ausgangspunkt in

204

Paris.³⁴⁶ Die klassische Schweizer Reise beginnt im «Drei Könige», das die Dreiergruppe im Hotelomnibus erreicht: Hauptmann Bitterlin, seine Tochter Emma und der Schwiegersohn Meo. «L'hôtel des Trois-Rois est le plus grand caravansérail de la Suisse. Les voyageurs défilent par centaines dans son énorme salle à manger suspendue sur le Rhin. Meo et son compagnon y trouvèrent non-seulement ceux qu'ils cherchaient, mais toutes leurs connaissances du wagon. C'est un grand charme du voyage en Suisse, et quelquefois un grand ennui: on rencontre les mêmes personnes tout le long du chemin.»³⁴⁷ Das «Drei Könige» als «grösste Karawanserei» der Schweiz, Hunderte von defilierenden Gästen im riesigen Speisesaal und das Wiedersehen von Mitreisenden aus dem Zugabteil verraten, abgesehen von den Übertreibungen, die guten Kenntnisse des Autors.

About steigerte die Erzählung mit einer überaus amüsanten, burlesken Szene im Speisesaal, die hier verkürzt und übersetzt wiedergegeben wird: Hauptmann Bitterlin, altgedienter Offizier und Haustyrann, ärgert seinen Schwiegersohn und den Maître d'Hôtel schon bei der Bestellung des Essens. Das Angebot Salm, Forelle oder Krebse unterbricht er: «Ist Ihr Fisch wenigstens frisch? Sie haben doch sonst die Gewohnheit, den Reisenden alle Karpfen aus der Arche Noah anzudrehen! Im Übrigen kommt es beim Fisch auf die Sauce an, und Sie haben noch nie gewusst, wie man eine Sauce zubereitet […], das ist nämlich eine französische Kunst […].»³⁴⁸ So geht es fröhlich weiter. Quer durch das enorme Angebot an Wild, Fleisch und Geflügel beleidigt Bitterlin den Maître d'Hôtel und verhöhnt sogar einen Gast am Nebentisch, weil der eine Ente mit Zwiebeln mit Genuss verspeist. Sein Essen wird als üppig und sehr fettig bezeichnet, ganz offensichtlich gilt es, die französische

Küche als einzig wahre auszuzeichnen. Schliesslich wirft Bitterlin dem Kellner einen vollen Teller ins Gesicht, weil ihm der Inhalt verdächtig scheint, um aber gleich zu sagen, er sei überhaupt nicht wählerisch und habe sogar schon Pferdebouillon aus dem Kürassierhelm getrunken. Zu guter Letzt prahlt er, dass er hier die «grande armée de France» repräsentiere, der Schwiegersohn müsse endlich wissen, dass der unter ihnen fliessende Rhein ihm gehört habe, da er ihn mit seinen Kameraden einst erobert hatte.[349]

Ein viel berühmterer Franzose, Honoré de Balzac (1799-1850) (Abb. 204), Doyen des realistischen Romans, wurde aufgrund einer gedruckten Fremdenliste im «Drei Könige» entdeckt. Zusammen mit seiner polnischen Geliebten, der Gräfin Ewelina Hańska, machte er auf seiner Europareise vom 18. bis zum 19. Mai 1846 in Basel halt.[350] Sein Hang zu üppigem Luxusleben liess ihm nur die Wahl des führenden Hotels am Platz. Im gleichen Jahr überschattete der tragische Verlust der gemeinsamen Tochter durch eine Frühgeburt das Glück des Paares, das sein Verhältnis erst 1850 durch die Eheschliessung legitimierte.

Als noch keine Fremdenlisten gedruckt wurden, weilte auch Ludwig Börne (1786-1837), der bedeutendste radikale Publizist des deutschen Vormärz, im Hotel. Er befand sich auf dem Rückweg von seiner Schweizer Reise und schrieb dem Ehepaar Strauß-Wohl: «Also Wie gesagt, ich bleibe bis Dienstag früh 23. Okt. In Basel (in den 3 Königen). Wenn Ihr also Lust dazu habt, macht, dass Ihr spätestens bis Montag den 22. Okt. dort seid.»[351] Während

204 Honoré de Balzac, französischer Romancier. Lithographie, 19. Jahrhundert.

205 Hans Christian Andersen, der berühmte dänische Erzähler. Xylographie, 19. Jahrhundert.

205

Hans Christian Andersen (1805-1875) (Abb. 205) des Öfteren im Hotel weilte, ist ein Aufenthalt Thomas Manns (1875-1955) nur im Jahr 1933 belegt (S. 171).

Der kurze Besuch von Rainer Maria Rilke (1875-1926) (Abb. 206) im «Drei Könige» (14./15. November 1919) war eine Episode am Rand: Der Dichter hielt an diesem Abend eine Lesung im Casinosaal. Bei seinen späteren Besuchen wurde er von vornehmen Basler Familien auf deren Landgüter eingeladen.[352]

Der kanadisch-französische Autor Julian Green (1900-1998), dekoriertes Mitglied der Académie française, besuchte Basel mehrmals. Vom Hotel Drei Könige aus blickte er auf «das mit Scharten und Zinnen versehene, massige und klotzige rosa Backsteingebäude [!] im mittelalterlichen Stil»,[353] das heisst auf die Kaserne am gegenüberliegenden Rheinufer, die ihn an das Haus seines Grossvaters erinnerte. Im «Drei Könige» amüsierten ihn die Anweisungen für Brandfälle in jedem Zimmer, die anstelle von Notausgängen die Bezeichnung «Fluchtwege» tragen. Mit diesen kargen Notizen ist Greens Beitrag zum Hotel erschöpft. Auch Ulrich Becher (1910-1990) erwähnt das Hotel kurz in seinen *New Yorker Novellen* als Ausgangsstation für einen ausgiebigen Stadtrundgang, den er wunderbar plastisch schildert.[354]

Weit ausführlicher, ja geradezu enthusiastisch wurde das «Drei Könige» von Clara Woolson Benedict (1843-1923) und ihrer Tochter Clare (1870-1961) gewürdigt, Abkömmlingen der Familie Fenimore Cooper, deren berühmtester Vertreter James (1789-1851) war, der Verfasser des *Letzten Mohikaners*. Reine Begeisterung über das Hotel, das als Heimat empfunden wird, spricht schon aus den Briefüberschriften: «Hotel Three Kings/In Beautiful Basle/Overlooking the Beautiful Rhine».[355] Der zauberhafte, geheimnisvolle Rhein, die Dreikönigsterrasse, aber auch die Küche werden überschwenglich gelobt: "Those who know the Hotel of the 'Three Kings' at Basle will understand how grateful was the information given to us as we mounted the steps, that the table d'hôte was to be ready in half an hour. Refreshing enough at any time, such an announcement was doubly so to travellers just arrived from a journey from Paris without stoppage; and in no bad spirit did we enter the salle à manger whose windows opening into balconies which absolutely over-hung the great and glorious Rhine, flowing strong and quick forever in the same unceasing current, make it about the pleasantest room of the kind that I know […]. There are few things in the world as fine as a mighty river, and few rivers so fine as the Rhine, and few spots so favourable for its contemplation as the balcony at Basle. As you look at the deep colour of the water, you think of all the wonders which on its way it has seen."[356]

Der Aufenthalt des legendären irischen Dichters James Joyce (1882–1941) im Hotel Drei Könige ist durch eine Autographenauktion bekanntgeworden, an der ein Brief vom 18. August 1937 auf Hotelpapier, verfasst in Deutsch, angeboten wurde.[357] Der Grund des Besuchs war der Eptinger Bildhauer August Suter (1887–1965), ein Schüler Rodins, der in jenen Tagen an der Büste von Joyce arbeitete, die er 1938 vollendete.

Die Liste der Literaten im Hotel Drei Könige, die niemals auch nur annähernd vollständig sein kann, wäre ärmer ohne vier Persönlichkeiten aus jüngerer Zeit: Jakob Schaffner (1875–1944), Colin Forbes (1923–2006), Hansjörg Schneider (*1938) und Zoë Jenny (*1974). Der bedeutende Dichter Schaffner aus der Region Basel, der sich in den 1930er Jahren dem Nationalsozialismus verschrieb, gab im *Adressbuch der Stadt Basel* von 1943, bevor er die Schweiz endgültig verliess, seinen temporären Wohnsitz im Hotel Drei Könige an. 1944 starb er im Bombenhagel zu Strassburg. Der englische Bestsellerautor Colin Forbes, mit richtigem Namen Raymond Harold Sawkins, kannte das Hotel bestens, zumal er, u.a. 1992 und 1997, mehrfach hier wohnte. In verschiedenen seiner Kriminalromane baute er es in die Handlung ein. Der in Basel promovierte Germanist, Schriftsteller und Theaterautor Hansjörg

206

Schneider lässt einen seiner gewieften Ganoven im Roman *Silberkiesel* im Hotel Drei Könige wohnen und ihn klammheimlich aus demselben flüchten. Schneider, sonst kein Habitué in Grandhotels, liess es sich nicht nehmen, den Literaturpreis der Stadt Basel 1986 mit seiner engsten Familie im Dreikönigsrestaurant gebührend zu feiern. Die in der Gegend aufgewachsene junge Autorin Zoë Jenny schliesslich, bis heute ein treuer Gast des Hotels, stieg 1997 erstmals hier ab, von November 2000 bis Januar 2001 war das Hotel Drei Könige ihr Hort der Inspiration (S. 169). Auch die Wiedereröffnung am 18. März 2006 beehrte sie mit ihrer Präsenz.

206 Rainer Maria Rilke, gefeierter Dichter. Fotografie, um 1920.

Ein Ort der Kunst

Basel mit seinen weltberühmten Kunstsammlungen und Galerien hat seit je Kunstinteressierte und bildende Künstlerinnen und Künstler aus aller Welt angezogen. Der Totentanz, die einmaligen Meisterwerke Hans Holbeins des Jüngeren oder das Schaffen Arnold Böcklins gehörten zum Bildungsprogramm vieler Reisender. Im 19. Jahrhundert pflegten begüterte Kunstschaffende im Hotel Drei Könige zu logieren. Diese Station war oft der Zwischenhalt vor einer Reise in die Alpen oder nach Italien. In den amtlich publizierten Fremdenlisten figurieren einige bedeutende Persönlichkeiten. Auch heute ist das Hotel anlässlich der alljährlich stattfindenden Kunstmesse Art Basel ein Treffpunkt der internationalen Kunst- und Galeristenszene.

Thorvaldsen-Schüler

Der schwäbische Bildhauer Ludwig Hofer (1801–1887) wohnte hier im Oktober 1839. Er arbeitete zuerst als Gehilfe des dänischen Bildhauers Bertel Thorvaldsen in Rom, wo er den Alexander-Zug in der Villa Carlotta mitgestaltete, um sich später zu einem persönlicheren, freien Stil weiterzuentwickeln.[358] Ebenso war Christian Lötsch (1790–1878), Gehilfe des grossen Dänen in Rom, Ende August 1845 im Hotel.[359]

Im Mai 1846 wohnte ein besonderes Ehepaar im «Drei Könige»: Elisabeth (1819–1881) und Jens Adolf Baumann-Jerichau (1816–1883). Sie war eine polnische Malerin, er Bildhauer aus Dänemark und später Direktor der Akademie Kopenhagen.[360] Elisabeth Baumann war mit dem Märchendichter Andersen freundschaftlich verbunden. Alexandre Calame (1810–1864), schon zu Lebzeiten als bester unter den Alpenmalern verehrt, weilte gleichzeitig mit dem Ehepaar im «Drei Könige».[361]

Landschafts- und Kirchenmaler

François Edouard Bertin (1797–1871) logierte 1846 als Dreikönigsgast. Er war Schüler von Jean Auguste Ingres und Freund von Camille Corot und etablierte sich als begnadeter Landschaftsmaler.[362] Der belgische Künstler Edward Dujardin (1817–1889) wurde im Mai 1846 als «Historienmaler» eingetragen. Er war wohl eigens wegen der jungen englischen Betkapelle (S. 92) angereist, denn sein Interesse galt speziell auch der Kirchen- und Glasmalerei. Als er in Basel weilte, amtierte er schon als Professor der Antwerpener Akademie. 1855 gründete er die Zeitschrift *De Vlaamsche School*.[363]

Der englische Maler, Kunsthistoriker und Sozialphilosoph John Ruskin (1819–1900) und seine Eltern bezogen das «Drei Könige» am 5. August 1833, in einer gefährlichen Zeit: Basel trauerte damals um seine Gefallenen, denn eben war die Schlacht an der Hülftenschanze ausgefochten. Die Landstrassen, erinnerte sich Ruskin, waren von marodierenden Kämpfern der Landschaft bevölkert, die den Engländern wie irische Freischärler vorkamen. Die Ruskin reisten nach einer Nacht unverzüglich nach Schaffhausen weiter.[364]

Zwischen 1854 und 1894 schweigen die Quellen, doch 1894 besuchte der russische Maler Alexander Benois (1870–1960) Basel auf seiner Hochzeitsreise. Benois galt auch als Bühnenbildner und Kunstkritiker von Rang. Er berichtet in seinem Tagebuch: «In Basel stiegen wir für drei Tage im sehr grossen, aber noch vollkommen altmodischen Hotel zu den Drei Königen ab. Wie altmodisch es war, zeigte sich darin, dass die einzige Beleuchtung in unserem geräumigen Zimmer eine Wachskerze war, und dafür musste man noch extra bezahlen. Die ganzen drei Tage goss es so, dass wir gezwungen waren, im Hotel zu bleiben und das traurige Bild anzuschauen, das sich vor unseren Fenstern ausbreitete: die trüb-grünen Fluten des Rheins und darüber die sich gleichsam vor Kälte aneinanderschmiegenden, unansehnlichen Häuser, aus denen eine Kirche mit spitzem Turm herausragte. Aber mir kam das erzwungene Ausharren zugute: Ich machte eine genaue Zeichnung von dieser Ansicht, und ein nach dieser Zeichnung vergrössertes Pastellbild wird etwa anderthalb Jahre später auf einer Ausstellung durch Vermittlung der Petersburger Akademie verkauft und kam in irgendein Museum in der Provinz [...].»[365]

Wenn nun ein Sprung ins 20. Jahrhundert erfolgt, ist dies dem Diktat der Quellenlage zuzuschreiben, denn es fehlen über viele Jahrzehnte verlässliche Besucherlisten. Nur externe Mitteilungen sowie seit etwa 60 Jahren das Goldene Buch vermögen da und dort Lücken zu füllen.

Picasso: die Nacht auf der Terrasse
Die folgende Episode ist beredter Ausdruck der Kunststadt Basel und der Begeisterung, die Kunst hier zu wecken vermag. Der historische Hintergrund: die wilden 60er Jahre. Die Sachlage: Das Kunstmuseum Basel, Depositenverwalter der Familie Staechelin, war vor die Entscheidung gestellt, entweder 8,4 Millionen Franken aufzutreiben und zwei markante Deposita, Meisterwerke Pablo Picassos (1881–1973) (Abb. 207), zu erwerben oder diese für immer zu verlieren. Es ging um «Les deux frères» aus der Rosa Periode (1905) und den «Sitzenden Harlequin» aus dem Jahr 1923. Vorher waren je ein van Gogh, ein Cézanne und ein Sisley nach auswärts verkauft worden und damit bereits verloren. In einer beispiellosen Volksbewegung, von allen Alters- und Sozialschichten wie auch von der Regierung getragen, wurde die benötigte Summe gesammelt. Zwei Schlüsselwerke des Meisters konnten so für die Stadt gerettet werden. 1968 reiste eine kleine Basler Delegation zu Picasso nach Südfrankreich, um ihm den Erfolg der Rettungsaktion zu berichten. Der von so viel Enthusiasmus gerührte Meister spendete vier aktuelle Bilder, die seither das Kunstmuseum als Zeichen der Kunststadt Basel bereichern. Im Interview mit der *Basler Zeitung* erinnerte sich Picasso an Basel in den 30er Jahren: «Ich habe dort die Nacht über auf dem Balkon gestanden. Das Hotel heißt Drei Könige und liegt am Rhein. Der Blick ist sehr schön. Noch nie habe ich einen so schwarzen Fluß gesehen, tintenschwarz. Und man hörte die Straßenbahnen fahren, dann nur noch ein paar Autos, endlich ging irgendwo eine Türe, und dann war die ganze Stadt still. Ich blieb auf dem Balkon, bis die erste Türe wieder aufgeschlossen wurde, bis die Autos und die Straßenbahnen wieder fuhren, bis es hell war. Ich liebe diesen Augenblick, wo irgendwo in einer neuen Stadt am frühen Morgen der Schlüssel umgedreht wird.»[366] Was das Interview verschweigt, war der Anlass von Picassos damaligem Besuch: Er war mit Paul Klee verabredet, der aber nicht erschien.[367]

Einen besonderen Status hatte im Hotel Drei Könige die Künstler- und Lebensgemeinschaft von Niki de Saint Phalle (1930–2002) und Jean Tinguely (1925–1991) (Abb. 208). Sowohl während der Fasnacht, am berühmten

Dienstagabend, wie auch zu anderen Anlässen wählte de Saint Phalle dieses Haus als Residenz, auch nach ihrer formellen Trennung von Tinguely. Ebenso waren zeitweise Eva Aeppli (*1925) und ihr Partner Daniel Spoerri (*1930) Fasnachtsgäste. Mit der Künstlerin Irène Zurkinden (1909-1987) trieben sie allerlei bunten Schabernack, an den sich Spoerri heute noch gerne erinnert. So gewann das «Drei Könige» etwas von der Künstlerfasnacht, die sonst stets auf den Kunsthalle-Ball der «Gruppe 33» konzentriert war.

Eine zentrale Figur beim Picasso-Besuch war der damalige Direktor des Kunstmuseums Basel, Franz Meyer. Sein Schwiegervater, der russisch-jüdische Meister Marc Chagall (1887-1985), pflegte ebenfalls im «Drei Könige» abzusteigen, wenn er Basel besuchte.[368] Nina Kandinsky (1896-1980), die Witwe des russischen Avantgardisten, kam 1972 wegen einer Ausstellung der Werke ihres Mannes in der Galerie Beyeler nach Basel. Auch sie wohnte im Hotel Drei Könige.

Die Kunststadt Basel ist bis in die Gegenwart äusserst vital: Dies beweist die internationale Kunstmesse Art Basel, die alljährlich die weltweite Kunstszene nach Basel zieht. Besucher, Galeristen und Käufer aus diesem Umfeld geniessen die Ruhe des «Trois Rois», abseits vom geschäftigen Rummel. Stellvertretend für grosse Kunsthändler an der Art Basel sei der Dreikönigshabitué Sidney Janis (1896-1989) (Abb. 209) aus New York aufgeführt, der in den 70er Jahren stets hier abstieg. Als die Parallelausstel-

207 Pablo Picasso erzählt in seinem südfranzösischen Atelier über seine Erinnerungen an Basel und die Nacht auf der Dreikönigsterrasse in den 1930er Jahren. Fotografie von Kurt Wyss, 20. Dezember 1967.

208 Der Künstler Jean Tinguely und die Künstlerin Niki de Saint Phalle verlassen das Hotel Drei Könige. Fotografie von Kurt Wyss, 30. Mai 1985.

209 Sidney Janis, der bekannte Kunsthändler aus New York, hier an der Art 9/1978, wohnte während der Kunstmesse stets im Hotel Drei Könige. Fotografie von Kurt Wyss, Juni 1978.

lung mit Werken von Jean Dubuffet (1901–1985) (Abb. 210) im Kunstmuseum und in der Kunsthalle im Jahr 1970 eröffnet wurde, verabredete dieser sich mit dem Zeitungsfotografen Kurt Wyss in seinem Stammhotel. Dies hatte Folgen, denn Wyss wurde später der bevorzugte Fotograf Dubuffets. Schliesslich beehrte im November 1998 Gérard Régnier (*1940) (Abb. 211), Direktor des Picasso-Museums in Paris, als Schriftsteller unter dem Pseudonym Jean Clair das «Drei Könige».[369] Im vergangenen Jahrzehnt residierte auch der US-amerikanische Maler und Objektkünstler Robert Rauschenberg (*1925) im Hotel.

Alfred Heinrich Pellegrini (1881–1958), Künstler von Weltrang, gehört in die grosse Gruppe von Hotelbesuchern, die zwar nie im «Drei Könige» übernachteten, aber häufig in den Restaurants verkehrten. Seine Freundschaft mit grossen Musikern (u.a. Rudolf Serkin, Adolf und Hermann Busch), die hier Stammgäste waren, führte ihn regelmässig zum Blumenrain 8. Diese enge Verbindung zum Hotel lebt wieder neu auf, seit die Besitzer bedeutende Gemälde des Meisters, darunter Meilensteine seines Œuvre, den Gästen und Besuchern grosszügig präsentieren (Abb. 299, S. 208). Auch Irène Zurkinden (1909–1987) ist im Les Trois Rois mit wichtigen Werken vertreten (Abb. 300, S. 208).

210 Jean Dubuffet, französischer Maler und Bildhauer, hier an der Doppelausstellung im Kunstmuseum und in der Kunsthalle Basel. Fotografie von Kurt Wyss, 18. Juni 1970.

211 Charles Régnier, Direktor des Picasso-Museums Paris und Schriftsteller unter dem Pseudonym Jean Clair, beim Interview in der Hotelbibliothek. Fotografie von Kurt Wyss, 30. November 1998.

212 Fanny Elßler, österreichische Tänzerin. Lithographie, 1836.

Frauen zu Gast

Das selbständige Reisen von Frauen kam erst im frühen 19. Jahrhundert richtig in Mode. Zwar residierten sie vereinzelt auch schon im alten Gasthof, meist aber mit standesgemässem Gefolge. Die im *Tagblatt* publizierte Gästeliste von 1838 bis 1854 weist in der Hauptsaison von Mai bis Oktober regelmässig verheiratete und unverheiratete Frauen der gehobenen Schicht unter den Gästen aus. Den Hauptanteil bildeten die Engländerinnen, Französinnen und Deutschen, gefolgt von Italienerinnen, Holländerinnen und Russinnen. Die grosse Mehrzahl der Frauen gehörte einer Oberschicht an, die sich das Reisen leisten konnte. Es waren Frauen aus diesen Schichten, die zumindest Französisch, die damalige Sprache der gebildeten Welt, oder sogar Englisch als Fremdsprache beherrschten.

Eine Selbstverständlichkeit war der Aufenthalt im Hotel Drei Könige für Königinnen, Fürstinnen oder Gräfinnen bis hin zu den Landedelfrauen und geadelten Beamtengattinnen. Normalerweise wurde das grosse oder kleine Gefolge im Hotel oder in der Dépendance untergebracht. So war das «Drei Könige» stets auch Adelsresidenz auf Zeit; Empfänge und geistreiche Salons wurden «exterritorial» weitergepflegt, die Fäden familiärer Beziehungen oder Heiratsvermittlungen gesponnen. Auch politische Initiativen konnten auf dieser Ebene diskret eingefädelt werden. Der Hauptgrund für den Besuch Basels und des Hotels war für die Frau des 19. Jahrhunderts das Bedürfnis nach Bildung. Schon im 18. Jahrhundert war Basel berühmt für seine Kunstsammlungen und historischen Altertümer. Dazu kam die Pfortenfunktion der Stadt: Reisen in die malerische Alpenwelt begannen oder endeten aus verkehrstechnischen Gründen hier. Adlige Kreise hatten aus Traditionsbewusstsein stets im «Drei Könige» verkehrt. So begegnen wir über Jahrhunderte den gleichen Familien, die über Generationen dem Hotel, zum Teil bis heute, die Treue bewahrt haben. Mehrere Grossfürstinnen von Russland, u.a. die Zarenmutter Alexandra Fjodorowna, Victoria von Sachsen-Coburg-Saalfeld – die Mutter der britischen Königin Victoria –, Vertreterinnen der Königshäuser von Dänemark, Schweden, Norwegen, den Niederlanden, Italien, aber auch arabische und persische Prinzessinnen

212

und Kaiserin Michiko von Japan stehen stellvertretend für unzählige weitere adlige Besucherinnen.[370]

Wer auf der grossen Palette der hier einquartierten Frauen nach Exponentinnen der frühen Emanzipation sucht, kommt auch auf seine Rechnung. Zwei schillernde Persönlichkeiten verdeutlichen den Kontrapunkt zur ständig präsenten etablierten femininen Adels- und Grossbürgerschicht. Dabei waren die Grenzen fliessend, denn die Gräfin d'Agoult, Geliebte von Franz Liszt, gehörte zu dieser privilegierten Schicht und konnte gerade deshalb die allgemein geltenden moralischen Vorschriften unbehelligt umgehen (S. 141).

Eine absolute Aussenseiterin war Louise Aston, geb. Hoche (1814–1871) aus Gröningen bei Halberstadt.[371] Die Tochter eines Konsistorialrats war sorgfältig erzogen worden und heiratete auf Betreiben ihrer Eltern 1835 den reichen Industriellen Samuel Aston, von dem sie sich drei Jahre später scheiden liess. Obschon sie sich 1842 mit ihm versöhnte und ihn wieder heiratete, verliess sie ihn einige Monate nach der Hochzeit erneut. Sie lebte fortan in Berlin, haderte mit ihrer Vergangenheit und publizierte 1846 die Schrift *Meine Emancipation. Verweisung und Rechtfertigung* sowie 1847 den Roman *Aus dem Leben einer Frau*, die Leidensgeschichte einer erzwungenen Ehe. Getreu ihrem Vorbild George Sand trug sie oft Männerkleider und rauchte in der Öffentlichkeit, bekannte sich zur freien Liebe und lebte als Vorkämpferin der Frauenbefreiung. Wegen ihrer revolutionären Gesinnung und der Verbindungen mit der deutschen Vormärz-Bewegung wurde sie aus Berlin und später auch aus anderen Städten ausgewiesen. 1848 schloss sie sich den Freischaren an und diente als Krankenpflegerin im Schleswig-Holsteinischen Krieg, gab in Berlin die Zeitschrift *Der Freischärler* heraus und publizierte zwei weitere Romane und Gedichtbände. Zwei Jahre später heiratete sie den Arzt Daniel Eduard Meier, mit dem sie in den Krimkrieg zog. Ihr Mann war dort als Oberstabsarzt tätig. Nach einem Wanderleben durch Polen und Österreich-Ungarn liess sich das Paar in Wangen im Allgäu nieder. Der Aufenthalt im «Drei Könige» (20. April 1849)[372] fiel in die Zeit, in der sich Louise Aston entschied, ihre schriftstellerische Tätigkeit zu beenden.

Eine weitere Gruppe im Hotel Drei Könige waren selbständige Frauen aus dem Gebiet der Musik und des Tanzes, zum Beispiel die 1847 bezeugte weltberühmte österreichische Tänzerin Fanny Elßler (1810–1884). Sie war die Tochter des Leibkopisten von Joseph Haydn, der ihr Taufpate war. Am Theater San Carlo in Neapel wurde sie von Prinz Leopold von Salerno entdeckt, aus dieser Verbindung stammte ihr Sohn Franz. Später verband sie sich mit Friedrich von Gentz, dem 46 Jahre älteren Sekretär Metternichs. Seit 1830 zog Fanny Elßler als gefeierte Einzeldarstellerin mit National- und Volkstänzen durch ganz Europa und Nordamerika, bis sie sich 1851 ins Privatleben zurückzog.

213 Elizabeth Taylor am Benefizdinner für die Aidsforschung im Rahmen der Kunstmesse Art Basel 1991. Die Diva wohnte vom 10. bis 13. Juni im Hotel Drei Könige, das sie im Goldenen Buch eigens lobte. Fotografie von André Muelhaupt.

214 Theodor Herzl auf dem Balkon seines Zimmers im Hotel Drei Könige. Fotografie von Ephraim Moses Lilien, um 1903.

215 Der Zionist Israel Zangwill mit seiner Gemahlin auf dem Balkon des benachbarten Hotels Bauer. Fotografie von Ephraim Moses Lilien, um 1903.

Vom Vordenker des Judenstaates bis zum Flugpionier

Theodor Herzl und die Geburt des Staates Israel

Unter den zwei Gästeräumen, die heute noch direkten Bezug zur Hotelgeschichte haben, ist das Herzl-Zimmer das geschichtsträchtigere (Abb. 107, 108, S. 96). Denn kein Geringerer als der Wegbereiter des Zionismus, heute gefeiert als der geistige Vater des Staates Israel, wohnte hier: der promovierte Jurist Theodor Herzl (1860–1904) (Abb. 214), geboren in Budapest als Sohn wohlhabender Eltern, gebildet, erfolgreicher Feuilletonist und weniger erfolgreicher Dramatiker, ein gesellschaftlich gewandter und kluger Kopf von hoher Präsenz und mit einer gesunden Portion Ehrgeiz. Zuerst kaum religiös, erlebte er die Dreyfus-Affäre in Paris, analysierte die angegriffene Stellung der Juden und begann sich auf seine Wurzeln zu besinnen. Seine Erkenntnisse fasste er in der Schrift *Der Judenstaat* (1896) zusammen, die sein Lebensprogamm werden sollte.

Sein erster Aufenthalt in Basel war Ende Juli 1886.[373] Ab 1897 bezog Herzl, seinem Stand als Angehöriger des Grossbürgertums entsprechend, alljährlich das Hotel Drei Könige, das er stets «trois rois» nannte. Vermutlich wusste er um die traditionelle Präsenz jüdischer Grosskaufleute im Hotel. Seit 1897 wandte er die meiste Zeit für Kongresse auf, die er als Vorsitzender leitete. An einige Kongresse reiste Herzl in Begleitung seiner Mutter, die offenbar seinen Ehrgeiz stetig anstachelte.[374]

Die ersten drei Zionistenkongresse von 1897, 1898 und 1899 und auch der fünfte und sechste von 1901 und 1903 fanden jeweils im August in Basel statt: Herzl wurde zum Habitué im «Trois Rois». Diese internationalen Zusammenkünfte waren von weitreichender Bedeutung für die Entwicklung eines Staates Israel, politische Meilensteine auf dem Weg zur Gründung einer jüdischen Heimat. Als erster Kongresssaal diente der schlicht-gediegene Musiksaal im Stadtcasino. Herzl und seine Getreuen, darunter Zangwill (Abb. 215),[375] wussten genau, dass zur Durchsetzung ihrer Ziele nur der beste Habitus, nur der gediegenste Rahmen erfolgversprechend waren. Herzl zeigte sich häufig im Frack und nötigte seine Freunde zur gleichen Kluft. Jedes Detail war eine Inszenierung, mit Herzl als Dramaturgen.[376] Als passende Residenz wählte er stets das Hotel des Trois Rois. Seine politischen Ziele konnten dort im gediegenen Rahmen vermittelt werden.[377] Dabei war die Rheinterrasse des Hotels von einem besonderen Reiz für private Gespräche. Herzl notierte: «Und die beste Erinnerung aus diesen Congresstagen sind mir ein paar Plauderviertelstündchen Nachts auf dem Balkon des Hôtel trois rois, mit

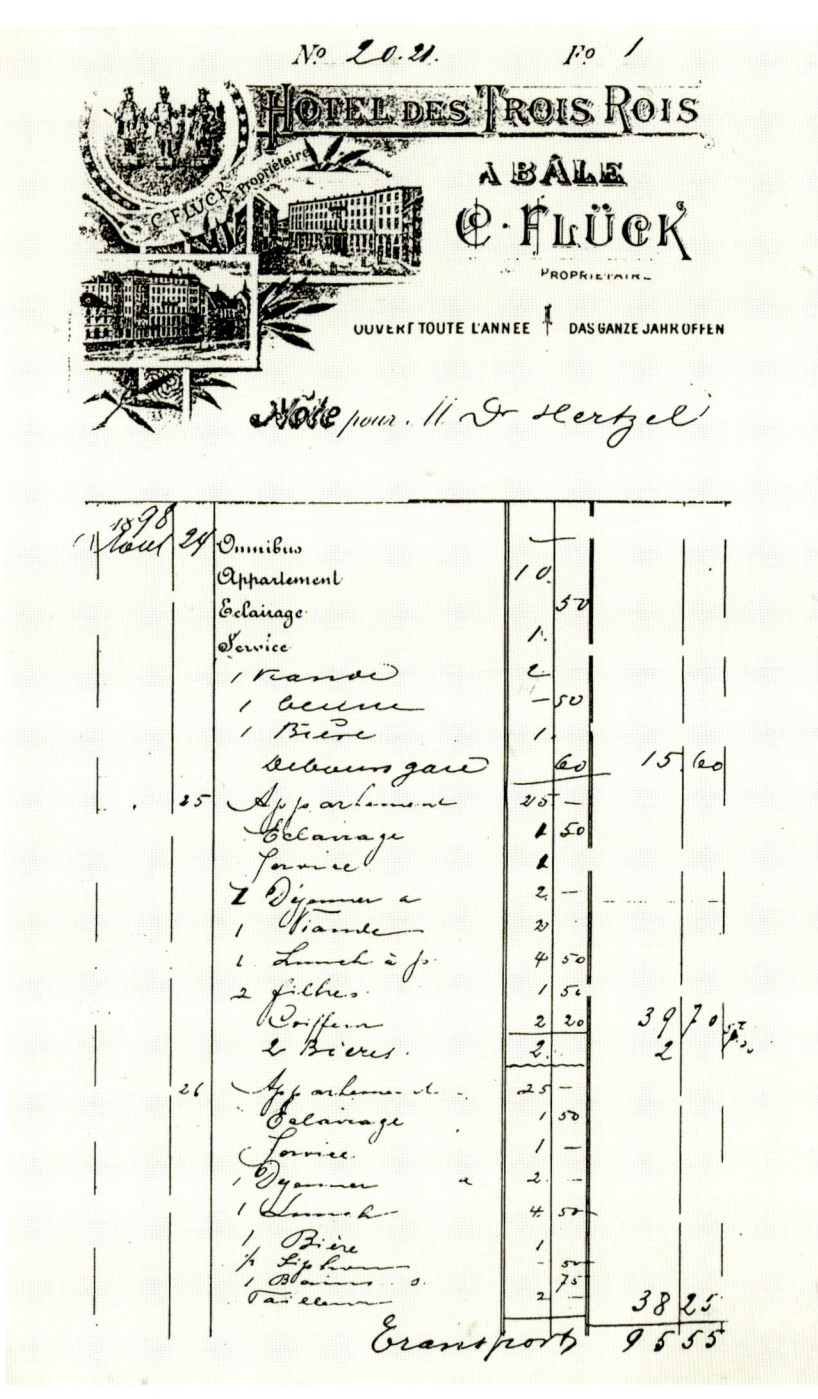

HOTEL DES TROIS ROIS À BÂLE — C. FLÜCK, Propriétaire

N° 2021 F° 1

Note pour M. Dr Hertzel

1898					
Aout	24	Omnibus			
		Appartement	10	—	
		Eclairage		50	
		Service	1	—	
		1 Viande	2	—	
		1 Beurre	—	50	
		1 Bière	1	—	
		Debours gare		60	15 60
	25	Appartement	25	—	
		Eclairage	1	50	
		Service	1	—	
		2 Déjeuner a	2	—	
		1 Viande	2	—	
		1 Lunch à p.	4	50	
		2 filtres	1	50	
		Coiffeur	2	20	
		2 Bières	2	—	39 70
	26	Appartement	25	—	
		Eclairage	1	50	
		Service	1	—	
		1 Déjeuner a	2	—	
		1 Lunch	4	50	
		1 Bière	1	—	
		1/2 Cognac	—	50	
		1 Bains	2	75	
		Tailleur	1	—	38 25
			Transport		93 55

			Report		93 55
	27	Appartement	25	—	
		Eclairage	1	50	
		Service	1	—	
		1 déjeuner app	2	—	
		1 Côte	2	25	
		1 pommes a	1	—	
		1 fromage	1	—	
		1 Bière	—	75	
		1 Soda	1	25	
		1 Markgräfler	1	25	
		1 Bière	1	—	
		Blanchissage	2	—	
		1 the spl	1	—	41 00 136 55
	28	Appartement	25	—	
		Eclairage	1	50	
		Service	1	—	
		1 déjeuner app	2	—	
		1 Lunch app	4	50	
		1 glace nat.	—	55	
		1 Soda	—	75	
		1 k. cognac	—	50	
		2 Bières	2	—	37 50 174 05
	29	Appartement	25	—	
		Eclairage	1	50	
		Service	1	—	
		1 déjeuner app	2	—	
		1 Poulet	2	—	
		1 fromage	—	75	
		1 Lunch	3	50	
		4 filtres	3	—	
		3 Bières	3	—	41 75 215 80
	30	Appartement	25	—	
		Eclairage	1	50	
		Service	1	—	
		1 déjeuner app	2	—	
			Transport	29 50	215 80

dem feinen Banquier Gustav G. Cohen,[378] dem ich nach dem kleinen französischen Wein, den er bei Tische trank, ‹Beaujolais fleuri› zubenannt hatte.»[379]

Die mediengerechte Inszenierung des Herzl-Porträts auf dem Zimmerbalkon des Hotels durch den Künstler und Fotografen Ephraim Moses Lilien (1874–1924) wurde zur historischen Pose, zehntausendfach auf Postkarten und anderen Drucksachen verbreitet.[380] Das Porträt wurde in eine Propagandamarke verwandelt, indem auf die ewige Hoffnung der Juden und ihre Rückkehr ins Gelobte Land angespielt wurde: Herzl blickt vom Balkon auf die Landarbeiter, die vor den Mauern Jerusalems das Land bebauen, dahinter geht die Sonne auf.

Bis heute hat sich dieses Bild so stark eingeprägt, dass Verehrer Herzls die gleiche Pose einnehmen, wenn sie sich auf dem historischen Balkon des Les Trois Rois fotografieren lassen.[381] Der Rhein, eine Lebensader Europas, an dem Handel und Gewerbe früh blühten und wichtige Siedlungen wuchsen, hat auch für die Juden seit römischer Zeit viele Räume geschaffen. Herzls Pose und sein Blick auf den Strom waren deshalb eine vieldeutige Geste von tiefer Symbolik. Dieses Bild wurde zur Ikone, weil es in der Person Herzls das neue Selbstbewusstsein des jüdischen Volkes verkörperte. Das inzwischen geflügelte Wort Herzls «In Basel habe ich den Judenstaat gegründet»[382] hat direkten Bezug zum Hotel des Trois Rois, das Herzl ebenso wie die Stadt Basel liebte, weil es seinem engeren Kreis als Heimat auf Zeit und zugleich als Oase diente.

Der Sühneprinz Chun aus China[383]

Zum ersten Mal verliess 1901 ein Mitglied des Kaiserhauses das Chinesische Reich: völlig unfreiwillig, als Botschafter des Guangxu-Kaisers. Es handelte sich um den 19-jährigen Tsai-feng, Prinz Chun II. (1883–1951), der später als «Sühneprinz Chun» Eingang in die Geschichte fand (Abb. 217). Prinz Chun, Halbbruder des Kaisers, war übrigens weniger bekannt als sein Sohn Pu Yi (1906–1967, reg. 1908–1912), der letzte Kaiser von China, der als Sechsjähriger abgesetzt wurde.[384]

Hintergrund des hohen Besuchs war der Boxeraufstand, bei dem der deutsche Botschafter in Peking, Freiherr von Ketteler,[385] am 20. Juni 1900 ermordet wurde. Der deutsche Kaiser Wilhelm II. (1888–1918) verlangte aus diesem Anlass eine offizielle Sühnemission. Prinz Chun reiste mit einem Gefolge von 49 Personen, darunter hohe Diplomaten, Militärs und deutsche Offiziere der China-Mission. Über Genua und die Gotthardlinie kam die hohe Delegation am 25. August im Centralbahnhof Basel an und logierte bis zum 2. September im Hotel Drei Könige.[386] Der Prinz wurde plötzlich von einem Unwohlsein befallen; der

216 Hotelrechnung für Theodor Herzl, 24.–30. August 1898. Der mässige Alkoholkonsum und die einfachen Speisen zeigen Herzl als kostenbewussten Gast.

217 Tsai-feng, Prinz Chun II., um 1910.
«25. August 1901: In einem Extrazuge der Gotthardbahn kommt mit einem Gefolge von etwa 50 Personen der Prinz Tschun, ein jüngerer etwa 20-jähriger Bruder des Kaisers von China, in Basel an [...]. Etwa 8 Tage blieben die Chinesen in Basel im Gasthof zu den ‹drei Königen›, ein Gegenstand angenehmen Staunens für die Bevölkerung. Basel erfreute sich während dieser Zeit einer großen Aufmerksamkeit der internationalen Presse.»

wahre Grund dafür war jedoch der unannehmbare Wunsch Wilhelms II., die Entschuldigung für den Mord müsse mit einem Kotau, einer demütigenden Unterwerfungsgeste, erfolgen.

Die Basler Bevölkerung bestaunte in kindlicher Neugierde die seltenen Gäste. Die *National-Zeitung* schrieb über die Dienerschaft: «Alkohol trinken diese Leute nicht; ihr Hauptgetränk ist Thee und im übrigen sagt ihnen die Küche des Hotels Drei Könige sehr zu.»[387] Weiter hiess es: «Die chinesischen Würdenträger aber leben völlig nach abendländischer Art und Weise.»[388] Mit Befremden wurde vermerkt, wie die deutschen Offiziere eigentliche Bewacher im Auftrag Wilhelms waren und darauf achteten, dass die Gäste das Hotel möglichst nicht verliessen. Die vielen Gaffer vor dem Hotel und in der Stadt, wo die Dienerschaft ihre Besorgungen erledigte, führten nach Chuns Abreise zu einem empörten Artikel mit dem Titel «Sind wir in Krähwinkel?».[389] Die *National-Zeitung* geisselte darin die rücksichtslosen Neugierigen, welche die Chinesen in einem Volksauflauf beim Einkaufen bedrängten, der Autor schämte sich für seine Mitbürger und schloss, es tue weh, sagen zu müssen, «daß noch gar viel Kleinstädtisches, Krähwinkelmäßiges uns noch anhaftet und daß uns – nicht den Fremden – der wahre Zopf noch hinten hängt».[390]

Nachdem die Abreise Chuns dennoch zustandegekommen war, durchstöberten preussische Geheimagenten alle verlassenen Zimmer der Chinesen und sandten den Inhalt der Papierkörbe gar als Diplomatenpost nach Berlin. Das einzige belastende Dokument aus der Feder des Prinzen wurde dort entziffert und entpuppte sich als Entwurf zu einem Gedicht:

«Mir ist, als ginge ich mit trunkenem Schritt
   am Bache dahin,
in dem der Mond sich spiegelt.
Schon sind die Vögelein im Nest und menschenleer
   ist es geworden.»[391]

Der Besuch des Prinzen Chun, auch ohne vollzogenen Kotau schon demütigend genug, fand am 4. September 1901 im Potsdamer Schloss statt. Die Abbitte des Hofes

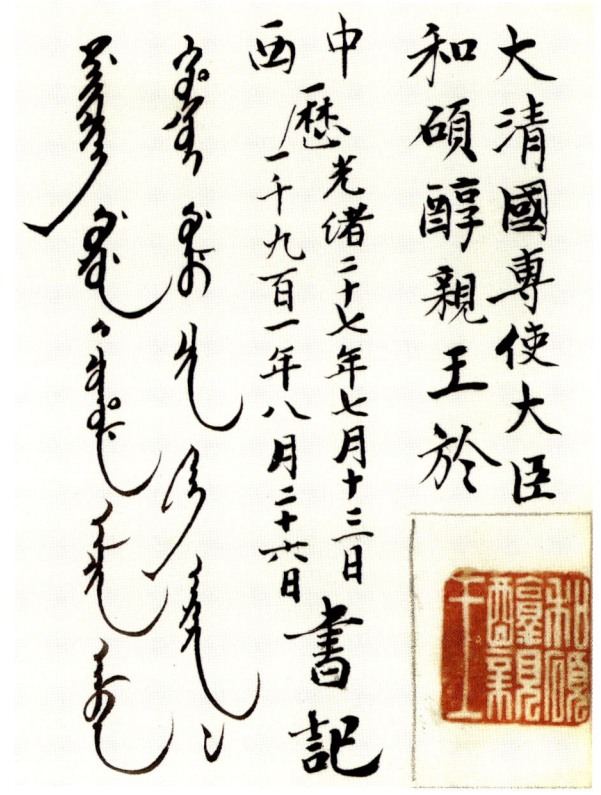

218

in Peking wurde von Wilhelm II. zwar entgegengenommen, aber mit einer unvergleichlichen Arroganz beantwortet. Der deutsche Kaiser wies darauf hin, dass diese Gesandtschaft nicht allein die Verzeihung bewirken könne, sondern nur das künftige Verhalten der chinesischen Regierung. Am 7. September 1901 ratifizierte Peking das «Boxerprotokoll», ein erniedrigendes Diktat an den Gelben Riesen, dem die Siegermächte[392] eine Schuld von 1 374 750 000 Goldmark aufzwangen, zu vier Prozent Zins mit einer Laufzeit von 39 Jahren.

Die Sühnemission des Prinzen Chun, Artikel Ia dieses Protokolls, markierte den Anfang vom Ende des Chinesischen Kaiserreiches, das 1912 endgültig zur Beute der Grossmächte wurde. Das Hotel Drei Könige wurde durch den Aufenthalt des Prinzen Chun wiederum zum Schauplatz der Weltgeschichte.

Ein Erzherzog als Emigrant: Eugen von Habsburg

Basel und das Haus Habsburg waren viel näher verbunden, als manche glauben. Im Chor des Münsters liegt bis heute das Grab der Königin Anna von Hohenberg, Frau des Königs Rudolf I. von Habsburg. Nachkommen der Habsburger waren immer wieder in Basel heimisch geworden. Im 18. Jahrhundert residierte hier der kaiserliche Gesandte des Wiener Hofes.[393] Das Hotel Drei Könige war auch Stammhotel des Fürstenhauses Liechtenstein: So wohnten Fürst Franz Josef II. (1938–1989) mit seiner Gattin Gina und Verwandte der weitverzweigten Familie viele Male hier. Die Mutter des Fürsten war eine Erzherzogin von Österreich, sein Taufpate Kaiser Franz Josef I. Solche Reminiszenzen wurden wiederbelebt, als der berühmteste Dauergast im Hotel Trois Rois, Erzherzog Eugen von Habsburg (1863–1954) (Abb. 219), sein 70. Wiegenfest feierte.

Das Jahr 1919: Der Erste Weltkrieg war zu Ende, Wien verkam im Chaos, Hunger und Elend regierten die einstige Weltstadt, die Habsburgermonarchie war zerschlagen. Die Schweizer Gesandtschaft in Wien, Minister Bourcart und Carl Jakob Burckhardt, vermittelten den Ausreisewilligen die Bedingungen, die bei einer Niederlassung in der Schweiz zu beachten waren. Erzherzog Eugen,[394] im Ersten Weltkrieg Feldmarschall der Tiroler Armee gegen Italien sowie Hoch- und Deutschmeister, bekundete grösstes Interesse, in die Schweiz auszuwandern. Sein Wunsch: keine Stadt, wo der österreichisch-ungarische Adel präsent sei, und weit weg vom diplomatischen Korps. Bern kam also nicht in Frage. Die alte Zähringerstadt Fribourg war kulturell zu sehr Provinz. Der Gesandte und sein Angestellter empfahlen Basel, denn Seine k.u.k. Hoheit wünschte «eine Stadt mit gemässigtem Klima […], in welcher man gute Musik hören kann, und die ein rechtes Theater besitzt». Beide Diplomaten wiesen auf Basel hin, obgleich es für Fremde ein «recht langweiliges Nest» sein könne. Der Erzherzog entgegnete: «Gerade, was ich suche […], ich will mei Ruh' habn!»[395] Laut Burckhardt kam der Vorschlag, im Hotel Drei Könige zu wohnen, sehr gelegen. Ganze 15 Jahre, von 1919 bis 1934, residierte der fast zwei Meter grosse Mann, teils mit seiner Begleiterin Zoë von Schildenfeld, im obersten Stock des Hotels. Es war eine standesgemässe Unterkunft, doch keineswegs so prunkvoll wie in alten Zeiten.[396] Sein Etat war bescheiden, obschon seine königlichen Verwandten in Spanien da und

218 Eintrag des Prinzen Chun im Goldenen Buch, 26. August 1901. Zeilen 1–4 chinesisch, 5–6 mandschurisch, von rechts nach links und von oben nach unten zu lesen.
Rechts unten Stempel des Prinzen Heshuo Chun.
«Der Sonderbotschafter und kaiserliche Beamte des Grossen Qing-Reiches Prinz Heshuo Chun schreibt dies am 13. Tag des 7. Monats des 27. Jahres der Regierungsperiode Guangxu [chinesischer Mondkalender; 26. August 1901 nach westlichem Kalender]»
(Übersetzung von Frau Lansun Chen, Saarbrücken, und Thomas Preiswerk, Basel).

219 Erzherzog Eugen von Habsburg, Feldmarschall. Karitative Werbekarte. Farblithographie mit Autograph, 1913.

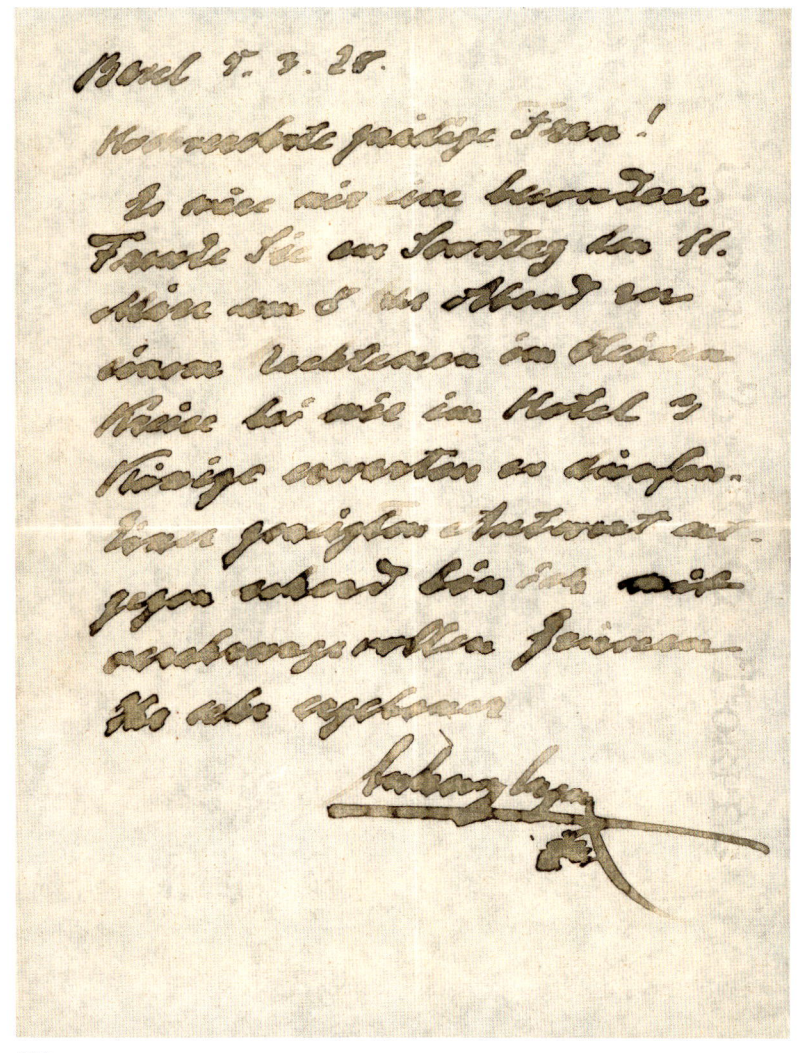

220

220   Brief des Erzherzogs Eugen von Habsburg, mit Gänsekiel geschrieben. Einladung zum Abendessen im Hotel Drei Könige, 5. März 1928. Eines unter zahlreichen in Basler Familien aufbewahrten Erinnerungsstücken.

221   Der Fischmarkt in Basel. Rechts vor dem Antiquitätengeschäft Erzherzog Eugen von Habsburg (gross) und sein Famulus Schönauer. Ölgemälde von Niklaus Stoecklin, 1933.

dort aushalfen. Den Stil jedoch, gepaart mit grosser Bescheidenheit, wahrte der hohe Emigrant auf allen Ebenen. Er beglückte mit seinem Charme nicht nur die Damen der Basler Gesellschaft, sondern wurde auch zum Dauergast in den besten Bürgerhäusern. Es gab kaum eine gute Familie, die ihn nicht periodisch zu Tisch bat, denn neben gepflegter Konversation konnte er Weltgeschichte aus erster Hand vermitteln. Seine aristokratische Erscheinung hatte etwas Umfassendes: Er gab Kindern und Erwachsenen aller Sozialstufen das Gefühl, dass sie ihm wichtig waren.[397] Zahlreich sind denn auch die Briefe des «Erzi», die bis heute privat gehütet werden, ebenso kleine Geschenke, die er bei keiner Einladung vergass.[398] Seine Briefe verfasste er ausschliesslich mit dem altmodischen Gänsekiel in einer klaren, schwungvollen Handschrift.[399] Echte und erfundene Anekdoten ranken sich um diese Persönlichkeit, die es schaffte, die Herzen der Baslerinnen und Basler in kürzester Zeit so sehr zu gewinnen, dass sie ihm den liebevollen Übernamen «Erzi» verliehen, als der er bis heute in der Erinnerung weiterlebt.

Auf einem Gemälde von Niklaus Stoecklin ist er mit seinem kleinwüchsigen Adjutanten Schönauer als Teil des Stadtbildes von Basel verewigt, scheinbar unbeteiligt, aber umso reizender vor einem Schaufenster (Abb. 221).[400] Den Rhein und seine Lastschiffe betrachtete der Erzherzog von seiner Wohnung aus täglich, er kannte jeden Typus, jede Herkunft und auch die Ladung. Früher war die Schifffahrt auf der Donau sein Steckenpferd gewesen. Seine historischen Studien betrieb er oft im Staatsarchiv, wo er den Spuren des Deutschritterordens in Basel nachging. Diesen berühmten Orden hatte er als Haupt der Hoch- und Deutschmeister bis 1923 präsidiert, was ihn auch zum Zölibat verpflichtete. Bis heute rätselt man in der Verwandtschaft, ob er nicht doch heimlich eine Ehe mit seiner Begleiterin eingegangen sei und nur äusserlich den Schein gewahrt habe.[401]

Im Konzert und im Theater, auch an der Fasnacht war der «Erzi» Stammgast. Seinen 70. Geburtstag am 21. Mai 1933 feierte er im Hotel Drei Könige. 312 Glückwunschschreiben sind im Staatsarchiv Basel-Stadt erhalten! Sie legen ein ergreifendes Zeugnis ab von dem breitgefächerten

Das Hotel zu den Drei Königen 1844–2004

Kreis von Freundinnen und Freunden aus Bürgertum, Wissenschaft, Musik, Theater und bildender Kunst. Man sieht, dass Basel den Erzherzog mehr als Geschenk denn als Beschenkten wahrgenommen hat, nämlich als stilvollen Repräsentanten einer zauberhaften, versunkenen Welt.[402]
Im Hotel Drei Könige war die Besitzerfamilie Bossi bemüht, die Etikette zu wahren. Auch die Kinder waren gehalten, den Gast stets mit «Kaiserliche Hoheit» anzusprechen, wie Liliane Schär-Bossi heute noch weiss. Vor seiner Abreise schenkte er der Hoteliersfrau Bossi zum Andenken eine goldene Brosche, die er in Wien eigens bestellt hatte.[403] Nach 1934 besuchte Erzherzog Eugen Basel nur noch sporadisch. Wenn er kam, besuchte er aber jedes Mal sein Stammhotel.

Erzherzog Eugen ist eines unter vielen Beispielen für die integrative Kraft der Stadt Basel, die seit Jahrhunderten lebendig ist. Wer echte Werte verkörpert, seien sie materieller oder ideeller Art, und dennoch bescheiden bleibt, dem öffnet sie sich mit ihrem ganzen unvergleichlichen Charme.[404] «Erzi» brachte Glanz und Grösse des alten, zertrümmerten Habsburgerreiches nach Basel. Obwohl er sein grosses Vermögen und die Macht verloren hatte, blieb er souverän und bescheiden, witzig und fromm und verkörperte so noch über seinen Tod hinaus den Adel des Herzens.

Zwei langjährige Residenten
Private Dauerresidenten sind in der Geschichte des Hotels Drei Könige relativ selten anzutreffen. Als eigener Typus von Gästen sind sie in der zweiten Hälfte des 20. Jahrhunderts, auch in anderen Grandhotels, nahezu verschwunden. Von den verbliebenen seien zwei herausgegriffen, sie

222 Kaschiertes und bemaltes Kästchen für die Gratulationspost an Erzherzog Eugen von Habsburg. Holz, Karton, Pergament, Tusche und Gouache. Arbeit eines unbekannten Künstlers, vermutlich Burkhard Mangold, 1933.

verkörpern die finanziell bestens situierte Oberschicht. Der Luxus des Hotels im Stadtzentrum bot ihnen und teilweise ihren Familien das standesgemässe Ambiente und ersparte die sonst übliche Dienerschaft.

Mit Elisabeth Hoffmann-Von der Mühll (1882–1970) zog im November 1964 eine der reichsten Baslerinnen ins Hotel Drei Könige, das sie bis zu ihrem Tod als Alterssitz bewohnte. Als Witwe Fritz Hoffmanns (1868–1920), des Gründers der F. Hoffmann-La Roche AG, den sie 1919 in zweiter Ehe geheiratet hatte, verfügte sie über beträchtliche Mittel, die sie eigensinnig, teils knauserig, teils äusserst grosszügig, einsetzte und dadurch in ihrer engeren Familie für reichlich böses Blut sorgte. Der Prozess um ihr Erbe gelangte bis vor das Bundesgericht und wurde erst 1985 endgültig geregelt.[405] In der Erinnerung der Familie Kienberger lebt «Madame Hoffmann» als starke, originelle, aber liebenswürdige und treue Residentin weiter.

Dr. Albert C. Nussbaumer (1893–1967), der im Schweizerischen Bankverein von 1932 bis 1939 den Sitz in London betreut hatte und 1940 zum Generaldirektor in Basel avanciert war – eine Stelle, die er bis 1956 bekleidete –, wohnte mehrere Jahre (1940–1958), oft mit seiner Familie, im Hotel Drei Könige. Als Verwaltungsrat bedeutender in- und ausländischer Konzerne, vor allem aber als Polyglotte und analytischer Kopf diente er auch seiner Stammbank über viele Jahre als «Aussenminister». 1941, mitten im Krieg, reiste er in die Sowjetunion, scharf beobachtet von den schweizerischen Geheimdiensten, doch mit dem vollen Vertrauen seiner Bank. Im Hotel am Rhein fand er wahlweise die diskrete Umgebung für das Familienleben und sein eigentliches Ressort, die weitverzweigten Auslandsgeschäfte.[406] Eine reizende Anekdote wird bis heute erzählt: Als nach dem Krieg Erzherzog Eugen wieder einmal sein Stammhotel besuchte, erfuhren die Kinder Nussbaumers von der kaiserlichen Hoheit unter dem gleichen Dach und büxten aus, um festzustellen, ob diese auch wirklich eine Krone trage. Auf ihre Frage, wo der Erzherzog denn seine Krone habe, griff der hohe Gast in seinen Mund und streckte ihnen lachend sein Gebiss entgegen, worauf sie entsetzt in ihre Zimmer flüchteten.[407]

Ein Flugpionier als Nachtresident: Moritz Suter[408]

Das Hotel Drei Könige war seit je für Menschen aus den verschiedensten Bereichen der Wirtschaft ein ruhiger Hort. Auch der charismatische Moritz Suter (Abb. 223), erfolgreicher Gründer der Fluggesellschaft Crossair, lebte einige Jahre im Hotel am Blumenrain. Das Bild des Haudegens und Machers mit einer Leidenschaft für die Fliegerei ist aus den Medien bekannt. Im Gespräch äussert er sich verblüffend offen und schnörkellos. Seine Herkunft hat ihn sicher nicht zur Fliegerei prädestiniert. Der Vater war ein namhafter Berufsmusiker und hätte ihn gerne in seinen Fussstapfen gesehen. Doch der einzige Sohn Moritz, geboren 1943 in Basel, suchte seinen eigenen Weg. Er kämpfte nicht nur gegen den Vater, sondern auch gegen die Schule. Bereits mit elf Jahren brach er aus, denn sein Freiheitsdrang war zu gross. Beim ersten Ausbruch aus der Ecole d'Humanité fand er nach langem Fussmarsch Unterstützung, Aufnahme und Verpflegung beim Bahnhofsvorstand von Lungern, der ihn abends per Bahn zu den Eltern spedierte.

Prägend für Suters spätere Laufbahn war seine begeisternde Französischlehrerin am Gymnasium Rosenberg in St. Gallen. Sie führte ihn zu Saint-Exupéry und rannte damit offene Türen ein. Schon als Gymnasiast lebte er seine Abenteuerlust beim Segelfliegen und später beim Motorfliegen aus. Der Grossvater unterstützte den Enkel, war er doch der Aviatik sehr verbunden: Als Anwalt hatte er den Flugpionier Graf von Zeppelin periodisch beraten. Moritz Suter erwarb mit 18 Jahren das Pilotenbrevet. Nach der Rekrutenschule lockte die Freiheit doppelt. Der junge Pilot wollte das Hobby zum Beruf machen und liess sich in den Niederlanden, England und der Schweiz zum Linienpiloten ausbilden. Die Schweiz allein war ihm dafür zu eng. Mit knapp 22 Jahren erhielt Suter das Brevet als Linienpilot.

Seine erste Stelle: «Agrarpilot im Sudan, Felder besprühen, dann ein Intermezzo bei der Globe Air, bis sie mir verboten haben, meinen Hund, den ich immer bei mir hatte, weiterhin ins Flugzeug zu schmuggeln.» Schliesslich folgte ein geregelter Job bei der luxemburgischen Fluggesellschaft Luxair, wo er zum Captain avancierte. Als solcher führte ihn eine Zwischenlandung in Zürich in die Kantine der Swissair, wo ihn ein Chefpilot überredete, sich unbedingt in der Heimat zu bewerben. Suter sagte zu. Er nahm in Kauf, die ganze Pilotenausbildung nochmals von vorn nach Schweizer Standard zu beginnen, in der Klasse für Ausländer. Dort erfuhr er zum Einstieg von einem deutschen Instruktor die Leitlinie der stolzen Swissair-Crew: «Sie müssen wissen, dass Sie von nun an innerhalb der Company und der Fliegerei die Crème de la Crème verkörpern!» Es folgten die Jahre als Pilot bei der Swissair. Gleichzeitig schmiedete er Pläne für künftige Projekte. Über die 1975 mit einem Aktienkapital von 65 000 Schweizer Franken gegründeten Business Flyers, die mit einer zweisitzigen Piper als Fotoflieger starteten, entwickelte sich die Geschichte am 24. November 1978 via Namensänderung zur Crossair weiter. Deren Büros waren zuerst in Zürich. 1984 zogen Technik und Operationen in den Hangar in Basel ein. 1988 wurde die Infrastruktur erweitert, und auch der Rest der Geschäftsleitung und Verwaltung siedelte von Zürich nach Basel über. Der Rechtssitz der Gesellschaft befand sich allerdings von Anfang an in Basel und blieb bis ins Jahr 2003 hier. Seiner ersten Piper – wie er selbst Jahrgang 1943 und für 10 000 Schweizer Franken vom Aero Club de Sion erworben – hält Suter immer noch die Treue. Sie ist in seinem privaten Besitz und wird nach wie vor von ihm geflogen.

Für Moritz Suter endete das stetige Pendeln zwischen Zürich und Basel vor und nach langen Arbeitstagen, als ihm der Chef der Air Glaciers, mit der Comtesse de Boisrouvraye, der damaligen Besitzerin, liiert, einen Vorschlag unterbreitete: Der Inhaber der Crossair sollte künftig seine kurzen Nächte an Werktagen im Hotel des Trois Rois verbringen. Das Eckzimmer 421, mit Blick rheinabwärts, wurde in den 90er Jahren sieben Jahre lang zu seiner Nachtresidenz unter der Woche. Sternstunden waren für Suter die Begegnungen mit einem anderen periodischen Gast des Hotels, Sir Peter Ustinov (1921–2004), einem Seelenverwandten, der sein Freund wurde. Wie Suter verstand es Ustinov, den Augenblick sehr bewusst zu geniessen und dadurch Lebensfreude weiterzugeben. Unter den vielen geschäftlichen Besprechungen im Hotelrestaurant ragte eine besonders heraus: Gemeinsam mit dem brasilianischen Unternehmer und Embraer-Präsidenten Maurício Botelho legte Suter nämlich auf der Rheinterrasse des «Trois Rois» bei strahlendem Wetter und einem guten Mittagessen den Grundstein für die Lancierung der neuen Flugzeugtypen Embraer 170 und 195. Diese eleganten, heute weltweit verbreiteten Jets erlebten ihre Geburtsstunde unter dem guten Stern der Drei Könige, die ihnen den Segen bis heute gewähren.

Moritz Suter wohnt seit einiger Zeit wieder in Basel, unweit vom Münsterplatz, mit Blick auf den Rhein und in den Schwarzwald. Das Les Trois Rois erreicht er zu Fuss und bleibt ihm als Gast weiterhin treu.   Maximilian Triet

Das Fenster zum Rhein

Für drei Monate, von November 2000 bis Januar 2001, ging ich jeden Morgen noch vor Sonnenaufgang von meiner Dachwohnung am Rheinsprung mit dem Laptop unter dem Arm ins «Drei Könige». Der Kontrast hätte nicht grösser sein können. Die Dachwohnung in dem mittelalterlichen Haus, in dem ich damals wohnte, war so klein, dass es eher an ein Puppenhaus erinnerte; man konnte darin kaum aufrecht stehen.

Wie die Kinder in der Geschichte von Narnia durch einen Schrank in ein verzaubertes Land kommen, ging ich nur ein paar Schritte von meiner Wohnung entfernt durch die Drehtür des Hotels Drei Könige und kam in eine andere Welt. Mit dem alten Lift, der über die Jahrzehnte schon so viele Gäste befördert hatte, fuhr ich in das oberste Stockwerk und ging durch den Flur geradewegs in das Zimmer 421, mein Versteck. Nach monatelangem rastlosem Herumreisen fand ich dort endlich die Ruhe und den Frieden, den ich benötigte, um meinen Roman *Ein schnelles Leben* zu Ende zu schreiben. Ausser ein paar wenigen Menschen wusste niemand, wo ich war, und so lebte ich in der eigenen Stadt inkognito und konnte in aller Ruhe arbeiten.

Das Schreiben im Hotel erleichterte mir vieles, und ich erkannte bald, warum so viele Schriftsteller es vorzogen, im Hotel zu leben. Hemingway zum Beispiel verbrachte sein halbes Leben im Hotel. Wie angenehm war es, anstatt sich selbst um das Einkaufen zu kümmern, den Roomservice anzurufen. Ich weiss nicht, wie oft ich anrief, aber ich hielt den Kellner auf Trab. Wie von Zauberhand wurde das Zimmer, sobald ich es verliess, wieder aufgeräumt. Nur das Manuskript und das herumliegende Papier wurden auf meine Bitte hin nie berührt. Ich weiss nicht, was mit dem Schreibtisch nach dem Umbau geschehen ist, aber er wurde während meines Aufenthaltes gut genutzt. Ich verbrachte dort die Tage und nicht selten auch die Nächte. Oft war das Licht in meinem Zimmer das letzte, das noch bis spät in die Nacht hinein brannte.

Das Schönste war der Blick auf den Rhein, in den Schreibpausen ging ich auf den Balkon und winkte der eisernen Helvetia zu, die dort am Ufer Kleinbasels, in stiller Einsamkeit, seit eh und je über das Wasser blickt. Es war still dort oben, und manchmal kam ich mir vor wie in einem Turm, beschützt vor dem Zugriff der lauten Welt. Selbst wenn unten in der Lobby Empfänge abgehalten und rauschende Feste gefeiert wurden, hörte ich nicht mehr als das Kreischen der Möwe oder das Hupen der Lastschiffe, die nach Rotterdam zogen.

224

Aber es ist nicht nur der Komfort, der das Schreiben im Hotel so attraktiv macht. Manchmal sass ich in der Bibliothek hinter einer aufgeschlagenen Zeitung und lauschte neugierig den Gesprächen oder beobachtete die Gäste, das Kommen und Gehen. Trotz meiner Abgeschiedenheit im Zimmer 421 begegnete ich während meines Aufenthaltes vielen Menschen. Nicht nur durch die Interviews, die ich bei Abschluss meines Romans in der Napoleon-Suite zu geben pflegte, sondern zufällige und unerwartete Begegnungen, wie sie sich nur in Hotels ereignen. Begegnungen, die Anlass zu Geschichten sind, die ich in zahlreichen Notizen festgehalten habe und die noch darauf warten, geschrieben zu werden. So wurde das Hotel Drei Könige nicht nur zu einem Schreibort, sondern auch zu einem Ort der Inspiration.

Zoë Jenny

Zoë Jenny, geb. 1974 in Basel. Schriftstellerin.
Ihr erster Roman *Das Blütenstaubzimmer* erschien 1997.
Sie lebt in London.

Das Hotel in Briefen und Reisebeschreibungen

1843
"Drei Könige (Three Kings), well situated, overlooking the Rhine, which washes its walls – a good inn, but expensive; by far the best here; the house has been rebuilt on a grand scale, and much improved, 1842."[409]
Der Engländer John Murray (1808–1892) verfasste zahlreiche Reisehandbücher und gehört heute wie der Deutsche Karl Baedeker zu den Wegbereitern des Massentourismus.

1846
«Das prächtige Hotel zu den drei Königen, das sich direkt über dem Rhein erhebt [...], ist ein schöner und geräumiger Bau: Auf der einen Seite der stattliche Eingang, auf der anderen der breit auf den Rhein hinausragende Balkon, im Innern mit dem ganzen Luxus der heutigen Zeit eingerichtet, gar eher ein Palast als ein Hotel. Hier sind wir nach einer fast ganztägigen Reise mit der Postkutsche abgestiegen. Kaum hatte sich mein Gefährte in den prachtvollen Salons des Hotels umgesehen, eilte er in die Stadt, um sie kennenzulernen [...]. Unterdessen liess ich mich, von der Reise ermüdet, in einem bequemen Sessel auf dem Balkon nieder, richtete den Blick auf die klaren und zu dieser Zeit gestiegenen Fluten des Rheins und liess die Erinnerungen an meine früheren Aufenthalte in Basel aufleben. Als ich vor vier Jahren das letzte Mal hier war, übernachtete ich noch im alten Gasthaus, das an derselben Stelle stand und von dem das neue Hotel nur den Namen und das Emblem behielt, das über dem Eingang eingemauert ist. Das war ein sehr altes Gebäude voller enger und dunkler Gänge und Gemächer. Es schien so, als hätte ich darin die letzte Nacht verbracht, in der Gäste empfangen wurden, denn am andern Tag sollte mit dem Niederreissen der Mauern begonnen werden. Fast alle Geräte waren herausgetragen worden. In den grossen Räumen herrschte Einsamkeit und die Stille der Verlassenheit, die nur unterbrochen wurde, wenn jemand sich bewegte und die Schritte im leeren Raum stark widerhallten. Diese Düsterheit machte auf mich einen umso tieferen Eindruck, als ich an diesem Tag beim Besuch der Basler Sehenswürdigkeiten in der Bibliothek eingehend Zeichnungen des sog. Totentanzes betrachtet hatte.»[410]
Stanislaw Egbert Koźmian (1811–1885), polnischer Dichter, Publizist und Gutsbesitzer, emigrierte 1831 nach England, von wo aus er viele Reisen unternahm.

1854
«Der imposante Gasthof zu den drei Königen nimmt die ganze eine Seite des Blumenplatzes ein. Der Gasthof [...] erfreute sich schon in frühern Jahrhunderten eines ausgezeichneten Rufes; der gegenwärtige Bau aber ist erst in den Jahren 1842–44 ausgeführt worden [und] enthält 120 Zimmer, wozu noch 30 Zimmer in den Dependenzen kommen. Der Speisesaal enthält eine Länge von 120 Fuß; die Tafel ziert ein während des Speisens spielender kleiner Springbrunnen. Von besonderem Interesse ist die Betkapelle, in welcher während des ganzen Sommers von einem angestellten Geistlichen englischer Gottesdienst gehalten wird. Dieselbe ist mit schönem altem Getäfel geziert, das sich früher in der Sommerkapelle des Fürstabts von St. Gallen in Wyl befand. In trefflichen Glasgemälden, deren Zeichnungen von dem namhaften Basler Künstler Hieronymus Heß († 1850) entworfen und die von dem berühmten Glasmaler Helmle in Freiburg ausgeführt wurden, sind die sieben Werke der Barmherzigkeit dargestellt. Die ganze innere Einrichtung des Gasthofes ist musterhaft; auch die größten Ansprüche werden hier befriedigt, wie denn selbst Bäder vorhanden sind. Einen unbestreitbaren Vorzug gewährt ihm überdieß seine schöne Lage einerseits am Rhein, andererseits an einem freien Platze, was in einer Stadt von so vielen engen Straßen, wie Basel, von unschätzbarem Werthe ist.»[411]
Wilhelm Theodor Streuber (1816–1857), Theologe und Altphilologe in Basel, wandte sich dem Studium der vaterländischen Geschichte zu und war schriftstellerisch tätig.

1854
"The traveller, arrived at the threshold of Switzerland, and nourishing his anticipations of delight, can scarcely fail to be impressed, as he looks from the long balcony of the *Three Kings* hotel upon the rushing Rhine below, with the

thought of the wondrous power and beauty which attend the pouring forth of that stream upon the earth. [...] But in that panorama of the Rhine, the Hotel of the Three Kings was a conspicuous object; and no fit of poetic abstraction prevented me from remembering that there was a table d'hôte there at six o'clock. The next morning the washerwoman returned me three shirts which I had given out to wash; and the spell which detained me at Basle was at an end."[412]

Robert Ferguson (1817-1898), englischer Dichter und Schriftsteller.

4. Juni 1868
«Entschloss mich, heute Nachmittag nach Basel zu fahren [...]. Wir waren so viele, die in den ‹Drei Königen› absteigen wollten, dass wir zwei Omnibusse füllten; ich bekam ein Zimmer zum Rhein, das nach Hoffmannstropfen stank. Blieb auf und betrachtete den rastlosen Fluss, stellte mir seine Lebensgeschichte vor, von seiner Kindheit in den Bergen bis zu seinem nun schönen Verschwinden bei Katwijk.»[413]

28./29. April 1873
«Um halb zwei kamen wir nach Basel und fuhren zum ‹drey Könige›, wo wir das Zimmer Nummer 22 im ersten Stock bekamen, ein Zimmer auf den Rhein hinaus, der dahinschoss wie damals, als ich vor vielen Jahren hier war. [...] Im Kachelofen wurde fast eine Stunde nicht nachgelegt, [nachdem] wir das bestellt hatten. Und das Mädchen gab uns ungebügelte Handtücher, die aussahen, als seien sie nur im Wasser ausgewrungen worden und dann zum Trocknen aufgehängt, ich merkte es erst, als ich Augen und Mund gewaschen hatte, und dachte sofort an Ansteckung, Augenkrankheit und alles, was kommen konnte. Das Zimmer war eng, die Möbel abgewetzt, die Bedienung teuer und die Rechnung über alle Massen, ein Teller Suppe für jeden 3 Franken 50 Centimes. Um 10 Uhr verliessen wir dieses Hotel, von dessen Besuch abzuraten ist; einzig die Aussicht ist vortrefflich, und nur deshalb sind wir hier eingezogen.»[414]

Der berühmte dänische Dichter und Schriftsteller Hans Christian Andersen (1805-1875), der viel und gerne standesgemäss reiste, logierte regelmässig im Hotel Drei Könige, obwohl er mit Service und Komfort nicht immer zufrieden war.

15. Juli 1881
"How I used to love the Trois Rois – the old house – and the sweep of the water under the windows."[415]

John Ruskin (1819-1900), englischer Schriftsteller, Maler, Kunsthistoriker und Sozialphilosoph, stieg erstmals 1833 in Begleitung seiner Eltern im «Drei Könige» ab, dem er bei seinen späteren Besuchen in Basel die Treue hielt.

30. April 1933
«Gegen 8 Uhr, immer bei Regen Ankunft hier und Fahrt ins Hotel 3 Könige, wo wir ein zu teures Doppelzimmer mit Bad nahmen [...]. Das Hotel ist sehr gut, es schafft durch seine Gepflegtheit sofort etwas leichtere Stimmung.»[416]

Der deutsche Schriftsteller Thomas Mann (1875-1955), der zu den prominentesten Gegnern des Nationalsozialismus zählte, begab sich mit seiner Familie 1933 ins Exil, zunächst nach Südfrankreich. Auf dem Weg dorthin bot ihm das Hotel Drei Könige für einige Tage Logis.

Anne Nagel

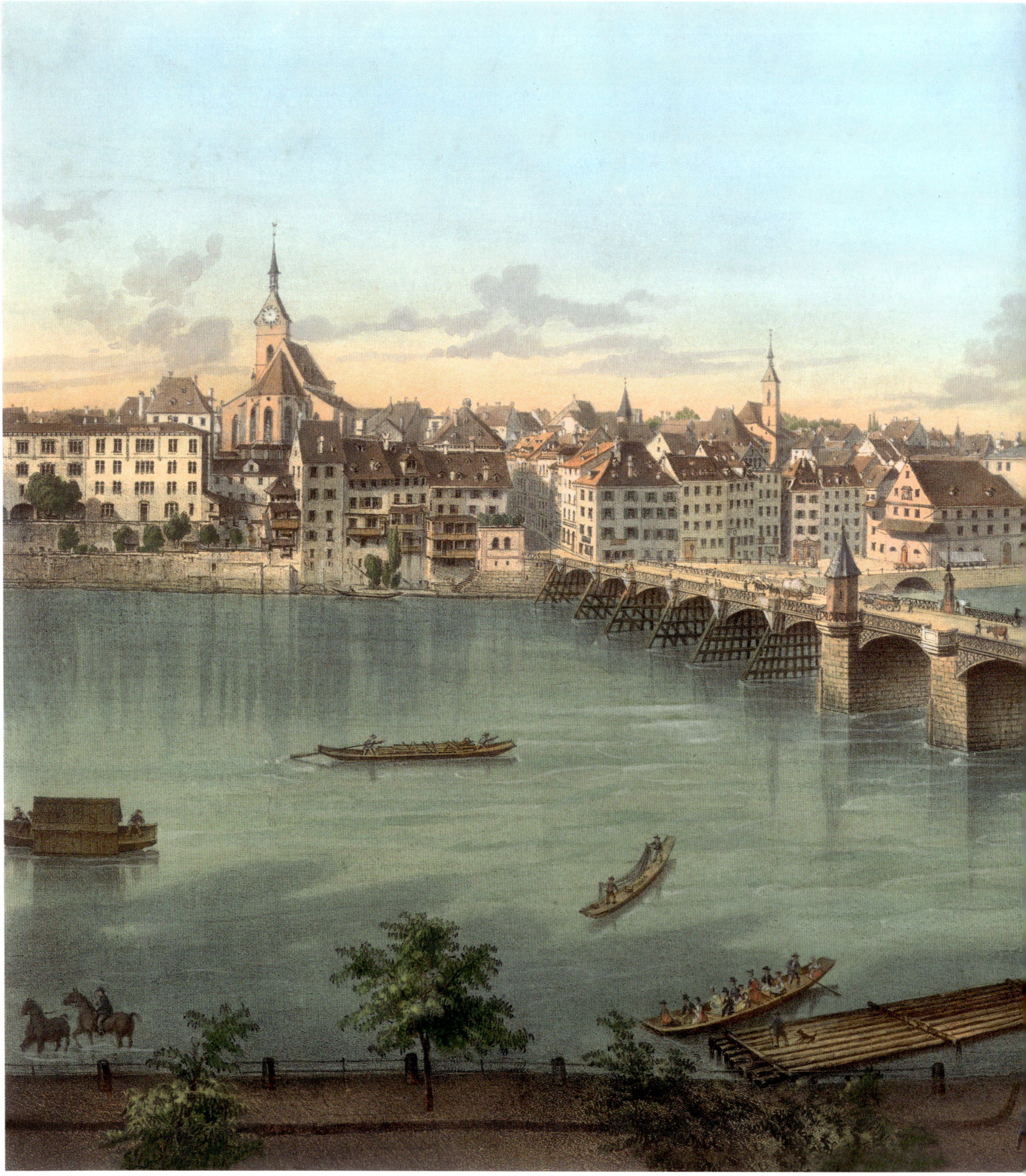

227 Panorama vom Dach des ehemaligen Café du Pont. Kolorierte Kreidelithographie von Rudolf Huber nach Anton Winterlin. Ediert von Rudolf Lang, Basel, nach 1844.

228 Die «Salle ouverte» des alten Gasthofs zu den Drei Königen. Ausschnitt aus einer Radierung nach einer Zeichnung von Emanuel Büchel, 1753 (vgl. Abb. 18, S. 29).

229 Die Brasserie im heutigen Les Trois Rois mit weitem Blick auf den Rhein.

Drei Jahrhunderte
Tafelkultur – ein Essay

Zu Tisch à la mode bâloise

Über Speis und Trank in einem Haus zu berichten, das über eine so lange und vielseitige Geschichte verfügt wie das «Trois Rois», ist eine Herausforderung. Aus dem Vergleich mit anderen Künsten gewinnen wir zwar die Erkenntnis, dass Kochkunst als Voraussetzung für zivilisiertes Leben unverzichtbar ist und dass sie darüber hinaus über die Qualität verfügt, unsere vier Sinne gleichermassen anzusprechen. Unbestritten die aussergewöhnlichste Eigenschaft sehen wir indes in der Vergänglichkeit, in der knapp befristeten Existenz ihrer diversen Ausdrucksformen.

Herrenwirt, Speis und Trank um 1700

Bereits mit dem ersten Nachweis eines Gasthofes zu den Drei Königen 1681 wird dessen Wirt Daniel Obermeyer dazu ermächtigt, seinen Betrieb als Herrenwirt zu führen (S. 38). Die Bezeichnung Herrenwirt kam dabei einem Patent erster Klasse gleich. Vom Rat besiegelt, war es auf die Person des Wirtes bezogen, nicht übertragbar, taxpflichtig und mit Privilegien wie Auflagen verbunden. Noch waren die Räumlichkeiten eher bescheiden, doch besteht kein Zweifel darüber, dass hier selbst anspruchsvollere Gäste mit einer Auswahl an Getränken, kalten und warmen Speisen rechnen konnten. Konkrete Angaben über das Angebot finden sich seit dem Ende des 16. Jahrhunderts in Reisebeschreibungen, Tagebüchern und Briefen von vornehmen Reisenden, die in Basel Station machen. Als Passanten in der Fremde notieren sie das für sie Merk-Würdige, was sich von dem ihnen Vertrauten unterscheidet.

Zusammen mit Brot und Käse gehörte bis ins 19. Jahrhundert der Wein zu den Lebensmitteln des täglichen Gebrauchs. Basel als Mittelpunkt eines ausgedehnten Weinbaugebiets hatte ihn in geradezu verschwenderischer Vielfalt anzubieten. Neben den geringergeschätzten Baslerweinen in den unzähligen Weinschenken boten die Herrenwirte Spezialitäten aus der Nachbarschaft (Baden, Elsass), aus dem Fürstentum Neuchâtel und der Waadt an; dazu kamen im ausgehenden 17. Jahrhundert Weine aus dem Burgund, dem Bordelais, der Champagne und von der Mosel. Eine besondere Rolle spielten die gewürzten Weine, vorab der Hypokras. Während Jahrhunderten in ganz Europa geschätzt und eigentliche Pièce de Résistance auf der höfischen Tafel, kam der gesüsste Dessertwein zwar im 19. Jahrhundert aus der Mode, wurde aber in Basel weiter verehrt, bis er ganz selbstverständlich in den bunten Strauss der Basler Spezialitäten eingebunden war.

Selbst der Genuss von Branntwein, vielerorts vom Odium des Derben, Unfeinen umgeben, war in Basel keineswegs verpönt. Absinth bezog man aus dem französischen Jura, während aus einheimischen Baumnüssen an Johanni das Nusswasser angesetzt wurde. Aus der Notwendigkeit, die in grossen Mengen auf den Landgütern anfallenden Kirschen verwerten zu müssen, resultierte eine weitere Spezialität: der Kirsch.

Nachrichten über die ausgesprochene Trinkfreudigkeit der Basler ziehen sich wie ein roter Faden durch unsere Schriftquellen. Sie gewinnen noch an Glaubwürdigkeit aufgrund der enormen Einnahmen der Stadt aus dem Ohmgeld, der Weinsteuer, oder wenn wir feststellen, dass das Verbot des «Gesundheiten», der den Getränkekonsum ungemein fördernden Sitte des Zutrinkens, vom Rat periodisch erneuert werden musste.

Die Versorgung der Basler Küche mit Viktualien war um 1700 nicht weiter problematisch. Schwerpunkte im vielfältigen Angebot bildeten Produkte aus der Region. Aufgrund reger Handelsbeziehungen kamen dazu Waren, die hier umgeschlagen, wie auch solche, die gezielt für den lokalen Markt importiert wurden. Was die Natur vor Ort anzubieten hatte, war von einer Vielfalt, die uns staunen lässt. Wälder und Auen vor den Stadttoren boten Lebensraum für Rehe, Hirsche, Hasen und Wildgeflügel. Die Flüsse – Rhein, Wiese, Birsig – brachten reiche Ausbeute an vielerlei Fischen, aber auch an Krebsen, die besonders geschätzt waren. Immer wieder berichten unsere Quellen von der vortrefflichen Qualität der Forellen. Sie durften bei keiner aufwendigeren Mahlzeit fehlen, selbst dann nicht, wenn Lachs à la bâloise aufgetragen wurde, bereitet aus dem Edelfisch, der während Jahrhunderten regelmässig vom Meer den Rhein emporstieg. Rheinlachs wurde zum kulinarischen Begriff und seine Bedeutung auf dem Basler Tisch schon von den Chronisten des Basler Konzils

(1431–1448) vermerkt. Als Delikatessen galten ferner saisonal Sälmlinge (Junglachse von Sardinengrösse), Stör und Karpfen. Trotz der damals eher bescheideneren Bedürfnisse verstand man es auf den Zunftstuben wie zu Hause sehr wohl, wacker zu tafeln, und war bereit, die Küche vorher entsprechend zu alimentieren.

Für die Verköstigung der Gäste in den besseren Herbergen war die Form des Gemeinschaftsmahls üblich. Zur festgesetzten Stunde waren sie an grosse Tische gebeten. Dann wurden in drei bis vier Trachten (Gängen) jeweils gleichzeitig mehrere Platten mit unterschiedlichen Gerichten aufgesetzt. Jeder Gast bediente sich mit dem, was für ihn erreichbar war bzw. was ihm zusagte. Dass der mit den lokalen Gegebenheiten nicht Vertraute sich manch einem Rätsel gegenübersah, liegt auf der Hand. Während Fische, gebratenes und gesottenes Fleisch und Geflügel in der Regel ihre Identität ohne weiteres offenlegten, bildeten Suppen und die obligaten Muse (Breispeisen) zunächst ein Geheimnis. Selbst wer Unvertrautem gegenüber offen war, mochte sich auch einmal wundern über kuriose Kreationen, etwa wenn Fleisch mit gekochtem Obst kombiniert war. Die letzte Tracht war stets ähnlich komponiert, aus Käse, dem ältesten und landestypischsten Produkt, Ziger, Früchten der Saison und Gebackenem: Mandeltorten, Waffeln und Schmalzgebäck.

Das Sommerhaus als Stadtrestaurant

Es besteht kein Zweifel, dass 1739 mit Johann Christoph Im Hof eine Persönlichkeit die Führung des Hauses übernahm, die neben den Qualifikationen eines überdurchschnittlichen Wirtes und soliden Geschäftsmannes über eine weitere Qualität verfügte, die eines ebenso dynamischen wie fortschrittlichen Unternehmers (S. 47). Im Hof war Professionalist, als gelernter Pastetenbäcker ein Spezialist auf einem Gebiet, das ihn zur Führung einer gepflegten Küche prädestinierte. Umgänglichkeit und Fremdsprachenkenntnisse begründeten sein Ansehen bei der aus vielerlei Ländern angereisten Klientel, die im «Trois Rois» zu übernachten wünschte. Seine Kunden in jeder Hinsicht zufriedenzustellen war für ihn selbstverständlich. Die beeindruckende Liste hochrangiger Gäste zeigt, dass er erfolgreich war. In einer Zeit, da persönliche Empfehlungen auf Reisen unverzichtbar waren, wurden sie zu eigentlichen Werbeträgern.

Seine «Salle ouverte des Trois Rois» gedieh zur Attraktion. Zur Sommerzeit war sie Ort für die Table d'Hôte mit dem berühmten silbernen Tischbrunnen im Mittelpunkt, an der sich eine buntgemischte Schar von Tischgängern stundenlang gütlich tat (Abb. 228). Auch bei den Bürgern der Stadt stiess das Im Hof'sche Sommerhaus auf Zustimmung: Schnell wurde es zur Begegnungsstätte für Fremde und Einheimische, zum Treffpunkt mit Bekannten, zum stilvollen Rahmen für eine Hochzeitsfeier. Hier war eine neue Form gastlicher Verpflegungsstätte im Entstehen begriffen, die des vornehmen Stadtrestaurants. Im Hof selbst muss sich darüber im Klaren gewesen sein, dass kein Gasthof nördlich der Alpen – weder das renommierte «Schwert»

230 Seit Jahrhunderten eine Basler Spezialität: Lachs à la bâloise.

**Der «Willkomm» in der Inszenierung
Hans Heinrich Hausers vom 9. Januar 1707**

Aus den Reiseaufzeichnungen des Herrn J. de Blainville, eines englischen Gentlemans, der am 9. Januar 1707 mit Gefolge im «Trois Rois» abstieg, erfahren wir, wie man in Basel mit dem lästigen Verbot des Zutrinkens umzugehen pflegte:
«Wir waren so bald nicht in den Saal unserer Herberge getreten, als unser Wirt mit seinen Bedienten erschien, um uns nach Landesgewohnheit willkommen zu heissen, indem er uns bey der rechten Hand ergriff und diese mit aller Gewalt schüttelte. So bald wir uns niedergelassen, und der Hausherr gehört hatte, dass wir Engländer wären, brachte er mit entblösstem Haupte auf einem Credenzteller einen ansehnlichen silbernen Becher mit dreizehn kleineren umgeben, welche er die dreizehn Cantons nannte, und wollte uns mit vielem Gepränge die Gesundheit der Königin von England zu bringen. Dieser brave, lustige Vogel trank auch in kurzer Zeit alle vierzehn Becher einen nach dem andern aus; weil wir aber weder geschickt noch geneigt waren, diesem ungeheuren Beispiel zu folgen, so tat ihm jeder von uns in einem von den kleineren Bechern Bescheid. Dass dieser Hauptbecher mit seinen dreizehn Kameraden auf das Wohlsein einer Dame ausgeschluckt worden, gleicht einigermassen der alten römischen Gewohnheit, auf der Liebhaberinnen Gesundheit so viele Gläser zu trinken, als sie Buchstaben in ihrem Namen hatten.»
Blainville schildert hier den in der Schweiz auf eine lange Tradition zurückgehenden Brauch des «Willkomms», des Trunks, der dem Fremden bei seiner Ankunft im Gasthof als Erstes kredenzt wurde. Hans Heinrich Hauser (S. 41), pfiffiger Gastwirt, der er war, pflegte ihn in einer Variante, die Bezug nimmt auf Basel, Glied der dreizehnörtigen Eidgenossenschaft. Was letztlich zum eigenen Vorteil diente, verstand er meisterhaft mit einer wirkungsvollen Inszenierung zu verschleiern.

in Zürich noch die «Krone» in Solothurn oder der «Falken» in Bern – etwas Vergleichbares anzubieten hatte. 1753 gab er dem bekannten Basler Künstler Emanuel Büchel den Auftrag, eine Ansicht des Sommerhauses zu zeichnen, entwarf Legende und Text dazu und liess alles im Format 416 × 276 mm in Kupfer stechen. Was auf den ersten Blick wie eine dekorative Vedute Kleinbasels wirkt, erweist sich bei einer genaueren Prüfung als Werbeblatt, als elegante Spielform eines Hotelprospekts. Das geht aus dem in grossen Lettern gestochenen Text zweifelsfrei hervor (Abb. 18, 19, S. 29): «Die Herren Reisenden seyn hierdurch benachrichtiget, dass Herr Im Hof zu den drey Königen in Basel Tisch haltet zu 24, 36, 48, 60 Kr. etc. Damit Jedermann nach Standes Gebühr und Belieben zehren kann. Er hat auch Kutschen, Chaisen u. Pferde um gesetzten Preis zur Bequemlichkeit der Reisenden.»
Das Thema unseres Essays im Blick, erweist sich der Text aus zweierlei Gründen als aufschlussreich: Er wirbt in Wort und Bild nicht etwa für den Beherbergungsbetrieb, sondern unmissverständlich für das Restaurant; er richtet sich an «Jedermann», was heisst, dass Im Hofs Gastlichkeit auf Kunden mit verschiedenen Ansprüchen und unterschiedlichen Standes ausgerichtet war.
Im selben Jahr liess Im Hof die Statuen der Heiligen Drei Könige an der Fassade des «Trois Rois» anbringen. Auch sie dienten der Werbung: Die Bilder dieser prominenten Reisenden und ersten christlichen Pilger waren ein Hinweis auf die traditionelle Rolle des Hauses als Herberge; sie wirkten darüber hinaus formal als Anziehungspunkt, weil drei grossen, bunt gefassten Plastiken die Funktion des allgemein üblichen Gasthofschildes übertragen wurde. Diese Spezialität war in Basel keineswegs ein Unikum: machte doch der «Wilde Mann», Nobelherberge an der Freien Strasse und damit Konkurrent des «Trois Rois», mit einer monumentalen Statue des «Sauvage» auf sich aufmerksam (Abb. 231).
Neben Beherbergung und Restauration haben sich zwei weitere, schon immer mit dem Gasthofwesen verbundene Funktionen über die Jahrhunderte erhalten, die als Zelle für Handel und Kontaktnahme. Im Basler *Avis-Blatt*, dem wöchentlich publizierten Nachrichtenbulletin, erschienen

periodisch Inserate von Gasthöfen, in denen Waren – vor allem alte und fremdländische Weine, marinierte Fische, Wildbret, Granatäpfel und Zitrusfrüchte – angeboten wurden. Sie erinnern an eine Tätigkeit der Herrenwirte, die diese mit den Stubenknechten der Zünfte teilten, die Traiteurdienste. Was heute mit dem Wort Catering bezeichnet wird, war schon im 18. Jahrhundert bekannt: bei Gastmählern, zu denen die Stadt ins Rathaus oder in eine Zunftstube eingeladen hatte, einzelne Gerichte oder ganze Trachten ausser Haus zu liefern bzw. einer Bürgersfrau einen Koch auszuleihen oder zumindest Speisen fertig zubereitet ins Haus zu liefern.

Dass das Haus – wie von Im Hof und seinen Nachfolgern Kleindorf und Iselin mit dem Prospekt bekanntgemacht – tatsächlich «Jedermann» offenstand, wollen wir mit zwei Beispielen belegen: Leonhard Köchli, Buchbinder, von Winterthur aus auf zünftiger Walz in die Niederlande und nach Norddeutschland, vermerkt im April 1777 bei seiner Übernachtung in Basel: «Zu den 3 Königen, ist das Beste Wirthshaus.» Hier war im Juni 1773 schon Hans Rudolf Schinz, frisch promovierter Theologe, in Begleitung sieben junger Zürcher Herren, zweier Diener und eines Esels eingetroffen. Als Reiseleiter und Erzieher hatte er es übernommen, seine 15 bis 19 Jahre alten Zöglinge mit den vielfältigen Schönheiten ihres Vaterlandes bekanntzumachen. Stets wurden die besten Häuser zur Einkehr ausgewählt, Hinweis auch darauf, dass Schinz seine Schützlinge nicht nur für Natur und Kultur begeistern wollte, sondern sie nebenbei im sicheren Auftreten und korrekten Benehmen in einer doch ungewohnten Umgebung zu unterweisen beabsichtigte. Bei der Ankunft in Basel sorgte der schwerbeladene Esel für Verwirrung, und erst aufgrund Schinz' entschlossener Intervention erklärte man sich bereit, für das mit Verachtung bedachte Tier im Pferdestall des Hauses einen Platz frei zu machen. Danach findet Schinz nur noch lobende Worte in seinem Tagebuch, freut sich über die ausgezeichnete Bedienung, das anmutige Sommerhaus und hält schliesslich im *Verzeichnis der Ausgaben* fest:

«Basel den ‹Drei Königen› Zech vom 21. bis 26. Juni für 46 Mahl an der grossen Tafel, dazu unser 8 waren, und 18 Mahl an der Knechtentafel, dazu 2 waren, 5 Mahl Tee und so viele Frühstück den Knechten, Herberg und Extra. Item pro den Esel und 1 fl. 12 Kr. in die Küche und 14 in den Stall: 74 fl. 42 Kr.»

Auch unter den Nachfolgern des dynamischen Im Hof schliesst das Haus in der Beurteilung vieler Gäste hervorragend ab. Sie sind sich in der Regel bewusst, hier delikat und opulent zu speisen, und bereit, eine dem reichlichen Angebot entsprechende hohe Rechnung entgegenzunehmen. So berichtet z.B. der dänische Graf Curti 1791 in einem Brief: «Comme c'est là [à l'auberge des ‹Trois Rois›] que descendent tous les grands seigneurs, elle est aussi la plus chère. Il y a apparence, que si j'eusse été instruit de cette particularité, l'état de mes finances m'auroit conduit dans une autre. Mais puisque j'y étois, je ne pensois point à en sortir, m'y plaisant beaucoup, et ayant en occasion de me convaincre, dans deux ou trois dîners aux autres auberges, combien on étoit éloigné d'y être et si bien et si proprement. J'ai rarement trouvé, dans mes voyages, un gîte plus agréable.»

231 Zeichen des ehemaligen Gasthauses zum Wilden Mann. Eichenholz, geschnitzt, bemalt, um 1600.

Drei Jahrhunderte Tafelkultur – ein Essay

Die Table d'Hôte
Wir wollen eine Table d'Hôte von Rang etwas detaillierter in Augenschein nehmen.

1. Tracht:
Suppe, gekochtes Rindfleisch, Zugemüse garniert mit Lamm, 1 Platte frittierte Forellen, 1 Pastete von Hähnchen mit Morcheln, 2 Platten Salat, 1 Platte Spanische Würste

2. Tracht:
3 junge Truthühner, 1 Hase, 1 Hammelstotzen, 6 Täubchen, 1 Platte mit Forellen blau, 2 Platten Hühnerfrikassee, 1 Platte Pastetchen von Artischocken

Aus unserer Zusammenstellung – sie ist nicht zufällig, sondern beispielhaft – wird deutlich, dass Fleisch und Geflügel auf der Tafel dominant auftreten, während das «Zugemüse» – Beilagen in Form von Reis, Gemüse oder Hülsenfrüchten – eindeutig von sekundärer Bedeutung ist und oft mit einer Garnitur aufgewertet wird. Zur Kategorie der Zugemüse gehören die (noch) wichtigen Muse, Salate als Rohkost oder von gekochtem Gemüse sowie Kompotte und Saucen, aber noch kaum Teigwaren. Während sich die Küche seit dem 18. Jahrhundert generell zusehends an der französischen orientiert und die Hotelgastronomie im Verlauf des 19. Jahrhunderts markant vereinheitlichende Tendenzen zeigt, weil sie auf die Wünsche einer internationalen Klientel Rücksicht nimmt, findet sich auf unserer Table d'Hôte noch durchaus Regionaltypisches. Dazu gehört beim Schlachtfleisch die Präferenz von Rind, das oft gleichzeitig gesotten und gebraten aufgestellt wird. Bei den Würsten beschränkt man sich an der Herrentafel auf Spezialitäten. Bei den genannten Spanischen Würsten handelt es sich um eine Masse aus Rind- und Schweinefleisch, die in die Haut eines Spanferkels eingerollt und in bestem spanischem Wein gekocht wird. Als edel gelten weiter Frankfurter und Bologneser Würste (Mortadella) sowie Mainzer Schinken. Zu den Inkunabeln Basler Tischkultur zählen die Pasteten. Einst mit der Bezeichnung «Schauessen» Glanzpunkte auf der höfischen Tafel, wurden sie im 16. Jahrhundert als ausgesprochene Festtagsspeise ins Tafelzeremoniell der Herrenzünfte integriert; von dort gelangten sie auf den bürgerlichen Tisch.

Nun zur letzten, zur 3. Tracht:
Frisches Obst (Schnitz von Melonen, so man hat), Mandeltorte, 1 Platte mit Hippen oder Cofern (Waffeln) und Tabacksrollen, Pyramide von Confect, 2 Schüsseln eingemachte Sachen (Compoten), 2 Assietten Candirtes, Käs

Ein weiteres Mal wird uns die Vorliebe für Süsses vor Augen geführt. Sie ist für das 18. Jahrhundert typisch wie ebenfalls die Omnipräsenz von Käse auf dem Schweizer Tisch. Aufgrund der klösterlichen Verbindungen sind es in Basel vor allem die Sorten Bellelay (Tête de Moine), Munster (aus dem elsässischen Münstertal), Sankt Blasi-Käs (aus dem Kloster St. Blasien, Schwarzwald) sowie der sogenannte Glarnerkäs, der von Glarus über Basel ins Ausland verschifft wurde.
Hinsichtlich Kochtechnik und Zusammensetzung der Speisen lassen sich Tendenzen feststellen, die auf Individualität und Verfeinerung ausgerichtet sind. Eine selbständige Gattung des gedruckten Buches, die im 18. Jahrhundert besonders gedieh, erweist sich diesbezüglich als aufschlussreiche Quelle: das Kochbuch. Als Gattung Beispiel unter vielen im Prozess jener Individualisierung, die im 18. Jahrhundert fast alle Lebensbereiche erfasst, richtet sich das Kochbuch an eine spezifische Leserschaft, den Gastgeber und Kochpraktiker. Als Handbuch enzyklopädischen Umfangs schafft es einerseits die Voraussetzungen für die Optimierung der Küchenleistungen in quantitativer wie qualitativer Hinsicht, ist andererseits generell aber auch Ausgangspunkt für die Internationalisierung des Angebots per se.

232   Beispiel für eine Table d'Hôte aus Margaretha Spörleins *Oberrheinischem Kochbuch* von 1827.

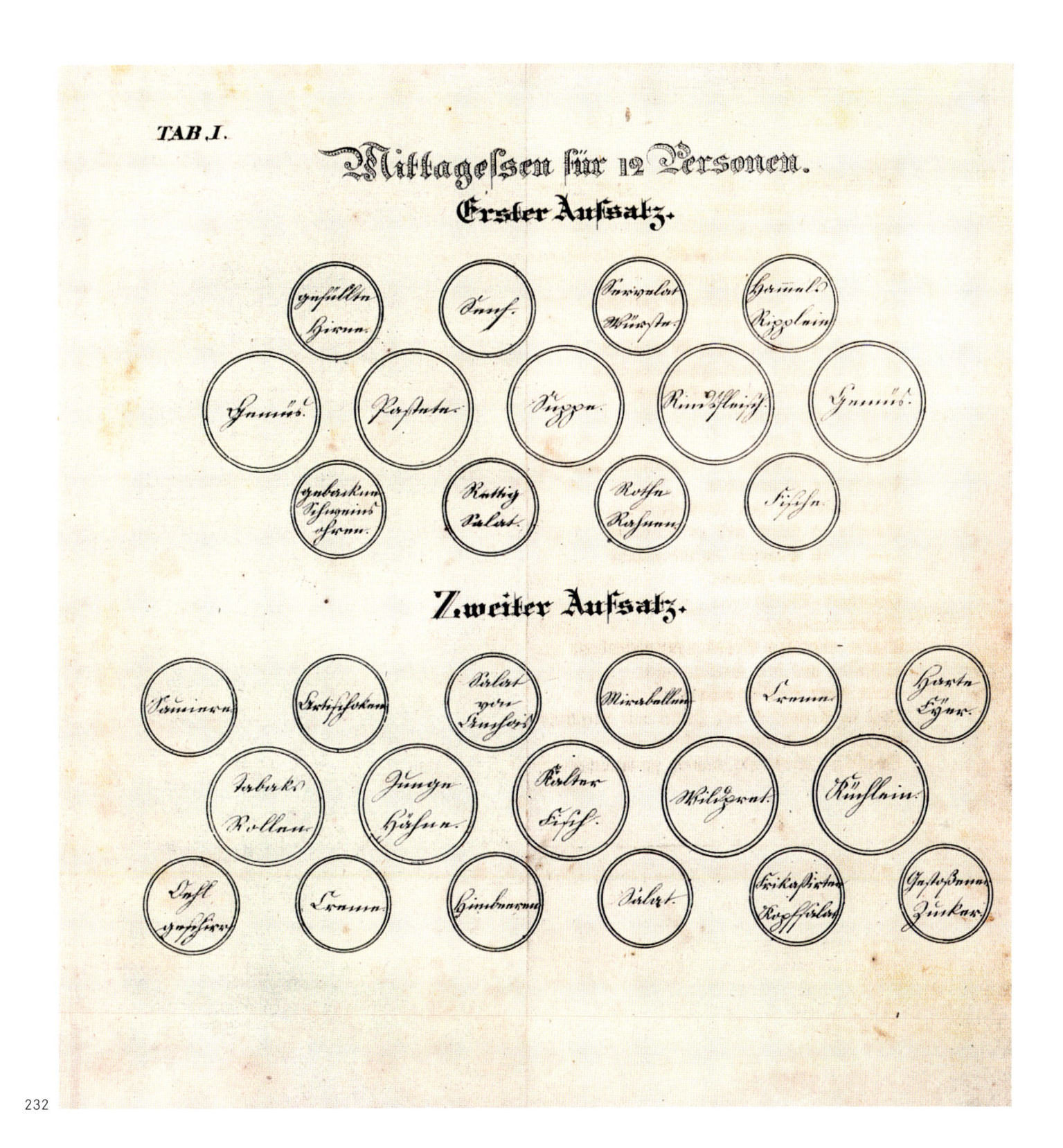

Gastronomie im Grandhotel

Mit dem Neubau des Hotels Drei Könige 1843/44 erhielt Basel ein Bauwerk in Dimensionen und von einem Typus modernster Art: ein palastähnliches Stadthotel (S. 81). Das Angebot an Speisen entsprach dem Status des Hauses und der Gäste. Es waren Luxushotels wie das «Trois Rois», in denen die Traditionen der aristokratischen Küche Frankreichs weitergereicht wurden. Die Französische Revolution hatte ein ganzes Heer von Köchen auf die Strasse getrieben. Auf sich selbst gestellt, eröffneten viele von ihnen Restaurants, was einem triumphalen Einzug der aristokratischen Küche in die Öffentlichkeit gleichkam. Einen wesentlichen Beitrag in diesem Demokratisierungsprozess lieferte die aufblühende gastronomische Literatur.

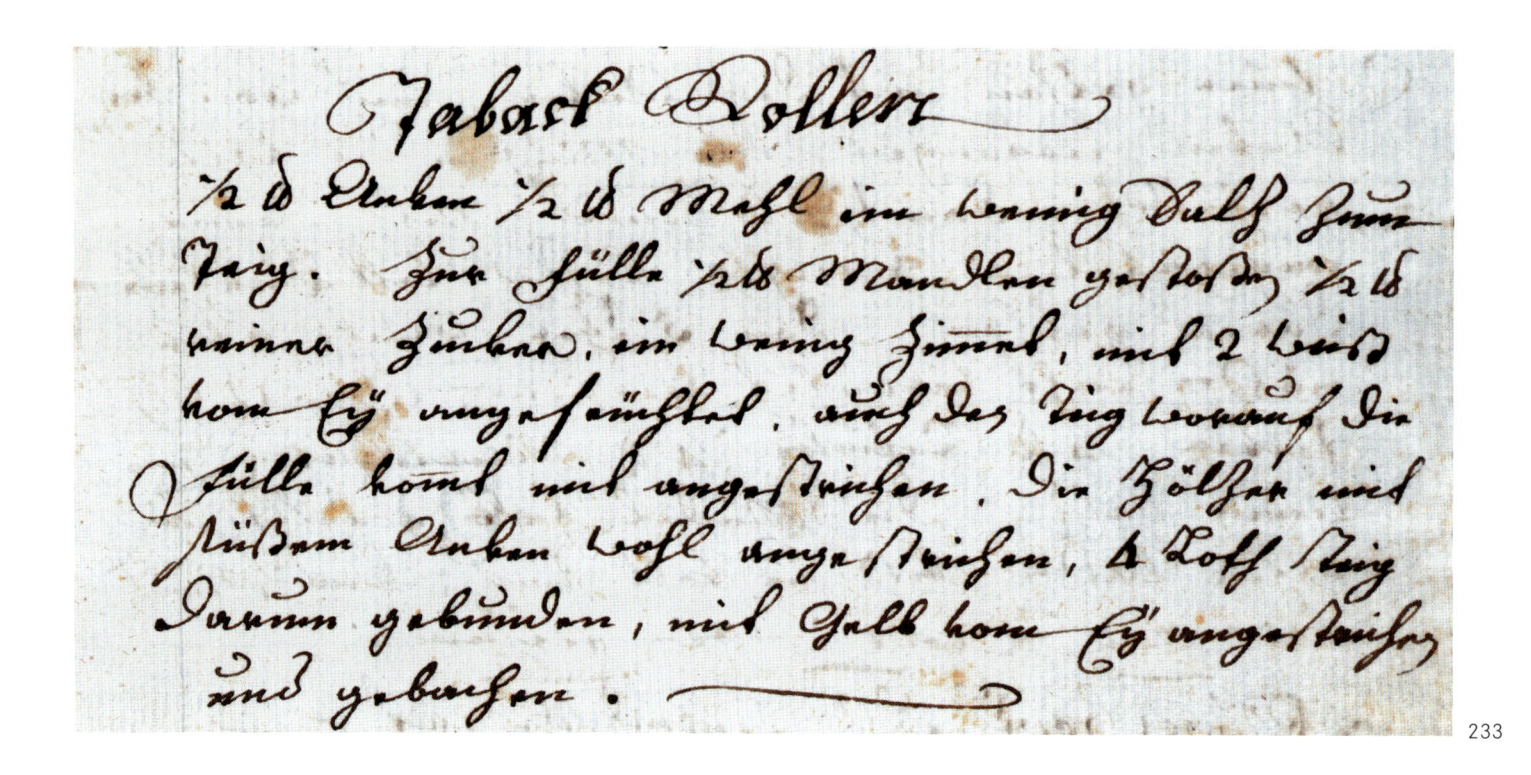

Zu den Kochbüchern gesellten sich theoretische Werke wie die *Physiologie du goût* Brillat-Savarins (1826) oder Grimod de La Reynières *Almanach des gourmands* (1803–1812). Grimod verdanken wir die Gepflogenheit, die Gerichte auf den Speisekarten mit einem präzisen Namen (Appellation) zu versehen. Mit Bezeichnungen wie à la strasbourgeoise, russe, demi-deuil, duchesse erfuhr die Umgangssprache eine Erweiterung, setzte indes bei der Klientel auch die entsprechenden Kenntnisse voraus. Ebenfalls im Verlauf des 19. Jahrhunderts kam die Mode auf, die Lieblingsgerichte von Persönlichkeiten mit deren Namen zu bezeichnen: Crème Dubarry, Filets de sole Walewska, Selle de veau Orloff, Pêche Melba, eine Sitte übrigens, mittels deren einzelne Grands Chefs bis heute ausgewählte Stammkunden auszeichnen.

Ein Stadthotel mit 120 Zimmern verlangte selbstverständlich nach einer leistungsfähigen Küche. Im «Trois Rois» kochte seit der Wiedereröffnung eine Brigade von Köchen, von denen jedem ein eigener Aufgabenbereich zugeteilt war. Die Entwicklung zum Spezialistentum machte es möglich, den gewachsenen Ansprüchen der Gäste mit einem breiten Angebot und verfeinerten Zubereitungsarten gerecht zu werden. Auch die Eleganz der Präsentation war Merkmal dieser als klassisch bezeichneten Küche. Neue Produkte wie Blumenkohl, Kardi, Gänseleber, Schokolade

233 Tabakrollen, unverzichtbar im Basler Gebäckangebot. Rezept von Maria Magdalena Schorndorff-Iselin, Basel, um 1800.
Transkription: «Taback Rollen. ½ Pfund Anken, ½ Pfund Mehl ein wenig Salz zum Teig. Zur Fülle ½ Pfund Mandlen gestoßen, ½ Pfund reiner Zucker, ein wenig Zimmet, mit 2 Weiß vom Eÿ angefeüchtet. Auch der Teig worauf die Fülle kommt mit angestrichen. Die Hölzer mit süßem Anken wohl angestrichen, 4 Loth Teig darum gebunden, mit Gelb vom Eÿ angestrichen und gebachen.»

wurden für die Küche entdeckt, die Kartoffel als Mittel für Kreativität genutzt, Rindfleisch auch einmal englisch (à point) gebraten vorgelegt, Saucen qualitativ optimiert, die verschiedensten Produkte mit Mayonnaise kombiniert, gesulzt, paniert und frittiert. Zu den traditionellen Pasteten kamen in der Patisserie neue Aufgaben: die Herstellung von Teigwaren (Pâtes d'Italie) und von kleinen Kunstwerken aus Spanischbrotteig (Blätterteig) und Meringuemasse.

Angesichts der hochbewerteten Stellung der Küche im Leistungsverbund des modernen Stadthotels und des ausgeprägten Selbstbewusstseins, das sie in ihren ambitiösen Leistungen zum Ausdruck brachte, ist für uns schwer nachvollziehbar, dass der frische Wind in der Küche sich nicht auf den Service, den Bedienungsmodus, zu übertragen vermochte. Noch während Jahrzehnten wurde die Table d'Hôte (Abb. 232) beharrlich nach den starren Regeln des Service à la française gleichzeitig mit acht, zehn oder auch mehr Platten besetzt. Sie verblieben dort, bis sie frühestens nach Ablauf einer Stunde durch eine Serie von gleicher Zahl, aber mit anderen Gerichten ausgetauscht wurden. Längst waren die offensichtlichen Nachteile dieses zeremoniellen Procederes einzelnen Feinschmeckern bewusst geworden. Hatte doch 1803 der schon erwähnte Grimod de La Reynière festgestellt:

«La méthode de servir plat à plat est la rocambole de l'art de bien vivre. C'est le moyen de manger chaud.»

Die Idee, auf völlig andere Art auftragen zu lassen, wurde in der Epoche des Second Empire realisiert, zum ersten Mal in der Residenz des russischen Botschafters in Paris. Der Service à la russe erschütterte über Jahrhunderte streng gehütete höfische Traditionen, für die sich bis anhin allein Frankreich für zuständig gehalten hatte. Der neue Modus fand indes begeisterte Aufnahme und wurde – was die Verbreitung noch zusätzlich förderte – sofort von den Grands Chefs der angesehensten Pariser Restaurants übernommen. Mit einem Schlag sah sich aber auch das Bedienungspersonal ins Rampenlicht gerückt. Aus einer Gruppe schweigsamer Zuträger wurde – wie zuvor in der Küche – eine hierarchisch abgestufte Brigade von Spezialisten mit ganz unterschiedlichen Aufgaben. Als Botschafter der Küche übermittelte der Kellner die Empfehlungen bezüglich des aktuellen Angebots, gab Auskunft über die Zusammensetzung einzelner Gerichte und war dem Gast in der Rolle eines Ratgebers bei seiner Auswahl behilflich. Dieser verfügte neu über die Vorteile, selbst zu bestimmen, wann er sich zu Tisch begeben wollte, was und vor allem wie viele Gänge er zu speisen wünschte. Die Vorteile des Service à la russe betrafen folglich Gast und Küche gleichermassen: Viele Gerichte konnten nun à la minute zubereitet werden, erreichten ihren Bestimmungsort auf dem kürzesten Weg und in entsprechend optimalem Zustand. Anstelle von Überfluss, Vielfalt und Pomp genossen Qualität der Küchenleistung und individuelle Bedürfnisse der Klientel nun absolute Priorität. Abgesehen davon, dass heisse Gerichte ihr Ziel nun warm und gekühlte auch wirklich kalt erreichten, wurde es überhaupt erst möglich, kochtechnisch anspruchsvolle Gerichte wie Soufflés in das Menü aufzunehmen.

So überzeugend dies alles klingt, in den Zentren des Tourismus, den grossen Hotels, wurde zäh an der Institution der Table d'Hôte festgehalten. Angeblich war es der Schweizer Hotelpionier César Ritz, der das nach ihm benannte Hotel an der Place Vendôme in Paris im Juni 1898 mit einem Speisesaal eröffnete, in dem Dutzende von Einzeltischen auf die ersten Gäste warteten. Wann man sich im «Trois Rois» zu diesem Schritt entschloss, lässt sich nicht feststellen.

Obwohl in grosser Distanz zum neuen Bahnhof gelegen und trotz der Konkurrenz der ab 1864 dort nacheinander neueröffneten Hotels, verstanden es Johann Jakob Senn und die ihm nachfolgenden Besitzer, dem «Trois Rois» den Ruf eines Hauses allererste Ranges zu erhalten. Im Konzert der vielfältigen Dienstleistungen, die ganz auf das Wohlbefinden des Gastes ausgerichtet waren, hatte die Küche eine starke Stimme. Die verbesserte Kommunikation zwischen Küche und Gast – eine Folge der Einführung des Service à la russe – führte dazu, dass die Küche mit ihrem Exponenten, dem Chef de Brigade, identifiziert wurde. Sein Auftritt im Speisesaal war der Schritt aus der Anonymität ins Rampenlicht.

234

MENU

27. Mars 1883.

Potage Reine Margot

Truites au bleu sauce Bisque
Pommes de terre tournées

Filet de Chevreuil à la Jardinière

Suprême de Volaille à l'Impériale

Salmi de Perdreaux aux Truffes

Homards en Belle-vue sauce Bagration

Fonds d'Artichauts à la Constantine

Poularde de Bresse truffée flanquée de Grives
Salade pommée.

Pâté de foie gras de Strasbourg

Turban d'Ananas à la Parisienne

Rochers de Glaces Panachées

Gâteau Mocca

Desserts et Fruits assortis

235

234 Menükarte des Hochzeitsdiners für das Brautpaar Madeux-Müller, 27. März 1883.

235 Rechnung für dasselbe Hochzeitsdiner. Die Zeche für 35 Personen und Dienerschaft belief sich auf Fr. 1035.70.

236 Robert Leuenberger mit seiner Küchenbrigade hinter einem kalten Buffet. Fotografie, 1950er Jahre.

237 Bernard Muller und seine Küchenbrigade. Fotografie, 1988.

Die Speisekarte war auf die Wünsche der aus aller Welt angereisten Hotelgäste ausgerichtet. Angeboten wurde, was wir gerne als klassische Küche bezeichnen, klassisch definiert als: französisch orientiert, von Edelprodukten mitbestimmt, mehrheitlich à la minute zubereitet, die Gerichte auch aufwendig und raffiniert. Das Restaurant gewann weiterhin Kundschaft aus der Stadt. Sie kam nicht, um ihren Hunger zu stillen, sondern um sich zur Abwechslung und Gaumenfreude auch einmal exquisite Kreationen zu gönnen. Der wahre Gourmet war sich wohl bewusst, hier vorzufinden, was selbst zur Festtagskost im eigenen Haus eine willkommene Alternative darstellte. Gerichte wie die Médaillons de foie gras à ma façon, der Cocktail aux huitres oder das Soufflé à la Rothschild A. Dammers waren so bekannt wie die Sole Trois Rois und das in vielen Variationen neu aufgelegte kalte Buffet Robert Leuenbergers (S. 119). Dammer und Leuenberger, beide jahrzehntelang unbestrittene Regenten der Küche im «Trois Rois», verhalfen dem Restaurant zu der Reputation, die für eine Stammkundschaft Voraussetzung ist.

Auf den Einbruch, den der Zweite Weltkrieg wie überall auch im Küchenbereich bewirkt hatte, folgte nach einem kurzen Prolog zur Standortbestimmung ein enthusiastischer Neubeginn. Man setzte alles daran, das hohe Niveau der Vorkriegsjahre wiederzugewinnen, nahm den Kochlöffel dort auf, wo man ihn seinerzeit unfreiwillig hatte ablegen müssen. Der Blick der Chefs war somit eindeutig retrospektiv, auf Wiederherstellung ausgerichtet. Aus der Sicht der Restaurantgäste ist gut vorstellbar, wie freudig man wieder genoss, worauf man längere Zeit hatte verzichten müssen. Die Speisekarte der fünfziger und noch sechziger Jahre unterschied sich denn auch kaum von jener der dreissiger Jahre.

Die Grands Chefs betreten die Bühne

Ein kritischer Blick auf die jüngste Geschichte der Restauration im «Trois Rois», die letzten 25 Jahre vor der glanzvollen Wiedereröffnung im März 2006, führt uns vor Augen, dass die Küche ihre klare Botschaft vor allem drei Persönlichkeiten verdankt: Bernard Muller, Jean-Claude Wicky und Hans Stucki.

Stuckis Restaurant «Bruderholz» war in den siebziger Jahren die Nummer eins in Basel und nicht zuletzt aufgrund der hohen Bewertungen in den Restaurantführern europa-

236

237

238

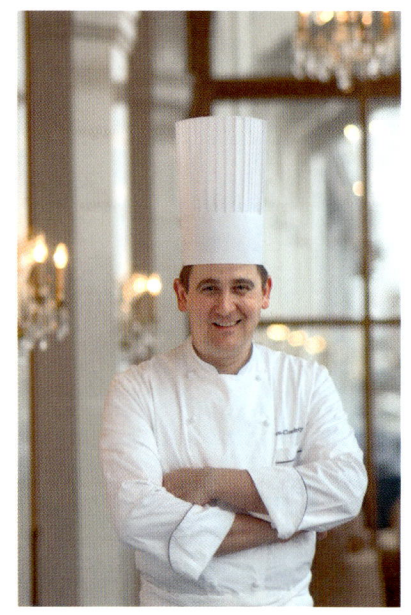

weit als Adresse für höchste Tafelkultur bekannt. Hier wurde «auf neue Art» gekocht, ausgehend von Prinzipien der Schule Fernand Points, der in seiner «Pyramide» in Vienne der klassischen Küche Escoffiers den Kampf angesagt hatte. Eine ausgesprochene Sensibilität war für Stuckis Kochkunst charakteristisch. Seine Kreationen erinnerten in ihrer «Perfection simple» (Point) an die der Haute Couture: Nicht auf Effekt waren sie angelegt, sondern einzig auf Qualität: bezüglich Material, Ausgewogenheit, Zuschnitt und Technik, die «kurzen» Saucen wirkten darin wie leichte Farbtupfer.

Es war 1977: Das Restaurant «Bruderholz» war mit einem zweiten Michelin-Stern ausgezeichnet worden, Bernard Muller, gerade 40 Jahre alt, beschloss, sich beruflich neu zu orientieren. In der Funktion eines Chef de Brigade im «Trois Rois» erkannte er die Gelegenheit, den Erfahrungsschatz, den er sich in den zehn Jahren als Küchenchef von Hans Stucki erworben hatte, weiterzuvermitteln. Das Wagnis gelang: Muller verstand es, die Küche zu reformieren und ihre Leistungen kontinuierlich zu verbessern. Nach zehn Jahren war es so weit: Mullers engagierter Einsatz wurde im März 1987 mit einem Michelin-Stern honoriert. Erstaunlicherweise wiederholte sich dieser Vorgang ein Vierteljahrhundert später. Jean-Claude Wicky, wie Muller während Jahren Chef bei Hans Stucki, wechselte 37-jährig ins «Trois Rois». Über ihn empfing die Küche des Hotels einen kräftigen Innovationsschub, zum zweiten Mal und aus demselben Betrieb, einem der fünf besten des Landes. Auch seitens der Gastronomie darf der Hotelgast somit Leistungen erwarten, die dem glanzvollen Ambiente im Les Trois Rois entsprechen (S. 212).

Andreas Morel

239   240

238   Seit 2003 ist der Elsässer Jean-Claude Wicky Chef de Cuisine im Les Trois Rois.

239, 240   Kreationen aus der Gourmetküche von Jean-Claude Wicky: Pigeon rôti aux cèpes grillés, jus de truffes noires du Périgord (links) und La dinette sur le thème de l'ananas au coulis de fruit de la passion et glace piña colada (rechts).

241   Abendstimmung auf der Terrasse des Gourmetrestaurants Cheval Blanc.

241

242 Blumenkunstwerke der beiden Floristen bereichern das Interieur.

243 Das Grandhotel in der Abenddämmerung.

Das Grandhotel Les Trois Rois heute

Restaurierung, Rekonstruktion, Interpretation 2004–2006

2004 erwarb der Unternehmer Thomas Straumann das traditionsreiche Hotel Drei Könige und als dessen Erweiterung das Nachbarhaus, die ehemalige Kantonalbank (S. 201ff.). Die originale Ausstattung und Raumstruktur des spätklassizistischen Hauses waren durch unzählige Umbauten zerstört und verunstaltet, die Rheinfront durch Veränderungen entstellt. Auch genügten Infrastruktur und technische Einrichtungen dem Standard eines heutigen Fünfsternehotels nicht mehr. Beide Bauten – Hotel und Kantonalbank – wurden 2004 bis 2006 mit grossem Aufwand saniert und umgebaut. Die Herausforderung für die Bauherrschaft und für das verantwortliche Architekturbüro, Villa Nova Architekten AG unter der Leitung von Christian Lang, bestand darin, dem Haus so weit wie möglich seine Authentizität zurückzugeben und unter Wahrung der alten Bausubstanz einen Fünfsternebetrieb mit modernsten Komfort- und Sicherheitsansprüchen einzurichten – ein nicht einfaches Unterfangen.

Eine erste Phase der auf 20 Monate anberaumten Bauzeit nahm der Rückbau in Anspruch. Die Einbauten des 20. Jahrhunderts wurden abgetragen. Dabei stiess man auf die Primärkonstruktion des Merian-Baus, ein Holzskelett aus Ständern, Fachwerkwänden und Balkendecken mit aufliegenden Bretterböden, das in tragender Funktion beibehalten wurde. Untersuchungen am Bau durch die Restauratoren begleiteten die Abbruchphase. Unter zahlreichen jüngeren Schichten kamen Fragmente der originalen Malereien, Tapeten (Abb. 92–94, S. 90), Stuckprofile, Bodenbeläge aus Tonplatten, Riemen- und Tafelparkett zum Vorschein, die ein weitgehend vollständiges Bild der klassizistischen Gestaltung vermittelten. Die vielen kleinflächigen Befunde dienten zusammen mit den Originalplänen von 1842 und anderen Bildquellen als Grundlage für die Rekonstruktion einzelner Bereiche.

In Zusammenarbeit mit der kantonalen Denkmalpflege wurden die Fassaden in vorbildlicher Weise restauriert. Mit einem Grauanstrich der Architekturteile und einem ocker eingefärbten Kalkverputz erhielt der klassizistische Merian-Bau seine ursprüngliche Farbigkeit zurück. Schadhafte und fehlende Bauornamente aus Holz, Gips,

246–250

244 Die Grossbaustelle auf engstem Raum zwischen Rhein, Schifflände und Blumenrain, 2004–2006.

245 Die Hauptfassade wurde 2006 in ihrer ursprünglichen Farbgebung wiederhergestellt.

246–250 Details der Fassade: Fenster der Beletage mit Brüstungsornament, gusseisernes Kapitell eines Fenstergewändes, Konsolgesims an der Traufe, Kapitell einer Lisene, Balkon mit gusseisernen Brüstungsgittern, von Ornamentkonsolen getragen.

Gusseisen und Stein wurden sorgfältig restauriert oder ergänzt. Ein einziges erhaltenes Eichenfenster von 1844 diente als Grundlage für den Nachbau aller übrigen Fenster des Merian-Baus. Die drei Königsfiguren der Hauptfassade wurden in differenzierter Manier nach einer alten Bildvorlage neu gefasst (S. 35). Die im Laufe des 20. Jahrhunderts purifizierte Rheinfront erhielt ihre Eleganz zurück, indem die ursprüngliche Dachform und -deckung aus Schiefer und Ziegeln sowie zahlreiche gusseiserne Balkongitter rekonstruiert wurden. Die Beseitigung der Sonnenstoren und der Vorbau einer filigranen, verglasten Veranda brachten die Rundbogen im Hauptgeschoss wieder zur Geltung.

Nach denkmalpflegerischen Kriterien erfolgten auch die Restaurierung und Wiederherstellung der Erschliessungszone: Eingangshalle, Lichthof und Haupttreppenhaus. Der Eingangsbereich mit originaler Sandsteintreppe – in seiner Farbgebung und dekorativen Ausgestaltung ein wichtiges Bindeglied zwischen aussen und innen – wurde wiederhergestellt und zur Strasse hin geöffnet (Abb. 252). Der Lichthof, das eigentliche Herzstück des Hotels, wurde von den Einbauten der 1930er und 1960er Jahre befreit und im Erdgeschoss nach den Originalplänen rekonstruiert (Abb. 253). Die Säulenarchitektur in den Obergeschossen erhielt durch Freilegung und Restaurierung ihre graue, steinimitierende Farbgebung zurück, während die Marmorierungen in den angrenzenden Korrido-

251 Ansicht des restaurierten, 2006 neu eröffneten Grandhotels.

252 Die in Dekoration und Farbe wiederhergestellte Eingangshalle mit der originalen Sandsteintreppe.

253 Der restaurierte Lichthof, das eigentliche Herzstück des Hotels. Gusseiserne, partiell vergoldete Brüstungsgitter begleiten die grau marmorierten Holzsäulen in den Obergeschossen.

254 Strassenseitiger Salon im ersten Obergeschoss, einst als englische Betkapelle und heute als Bibliothek genutzt.

252

253

254

ren und im Haupttreppenhaus, vom altrosafarbenen Befund abweichend, in einem Ockerton neu erstellt wurden. Restauriert, (teil-)rekonstruiert bzw. ergänzt wurden auch die einzigen erhaltenen historischen Gästezimmer, namentlich das Herzl-Zimmer und die Napoleon-Suite (Abb. 108, S. 96, Abb. 284, S. 200), sowie der strassenseitige Salon, der ursprünglich als englische Betkapelle gedient hatte (Abb. 254, vgl. S. 92f.).

Die übrigen Gästezimmer und die rheinseitigen Gesellschaftsräume, bei denen hinreichende Befunde und damit Informationen zur Erstausstattung fehlten, erhielten eine historisierende Neueinrichtung. In den Zimmern fanden einzelne, durch Originalfragmente belegte Elemente wie ein Tapetenmotiv (Abb. 94, S. 90), die Parkettstruktur oder das Deckenstuckprofil Einzug (Abb. 331–333, S. 226f.). Die Neueinrichtung orientierte sich nicht an der klassisch-schlichten Wohnkultur des mittleren 19. Jahrhunderts, sondern machte sich den etwas üppigeren Stil der französischen Epochen unter Louis XV und XVI zum Vorbild. Edle, teilweise in Sonderausführung hergestellte Textilien, originale Einzelmöbel und Lampen, Kunstgegenstände und Gemälde verleihen den Interieurs eine gehobene Individualität.

Als im März 2006 das renovierte Haus eröffnet wurde, erhielt nicht nur die Basler und Schweizer Hotellerie ein aussergewöhnliches Flaggschiff zurück: Ein einzigartiger Pionierbau der frühen städtischen Hotelarchitektur wurde damit zu neuem Leben erweckt.

Anne Nagel

Der Architekt auf archäologischer Spurensuche
Der Umgang mit historischer Architektur ist für den Basler Architekten Christian Lang (*1963) im Verlauf seines Berufslebens zur Leidenschaft geworden: «Wir mussten uns an den ursprünglichen Charakter des Merian-Baus von 1844 durch archäologische Spurensicherung herantasten. Das Bild entstand Stück für Stück – auch aus kleinsten Fragmenten.» Was Schicht für Schicht abgetragen wurde, ist auch vom Volumen her eindrucksvoll: rund 10 000 Kubikmeter Material.

255

Die ermittelten Befunde ermöglichen die Rekonstruktion und Restaurierung. Wo dies nicht möglich war, wählte man die historisierende Ergänzung. Unzählige Handwerker und Kunsthandwerker brachten ihr Können und Fachwissen ein: Stuckateure, Restauratoren und Vergolder sind nur drei Beispiele für viele andere. Als die Arbeiten auf Hochtouren liefen, waren an manchen Tagen bis zu 360 Handwerker auf der Baustelle! Christian Lang weist auf einen besonderen Fund hin: die spezielle Grünfärbung des Saals des neuen Gourmetrestaurants Cheval Blanc mit den Friesen und Goldfilets. Die Raumwand entspricht dem Zustand des 19. Jahrhunderts – sowohl in der Tonalität wie in der Ornamentik. «Die Raumwirkung, die durch Farbigkeit entsteht, ist faszinierend», sagt er. «Kräftige Farben und eine verspielte Formenvielfalt hatten in der damaligen Zeit eine entscheidende Rolle inne. Es gelang, mit einfachen Mitteln eine starke Wirkung zu erzielen. Man brauchte nicht pompöse Marmorverkleidungen an den Wänden – man erreichte die Wirkung durch feine Maltechniken.» Dies ist denn auch ein markantes Element des heutigen Les Trois Rois: die überall dezent strahlende Farbigkeit, die Besu-

256

chern und Gästen eine wohltuende Atmosphäre vermittelt. Sie ist das Resultat der produktiven Zusammenarbeit mit Innenarchitekt Eric Reichenbach.
Für Christian Lang gab es allerdings bestimmte Bauteile, die nicht angefasst oder verändert werden durften. Auch dies war zentraler Bestandteil des Umbaukonzepts. Die Eingangstreppe aus Sandstein gehörte dazu. Und auch die Haupttreppe im Innenbereich, deren Stufen sich leicht neigen, wurde aus Gründen der Authentizität nicht verändert. Hier liegt zweifellos eines der Geheimnisse des neuen Grandhotels Les Trois Rois: lebt doch seine Ausstrahlung gerade durch die Details, in denen sich Geschichte mani-

festiert. Dies zeigt sich auch in historischen Appliquen wie etwa den Lampen, die früher mit Kerzen bestückt waren und eigens für das Grandhotel originalgetreu nachgebaut wurden.

Eine Herausforderung – und manchmal auch eine Gratwanderung – war für Bauherrschaft, Architekt, Innenarchitekt und Ingenieure die Integration der Vorgaben, die einem modernen Grandhotel gestellt werden. Hier entschied man sich in Bezug auf modernste Technologie für einen Weg, der die Komfortansprüche des heutigen Gastes vollumfänglich erfüllt: Die Technik soll eine dienende Funktion haben und diskret im Hintergrund bleiben.

Und vielleicht setzt ein modernes Mittel dem Les Trois Rois die wirkliche Krone auf: Es ist das Konzept des französischen Beleuchtungskünstlers Roland Jéol, der auch die Eremitage in Sankt Petersburg kunstvoll ins Szene gesetzt hat. Grundlage der Arbeit dieses «Illuministen» ist es, das Kunstobjekt ins rechte Licht zu setzen, nicht aber das Leuchtmittel selbst. Auch hier also rückt die Technik in den Hintergrund. So werden nachts die Ornamente der filigranen Grandhotel-Fassade in strahlender Weise sichtbar. Für den Architekten Christian Lang zeigt sich in diesen Momenten die faszinierende Verspieltheit und schlichte Pracht der Merian'schen Baukunst. Und er sagt, was durch den Respekt im Umgang mit altem Bauwerk gewonnen wurde: «Wir haben heute einen Ort, wo man sich wohl fühlt in einer durchgehenden historischen Authentizität. Durch das konsequente Verfolgen der historischen Leitidee hat man erreicht, was man sich nicht ausdenken könnte. Das Hotel lebt dadurch. Ich bin überzeugt, dass wir dem Les Trois Rois durch den historischen Rückbau seine Seele wiedergegeben haben.»

Michael Leuenberger

Eindrucksvolle Zahlen

Es war eine immense Aufgabe: der Rück- und Umbau des Les Trois Rois in nur 20 Monaten.

Wo heute rund 150 Mitarbeitende für das individuelle Wohl der Gäste aus aller Welt sorgen, waren Hunderte Menschen aus den verschiedensten Berufen tätig. Sie haben für beeindruckende Zahlen gesorgt: 4,5 Kilometer Pinselstriche gemalt, 4500 Quadratmeter Teppich verlegt, 80 000 Elektrikerstunden geleistet, 9700 Kilogramm Parkettklebstoff verarbeitet, 10 864 Meter Vorhänge und 60 Kilometer Installationsrohre angebracht.

257

255 Er leitete den Umbau: Architekt Christian Lang vom Büro Villa Nova Architekten AG.

256 Der Blick an die Decke des legendären Herzl-Zimmers zeigt den imposanten Kristallleuchter.

257 Die kunstvolle Illumination durch den französischen Beleuchtungskünstler Roland Jéol setzt die Grandhotel-Fassade bei Nacht ins rechte Licht.

258–260 Die Königsfiguren werden für den Transport ins Restauratorenatelier verpackt.

261–264 Der Verkauf des alten Hotelinventars findet grosses Interesse.

265–267 Über 10 000 Kubikmeter Material werden in der Rückbauphase abgetragen.

268–270 Zahlreiche Befunde originaler Malereien dienen den Restauratoren als Grundlage ihrer Arbeit.

259

260

264

268

269

270

Das Grandhotel Les Trois Rois heute

197

Räume im Wandel

271

272

275

276

274

271–274   Halle oder Lobby 1937, 1974, 1984 und 2006.

275–278   Einst Restaurant «Veranda» 1937, «Rhy-Deck» 1974 und 1984, Brasserie 2006.

277

278

Das Grandhotel Les Trois Rois heute

279, 280   Einst Salon de Chasse,
heute Bar, 1937 und 2006.

281, 282   Lichthof,
1984 und 2006.

283, 284   Napoleon-Suite,
um 1920 und 2006.

Blumenrain 2 – ein ehemaliges Bankgebäude

Am Grossbasler Rheinufer bei der Schifflände stand bis 1900 das mittelalterliche Salzhaus – ein Bau von beachtlichem Volumen, der rückseitig an den Gasthof Drei Könige stiess (Abb. 285). Das Lagerhaus für die städtischen Salzvorräte war 1830/31 mit dem Abbruch des Salzturms (S. 22) in ein Rheinlagerhaus und 1861 in eine Gewerbehalle umgebaut worden (Abb. 286). Als die Stadt 1898 eine Umgestaltung der Umgebung, namentlich die Korrektion der Eisengasse, die Neuanlage der Marktgasse sowie den Bau einer neuen Rheinbrücke, plante – Baumassnahmen, die eine erhebliche Aufschüttung der Schifflände und des Blumenrains bedingten –, waren die Tage des altehrwürdigen Lagerhauses gezählt (Abb. 287).

Auf Anfrage der Regierung bekundete Hotelbesitzer Caspar Flück-Steiner sein Interesse, auf dem verfügbar werdenden Areal als Erweiterung seines Hotels «einen der Gegend zur Zierde gereichenden Neubau mit Façade auch gegen die Rheinbrücke hin zu erstellen».[417] Da die beiden von Architekt Leonhard Friedrich für Flück ausgearbeiteten, nicht erhaltenen Projekte lediglich einen Teil der zur Verfügung stehenden Fläche beanspruchten und dem Kanton als Landeigentümer damit nur ein geringer Ertrag in Aussicht stand, nahmen die Behörden Verhandlungen mit der Basler Kantonalbank auf. Das 1899 gegründete staatliche Geldinstitut erwarb im Frühjahr 1900 das Terrain und schrieb im Oktober desselben Jahres für den Neubau einen nationalen Wettbewerb aus.[418] Ohne den Baustil vorzuschreiben, empfahlen die Preisrichter, das Gebäude «unter Berücksichtigung der Lage würdig und künstlerisch schön» zu gestalten.[419] Von den 68 eingegangenen Entwürfen prämierte die Jury im Februar 1901 vier Pro-

285 Das alte, zum Rheinlagerhaus umgebaute Salzhaus an der Schifflände. Dahinter mit den grünen Fenstergewänden der alte Gasthof zu den Drei Königen, im Vordergrund das Zunfthaus zu Schiffleuten (abgebrochen 1839). Aquarell, 1831/39.

286 Ansicht des seit 1861 als Gewerbehalle dienenden Salzhauses. Fotografie von Jakob Höflinger, 1881.

287 Der leere Bauplatz neben dem Hotel nach Abbruch des ehemaligen Salzhauses. Lichtdruck, 1900.

288 Ansicht der alten Basler Kantonalbank. Fotografie von A. Höflinger, um 1910.

289, 290 Der ehemalige Repräsentationsbau der Basler Kantonalbank erhielt 2006 als Erweiterung des Les Trois Rois eine adäquate Nutzung zurück.

jekte, darunter dasjenige der Gebrüder Georg und Rudolf Stamm aus Basel, das nach mehrfacher Überarbeitung zur Ausführung gelangte.[420] Anfang November 1903, nach zweijähriger Bauzeit, bezog die bis anhin provisorisch im gegenüberliegenden ehemaligen Gasthaus zur Krone (Schifflände 5) domizilierte Basler Kantonalbank den Neubau (Abb. 288).[421]

1915 weitete die Bank ihre Geschäftsräumlichkeiten aus, indem sie den angrenzenden Seitentrakt des Hotels Drei Könige erwarb und für ihre Zwecke ausbaute. Der Kopfbau selbst blieb von tiefgreifenden Veränderungen verschont. Als die Basler Kantonalbank 1935/36 einen Neubau an der Spiegelgasse errichten liess und der Umzug in absehbare Nähe rückte, wurden die Stimmen einzelner Investoren und Architekten laut, die die «Entfernung des schweren Steinklotzes aus dem schönen Basler Rheinuferbild» und an seiner und des Hotels Stelle einen rentablen Neubau von sachlicher Modernität forderten.[422] Kaum war der Abbruch abgewendet, traten dieselben Stimmen für die Purifizierung des alten Bankgebäudes «unter vollständiger Entfernung der Dachaufbauten und Vereinfachung der Steinhauerarbeiten» ein[423] – doch auch dies ohne Erfolg. Nach dem Auszug der Basler Kantonalbank 1938 bezogen neben anderen Mietern das öffentliche Verkehrsbüro und der Basler Verkehrsverein das Haus. 2005/06 als Erweiterung des Les Trois Rois umgebaut und mit grossem Aufwand restauriert, erhielt der historistische Repräsentationsbau eine adäquate Nutzung zurück (Abb. 289, 290).

Das hart am Ufer errichtete, dreiseitig frei stehende und dreigeschossige Gebäude mit wohlproportioniertem Mansardwalmdach wirkt monumental – wie ein am Quai vertäuter Luxusdampfer. In Anlehnung an alte florentinische und venezianische Bank- und Handelshäuser sind die Fassaden im Stil des Barocks und der Renaissance rustiziert und reich instrumentiert: Das äussere Erscheinungsbild symbolisierte gewissermassen die Beständigkeit und die Vertrauenswürdigkeit des einst hier ansässigen Geldinstituts.[424] Die risalitartig vorspringende, giebelbekrönte Eingangsachse am Blumenrain und der mächtige geschweifte Giebel, der die Schmalseite zur Schifflände wirkungsvoll abschliesst, bilden die eigentlichen Hauptakzente der

Das Grandhotel Les Trois Rois heute

291

292

293

294

Quarzsandstein-Fassaden (Abb. 291, 292). In diesen reichgeschmückten Zonen prangte einst der in Stein eingemeisselte Name der Basler Kantonalbank, dessen Platz heute der goldene Schriftzug «Les Trois Rois» einnimmt.

Das Innere besitzt eine Grundausstattung, die stilistisch dem Historismus und einem schlichten Jugendstil zuzuordnen ist. Marmorverkleidete Treppenläufe, schmiedeeiserne Geländer und gemalte Wanddekorationen verleihen den grosszügig angelegten, hellen Räumen des Erdgeschosses – Entree, Vestibül und Treppenhaus – einen vornehmen und repräsentativen Charakter (Abb. 293, 294). Die ehemalige Kassahalle, ein prachtvoller, lichtdurchfluteter Raum mit grossen Jugendstil-Fenstern, Granitsäulen, Eichentäfer und einer kassettierten Stuckdecke, fand neu als Ballsaal des Hotels eine ideale Nutzung (Abb. 328, S. 224). Die einstigen Büros der Bank im ersten Obergeschoss, darunter ein Sitzungszimmer mit phantasievoll geschnitztem Neurenaissance-Täfer (Abb. 295, 296), behalten als Seminar-, Tagungs- und Banketträume ihre Funktion annähernd bei. Die von jeher Wohnzwecken dienenden Geschosse darüber wurden in geräumige Gästezimmer und eine luxuriöse Suite umgewandelt.

Anne Nagel

291, 292 Details des skulpturalen Fassadenschmucks: Merkur, der Gott des Handels, über dem Haupteingang. Geschweifter Giebel mit Löwenkopf.

293 Entree mit zweiarmiger, marmorverkleideter Granittreppe, schmiedeeisernem, teilweise vergoldetem Treppengeländer und verglaster Tür in Jugendstilformen.

294 Vestibül mit dekorativem Zementfliesenbelag und Granittreppe. Eine gemalte Steinquadrierung mit abschliessendem Wellenband schmückt die Wand über dem dunklen Marmorsockel.

295 Detail der Schnitzereien: Faunmaske, von Delphinen gerahmt.

296 Ehemaliges Direktionsbüro der Kantonalbank, heute Boardroom im ersten Obergeschoss mit reichbeschnitztem Neurenaissance-Täfer.

Das Grandhotel Les Trois Rois heute

Eine Vision der Gastlichkeit – die neue Ära

Wahrscheinlich erwachte die Leidenschaft für Grandhotels bei Thomas Straumann schon in seinen Jugendjahren. Denn begeistert war er schon damals von diesen Orten der Verzauberung, in denen sich Geschichte manifestiert. Das hat sich bis heute nicht geändert. Er fühle sich manchmal wie auf einer «Zeitreise», wenn er ein Traditionshaus mit «Spirit» betrete, sagt er. Diese Faszination hat ihn und seine Lebenspartnerin Ursula Jung 2004 dazu motiviert, das Projekt Les Trois Rois zu wagen. Gesucht hatten es beide nicht – es wurde vielmehr an das Besitzerpaar herangetragen. Dennoch ist es nicht das erste Mal, dass sich Straumann als Hotelbesitzer engagiert. Bereits 2001 übernahm er nämlich das altehrwürdige Grand Hotel Bellevue in Gstaad, das wunderschön inmitten eines grossen Parks liegt. Er liess es umbauen und erweitern und realisierte ein Projekt, das sowohl dem «Kopf- wie auch dem Bauchmenschen dienen soll». Seine Gstaader Gäste können ihr individuelles Programm aus einer Mischung von kulinarischen Genüssen, Literatur, Musik, Film und Wellness wählen. Das Projekt «Wellness gegen den Knopf im Kopf» kommt an – *Gault Millau* kürte das Haus 2003, kurz nach seiner Wiedereröffnung, zum Hotel des Jahres. Ein Blick auf die Biographie Straumanns zeigt aber, dass seine berufliche Laufbahn und das Zentrum seiner Tätigkeit auf einem ganz anderen Gebiet liegen – dem der Medizinaltechnik. Aufgewachsen ist er im Kanton Baselland, in Waldenburg. Hier war das Leben bis in die zweite Hälfte des 20. Jahrhunderts stark von der Uhrenindustrie geprägt. Firmen wie Revue Thommen oder Oris beschäftigten in ihren Glanzzeiten bis zu 900 Mitarbeitende. Thomas Straumann absolvierte zunächst eine Lehre als Feinmechaniker und trat 1988, mit 25 Jahren, nach dem Tod seines Vaters Fritz Straumann in die elterliche Firma ein. Der Grossvater Reinhard Straumann hatte sie 1954 gegründet. Zunächst war das Unternehmen auf die Metallurgie und Physik für die Uhrenindustrie ausgerichtet. In den 60er Jahren erfolgte der Einstieg in die Medizinaltechnik. Zuerst konzentrierten sich die Aktivitäten im Bereich der operativen Knochenbruchbehandlung. In den 80er Jahren wandte man sich der Zahnmedizin zu. Nach einem Management-Buyout 1989 richtete Thomas Straumann die

297

Firma vollständig auf die orale Implantologie aus. Er führte das Unternehmen 1997 erfolgreich an die Börse. Im selben Jahr begann er mit dem Aufbau der Medartis Gruppe, die im Bereich der Entwicklung, Herstellung und des Vertriebs von Implantaten für die operative Knochenbruchbehandlung tätig ist. Die Medizinaltechnik ist bis heute das Hauptgebiet seiner beruflichen Tätigkeit geblieben, was in besonderer Weise von der Medizinischen Fakultät der Universität Basel gewürdigt wurde: Sie hat Thomas Straumann im Jahr 2004 die Ehrendoktorwürde verliehen.
Wenn er sich im Verlauf der vergangenen zwei Jahre bis heute mit seiner Lebenspartnerin Ursula Jung unermüdlich dafür eingesetzt hat, den Zauber des Grandhotels auch in Basel neu aufleben zu lassen, so hat das seine Gründe. An erster Stelle steht das Bewusstsein für Geschichte und die Freude am Erhalt von Traditionen. «Es ist die Begeisterung für die spezielle Atmosphäre dieses Hauses, das von der Vielfalt seiner Gäste aus unterschiedlichen Kulturen geprägt wurde», bekennen beide. Aber es ist auch das Bedürfnis, etwas weiterzugeben. Thomas Straumann formuliert das so: «An meinen Erfolgen sind viele andere Menschen beteiligt. Etwas von diesem Erfolg möchte ich weitergeben, damit wieder anderes und Neues bewirkt werden kann.» Mit der Wiedereröffnung im März 2006 wurde ohne Zweifel ein neues Kapitel in der Geschichte des Hauses aufgeschlagen. Ziel ist es, eine Vision zu verwirklichen, die dem Gast ein ausserordentliches Erlebnis bietet – ein Erlebnis, das auf Authentizität beruht. Authentizität bedeutet: Echtheit, Glaubwürdigkeit und Zuverlässigkeit. Damit für den Gast von heute die Geschichte im Les Trois Rois erlebbar wird, soll er diesen Anspruch in

allen Bereichen des Hotels spüren, bis ins kleinste, liebevoll gewählte Detail. Die restaurierte Architektur bildet heute – im Zusammenspiel mit einem Innenleben aus fortschrittlichster Technik – den Hintergrund für das Empfangen, Verweilen, Ausruhen, Umsorgen und Geniessen. Es ist aber auch dies: Eine Ambiance, in der sich die Gäste rundum wohl fühlen, entsteht immer dann, wenn Mitarbeitende sich freuen, die von den Besitzern angestrebte Vision in der täglichen Arbeit zu verwirklichen. Seien es Resident Manager, Portier oder Chef de Cuisine – alle tragen dazu bei, dass die Menschen, die das Hotel Les Trois Rois gewählt haben, Kraft schöpfen und Faszination spüren. Dabei wird jeder Gast mit seinen individuellen Wünschen wahrgenommen. Denn das Grandhotel ist zugleich eine Bühne, die Individualität und Begegnung ermöglichen soll.

Die folgenden Seiten ermöglichen Einblicke hinter die Kulissen. Sie zeugen von der Liebe fürs Detail, dem Bewusstsein für höchste Qualität und der Leidenschaft für das Grandhotel. Und es wird deutlich: Gastlichkeit entsteht immer dann, wenn Menschen sie durch ihr beherztes Engagement zum Leben erwecken.

Kunst und Antiquitäten

Kunst hat einen grossen Stellenwert im Les Trois Rois: Ein Schwergewicht liegt bei den Werken von Irène Zurkinden (1909–1987), Mitbegründerin der legendären Künstlervereinigung «Gruppe 33». Sie ist durch ihre Pariser Szenen und Zirkus- und Fasnachtsmotive berühmt geworden. Aber auch Werke fast vergessener Künstler sind zu sehen: Der Baselbieter Otto Plattner (1886–1951) trat als Maler und Zeichner der umliegenden Juralandschaften in Erscheinung. Zudem ist Varlin (al. Willy Guggenheim, 1900–1977), der Clown, Querschläger und Freund der Aussenseiter, mit Werken im Les Trois Rois vertreten: Ihm gelang es, sowohl die Pracht der Alltagsgegenstände wie auch die Brüchigkeit der menschlichen Existenz darzustellen.

Zum Kreis der Basler Künstler zählt auch Alfred Heinrich Pellegrini (1881–1958), einer der bedeutendsten Schweizer Wandmaler in der ersten Hälfte des 20. Jahrhunderts. Pellegrini war vielseitig tätig: Sein Werk umfasst Landschaften, Stillleben, Akte, lebhaft erfasste Sportszenen sowie einfühlsame Porträts und Selbstbildnisse. Er wirkte auch als Kunst- und Sportjournalist, war einer der Initiatoren des 1919 gegründeten Staatlichen Kunstkredits Basel und von 1925 bis 1953 bestimmendes Mitglied der Kunstkommission der Öffentlichen Kunstsammlung Basel. Im Les Trois Rois ist er mit einigen seiner Hauptwerke präsent. Auch die 1924/25 gegründete Gruppe «Rot-Blau», die entscheidende künstlerische Impulse in der Auseinandersetzung mit dem Werk Ernst Ludwig Kirchners (1880–1938) gewann, ist mit verschiedenen Gemälden, unter anderem von Albert Müller (1897–1926), Paul Camenisch (1893–1970) und Werner Neuhaus (1897–1934), vertreten.

Abschliessend ist Fritz Pümpin zu erwähnen (1901–1972), dessen Werke das Hotel bereichern. Der Sohn eines Weinhändlers aus Gelterkinden liess sich unter anderem an der Gewerbeschule Basel zum Kunstmaler ausbilden. Er arbeitete vorwiegend gegenständlich in Öl, Tempera und Pastell und malte Landschaften, Bildnisse und Stillleben. Ab 1954 wandte sich Pümpin auch Wandbildern in Freskotechnik zu.

Michael Leuenberger

297 Das Besitzerpaar Thomas Straumann und Ursula Jung hat sich mit viel Engagement und Liebe zu den Details dafür eingesetzt, den Zauber des Grandhotels in Basel neu aufleben zu lassen.

298 Historische Appliquen, Beschläge und Lampen wurden originalgetreu nachgebaut und beleben das Interieur.

299

300

301

302

303

299   Winter am Schliersee. Ölgemälde von Alfred Heinrich Pellegrini, 1916.

300   Paris, Bourg de la Reine. Ölgemälde von Irène Zurkinden, 1932.

301   Restaurant L'Escargot Paris. Ölgemälde von Varlin al. Willy Guggenheim, 1957.

302   Die Besitzer Thomas Straumann und Ursula Jung haben viele der ausgesuchten Antiquitäten im Haus selbst gesammelt.

303   Cheminéeuhr aus Bronze. Frankreich, 19. Jahrhundert.

304   Rudolph Schiesser, General Manager: «Nur ein harmonisierendes Mitarbeiterteam kann das Vertrauen des Hotelgasts gewinnen.»

Grandhotellerie in ihrer schönsten Form

«Jeder Heilige kann Wunder tun,
ein Hotel führen können nur ganz wenige.»
Mark Twain

Rudolph Schiesser ist vor zwölf Jahren als junger Direktor ins Hotel Drei Könige gekommen. Und er hat in dieser Zeit mit den wechselnden Besitzern Pläne geschmiedet, um das Haus in eine erfolgreiche Zukunft zu führen. Dass es jetzt, im Jahr 2006, so ist, wie es ist, macht ihm grosse Freude: «Das ist Grandhotellerie in ihrer schönsten Form», sagt er. Verschiedene Gründe sind dafür verantwortlich, zum Beispiel der Zukauf des ehemaligen Kantonalbankgebäudes am Blumenrain 2: «Das hat uns Raum und Grosszügigkeit verschafft – wir können uns dadurch klar als Grandhotel Palace positionieren.» Die Eingliederung dieses alten Gebäudeteils hat aber auch zu Vielfalt und zu mehr Komfort beigetragen. Denn es wurde ein Drittel mehr Raum gewonnen für luxuriöse Suiten, den Ballsaal, Tagungsräume und Bankette. Und Hotel- und Tagungsgäste können jetzt jeweils in ihre eigene Welt eintreten.

Der Rückbau ist glücklich gelungen, weil er eine starke Authentizität vermittelt: Man hat das Gefühl, das Les Trois Rois sei immer so gewesen, wie es heute ist. Man spürt etwas vom zeitlosen Charakter des Hauses. Auch die Lage und Aussicht mit Blick auf den Rhein ist einzigartig. Der Genius Loci inmitten des Basler Stadtzentrums bürgt für eine unverkennbare Identität.

Dies sind aber erst einige Aspekte. Denn der General Manager sieht neben der architektonischen Generosität vor allem den Menschen im Mittelpunkt – den Gast und den Mitarbeitenden. Was heisst das konkret? «Eine hohe Kultur der Gastlichkeit entsteht nur durch ein hohes Mass von Aufmerksamkeit dem Gast gegenüber. Diese wichtigste aller Fähigkeiten in unserem Metier leben wir tagtäglich», erklärt Schiesser. Gerade deshalb sind Schulungen und ein gutes Klima unter den Mitarbeitenden so wichtig. Denn nur dort, wo sich die Mitarbeitenden wohl fühlen, fühlt sich auch der Gast wohl. Ein partizipativer Führungsstil überträgt zudem dem einzelnen Mitarbeitenden ein hohes Mass an Selbstverantwortung: So kann er in seinem Bereich individuelle Fähigkeiten weiterentwickeln – es entsteht die wohltuende Ambiance der Gastfreundschaft, in der sich Menschen aus aller Welt aufgehoben und umsorgt fühlen. Les Trois Rois gilt sicher auch deshalb als moderner und attraktiver Arbeitgeber in der ganzen Region.

Überall im Hotel fallen die unzähligen, kunstvoll gestalteten Blumenarrangements ins Auge. Man müsste eigentlich von «Blumenkunst» sprechen. Für Rudolph Schiesser verkörpern diese «Details» – zwei Mitarbeitende des Hauses sind Floristen – den Anspruch, dem Gast ein ausserordentliches Erlebnis zu vermitteln. «Solche Details, ebenso wie die mit Begeisterung gesammelten Antiquitäten der Besitzer, strahlen die Kultur und die Werte des Hotels aus; es ist ja immer das Spezielle, das die Lebensqualität ausmacht», sagt er. Dieser Anspruch hat auch etwas mit «Nachhaltigkeit» in der Pflege und Betreuung der Gäste zu tun. Denn Schiesser ist überzeugt, dass sich der Geist, der in einem Hotel herrscht, sofort auf seine Besucher überträgt. Gerade deshalb kommen die meisten Gäste, vor allem Geschäftsleute mit hohen Qualitätsansprüchen, als Stammkunden des Hauses immer wieder gerne zurück. So wird das Hotel für den Reisenden allmählich vom temporären Refugium zu einem kostbaren Stück Heimat.

Michael Leuenberger

Auszeichnungen
Das Grandhotel Les Trois Rois besitzt mit der Auszeichnung «Fünf Sterne Superior» das höchste Schweizer Hotelranking und ist Mitglied von «The Leading Hotels of the World», einer Reservations- und Marketinginstitution für Luxushotels der höchsten Klasse. Es ist zudem eines der ersten Mitglieder von «Swiss Deluxe Hotels». Dies ist eine seit 1934 bestehende Vereinigung der 35 besten unabhängigen Hotels der Schweiz. Beide Vereinigungen stehen für allerhöchste Qualitätsstandards in der Grandhotellerie.

Garanten für Gastlichkeit

Gastfreundschaft ist eine soziale Kunst

Basel, Genf, Wien, London, Singapur, Basel: Wer viel gereist ist und einige Jahre in fremden Ländern gelebt und gearbeitet hat, weiss viel über die Tradition der Gastfreundschaft in anderen Kulturen. So auch Tanja Wegmann, Resident Manager im Hotel Les Trois Rois. Nach 15 Jahren im Ausland ist sie mit Freude in ihre Heimat Basel zurückgekehrt. «Entscheidend ist, wie man den Gast empfängt», sagt sie, «und dass die Mitarbeitenden nicht nur einen Schritt auf den Gast zugehen, sondern drei.» Was sie von den Mitarbeitenden verlangt, ist auch ihre tägliche Arbeit: Sie ist als Gastgeberin immer im Haus unterwegs, motiviert und überwacht die Abläufe, damit der Betrieb reibungslos funktioniert.

Für eine wirklich zukunftsfähige Vision der Gastfreundschaft gibt es indes keine Geheimrezepte. Die Innovation liegt vielmehr darin, das Beste und damit Zeitlose aus der Tradition der Grandhotellerie zu kultivieren: die Dienstleistung mit Herz, die individuelle Betreuung des Gastes, die Achtung fundamentaler Werte. Dazu braucht es vor allem eines: transparente Kommunikation. Mit ihr steht und fällt alles. Dies gilt für den internen Austausch im Haus, für Lob und Kritik über alle Hierarchiestufen und Berufe des Hotels hinweg. Ganz besonders gilt dies aber im Verkehr mit den Gästen.

Ist Gastlichkeit also primär eine soziale Kunst? «Warum nicht?», fragt Tanja Wegmann und bekennt, dass der Kontakt mit den Gästen aus aller Welt täglicher Ansporn und Herausforderung sei. In diesem Sinn führt sie die Intention des Besitzerpaars weiter. Denn die besondere Leidenschaft für die Kultur des Grandhotels – bis in die Details – muss im Alltag durch eine feine Wahrnehmung von Stimmungen und den Dialog mit den Gästen fortgeführt werden. Man muss dem Gast zeigen, dass man für ihn da ist, dass man zuhört, auch wenn einmal nicht alles reibungslos gelaufen ist. Gefragt ist das Hören auf die Zwischentöne. Da kann es durchaus sein, dass der Gast in manchen Fällen zum Berater wird.

Neu zu erfinden braucht man nichts. Man muss sich einem übersteigerten Innovationszwang entziehen können. Und das verwirklichen, was seit eh und je Sinn der Gastfreundschaft ist: dafür zu sorgen, dass sich Menschen willkommen fühlen.

> **Ein internationales Haus –
> auch bei den Mitarbeitenden**
>
> Es ist eine Zahl, die erstaunt: Rund 150 Personen arbeiten zum Zeitpunkt der Wiedereröffnung im März 2006 – oft unscheinbar und diskret – zum Wohl der Gäste im neuen Les Trois Rois. In Service und Küche sorgen über 30 Personen für kulinarische Erlebnisse. Rund 20 Mitarbeitende im Housekeeping bringen das Hotel täglich auf Vordermann. In der Loge und im Front Office sind je zwölf Personen tätig, der Bereich Bankett und Event zählt acht, und in der Administration, Marketing und Sales sind rund 20 Mitarbeitende tätig. Das Restaurant Chez Donati bildet einen eigenen Bereich mit 20 Mitarbeitenden. Eine Vielfalt von Nationalitäten und Sprachen bereichert die Hotelkultur. Der Hauptanteil stammt aus dem Dreiländereck: 43 Mitarbeitende aus der Schweiz, 28 aus Frankreich und 25 aus Deutschland. Insgesamt sind 25 Länder und 20 Sprachen der Kontinente Afrika, Amerika, Asien und Europa vertreten.

305

305 Tanja Wegmann ist als Resident Manager und Gastgeberin ständig im Haus unterwegs und sorgt für reibungslose Abläufe und eine offene Kommunikation.

306 Die Mitarbeitenden im prachtvoll restaurierten Lichthof. Sie machen das Les Trois Rois für Gäste aus aller Welt zu einer zweiten Heimat.

Das Grandhotel Les Trois Rois heute

Lebensfreude und königlicher Genuss

Es gibt gute Gründe, im Les Trois Rois zu tafeln. Und zwar gleich dreifach – denn das Haus kultiviert die französische Gourmetküche im Cheval Blanc und bietet traditionelle schweizerische und französische Spezialitäten in grosser Vielfalt in der hauseigenen Brasserie. Und auch das ganz in der Nähe gelegene Chez Donati als Inbegriff italienischer Esskultur in Basel ist bekannt für seine exzellente Küche.

Der Mann, der die Küche im Cheval Blanc und in der Brasserie führt, ist der Elsässer Spitzenkoch Jean-Claude Wicky, der sich selbst gerne als «Handwerker» bezeichnet. Seine Begeisterung für das Handwerk des Chefkochs ist spürbar. Nach 14 Jahren bei Hans Stucki im Restaurant Bruderholz hat er es sich mit seinem Team – insgesamt 25 Mitarbeitende – zur Aufgabe gemacht, mit verführerischen Kreationen die Küche des Les Trois Rois an die nationale Spitze zu führen. Während der Umbauzeit konnte seine Equipe in einem nahe gelegenen Restaurant zusammenwachsen und dank der Unterstützung der Besitzer viele bewährte Mitarbeitende im Team halten. Das hat sich positiv auf den «Esprit d'Equipe» ausgewirkt, den Wicky als Fundament einer erfolgreichen Arbeit bezeichnet. Mit dem Sommelier Philippe Bouffey, der in den Kellerräumen rund 600 Positionen pflegt, und dem Maître d'Hôtel Grégory Rohmer, der schon früher in Stuckis Kader war, besteht ein Team, das harmoniert. Wie bei der Auswahl der Weine – Bouffey legt Wert auf die Herkunft aus dem nahen Elsass, aus Südbaden und der Nordwestschweiz – legt Küchenchef Wicky ebenso grossen Wert auf lokale Identität.

Dies beginnt bei der Auswahl der Lieferanten. Unter ihnen sind viele Kleinbauern aus der Region, die Gemüse und

307 Garant für Gaumenfreuden: Chef de Cuisine Jean-Claude Wicky.

308 Blick in den Weinkeller, wo Sommelier Philippe Bouffey über 600 Positionen pflegt.

309 Die Lieblingskreationen von Chef de Cuisine Jean-Claude Wicky: Variationen von Fischen und Krustentieren.

310 Die **Brasserie** mit einem separaten Eingang zur Stadt bietet 70 Plätze und das authentische Dekor einer traditionellen französischen Brasserie, im Hintergrund die Panoramatapete «Les Monuments de Paris». Die Küche bietet traditionelle französische und schweizerische Spezialitäten. Wenn immer möglich werden Produkte aus der Region bevorzugt: «Plats originaux» wie zum Beispiel Sauerkraut mit diversen Schweine- und Wurstspezialitäten im Winter, Elsässer Küche nach traditionellen Rezepten, Bouillabaisse, Martinsgans am St.-Martins-Tag, Austern, Muscheln oder Spargel im Frühling.

Früchte kultivieren. Es gibt auch einen Metzger, der während der Saison Wild aus dem nahen Leimental von seinen Jagdfreunden beschafft. Oder einige Imker, die den Honig liefern, und eine kleine Käserei, die im Jura eine spezielle Tafelbutter für das Les Trois Rois erzeugt. Die Liebe zum Detail zeigt sich auch hier, die Wertschätzung für handwerkliche Traditionen, die für ausserordentliche Qualität bürgen. Ein weitverzweigtes Beziehungsnetz mit Lieferanten will deshalb gepflegt sein.

Fragt man Jean-Claude Wicky nach seinen eindrücklichsten Erfahrungen als Koch, so spricht er von seinem «Lehrmeister und zweiten Vater Hans Stucki», dessen bodenständige und ehrliche Art ihn geprägt habe. «Er kam von der Scholle, von einem Bauernhof aus dem Bernbiet, das Unverfälschte und Währschafte war für ihn immer eine Quelle der Inspiration», sagt Wicky. Genau deshalb pflegt auch er eine frische Saisonküche, die viel Inspiration aus dem Lokalen bezieht: So beginnt die Spargelsaison im Les Trois Rois eben genau dann, wenn in Südbaden und im Elsass die Spargelernte im Gang ist. Die Kreationen seiner Küche bezeichnet er als «traditionell», er sieht sich nicht als Alchemist, der entfernte Dinge kombiniert. Interessant ist, dass das Elsass nicht bloss kulinarisch, sondern auch im Interieur des Hauses präsent ist: In der

Das Grandhotel Les Trois Rois heute

Brasserie ziert nämlich eine in Rixheim neu aufgelegte Panoramatapete mit dem Motiv «Les Monuments de Paris» die Wand.

Jean-Claude Wicky hat eine Affinität zur leichten mediterranen Küche, seine Lieblingskreationen sind phantasievolle Variationen von Fisch, Krustentieren und Jakobsmuscheln. So sind beispielsweise seine Kombinationen von rohen und gebratenen Jakobsmuscheln mit Selleriemousseline eine wahre Gaumenfreude.

Damit man die Küche im Cheval Blanc kennenlernen kann, gibt es einen Businesslunch, der sich jeden zweiten Tag ändert. «Da kann ich, wenn mir ein Lieferant etwas Spezielles anbietet, saisonal sehr viele Variationen verwirklichen. Das ist besonders für die Gäste, die oft bei uns tafeln, sehr attraktiv», sagt Wicky. Auf die Frage, wie er denn seine jeweilige Saisonkarte entwerfe, wie man sich diesen kreativen Prozess vorzustellen habe, antwortet er schlicht: «Wissen Sie: Ich habe meine Ideen und meine Linie – aber ich weiss auch, dass 25 Köpfe besser denken als nur einer.» Das will heissen: Auch in der Küche inspiriert sich das Team gegenseitig und entwickelt im Austausch allmählich die Ideen, die realisiert werden.

Dies gilt zweifellos auch für das an der Johanniterbrücke gelegene Chez Donati, das seit März 2005 zum Les Trois Rois gehört und eine ideale Ergänzung zum Speisenangebot des Grandhotels bietet. Das Chez Donati blickt auf eine reiche Geschichte zurück. Es wurde 1950 vom Tessiner Manilo Donati eröffnet und entwickelte sich in der Stadt Basel zur Institution. Während der Kunstmesse Art Basel ist es jeweils Treffpunkt von Künstlern und Galeristen aus aller Welt. Geschäftsführer Dino Morando pflegt hier mit seinem Team die piemontesische Küche. Der Gast hat die Sicherheit, neben den reichen Antipasti Bewährtes wie etwa den Nodino di vitello oder als Dessert die Figues à la crème au Cognac in bewährter Qualität und köstlicher Zubereitung anzutreffen. Zum Chez Donati gehören aber nicht nur exzellente Küche, erlesene Weine und ein liebenswürdiger Service – das Ambiente ist besonders geprägt von Werken zeitgenössischer Künstler und prächtigen Murano-Leuchtern, die dem Gast ein ausserordentliches stilvolles Erlebnis vermitteln.

Eine besondere Ästhetik bietet sich auch im Les Trois Rois – nicht nur bezüglich der ausserordentlichen gastronomischen Leistungen und der Interieurs in den Restaurants. Denn auch die Küche kann dort – zumindest mit dem Auge – betreten werden. Letzte Frage also an Jean-Claude Wicky: «Wie haben sich die Köche mit den Fenstern zurechtgefunden, die zwischen Lobby und Brasserie Einblick in die tägliche Mise en Place geben?» Der Chef schmunzelt und sagt: «Es war gewöhnungsbedürftig, das muss ich zugeben. Und gleichzeitig fördert es doch die Transparenz, denn unsere Gäste sehen so, was wir tun. Aber es hat vor allem auch unseren Humor beflügelt – wir wollten ein Schild hinhängen, auf dem ‹Bitte die Köche nicht füttern!› steht.»

311 Hier zelebriert Jean-Claude Wicky die französische Haute Cuisine: das Gourmetrestaurant **Cheval Blanc**, benannt nach dem Château Cheval Blanc, dessen Bordeaux 1er Grand Cru classé «A» Weltruhm geniesst. Von Wickys Kreationen und der einzigartigen Auswahl an seltenen Jahrgangsweinen von Sommelier Philippe Bouffey lassen sich Gourmets gerne verführen. Ein besonderer Genuss ist es, im Sommer auf der Terrasse mit Blick auf den Rhein zu tafeln.
Ein einzigartiges Möbelstück ist der Tisch in der Mitte des Raumes. Er ist 275 Jahre alt und war 1830 ein Hochzeitsgeschenk der Bankiersfamilie Rothschild an Marie-Antoinette und Alphonse Rothschild.

312, 313 Phantasievolle Kreationen aus der Gourmetküche von Jean-Claude Wicky:
La composition de noix de Saint-Jacques au caviar sur lit de mousseline de céleri (links) und
La déclinaison au chocolat amer avec son assortiment de fruits rouges (rechts).

Das Grandhotel Les Trois Rois heute

314, 315 Seit über 50 Jahren steht das **Chez Donati** für hochstehende Piemonteser Tafelkultur in Basel. Hier geniesst der Gast feinste italienische Küche in einem künstlerisch inspirierten Ambiente. Geschäftsführer Dino Morando und sein Team sorgen dafür, dass sich die Gäste wohl fühlen. Zeitgenössische Kunst, Murano-Leuchter und Wiener Stühle gehören ebenso zum Chez Donati wie Trüffel und Barolo. Das Chez Donati bietet mit seiner Terrasse einen aussergewöhnlichen Blick auf den Rhein und liegt nur fünf Gehminuten vom Les Trois Rois entfernt.

«Valse des Trois Rois» am Cheminée: die Bar

Es gibt gute Gründe, die Bar des Les Trois Rois aufzusuchen: das klassische Barambiente aus Eiche, das Burgunder Cheminée mit seinem Feuer oder der einmalige Blick von der Terrasse auf den Rhein im Sommer. Dazu gehört sicher auch die erlesene Auswahl von Zigarren. Und natürlich der Hausdrink «Petite Géraldine», der seinen Namen von der Tochter der Besitzer hat. Der fruchtige Cocktail ist eine wunderbar harmonische Komposition von Spirituosen, frischen Fruchtsäften und feinen Gewürzen – das eigens dazu entworfene Glas war das Geschenk von Freunden an die Besitzer zur Wiedereröffnung am 20. März 2006.

Ein weiterer Grund, in die Bar zu kommen, ist der von Markus Gfeller komponierte «Valse des Trois Rois». Der Walzer ist nicht nur zur Titelmelodie des Dokumentarfilms über den Umbau geworden, sondern gehört als Hausmelodie zum festen Repertoire des Barpianisten. Eine weitere Schöpfung des Komponisten ist die «Arie des Trois Rois», zu welcher der junge italienische Lyriker Enzo Gallo den Text verfasste.

316 Das Notenblatt des «Valse des Trois Rois».

317 Ein Ort der Begegnung: die Hotelbar mit Rheinterrasse.

«Ich bin immer für den Gast da»

Vom legendären Schweizer Hotelpionier César Ritz (1850–1918) ist die Meinung überliefert, ein Hotel habe immer erstklassig zu sein – wirklich entscheidend aber seien für den Gast der erste und der letzte Eindruck eines Aufenthalts. Deshalb hat Manuel Alvarez, einer der vier Portiers im Les Trois Rois, eine ganz entscheidende Rolle inne: Er kommt als einer der Ersten in Kontakt mit den Gästen. Er begrüsst sie, nimmt ihnen das Gepäck ab, stellt das Auto in die Garage und macht später noch allerlei Besorgungen, wenn dies gewünscht wird. Deshalb die erste Frage an ihn: «Manuel, was macht den Beruf des Portiers aus?» Die Antwort kommt sofort: «Wir müssen immer für den Gast da sein, rund um die Uhr.»

Zweite Frage: «Und was muss man in diesem Beruf besonders gut können?» Manuel Alvarez zögert auch jetzt nicht und sagt: «Ein Portier muss eine Frohnatur sein. Ein Portier muss zudem Sprachen können. Und: Ein Portier muss die Vorlieben seiner Stammgäste kennen, das sind immerhin drei Viertel der Kunden unseres Grandhotels.» Dass er die meisten Gäste namentlich kennt, versteht sich von selbst. Und dass sich alle darüber freuen, ihn jetzt auch im neuen Les Trois Rois wieder anzutreffen – wie viele andere Mitarbeitende –, ist ebenso einleuchtend.

Das Gespräch mit dem Portier, dessen Heimat La Coruña in Galicien ist und der 32 Jahre in der Schweiz und immerhin schon 28 Jahre in Diensten des «Drei Könige» steht, zeigt: Die Welt des Hotels ist eine grosse Familie. Sie vermittelt Geborgenheit. Der komfortable und familiäre Rahmen und das gemeinsame Wiedererkennen sorgen für ein wohltuendes Gefühl der Zusammengehörigkeit. Dies wird ganz besonders deutlich bei Grossanlässen wie der Kunstmesse Art Basel oder der Uhren- und Schmuckmesse Baselworld. Hier treffen sich alljährlich Menschen, die Alvarez über Jahrzehnte begrüssen durfte. «Ich kenne manche unserer Gäste aus den ersten Arbeitstagen hier», sagt er, «und manchmal ist es so, dass ich vom Grossvater bis zum Enkel schon mit allen zu tun hatte.»

Manuel Alvarez ist Portier mit Leib und Seele, das spürt man. Er bekennt mit einem Augenzwinkern, dieser Beruf sei «una pasión», eine Leidenschaft. Er schätzt es, in einem internationalen Haus tätig zu sein, sich mit Menschen aus allen Kontinenten zu unterhalten und permanent für sie unterwegs zu sein – und sei es nur, um ihnen eine heimische Zeitung oder Eintrittskarten für Konzert und Theater zu besorgen.

Fragt man Manuel Alvarez nach seinen nachhaltigsten Erlebnissen in diesen fast drei Jahrzehnten Arbeit im Les Trois Rois, dann scheint wieder seine Frohnatur durch. Er lächelt. Ja, das mit den Rolling Stones sei schon etwas ganz Besonderes gewesen, damals in den 80er Jahren. Noch nie habe er so viel Gepäck geschleppt: Drei Stunden brauchten damals vier Portiers, um alle Koffer auf die Zimmer zu bringen. Denn die Stones hatten die gesamte erste Etage des Hotels für sich gebucht. Und dann seien einige von ihnen vom Parterrebalkon in den Rhein gesprungen, um sich abzukühlen. Das habe für eine gewisse Aufregung gesorgt.

In besonderer Erinnerung ist ihm natürlich auch die spanische Sängerin Montserrat Caballé geblieben. Er hat sie als Chauffeur in der ganzen Schweiz zu Konzerten begleitet. Noch heute bewahrt er Bilder und Zeitungsausschnitte von ihr auf und wiederholt: «Es ist eine Passion – das Lebenselixier eines Portiers ist die Begegnung mit den Gästen.»

318

Ein hochmodernes Innenleben

Die Fakten sind beeindruckend: Während des Umbaus wurden im Les Trois Rois 630 Kilometer Kabel verlegt. Es wurden 650 Feuermelder und 1763 Lüster und Lampen installiert. Jedes Zimmer verfügt über ein menügestütztes Touchpanel, mit dem Licht, Lüftung und Beschattung individuell gesteuert werden können. Neben modernster Unterhaltungselektronik ist die Kommunikation in allen Bereichen des Hotels über kabellosen Zugang ins Internet gesichert. Man sieht: Für das Wohlbefinden und die Sicherheit der Gäste spielt das moderne technische und elektronische Innenleben eine entscheidende Rolle.

Roman Schmid ist seit 15 Jahren Haustechniker im Les Trois Rois, und bei einem Rundgang durchs Haus, bei einem Blick hinter die Kulissen, wird sichtbar, wie stark hier – bei aller Betonung historischer Tradition – Technik und Elektronik mitspielen. Schmid erklärt, dass über ein Gebäudeleitsystem und eine zentrale Computersteuerung jeder Fehler in den technischen Systemen gemeldet werde. «Der Alarm wird dann gleich auf dem Computer und meinem Handy angezeigt», sagt er. Schmid und seine Kollegen können in solchen Fällen sofort reagieren. Die Technik ist auch vom Umfang her enorm: Keller und Dachgeschosse sind fast gänzlich ausgefüllt mit den dienstbaren Maschinen. Dies hat dazu geführt, dass Dachboden und Keller kaum noch als Lagerplätze verfügbar sind.

Auch in Bezug auf Energiesparmassnahmen wurden vorbildliche Lösungen verwirklicht: Durch die moderne Wärmerückgewinnungsanlage kann die Abwärme der Klimaanlage für die Erwärmung des Wassers genutzt werden – ein Grossteil der Energie wird so zurückgewonnen. Bei der Wahl des Energieträgers hat man sich ebenfalls für eine ökologische Lösung entschieden: Dank dem Anschluss an das Fernwärmenetz der Stadtwerke sind Heizung und Warmwasseraufbereitung jetzt bedeutend umweltfreundlicher. Ein Teil der Fernwärme stammt aus erneuerbaren Energiequellen.

Beeindruckt ist Roman Schmid nach wie vor von der Gründlichkeit, mit der in den letzten zwei Jahren alles geplant und durchgeführt wurde. «In den Räumen wurden vor und während des Rückbaus von einem Akustiker Schallmessungen durchgeführt. Seine Erkenntnisse flossen in die Gestaltung der Räume ein. So haben wir heute im ganzen Haus eine wohltuend geräuscharme Ambiance – ein Ort der Stille mitten in der Stadt.» Apropos Umbau: Schmid hat während dieser Phase eine ganz besondere Aufgabe wahrgenommen, zeitweise mit Unterstützung seines Kollegen Manuel Alvarez: Er hat sämtliche Leuchter des früheren Hotels in einem eigens dafür eingerichteten Lampenatelier sorgfältig restauriert.

Worin liegt die Faszination seines Berufs? «Man weiss nie, was kommt. Jeder Tag bringt neue Situationen, die ich meistern muss, das hält mich beweglich», sagt er. Wie vor einigen Jahren, beim letzten Besuch der Rolling Stones in Basel, als er plötzlich in die Napoleon-Suite von Mick Jagger gerufen wurde. Der prominente Gast beklagte sich, dass ausgerechnet während seines Auftritts im St. Jakob-Stadion ein spannendes Cricketspiel übertragen werde. Ob der Haustechniker ihm nicht ein spezielles NTSC-Videogerät (der in den USA gebräuchliche Standard) beschaffen könne, um das Spiel aufzuzeichnen? Schmid organisierte das Gerät und erhielt von Jagger zwei Eintrittskarten für das Konzert geschenkt. So kam er zu einem unvergesslichen Live-Erlebnis und Jagger nach dem Auftritt in den Genuss seines Cricketspiels.

319

Eine Uniform für das Grandhotel

Das Wort «Uniform» klingt für manche Menschen wenig verheissungsvoll. Doch wenn man sich nur wenige Minuten mit der Mode- und Textildesignerin Ruth Bernadette Bürgin unterhält, wird man eines Besseren belehrt. Man spürt, welche Kreativität in diesem wenig bearbeiteten Feld der Bekleidungskunst stecken kann. Hochwertige Kleidung ist in diesem Sinn weder modisch noch unmodisch, sondern schlicht und einfach zeitlos.

Als Ruth Bürgin die Uniformen des Les Trois Rois entwerfen sollte, lag viel gemeinsame Arbeit mit dem Innenarchitekten Eric Reichenbach und den Besitzern vor ihr. Denn die Uniformen müssen sich nahtlos in die Farben- und Formenwelt des Hauses einfügen. Die Arbeit baute auf der Tradition von Grandhotel-Uniformen auf und sollte gleichzeitig etwas Neues schaffen.

«Meine Aufgabe ist es in solchen Fällen, ein echtes Stilelement zu finden, das man ganzheitlich umsetzen und mit modernen Elementen verbinden kann. Dabei handelt es sich um dezente und nicht um plakative Noten wie etwa Logos», sagt sie. Es gilt also, wesentliche Elemente der Philosophie des Hotels auch in der Uniform zu charakterisieren und mit Neuem zu verschmelzen. Ruth Bürgin umreisst das Ziel: «Wenn ich als Gast ins Les Trois Rois komme, muss ich sofort merken, dass ich in diesem ganz besonderen Hotel bin.»

Als Hauptstilelement entschied man sich für die konsequente Verwendung des Spitzrevers: eine elegante und feine Note, die sofort erkennbar ist. Besonders edel wirken die Revers durch die Verwendung von Satin. Wichtig war zudem die Verwendung von Stoffen, die mit traditionellen Webtechniken hergestellt wurden. Althergebrachte Methoden wie etwa die Jacquard-Technik sowie die in der Mitte des 19. Jahrhunderts oft verwendeten Fischgrat- und Streifenwebungen wurden dabei berücksichtigt. Sie geben den Geweben eine Tiefe, ein gewisses Volumen und eine schöne Ausstrahlung. Ein spezielles Element sind die cognac Farbtöne, wie zum Beispiel bei den abgesetzten Taschenklappen oder bei der kontrastierenden Fütterung: Hier wird eine in der Innenarchitektur des Hauses oft anzutreffende Farbqualität in den Uniformen weitergeführt. Die Uniformen für die Mitarbeiterinnen zeigen die gelungene Verbindung von Tradition und Moderne. Die langen Jupes strahlen eine vornehme Zurückhaltung, Diskretion und zeitlose Eleganz aus. Dies geht bis ins Detail: Im Schlitz der Jupes eingearbeitete Falten verbergen die Beine der Dame auch beim Sitzen. Ein modernes Element hingegen ist die Hose für die Dame – das gibt Pfiff und sorgt für Bequemlichkeit bei der Arbeit. Ein weiteres Element von heute ist die Taillierung der Kleidung und der bewusste Verzicht auf die im 19. Jahrhundert üblichen doppelreihigen Knöpfe.

Begeistert ist Ruth Bürgin von dem Mantel, den sie kreiert hat: «Dank der Verwendung von Kaschmir hat er ein beeindruckendes Volumen erhalten, und mit den dekorativen Fangschnüren sieht er so elegant aus wie damals», sagt sie. Hinter der Verarbeitung von Details wie Fangschnüren oder Goldbändern steckt viel Handarbeit – und eine fast ausgestorbene Tradition der Stadt Basel, die in vergangenen Jahrhunderten eine florierende Textilindus-

320

trie besass: die Gold- und Seidenbandweberei. Die Firma von Dominique Senn pflegt diese lokale Tradition weiter und hat die Goldbänder für die Uniformen des Hotels beigesteuert. Auch die gesamte Herstellung der Uniformen liegt in Schweizer Händen. Hier kooperiert Ruth Bürgin mit einer Textilproduktionsfirma im Kanton Tessin. Auch die speziell angefertigten Knöpfe und Manschettenknöpfe oder die einzelnen Perlen, die von Hand an jedes Plastron genäht werden, stammen aus der Südschweiz. Die Galaelemente der Uniformen hingegen werden in Wien produziert. «In diesem Bereich können die Österreicher auf eine grosse Geschichte und Tradition aufbauen», sagt sie.

Auf eine Kreation ist die Mode- und Textildesignerin besonders stolz, und sie ist überzeugt, dass sich dieses Kleidungsstück auch auf dem Laufsteg durchsetzen könnte: «Der Frack für die Dame: Das ist eine wunderbare Kombination aus der Zeit von damals, in die Gegenwart versetzt. Weil es eigentlich ein maskulines Kleidungsstück ist, unterstreicht es die Weiblichkeit ganz besonders.» Dass es eine sehr knifflige Aufgabe war, das Frackhemd und insbesondere die Frackweste an die weibliche Figur anzupassen, verschweigt sie nicht. Im Gegenteil: «Diese ganze Aufgabe ist für mich zur Leidenschaft geworden. Da meistert man auch die kniffligsten Probleme. Denn für mich als Baslerin war diese Arbeit ein wunderschönes Heimspiel.»

Michael Leuenberger

320 Ein maskulines Kleidungsstück unterstreicht die Weiblichkeit: Chefconcierge Cristina Bally mit dem Frack für die Dame.

321, 322 Bei Doorman (links) und Hotelpage (rechts) stechen die Rottöne und edle dekorative Elemente wie Fangschnüre sofort ins Auge.

Das Grandhotel Les Trois Rois heute

Zur Wiedereröffnung und zum neuen Hotel

«Es ist einfach herrlich. Wunderbar, wie dieses Hotel wieder auflebt.»

Luciano Castelli, Künstler

«Man merkt, dass Menschen hinter diesem Hotel stehen, die das Auge und das Herz haben für Details. Hier wurde innen und aussen mit grösster Sorgfalt saniert und gebaut – es ist eine wahre Freude.»

Barbara Schneider, Regierungspräsidentin Basel-Stadt

«Es gibt sehr viele Menschen, die sich für Basel ein Hotel dieser Topklasse gewünscht haben. Das Les Trois Rois steigert die Attraktivität der Stadt erheblich.»

Dr. Christoph Eymann, Regierungsrat Basel-Stadt

«Es war wichtig, dass man dem ursprünglichen Charakter des Hauses treu geblieben ist. Ich habe mit Freude festgestellt, dass die Kunst im Hotel überall präsent ist, ganz besonders auch Künstlerinnen und Künstler aus Basel.»

Sam Keller, Direktor Art Basel und Art Basel Miami Beach

«Dieses Hotel ist mir fast zur zweiten Heimat geworden – und ich werde hier bald wieder in dem Zimmer übernachten, in dem ich einige Jahre gelebt habe.»

Moritz Suter, Crossair-Gründer

«Je me sens comme une reine chez vous, à la prochaine fois!»

Veronica Ferres, Schauspielerin

«Ich habe das Buch *Ein schnelles Leben* in einem Zimmer mit Blick auf den Rhein fertigschreiben können. Hier habe ich nach langen Reisen die nötige Ruhe gefunden.»

Zoë Jenny, Schriftstellerin

«Ich vermute, dieses Haus spricht eine ganz spezielle Gruppe von Individualisten an, die eine so ausserordentliche Gestaltung zu schätzen wissen.»

Dr. Henri B. Meier, ehem. Finanzchef F. Hoffmann-La Roche AG

«What a great pleasure it is to be in this beautiful hotel!! So romantic and charming, I look forward to coming back again – soon!»

Chris de Burgh, Musiker

«Danke für einen unvergesslichen Aufenthalt im Les Trois Rois.»

Iris Berben, Schauspielerin

323

Eröffnungsfeier, 18. März 2006

323 Alles ist bereit für die grosse Feier: der rote Teppich vor dem Les Trois Rois.

324 Überraschungsgast Chris de Burgh beim Live-Konzert.

325 Stimmungsvolle Akkordeonmusik begleitet den Abend.

326 Hochbetrieb in der Küche.

327 Fontaine de Champagne im Lichthof.

Das Grandhotel Les Trois Rois heute

328

329

330

Konferenz- und Banketträume

328 **Salle Belle Epoque**: der grossartige Ballsaal für Anlässe bis zu 350 Personen – mit Kronleuchtern, antikem Holzparkettboden, Granitsäulen und Stuckdecken. Seine Art-nouveau-Fenster zum Rhein verschaffen dem Raum viel Tageslicht.

329, 330 Die sieben **Konferenzräume** des Hotels sind der geeignete Rahmen für Veranstaltungen in Basel – von kleinen Besprechungen bis hin zu grossen Konferenzen und gesellschaftlichen Anlässen. Alle Konferenzräume sind mit modernster Multimediatechnik ausgestattet. Sie tragen die Namen legendärer Jachten aus dem America's Cup, die auch auf den verschiedenen Gemälden des englischen Künstlers Tim Thompson präsent sind: ein Bekenntnis von Besitzer Thomas Straumann zu einer persönlichen Passion.

331

332

333

Zimmer und Suiten

331 In diesen Zimmern fällt es den Gästen leicht, neue Energie zu tanken. Die behagliche Ambiance, die das klassizistische Interieur schafft, wirkt wohltuend und entspannend zugleich. In den **Junior Rooms** finden individuell reisende Gäste ein elegantes Dekor für einen angenehmen Aufenthalt in Basel.

332 Das Tageslicht mischt sich verspielt mit dem Glanz der Farben der Wände. Die Ruhe im Raum ist eine Wohltat für die Sinne. Die 43 grosszügigen **Doppelzimmer**, eingerichtet im Stil des Klassizismus oder des Art déco, schaffen den idealen Rahmen für einen gelungenen Aufenthalt im historischen Basel.

333 In den elf geräumigen **Junior Suiten** kann der Blick über die Dächer Kleinbasels am gegenüberliegenden Rheinufer streifen – und vielleicht das Mondlicht auf dem Wasser glitzern sehen. Die stimmungsvollen blauen Seidentapeten und das exklusive Ambiente im Raum sorgen für einen angenehmen Aufenthalt.

334

335

334 Sich verwöhnen lassen auf höchstem Niveau: Dafür sorgen charmante Aufmerksamkeit und exzellenter Service rund um die Uhr, hier im Wohnbereich einer **Suite.**

335 Historische Detailtreue auch in den **Badezimmern** der Suiten.

336, 337 Geschichtsträchtig: Theodor Herzl legte 1897 in Basel den Grundstein zum Staat Israel. Das Bad des **Herzl-Zimmers** (links) erhält durch die Mettlacher Bodenfliesen und die speziellen Armaturen seinen einmaligen Charme. Der schlichte und dennoch sehr stilvolle **Junior Room** (rechts) ist auch für die Bewohner von heute eine Quelle der Inspiration.

338 Ein Hauch von Weltgeschichte: die **Napoleon-Suite** (vgl. S. 58ff., S. 95f.).

336

337

338

Das Grandhotel Les Trois Rois heute

229

339 Lichtdurchflutet präsentiert sich das **Foyer** im Hausteil Blumenrain 2. Ein Ort der Ruhe, der von Werken der Künstlergruppe «Rot-Blau» belebt wird: «Likörphilosoph», Ölgemälde von Paul Camenisch, 1928 (links), und «Tessiner Dorfdächer», Ölgemälde von Werner Neuhaus, 1925 (rechts).

340 Eines der grosszügigen **Doppelzimmer** am Blumenrain 2.

341 Wohltuende Geräumigkeit und Farbgebung mit Blick auf den Rhein: **Badezimmer** am Blumenrain 2.

340

341

Das Grandhotel Les Trois Rois heute

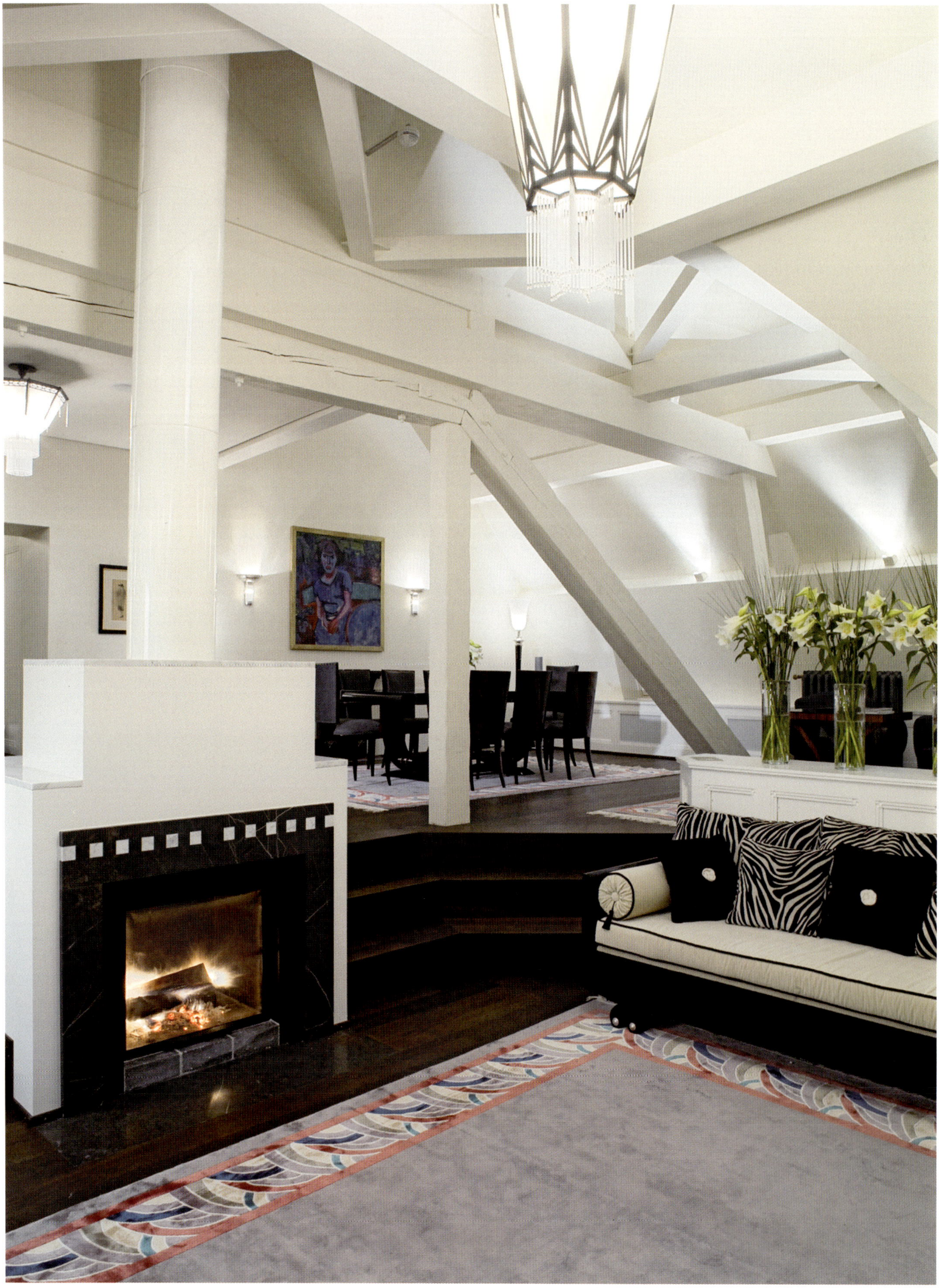

342

343

342 Märchenhaft, doch wahr. In der **Suite Les Trois Rois** finden Gäste den edlen Luxus einer Art-déco-Suite der Superlative. Die exklusive Atmosphäre zieht sich durch alle Räume. An der Wand «Frau in Blau» (1925/26), Ölgemälde von Albert Müller, einem bedeutenden Vertreter der Künstlergruppe «Rot-Blau».

343 Ein Bad über den Dächern der Altstadt von Basel im Whirlpool der **Suite Les Trois Rois**: Der Blick über den Rhein eröffnet neue Perspektiven.

345

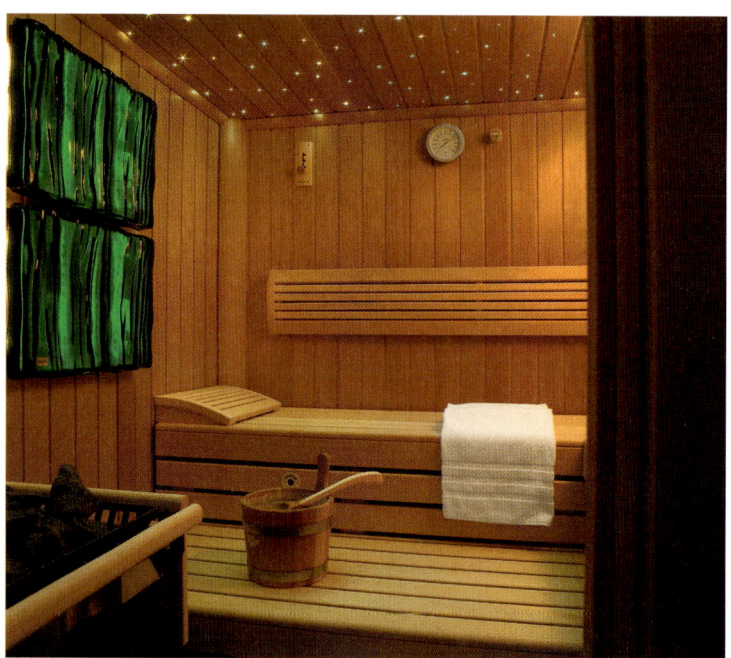

344

Für das Wohlbefinden der Hotelgäste

344, 347 Im **Massage**- oder im **Ruheraum** können sich die Hotelgäste entspannen.

345 Die hauseigene **Sauna** schafft einen Ausgleich zu den Strapazen des Alltags und bringt den Organismus in Schwung.

346 Den Körper trainieren mit Blick auf den Rhein: das **Kinesis™ Technogym**.

346

347

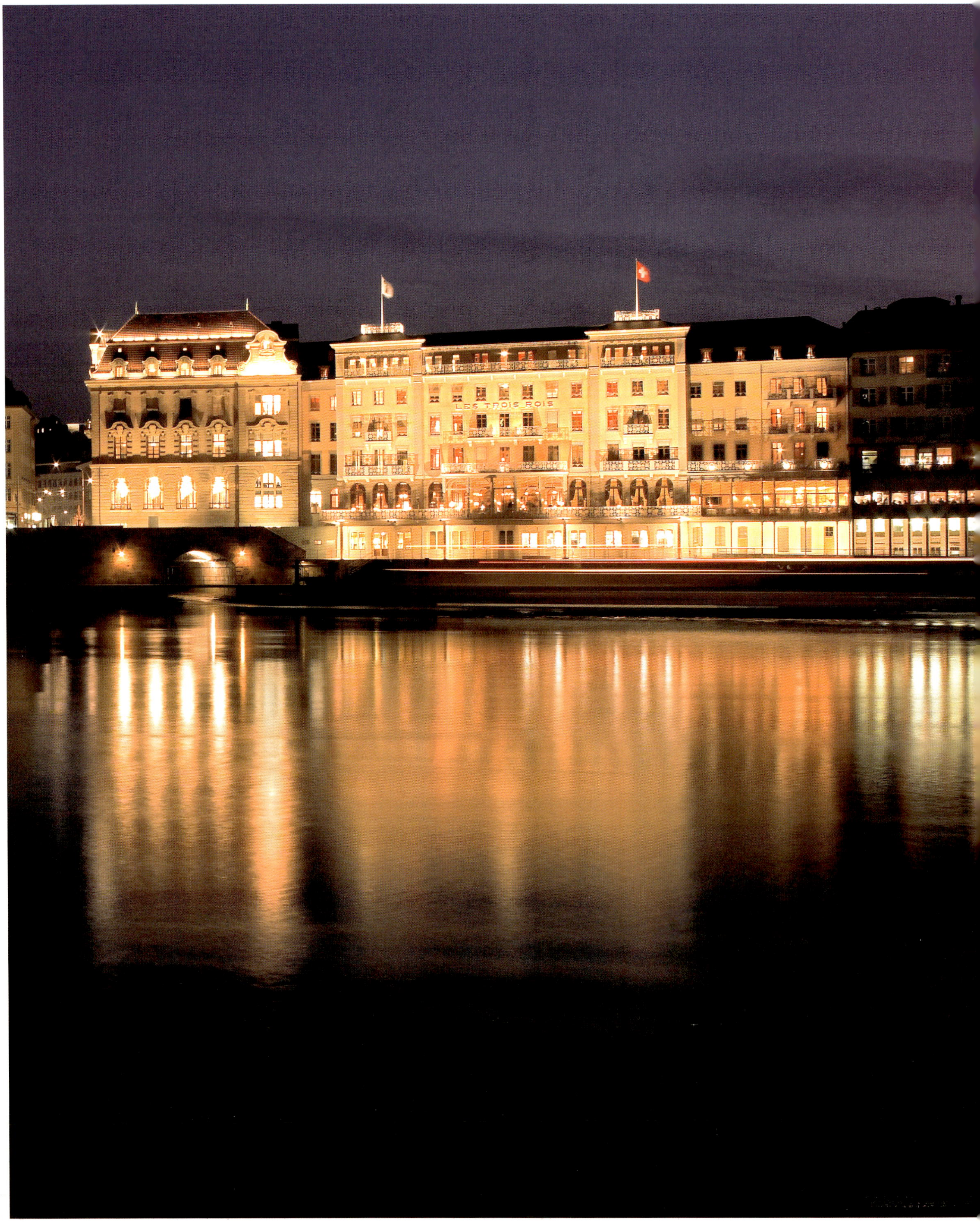
LES TROIS ROIS

Anhang

Zeittafel

	Besitzer/Betreiber		Hotelgeschichte
1681–1682	Daniel Obermeyer, Meister der Schmiedenzunft	20. Juli 1681	Gründung der Herrenherberge zu den Drei Königen am Blumenplatz
1682	Franz Marin(g), Schwiegersohn Obermeyers, interimistisch Wirt		
1682–1729/30	Hans Heinrich Hauser und Erben		
		1691	Dreikönigswirt Hauser als Sympathisant der «Ausschüsse» im «einundneunziger Wesen» verhaftet, verhört, dann freigelassen
		1707	Erste nachweisbare Erweiterung des Gasthofs gegen Süden, bis an den mittelalterlichen Salzturm
1730–1739	Johann Rudolf Huber		
1739–1765	Johann Christoph Im Hof	1739ff.	Im Hof gewinnt die französischen Offiziere der Festung Hüningen als treue Kunden
		1749	Anbau eines laubenartigen, offenen Speisesaals, der aufgrund seiner Lage über dem Rhein zur Sehenswürdigkeit des Gasthofs avanciert
		1754	An der Fassade des Gasthofs werden als Wirtshauszeichen die drei hölzernen Königsfiguren angebracht
1765–1782/83	Johann Ulrich Kleindorf	17. Juli 1777	Kaiser Joseph II. diniert im «Drei Könige»
		1782	Paul Petrowitsch (später Zar Paul I.) steigt als Comte du Nord im Hotel ab
1782/83–1814/15	Johann Ludwig Iselin	1784	Der Spiegelhof (Spiegelgasse 2) wird erworben und bis 1903 als Dépendance genutzt
		1797	Der französische Resident Mengaud wohnt im Hotel Drei Könige, Trikolore am Hotel
		24. Nov. 1797	Staatsempfang für General Napoleon Bonaparte mit Diner im Hotel
		1798–1813	Iselin nennt den Gasthof «zu den drei Bildern»/«aux trois Mages» und führt das Haus als Hochburg der Franzosenfreunde

Basler und allgemeine Geschichte

1680/81	Frankreich, durch Erwerb des Elsass Nachbar von Basel, errichtet die Festung Hüningen (Vauban)
1685	Ludwig XIV. widerruft Edikt von Nantes, viele Refugiés kommen nach Basel
1690	Protest aus dem Grossen Rat gegen Allmacht des Kleinen Rats
1691	Aufruhr gegen die Familienherrschaft der Burckhardt und Socin, der scheitert und in drei Hinrichtungen sowie Bussen und Zuchthausstrafen endet. Resultat: teilweise Aufwertung des Grossen Rats. Amnestie 1692
18. Jh.	Aufklärung, Blüte der Wirtschaft, repräsentative Bauten, aber auch Niedergang der Universität
1733–1738	Polnischer Thronfolgekrieg, in den auch Frankreich involviert ist
1740–1748	Österreichischer Erbfolgekrieg
1756–1763	Siebenjähriger Krieg
1762	Gründung der Helvetischen Gesellschaft in Schinznach, der Basler Isaak Iselin wird 1764 Präsident
1777	Erneuerung des Bundes aller eidgenössischen Orte mit Frankreich
1777	Isaak Iselin gründet Gesellschaft zur Aufmunterung und Beförderung des Guten und Gemeinnützigen (GGG)
1789	Sturm auf die Bastille in Paris: Französische Revolution
1790	Grosser Rat hebt die Leibeigenschaft in der Basler Landschaft auf
1790	Peter Ochs, Diplomat und Historiker, wird Stadtschreiber, herausragender Kopf der fortschrittlichen Kräfte
1795	Basler Frieden zwischen Frankreich, Preussen und Spanien im Haus von Peter Ochs
1796	Peter Ochs wird Oberstzunftmeister
1797	Gründung des «Kämmerlins zum Rheineck», eines Frankreich nahestehenden Clubs, der Kaufleute, Fabrikanten und Juristen vereinigt. Es pflegt Kontakte mit Ochs und dem französischen Gesandten. Beginn der Basler Revolution
1798	Vollzug der Basler Staatsumwälzung, 22. Jan. Verbrüderungsfest der Stadt mit der Landschaft (Münsterplatz)
1798–1803	Basel Teil der Helvetischen Republik
19. Jh.	Nach Helvetik (bis 1803) und Mediation (1803–1813) zuerst Restaurationsbemühungen, dann Regeneration. Anbruch des Industriezeitalters
1806	Kontinentalsperre betrifft Handelsstadt Basel, viele Bankrotte
1813	Besetzung Basels durch Alliierte
1814	Verbündete Fürsten in Basel: Zar Alexander I. von Russland, Kaiser Franz I. von Österreich, König Friedrich Wilhelm III. von Preussen. Basel erleidet Jan. bis Juni Zwangseinquartierungen. Flecktyphus, Staatskasse leer, Anleihen

	Besitzer/Betreiber		Hotelgeschichte
1815–1829	Söhne des Obigen: Johann Ludwig (federführend), Johann Jakob und Johann Rudolf Iselin		
1829–1841	Joseph Müller	1830er Jahre	Ansteigen der Gästefrequenz, vorwiegend aus Grossbritannien, Frankreich und deutschen Staaten, Hochadel aus ganz Europa
1841–1866	Johann Jakob Senn, Schneidermeister	1842	Neubau der Dépendance (Spiegelgasse 2)
		Nov. 1842	Abbruch des alten Gasthofs
		15. Febr. 1844	Eröffnung des neuen, nach Plänen des Basler Architekten Amadeus Merian errichteten Hotels
		1852	Installation der Gasbeleuchtung in den Gesellschaftsräumen des Erdgeschosses
		1856	Einbau einer ersten Luftheizung für den Speisesaal
		1862	Die englische Betkapelle im ersten Obergeschoss verliert ihre Funktion. Der englische Gottesdienst wird vorübergehend in die Martinskirche verlegt
1866–1874	August Heinrich Julius Wald	1866	Anlage des Fürstenbuches oder Goldenen Buches mit Teilen aus einem älteren Buch von 1844
		Sept. 1871	219 Emigranten aus Strassburg im Hotel
1874–1890	Caspar Flück Bichsel	14. Juni 1876	Sophie von Nassau, Königin von Schweden und Norwegen, steigt im Hotel ab
		27. Febr. 1882	Carola von Wasa-Holstein-Gottorp, Königin von Sachsen, beehrt das Hotel
1890–1903	Caspar Flück-Steiner (Sohn des Obigen)	1891	Einbau eines hydraulischen Personenaufzugs
		um 1897	Elektrifizierung des Hotels
		1897	Einbau einer Niederdruck-Dampfheizung und von Radiatoren in den Räumen
		1897	Theodor Herzl logiert erstmals im Hotel, ebenso bis 1903 während der Zionistenkongresse
		25. Aug.– 2. Sept. 1901	Der kaiserliche Prinz Chun aus China residiert im Hotel
1903–1908	Gebrüder Carl Samuel und Wilhelm Hofer	13. Mai 1904	Oscar II., König von Schweden und Norwegen, wohnt im Hotel
1908–1919	Lucien Anton Bossi	1911/12	Erweiterung des Hotels gegen Norden um einen historisierenden Anbau (Blumenrain 10)
		1914	Der englische Gottesdienst im Hotel Drei Könige wird definitiv eingestellt

Basler und allgemeine Geschichte

1814/15	Belagerung und Schleifung der Festung Hüningen
1815	Wiener Kongress, Schweiz mit 22 Kantonen von den Mächten als neutraler Staat in den heutigen Grenzen anerkannt
1830	Julirevolution in Frankreich, König Karl X. gestürzt, Louis-Philippe inthronisiert
1830	Regenerationsbewegung in der Schweiz. Die Landschaft Basel fordert Rechtsgleichheit
1831–1833	Trennungswirren: 3. Aug. 1833 Schlacht und totale Trennung. Tagsatzung lässt Basel besetzen. Kantonsvermögen geteilt: Stadt 36%, Land 64%, betrifft auch Zeughaus und Münsterschatz
28. Juli 1832	Erster Dampfer «Stadt Frankfurt» erreicht Basel, Linienschifffahrt 1838–1849
15. Juni 1844	Inbetriebnahme der Eisenbahnlinie Strassburg–Basel
30. Juni 1844	400-Jahr-Feier der Schlacht bei St. Jakob und Eidgenössisches Schützenfest in Basel
1847	Sonderbund der katholischen Orte unter General Dufour in kurzem Krieg aufgelöst
1848	Bundesverfassung: Die Schweiz wird zum Bundesstaat
1848	Revolutionen in Deutschland, Österreich und Frankreich
1852	Einführung der Gasbeleuchtung in Basel
1853	Tägliche Eisenbahnverbindungen nach Colmar, Strassburg, Paris, Freiburg i.Br., Offenburg, Karlsruhe, Heidelberg und Frankfurt a.M.
1854–1860	Ausbau der Schweizerischen Centralbahn, Anschluss Basels an Strecken nach Olten–Aarau, Luzern, Bern, Biel, Freiburg
1866	Auflösung des Deutschen Bundes
1869	Erstes Basler Fabrikgesetz
1870/71	Deutsch-Französischer Krieg, Elsass wird deutsches Reichsgebiet, Gründung des Deutschen Reiches
1874	Neue Bundesverfassung für die Schweiz
1881	Erstes Telefonnetz in Basel mit 55 Anschlüssen
1882–1889	Beginn der Elektrizitätsanwendung in Basel
1883	Gründung des Basler Hotelier-Vereins
1896	Erste Olympische Spiele der Neuzeit in Athen
1897	Erster Zionistenkongress unter Leitung von Theodor Herzl
1900	Abbruch des mittelalterlichen, seit 1831 anderen Zwecken dienenden Salzhauses
20. Jh.	Ausbau der Stadt zur modernen Grossstadt. Der Kanton Basel-Stadt (mit Riehen und Bettingen) erreicht 1969 mit 236 000 Personen die höchste Einwohnerzahl und zählt Ende des Jahrhunderts wieder unter 200 000
1902/03	Anstelle des Salzhauses Bau der Basler Kantonalbank (Blumenrain 2) nach Plänen der Gebr. Stamm
1903–1905	Bau der neuen Mittleren Rheinbrücke
24. Aug. 1903	Ankunft des Dampfschleppboots «Justitia» vor dem Hotel, 1904 Beginn des Güterverkehrs auf dem Oberrhein
1911	Trennung von Kirche und Staat im Kanton Basel-Stadt
1914–1918	Erster Weltkrieg, Grenzbesetzung
1917	Oktoberrevolution in Russland
1917	Erste Schweizerische Mustermesse

	Besitzer/Betreiber		Direktoren		Hotelgeschichte
1919–1927	Rosa Bossi-Häfelin (Witwe des Obigen), unterstützt vom Sohn Walter			1919–1934	Erzherzog Eugen von Habsburg logiert im Hotel
1927–1934	Walter Bossi	1934	Ende der Doppelfunktion von Besitzern und gleichzeitigen Betreibern	1934	Hotel und Gebäude der Basler Kantonalbank (Blumenrain 2) sind vom Abbruch bedroht
1934–1976	Blumenrain Immobilien AG, später Hotel Drei Könige AG: Albert Wander und Sohn Raymond	1934–1936	Walter Bossi als Pächter		
		1936–1938	Alfred Mathys	1936/37	Erster durchgreifender Innenausbau
		1938–1940	Friedrich Walter Hochuli		
		1941–1972	Alfred Kienberger (20% Teilhaber)	4. Juni 1949	Der frühere rumänische König Michael I. steigt im Hotel ab
				1954/55	Neubau des vierten rheinseitigen Obergeschosses, Vereinheitlichung des Daches
				19. Febr. 1960	Willy Brandt, Regierender Bürgermeister von West-Berlin, zu Gast im Hotel
				19. Mai 1965	Igor Strawinsky nimmt Quartier
				1969–1972	Nachtclub «Eve» im mittelalterlichen Keller (Blumenrain 10), wird später unter verschiedenen Namen fremdvermietet weitergeführt
		1972–1976	Bernhard Amberg	19. März 1972	Prinz Sadruddin Aga Khan, UN-Flüchtlingshochkommissar, logiert im Hotel
1976–2000	Société d'exploitation et de gestion hôtelière: Comte Guy de Boisrouvraye, ab 1980 Comtesse Albina de Boisrouvraye	1976–1982	Alexander Theine	29. Juli 1981	Bob Dylan im Hotel
		1982–1985	Guérin Janna		
		1985–1989	Roman Steiner	März 1987	Unter Bernard Muller wird die Küche des Hotels mit einem Stern im *Guide Michelin* bewertet
		1989–1993	Manfred Ernst		
				10.–13. Juni 1991	Elizabeth Taylor wohnt im Hotel
		1993	Jacques Pernet		
		seit 1994	Rudolph Schiesser	April 1998	Der Modeschöpfer Karl Lagerfeld fühlt sich im Hotel «wie ein König»
2000–2004	Richemond-Héritage-Gruppe			5. Mai 2001	Tenzin Gyatso, der XIV. Dalai-Lama, zu Gast im Hotel
seit 2004	centerVision AG: Thomas Straumann			2004–2006	Das Hotel und das ehemalige Kantonalbank-Gebäude (Blumenrain 2) als seine Erweiterung werden umgebaut
				2006	**20. März** Das Grandhotel Les Trois Rois nimmt seinen Betrieb auf

Basler und allgemeine Geschichte

1919	Generalstreik in Basel
1923	Eröffnung der ersten über Basel führenden Luftverkehrslinie
1929–1936	Grosse Wirtschaftskrise und Arbeitslosigkeit
1933	Machtübernahme Hitlers in Deutschland
1936	Einführung des Arbeitsrappens zur Finanzierung öffentlicher Arbeiten
1939–1945	Zweiter Weltkrieg, Grenzbesetzung
1946	Eröffnung des Flughafens Basel-Mülhausen
1949	Teilung Deutschlands
1956	Aufstand in Ungarn, Emigranten auch in Basel
1957	Römische Verträge. Europäische Wirtschaftsgemeinschaft begründet
1960	Die Schweiz ist Gründungsmitglied der Europäischen Freihandelsassoziation
1961	Bau der Berliner Mauer
1962	Kubakrise
1966	Einführung des kantonalen Frauenstimmrechts (ab 1971 auch eidgenössisch)
1968	Prager Frühling
1969	Volksabstimmung zur Wiedervereinigung der beiden Basel: Die Halbkantone Basel-Stadt und Basel-Landschaft bleiben getrennt
1973	Ölkrise
1986	Chemieunglück in Schweizerhalle
1989	Öffnung der Berliner Mauer. Umbruch der politischen Systeme in Osteuropa
1990	Wiedervereinigung Deutschlands
1991	Auflösung der Sowjetunion
1992	Beitritt der Schweiz zum Europäischen Wirtschaftsraum scheitert an der Urne
1993	Vertrag von Maastricht tritt in Kraft. Gründung der Europäischen Union
2000	Neue Bundesverfassung der Schweiz
2002	Bilaterale Verträge zwischen der Schweiz und der Europäischen Union
2002	Beitritt der Schweiz zu den Vereinten Nationen
2006	Neue Kantonsverfassung für Basel-Stadt

Das Hotel in Kürze

Adresse
Les Trois Rois • Blumenrain 8 • CH-4051 Basel • Schweiz
Tel. +41 61 260 50 50 • Fax +41 61 260 50 60 • info@lestroisrois.com
www.lestroisrois.com

Lage
- In der Altstadt am Rheinufer, Nähe Fussgängerzone und Nachtleben
- Kongresszentrum, Museen und Geschäfte zu Fuss erreichbar
- Öffentliche Verkehrsmittel direkt vor dem Hotel (Haltestelle Schifflände)
- 15 Min. vom EuroAirport Basel Mulhouse Freiburg
- 10 Min. vom Schweizer Bahnhof (SBB) und Französischen Bahnhof (SNCF)
- 5 Min. vom Badischen Bahnhof (DB)

Historische Zimmer und Suiten
- 40 Junior Rooms
- 43 Doppelzimmer
- 11 Junior Suiten
- 6 Suiten
- Suite Les Trois Rois
- Insgesamt 101 Zimmer und Suiten (auch Spezialzimmer für Rollstuhlfahrende und Allergiker sowie Nichtraucheretagen)

Moderner Komfort
- Temperatur und Sonnenstoren über Touchpanel einfach individuell regulierbar
- Kostenlose Minibar
- Bang & Olufsen Flachbildfernseher mit Satelliten-TV, DVD- und CD-Spieler
- Highspeed-Internetzugang, WLAN
- Multifunktionales Telefon mit Voicemail
- Badezimmer mit Bodenheizung, beheizbarem Handtuchhalter, anlaufgeschützten Wandspiegeln und exklusiven Badeartikeln
- Safe im Zimmer

Exklusiver Service
- Limousinenservice und Valetparking
- Kostenlose Fahrkarte für die öffentlichen Verkehrsmittel in Basel
- 24-Stunden-Zimmerservice
- Wäsche- und Reinigungsservice am selben Tag
- Schuhreinigungsservice über Nacht
- Mehrsprachige Hotelangestellte
- Gratiszeitungen zum Mitnehmen

Mitgliedschaften

A member of
The Leading Hotels of the World®
Swiss Deluxe Hotels

Köstlichkeiten Küche und Keller

Restaurant Cheval Blanc
- Französische Haute Cuisine mit verführerischen Kreationen. Einzigartige Auswahl an seltenen Weinen und Jahrgangsweinen, speziell des Château Cheval Blanc (Bordeaux 1er Grand Cru classé «A»), nach dem das Restaurant benannt ist. Im Sommer auch auf der Rheinterrasse.

Brasserie
- Entspannte Atmosphäre und ganztags traditionelle schweizerische und französische Brasserie-Spezialitäten.

Bar
- Raffinierte Snacks und Getränke in freundlicher Atmosphäre am offenen Kamin. Terrasse mit einem der herrlichsten Rheinblicke in Basel. Die lebhafte Bar in Basel, wo sich Gäste und Einheimische treffen.

Chez Donati
- Ganz in der Nähe befindet sich der Inbegriff von Basels italienischer Esskultur mit über 50-jähriger Tradition. Murano-Leuchter, weisse Tischdecken und moderne Kunst tragen zur einmaligen Atmosphäre bei.

Bankette und Konferenzen

Salle Belle Epoque
- Grossartiger Ballsaal für Anlässe bis zu 350 Personen

Bankett- und Tagungsräume
- Die sieben Bankett- und Tagungsräume des Hotels sind der geeignete Rahmen für kleine Besprechungen bis hin zu grossen Konferenzen und gesellschaftlichen Anlässen. Lage mit Blick auf den Rhein oder zur Stadtseite hin. Alle Konferenzräume sind mit modernster Technik ausgestattet. Historischer Boardroom aus dem 19. Jahrhundert mit Holzvertäfelung.

Business Services
- Highspeed-Internetzugang (LAN und WLAN)
- Videokonferenzen und Einrichtung für Simultanübersetzungen
- In den Räumen integrierte Beamer und Bildschirme für TV und DVD
- Auf Wunsch professionelle mehrsprachige Assistenz im Business Center
- Technischer Support
- Gastronomische Beratung, hauseigene Floristen und Dekorationsberatung

Wohlbefinden
- Kinesis™ Technogym und Fitnessgeräte mit Sicht auf den Rhein
- Sauna und Massageraum

Ausgewählte Hotelberufe

Management

General Manager
Er trägt die operative Verantwortung für das ganze Hotel und sorgt mit seinem Team dafür, dass sich die Gäste rundum wohl fühlen und dass das Hotel erfolgreich geführt wird.

Resident Manager
Überwacht die Abläufe und ist als Gastgeber immer im Haus unterwegs. Ist Mitglied der Geschäftsleitung und Stellvertreter des General Manager.

Küche

Chef de Cuisine
Der Regisseur und kreative Kopf in der Küche. Prägt den Charakter und das Niveau des Speiseangebots im ganzen Haus.

Souschef
Kocht am Herd und behält den Überblick. Unterstützt und vertritt den Chef de Cuisine und steht dem Chef de Partie zur Seite.

Chef de Partie
Der Postenchef. Ist verantwortlich für einen klar definierten Bereich in der Küche, zum Beispiel die Zubereitung von Fisch oder von Saucen.

Commis
Ausgebildeter Jungkoch in den Wanderjahren. Sammelt Erfahrungen und bereitet die tägliche Mise en Place vor.

Patissier
Sorgt für feine Desserts und süsse Überraschungen.

Bankett und Event/Service

Bankett & Event Manager
Der Organisator für grössere und kleinere Anlässe – für Gäste und Firmen.

Maître d'Hôtel
Er leitet die Servicecrew und sorgt sich um das Wohl der Restaurant- oder Bankettgäste.

Chef de Rang
Erfüllt den Gästen alle Wünsche, indem er die ausgewählten Speisen und Getränke serviert. Jeder betreut eine «Station», das heisst eine bestimmte Anzahl Tische.

Commis
Ein junger Kellner in seinen Lehr- und Wanderjahren. Er unterstützt den Chef de Rang im Restaurant.

Sommelier

Sommelier
Er stellt die Weinkarte zusammen, berät die Gäste mit seinen Empfehlungen und sorgt für den fachgerechten Ausschank. In den Kellerräumen hütet und pflegt er mehrere Hundert Positionen mit Tausenden Flaschen Wein.

Sommelier Commis
Ein Zauberlehrling, der von seinem Meister in die Geheimnisse des Weins eingeweiht wird.

Loge

Chefconcierge
Organisiert alles, damit der Gast sich rundum wohl fühlt. So reserviert er Plätze in Restaurants, gibt Ausflugstipps weiter und findet auch noch Eintrittskarten für ausverkaufte Konzerte.

Concierge
Unterstützt seinen Chef und ist Ansprechpartner für die Gäste.

Chauffeur
Bringt und holt die Gäste vom Flughafen oder Bahnhof ab, begleitet sie bei Erkundungen ins Umland und kümmert sich um die Autos vor Ort.

Doorman
Steht rund um die Uhr an der Tür, heisst die Gäste willkommen und verwehrt ungebetenen Gästen den Zutritt zum Hotel.

Portier/Chasseur
Er kommt als einer der Ersten in Kontakt mit den Gästen und ist zugleich immer für sie unterwegs. Er bringt das Gepäck in die Zimmer, holt Bestellungen und Einkäufe in der Stadt ab und bringt sie den Gästen ins Hotel. Er kennt alle Stammgäste mit Namen und auch ihre Vorlieben. Muss ein Sprachtalent sein.

Hotelpage
Junger Mitarbeiter, der als Laufbursche und als Empfangsperson des Hotels arbeitet und den Gästen mit kleinen Handreichungen zur Seite steht.

Front Office

Front Office Manager/Chef de Réception
Eine Funktion, die viel diplomatisches Gespür, Geschick im Umgang mit Gästen und Sprachgewandtheit erfordert. Ein FOM ist unter anderem für die Zimmereinteilung zuständig und versucht den individuellen Wünschen der Gäste gerecht zu werden.

Réceptionist
Sorgt für einen reibungslosen Check-in, begleitet die Gäste aufs Zimmer und erstellt die sorgfältige Abrechnung beim Check-out.

Night Auditor
Betreut die Gäste in der Nacht, macht die Tagesabschlüsse und leitet diese an die Buchhaltung weiter.

Housekeeping

Executive Housekeeper
Sie ist «Hausdrachen» und «Engel» in einem. Sie kontrolliert ihre Mitarbeitenden und prüft, ob das Haus stets in perfektem Zustand ist. In Zusammenarbeit mit dem Front Office Manager führt sie eine Stammgäste-Wunschkartei, in der alles vermerkt ist, was stets wiederkehrende Gäste gernhaben.

Gouvernante
Da ihre Chefin in einem so grossen Haus nicht alles überschauen kann, muss auch sie eine Kontrollfunktion ausüben und darauf bedacht sein, dass in den Zimmern und allen anderen Bereichen des Hotels alles in bester Ordnung ist.

Zimmerfrauen
Sie sind die guten Feen und sorgen für makellose Sauberkeit im ganzen Haus.

Etagenportier
Nimmt den Zimmerfrauen die schweren Reinigungsarbeiten ab.

Florist
Er sorgt für das «blumige» Ambiente in Zimmern, Suiten, Aufenthalts- und Banketträumen, den Restaurants und an der Bar – durch seine Blumenkunstwerke, die jeden Tag neu verzaubern.

Mitarbeiter Lingerie
Hier wird für frisch gebügelte Hemden, saubere Jupes, Jacketts und knitterfreie Hosen von Gästen und Mitarbeitenden gesorgt.

Anmerkungen

Grundlagen und Vorgeschichte bis 1681

1 Ochs 1786-1832 Bd. 1, S. 217f.
2 Joneli 1929.
3 Peyer 1987, S. 21-37 u. 146-199. Kachel 1924, S. 6-19.
4 Zur christlichen Gastfreundschaft vgl. z.B. Kachel 1924, S. 19-26, sowie Peyer 1987, S. 116-138. Das Verbot des Tavernenbesuchs für Kleriker in den Kapitularien des Bischofs Haito von Basel (805-823) erwähnt Peyer 1987, S. 79.
5 Die Herren- oder Junkerstuben in Basel sind noch nicht erforscht. Ansätze bei Cordes 1993, S. 234 (Lit.). Interessant ist in Basel die fast synonyme Verwendung von «Achtburger» (adlige Mitglieder des Rats, seit 1515 entmachtet) und «Hohe Stube». Die Herrenzünfte mit ihren Herrenstuben sind vermutlich nach dem Vorbild der Hohen Stube entstanden.
6 Vgl. Geering 1886, S. 88f. (hierin eine Auswahl an Flüchen).
7 StABS Wein P 1: Mandat vom 8. Dezember 1703 (Erneuerung der gleichlautenden Mandate von 1642, 1661, 1666 und 1693).
8 StABS Gartnern 1, fol. 33v-34r.
9 StABS Gartnern 1, fol. 13r.
10 StABS Wein S 2 Nr. 1.
11 Heise 1993, S. 50.
12 Vgl. Bieler 1930, S. 93-97.
13 Am 2. März 1729 weist die Regierung die Wirte an, «dass sie zu nacht fremde unbekante und verdächtige Leüt so bey Ihnen logieren wurden, nicht außlassen, ferners dass sie alle abend die bey ihnen eingekehrte Personen auff ein Zedul einlüfern und bey ihren Pflichten niemand verzällen, zu welchem end die auf dem Sold stehende Herren Officiers Fritschin, Beck, Bulacher und Debeyer nach der von einer lobl. Sanitet machende abtheilung, die Würths Häuser besuchen, die nacht Zedul einholen und dem regierenden E.[hren]Haupt eingeben sollen», StABS Gartnern 2, S. 34.
14 Der Zunfteid gilt für alle Zünfte und wurde in allen Zunftarchiven mehrfach festgehalten, vgl. z.B. StABS Gartnern 3, S. 63f. (1. Drittel 18. Jahrhundert). Jede Berufsgruppe hatte aber noch auf ihre spezifischen Vorschriften zu schwören, die dem Ethos von Handwerk und Gewerbe entsprachen.
15 StABS Gartnern Ordnungenbuch 1 (hier grossenteils vom Autor in modernes Deutsch übertragen).
16 Pfund Pfennig: Rechnungseinheit (nicht Währungseinheit!) in Basel, basierte auf dem gleichen System wie in England: Pfund, Schillinge, Pfennige.
17 Als Schelmenbank bezeichnete man die Auslage verendeter Fische (Schelm = Aas) (freundl. Mitteilung von Dr. U. Barth). August Frei. Sechshundert Jahre E.E. Zunft zu Fischern in Basel 1354-1954. Basel 1954, S. 37.
18 Die frühesten Zeugnisse unterschieden stets klar zwischen dem Gasthof zur Blume und dem gegenüberliegenden Gehöft zur kleinen Blume, das an der Stelle des späteren Gasthofs und heutigen Hotels stand. Der Name «zum weissen Adler» erschien erstmals 1522; vermutlich hatte der Weinmann Adam Zeller, Käufer des Anwesens anno 1498, inzwischen daraus eine Schenke gemacht. Bereits 1541 hiess die Liegenschaft wieder «zur kleinen Blume». Ritter Schertlin von Burtenbach, Besitzer seit 1548, bewirkte, dass noch lange nach seiner Abreise der Name «Schertlins Hof» verwendet wurde. Dies wiederholte sich nach dem Kauf des Objekts durch den Generalleutnant Öhm (oder Ehm): Noch 1659, nach seinem Tod, hiess sein Alterssitz «Öhm'sches Haus».
19 Peter Hans Wentikon (oder Wentikum) tauchte bereits 1420 in den Ratslisten von Basel auf, er gehörte von 1420/21 bis 1445/46 dem mächtigen Rat der Sieben an, der die Finanzgeschäfte von Basel regelte und kontrollierte. Sein Vermögen von 7000 Gulden um 1446 rückte ihn in die oberste Schicht der Stadt. Schönberg 1879, S. 807-813; 583.
20 Gast berichtete am 15. Juli 1548 über ein gemeinsames Essen mit Schertlin in der «Blume», an dem u.a. auch Myconius, Sebastian Münster sowie zwei feine Gefolgsleute des Pfalzgrafen Otto Heinrich teilgenommen hatten. Vgl. Paul Burckhardt. Das Tagebuch des Johannes Gast. BChr VIII. Basel 1945, S. 402-405, und Valentin Lötscher (Hg). Felix Platter. Tagebuch 1536-1587. Basel/Stuttgart 1976, S. 125f. (Anm. 602 mit weiterer Literatur).
21 ADB Bd. 31, S. 133-137.
22 Tonjola 1661, S. 91 u. 102. Seine Frau Katharina von Görnitz war am 22. März 1653 ebendort bestattet worden. StABS Bestattungen bis 1700.
23 Daniel Obermeyer war seit 1654 mit Esther de Lachenal (1630-?) verheiratet, der Schwester Jakobs. StABS Taufregister, biogr. Zettelkatalog.
24 C. H. Baer, KdmBS III, 1941, S. 283-289.
25 BUB 1 Nr. 177, S. 123. – StABS HGB, Blumenrain 1a, 25. Dez. 1244 – 23. Sept. 1245.
26 StABS Klosterarchiv St. Peter P, fol. 58. – StABS HGB, Blumenrain 1a, 1345.
27 Guido Helmig, Christoph Philipp Matt. Inventar der Basler Stadtbefestigung – Planvorlage und Katalog. 2. Die rheinseitige Grossbasler Stadtbefestigung. In: Jahresbericht der Archäologischen Bodenforschung 1990, Basel 1992, S. 195-198.
28 Die Bauinschrift von 1684 ist im Historischen Museum Basel erhalten, Inv. 1902.222.
29 Archiv Basler Denkmalpflege, 2004/293.

Der alte Gasthof zu den Drei Königen 1681-1842

30 Hotel LTR, Aktensammlung o. Nr., 20. Juli 1681.
31 StABS Brunn T 9, 4. März und 5. April 1682. - StABS Lib. cop. 6, S. 195.
32 StABS Brunn T 9, 18. Juli 1873.
33 Hotel LTR, Aktensammlung Nr. 4, 25. Juli 1682.
34 StABS Bau BB 1, 26. Febr. 1707. - StABS Bau BB 2, 8. März 1707. - Hotel LTR, Aktensammlung Nr. 5, 9. März 1707. - StABS Lib. cop. 6, S. 218.
35 Hotel LTR, Aktensammlung Nr. 7, 28. Aug. 1739.
36 Linder Diarium Bd. 1, p. 154, 16. Okt. 1751.
37 Lukas Heinrich Wüthrich. Das Œuvre des Kupferstechers Christian von Mechel. Vollständiges Verzeichnis der von ihm geschaffenen und verlegten graphischen Arbeiten. Basel/Stuttgart 1959, S. 53f.
38 Linder Diarium Bd. 1, p. 332, 10. Sept. 1754.
39 Hotel LTR, Aktensammlung Nr. 10, 11. Febr./8. März 1765.
40 StABS Bau BB 1, 14. Okt. 1761.
41 StABS Brunn M 8, 1730-1733. - Arthur Burger. Brunnengeschichte der Stadt Basel. Basel 1970, S. 88.
42 Ochs 1786-1832 Bd. 1, S. 218.
43 Karl Meisen. Die heiligen drei Könige und ihr Festtag im volkstümlichen Glauben und Brauch. Köln 1949, S. 17ff. - Hans Hoffmann. Die Heiligen drei Könige. Zur Heiligenverehrung im kirchlichen, gesellschaftlichen und politischen Leben des Mittelalters. Bonn 1975, S. 295.
44 Linder Diarium Bd. 1, p. 332, 10. Sept. 1754.
45 Peter Felder. Barockplastik der Schweiz (Beiträge zur Kunstgeschichte der Schweiz, 6). Bern 1988, S. 231.
46 Rodolphe Hentzy. Promenade pittoresque dans l'évêché de Bâle, aux bords de la Birs, de la Sorne, et de la Suze. Bd. 1. La Haye 1808, S. 35.
47 Hotel LTR, Aktensammlung Nr. 13, Kaufbrief Jan. 1785.
48 StABS Brand G 1, Nr. 209 (1842). - Merian 1902, S. 135.
49 Er wurde 1676 als Gastgeber zum Wilden Mann dafür gebüsst, dass er «newen Baselwein in seinem Keller aufm Blumenplatz einlegen und nicht anschneiden laßen» (die vereidigten Weinanschneider kontrollierten und massen Weineingänge, um die Steuer zu sichern). StABS Weinamtsprotokolle M 1/1, 22. Sept. 1676.
50 StABS Lib. cop. 6, S. 193.
51 StABS Finanz F 23 (Wocheneinnahmenbücher 1677-1690). «l.R. 125 lb» heisst: laut Ratsbeschluss 125 Pfund.
52 StABS Wein P 1 1687, verlesen am 25. Oktober. Die Eingabe war ein Protest gegen die Bitte der Weinschenken, zweierlei Wein, d.h. weissen und roten, ausschenken zu dürfen, und Teil eines hartnäckigen Streits, der Monate dauerte. Der neue Gasthof zu den Drei Königen war keine Weinschenke, durfte also wie alle Schildwirtschaften zweierlei Wein ausschenken und wurde hier nur als Konkurrenz erwähnt.
53 Ebd.
54 Matrikel Basel Bd. 3, S. 42.
55 Die Schmiedenzunft vereinigte u.a. Schmiede, Schlosser, Messerschmiede, Gürtler und merkwürdigerweise auch Müller. Obermeyers Sohn German begab sich 1687 nach Neuchâtel, wo er den Beruf eines «Coutelier», d.h. Messerschmieds, erlernte und 1690 einen prächtigen Gesellenbrief erhielt. StABS PA 302,5.
56 StABS Finanz B 23 sub dato.
57 Der Familienname lautete zuerst Marin und änderte sich bei den Nachkommen später in Maring.
58 Buxtorf-Falkeisen 1872-1877, 3. Heft, S. 34f. Die Zurzacher Messe war ein bedeutendes Jahresereignis für Handel und Gewerbe weiter Teile der Schweiz.
59 Handwörterbuch des deutschen Aberglaubens. Bd. 2. Berlin 1930/ 1986, Sp. 1 und 460.
60 Warum ausgerechnet die Drei Könige als Patrone für den Gasthof gewählt wurden, darüber können nur Vermutungen angestellt werden. Basel war schliesslich im 17. Jahrhundert bereits eine reformierte Stadt ohne Bindung an die Heiligenverehrung aus katholischer Vorzeit. Eine mögliche Erklärung: Als Schutzheilige gegen Feuer- und Wassergefahr verehrt, hoffte man den Beistand der Drei Weisen zu erwirken, indem man ihre Initialen C+M+B+ (Caspar, Melchior, Balthasar; basierend auf den Anfangsbuchstaben der Wörter im Segensspruch «Christus mansionem benedicat») auf den oberen Türrahmen schrieb. Für die Anwohner des Rheins und des Birsigs stellten nämlich Hochwasser eine ständige Bedrohung dar.
61 StABS Weiss, Bürgerrechtsaufnahmen.
62 StABS Gartnern 5, fol. 91.
63 Der erste Käufer, Jakob de Lachenal (1632-1684), war Obermeyers Schwager.
64 StABS Trauungen. StABS Finanz F 23, sub dato.
65 StABS Finanz F 23, sub dato. Durch den Tod von Daniel Obermeyer 1687 wurde wohl ein Erbteil der Grundstock für den Kauf des Gasthofs zum Engel. Die Marin hatten in Basel mehrere Familienzweige begründet, die teils auch im Gastgewerbe tätig waren. Franz Marin starb 1718 als Engelwirt. StABS Bestattungen.
66 StABS Finanz F 23.
67 StABS E. R. Seiler-La Roche. Stammbaum Hauser.
68 StABS Gartnern 6, fol. 43v.
69 Ebd. fol. 57.
70 Ebd. fol. 61v, 66v, 76v.
71 StABS Gartnern 6 Protokoll III fol. 1r.
72 Ebd. passim.
73 StABS Politisches W 1; W 2.6: Verhöre 1691. Vgl. Buxtorf-Falkeisen 1872-1877, 3. Heft, S. 44-107; zu Hauser ebd. S. 92 u. 98. Zum ganzen Fall vgl. Schweizer 1931.
74 Chronik Beck, S. 199.
75 StABS Wein F 4, sub anno.
76 StABS Gartnern 5, fol. 122v.
77 Der Besuch Amelots, vielfach chronistisch kolportiert. Zitiert nach: Chronik von Brunn, S. 501ff.
78 StABS Finanz G 51 (30. Oktober 1717).
79 Chronik Beck, S. 381f.
80 Linder Diarium, S. 631.

81 Chronik von Brunn, fol. 68v.
82 Hotel LTR, Aktensammlung, Handänderungsurkunde 16. März 1730.
83 Taufe 3. Mai 1694. StABS Taufregister.
84 Matrikel Basel Bd. 4 Nr. 2340 (Lit.): Noch im Mai 1715 wurde Huber Consistorialis ex studiosis. Der Zeitpunkt, wann ein Student die Universität verliess, ist nicht eruierbar, weil nur Immatrikulations- und Examensgebühren flossen.
85 24. November 1727. Seine zweite Frau, Ursula Falkner (1705–1777), ehelichte Huber am 13. Dezember 1756. StABS Trauungen.
86 StABS Gartnern 7, fol. 129 und 195v. Der Irtenmeister war zuständig für Speis und Trank in der Zunftstube und dem Stubenknecht (Zunftwirt) übergeordnet.
87 Hotel LTR, Aktensammlung, Handänderungsurkunde 16. März 1730.
88 Ebd. Handänderungsurkunde 28. Juli 1739.
89 StABS Gartnern 7, fol. 197r, 202, 221, 273r.
90 Matrikel Basel Bd. 4 Nr. 2340.
91 StABS Lotz C 258. Zunftkauf 31. Juli 1727: StABS Gartnern 7, S. 209.
92 StABS Gartnern 7, S. 220.
93 Ebd. S. 231f.
94 StABS Gartnern Protokolle IV 7, S. 385f.
95 Ebd. S. 387.
96 Ebd. S. 387f.
97 StABS Wein P 4 (verlesen 12. Februar 1738).
98 Ebd. passim.
99 StABS Gartnern 7, S. 417f. und 554–557.
100 Stocker 1890, S. 116–125, daraus alle folgenden Zitate.
101 Ebd. S. 124.
102 StABS Gerichtsarchiv 83, S. 106–112, 120–122, 125.
103 Staehelin 1949 mit weiterführenden Quellenangaben. Ich stütze mich hier ausschliesslich auf diese fundierte Arbeit. Die darin (S. 21) erwähnte geplante Arbeit von Lord Amulree (Mackenzie) über Charles Edward ist offenbar nie erschienen.
104 Ebd. S. 24–27.
105 Staehelin vermutete wohl zu Recht, dass einzelne Basler, darunter Johann Robert Ritter (1696–1759), Obervogt auf Homburg, und der Mathematiker Johann II. Bernoulli (1710–1790), in das Geheimnis eingeweiht waren. Vgl. ebd. S. 30ff.
106 Ebd. S. 28 (Transkription). Beträchtliche Mengen an Burgunderwein, Tischgeschirr, Servietten, Hemdentuch, Möbel und ein Cembalo sowie die bezahlten Preise belegen einen gehobenen Lebensstil.
107 Ebd. S. 41. Isaak Iselin an Johann Rudolf Frey, 10. Juli 1760.
108 Original, Pergament mit Siegel: StABS Bürgerrecht F 2,9. Signiert von Johann Caspar Saurbeck. Im Original: «Onolzbach» (heute Ansbach in Mittelfranken).
109 Original: StABS Bürgerrecht F 2,9.
110 Original ebd. datiert 16. Juni 1744, signiert vom Wirt Johann Franz Merckel.
111 Original ebd. datiert 8. Mai 1749.
112 Vgl. Erne sowie Ulrich Im Hof, François de Capitani. Die Helvetische Gesellschaft. Spätaufklärung und Vorrevolution in der Schweiz. 2 Bde. Frauenfeld/Stuttgart 1983.
113 Vgl. Matrikel Basel Bd. 5 Nr. 611 (Akademische Laufbahn und Kurzbiographie).
114 Über das bunte, pulsierende Leben im Schinznacher Bad gibt es die reizende Beschreibung Maurers, die einen plastischen Eindruck von diesem berühmten Gast- und Kurbetrieb vermittelt, in: Maurer 1787, bes. S. 28–41.
115 Ebd. Brief undatiert, Wende 1763/64.
116 Ebd. Attest des Pfarrers Joh. Fröhlich, datiert 19. Dezember 1763.
117 Ebd. Eingabe der Tavernenwirte zum Engel, zum Bären, zur Blume, zum Hirschen, zum roten Ochsen, zum Storchen, zum Schnabel, zum roten Löwen und zum Kreuz. Nicht datiert (Mitte Januar 1764).
118 Ebd. Auszug aus dem Ratsprotokoll mit dem Passus «dass in diesem Fall die von Einigen allhiesigen H. Würthen eingelegte Schrift in keine Beachtung gezogen werden könne».
119 Hotel LTR, Aktensammlung, sub dato.
120 Ebd.: «27 000 lb in neuen franz. Thalern à dreÿ Pfund und Neuen Louis d'ors à zwölf Pfund gerechnet, dazu Trinkgeld von 50 neuen Louis d'ors».
121 Kleindorf nahm bald darauf eine Staatsobligation von 20 000 Pfund auf, die er bis zum Verkauf des Gasthofs stehenliess. Am 2. Januar 1782 kündigte er an, diese Summe binnen Jahresfrist zurückzuzahlen: StABS Direktorium der Schaffneien G 3.
122 Stocker 1890, S. 111f.
123 StABS Bestattungen.
124 StABS Gartnern 10 S. 492; StABS Gartnern 11, S. 20, 47, 82, 92, 98.
125 Chronik Bachofen, S. 165. Meier 1988 Bd. 1, S. 152.
126 Jean-Pierre, auch François Blanchard (1753–1809), berühmter Ballonfahrer, der auch in Deutschland und den Niederlanden Demonstrationsfahrten unternahm und 1785 im Ballon den Ärmelkanal bei Dover überquert hatte.
127 Meier 1988 Bd. 2, S. 102.
128 Bieler 1930, S. 23.
129 Chronik Beck, S. 159f.
130 Linder Diarium Bd. 1, S. 306.
131 J. L. Iselin, getauft 14. Oktober 1759, bestattet 17. Februar 1838, StABS Taufregister und Bestattungsregister. UBB Leichenrede Fz 251. Vgl. Wanner 1964b, S. 97–105 u. passim. Eine gute Arbeit auch mit Benutzung des FA Iselin, leider ohne jegliche Quellenangaben. UBB Ratsherrenkasten A 3 ad 460.
132 UBB Leichenrede Fz 251, S. 5.
133 FA Iselin § 156, Eheabrede vom 27. August 1782.
134 FA Iselin § 156.
135 Hotel LTR, Aktensammlung, Privileg 28. Juli 1783. Wichtig dazu: Die alte Formel «zweierlei Wein» bedeutete nicht etwa einheimischen und auswärtigen Wein, sondern «Weisswein und Rotwein», was diverse Beschwerden der Weinschenken gegen die Tavernenwirte eindeutig belegen. Ein Haus ersten Ranges verfügte schon im 17. Jahrhundert über eine Auswahl von einheimischer, französischer und deutscher Tranksame. Die spätere Bewilligung für dreierlei Wein schloss möglicherweise Madeira oder Dessertwein ein.
136 StABS Trauungsregister.
137 StABS Gartnern 10, S. 213.

138 Hotel LTR, Aktensammlung, Kaufbrief Jan. 1785.
139 Wanner 1964b, S. 8, zitierte die Stelle (nach Briefwechsel Peter Ochs) «trop hableur, trop inconséquent».
140 Im Gegensatz zu vielen anderen Wirten fehlten für Iselin Rügen und Bussen wegen unerlaubter Weinpraktiken.
141 Daniel-Louis Iselin (1827–1906). «Aus dem Leben meines Grossvaters», Typoskriptseite im FA Iselin § 156 (Beilage).
142 Brief von Hans Franz Passavant an Felix Iselin, 6. Dezember 1808. FA Iselin § 156.
143 Ebd. Die Erbregelung im FA Iselin, datiert vom 1. Mai 1799, wies jedem der sechs Kinder bei Heirat oder Selbständigkeit aus dem Anteil der Mutter 4000 neue französische Grosse Taler, insgesamt 24 000 Taler oder 96 000 Schweizer Franken, zu.
144 Margaretha Merian-Burckhardt (1806–1886). Zu Iselins Tochter Rosina im Hotel Drei Könige steht im Ratsherrenkasten ein volkskundlich interessantes Detail: Im Alter von 13 Jahren erkrankte sie, und die drei besten Ärzte in Basel gaben ihr keine Überlebenschance. Eine Wäscherin des Gasthofs riet, man solle ihren Urin dem Viehdoktor Gschwind nach Biel-Benken bringen und seinen Rat erbitten. Gesagt, getan: Ein Knecht ritt im gestreckten Galopp zum Tierarzt, der gerade einer Kuh beim Kalben half. Dieser weigerte sich mitzukommen, begutachtete aber den Urin und murmelte, die Patientin sei gar nicht gefährlich krank. Er schrieb dem Knecht ein Rezept auf, «welches der Apotheker kaum lesen konnte, die Kranke nimmt es ein und nach Verfluss von 2 Stunden erfolgt ein Durchbruch mit einer Menge Würmer wodurch allsobald die völlige Genesung statt einem jähen Tod erfolgte». Der Chronist kommentierte weiter: «der Vieh Doctor musste unsere erfahrendsten Äsculape allso zu Schand und Spoth machen Pfui Teufel schamet Euch! Ihr Ignoranten». UBB Ratsherrenkasten A 3 ad 460.
145 Ankunft am 20. Juli 1789. Stocker 1890, S. 112. Vgl. Burckhardt-Wildt 1997, S. 25.
146 Ebd. S. 27.
147 Tausserat-Radel 1910, S. XXXIV.
148 Barth 1900, passim.
149 Ebd. S. 150.
150 Der ganze Austausch und die diplomatischen Umtriebe sind ausführlich geschildert bei Tausserat-Radel 1910, auf dessen Arbeit ich mich hier stütze.
151 Tausserat-Radel 1910, S. 236.
152 Die Aktivitäten Mengauds, auch seine geheimdienstliche Korrespondenz, werden ausführlich behandelt bei Barth 1900.
153 Dieses berühmte Bankett wurde in allen einschlägigen Geschichtswerken dargestellt, eine kurze Zusammenfassung mit Vorgeschichte und Nachspiel bei Burckhardt 1957, S. 102–105. Die Reise Napoleons durch die Schweiz behandelte ausführlich Steiner 1928, S. 218–245. Vgl. ferner Frey 1876, S. 18–23.
154 Andreas Buxtorf (1740–1815), vgl. BJb 1903, S. 162–166.
155 Georges Joseph Dufour (1758–1820), Kurzbiographie bei Barth 1900, S. 154f.
156 Franz Faesch (1711–1797), Matrikel Basel Bd. 5 Nr. 128.
157 Lucas Vischer (1780–1840). Vgl. Vischer-Ehinger 1933, S. 165–167. Zu M. Wocher und zum Medaillon vgl. Steiger 1943, S. 18–35.
158 Steiner 1928, S. 242.
159 Wilhelm Haas (1766–1838), berühmter Stempelschneider, Schriftgiesser, Drucker, Erfinder und Militär. Die Episode (unter dem falschen Datum 23. November) wurde abgedruckt bei: Albert Bruckner. Schweizer Stempelschneider und Schriftgiesser. Geschichte des Stempelschnittes und Schriftgusses in Basel und der übrigen Schweiz von ihren Anfängen bis zur Gegenwart. Basel 1943, S. 125. Freundlicher Hinweis von Alfred Hoffmann-Burckhardt, Bottmingen.
160 Familienarchiv Iselin § 156: Tavernen-Wirtepatent im Original, Einträge von 1799 bis 1803.
161 Weiss-Frey 1909, S. 133f.
162 Am 21. Dezember 1814 erneuerten Johann Ludwig und Johann Jakob Iselin die Zunft zu Gartnern. StABS Gartnern 11, S. 436. Ihr Bruder Johann Rudolf(-De Bary) wirkte als Kaufmann in seinem Kolonialwarengeschäft und war in der Gartnernzunft nicht aktenkundig. Er wurde Grossrat und 1868 Schreiber der Zunft zum Schlüssel.
163 StABS Gartnern 11, S. 446.
164 Vgl. Weiss-Frey 1909, § 157. StABS Gartnern 11a, S. 45, 71, 120, 124. Wahl am 13. Mai, «Abbitte» am 17. Mai 1832.
165 Vgl. dazu G. A. Wanner. Vom alten und neuen Truchsesserhof, in: BN 16./17. Okt. 1971.
166 StABS Wein S 2.
167 Vorerst gilt der Mietvertrag drei Jahre.
168 «Sechzehntausend Livres tournois oder Zehntausend sechshundert sechs und sechzig Schweizerfranken Capitalgeld». Kaufprojekt FA Iselin § 156 Ziff. 6.
169 StABS PD-Reg. 14a 6-3 Bd. 1834–1845, fol. 93 Nr. 5.
170 StABS PD-Reg. 14a 6-3 Bd. 1846–1855, fol. 106 Nr. 3.
171 Freundliche Mitteilung von Herrn Beat Meyer, Staatsarchiv Liestal.
172 StABL Neueres Archiv NA 2075 Brandversicherung Aesch 2.0 1830–1852 nannte den Namen Müllers als Schlatthof-Besitzer ohne Jahr.
173 Ebd. 1853–1877 Nr. 130.
174 Stocker 1890, S. 116–125.
175 Ebd. S. 116f.
176 21. Juni 1740. Ebd. S. 119.
177 9. Februar 1744. Ebd. S. 125.
178 Ebd. S. 118.
179 29. August 1743. Ebd. S. 123.
180 Chronik Beck, S. 381f.
181 Ebd. S. 405.
182 Ebd. S. 544.
183 Vermutlich Charles Pictet (1713–1792), Offizier in sardinischen und dann in holländischen Diensten, 1748 Chef des Regiments de Budé. HBLS Bd. 5, S. 434.
184 Der Prozess mit der Werbekammer ist konzentriert festgehalten in: StABS Protokolle Kleiner Rat 121, fol. 70v, 172v, 176r, 178r, 223r, 325r, 406r, 412r.
185 Heinrich Riggenbach. Die Reise des Comte du Nord von 1782 aufgrund neuer Archivfunde. Fakten und Fabeln. Schweizerisch-slawi-

sche Reisebegegnungen vom 18. bis zum 20. Jh. Basel/Frankfurt a.M. 1991, S. 49-62. Vgl. Albert Bruckner in: BN 17. Aug. 1933 (Beilage 1).
186 Stocker 1890, S. 123. 25. Jan. 1741.
187 Ebd. 2. Aug. 1743.
188 Ebd. 24. Jan. 1743.
189 Ebd. S. 120f.
190 Vgl. Matrikel Basel Bd. 5 Nr. 135.
191 Spiess 1936. Biographie: Matrikel Basel Bd. 5 Nr. 1160.
192 Maximilien Misson. Nouveau voyage d'Italie: avec un Mémoire contenant des avis utiles à ceux qui voudront faire le mesme voyage. La Haye 1691. «In Basel wohne in den Drei Königen, wo du zwar gutes, aber teures Unterkommen finden wirst» (aus: Robert Ferguson. Leute und Berge. Reisebilder aus der Schweiz. Leipzig 1855, S. 4).
193 Giacomo Casanova. Mémoires de J. Casanova de Seingalt: écrits par lui-même. Tome 8. Paris 1929, S. 61. «Es stimmt jedoch, dass man in der Schweiz, genau wie in Holland, den Fremden schröpft, wenn es geht; aber die Dummköpfe, die sich schröpfen lassen, verdienen es, denn man muss alles im voraus vereinbaren. So schützte ich mich auch in Basel vor dem berüchtigten Beutelschneider Imhof des Gasthofs Zu den Drei Königen » (Giacomo Casanova. Geschichte meines Lebens. Bd. 6. Berlin 1965, S. 117).
194 Giacomo Casanova. Mémoires de J. Casanova de Seingalt: écrits par lui-même. Tome 8. Paris 1929, S. 33. «Von Augsburg fuhr ich über Konstanz nach Basel, wo ich im teuersten Gasthof der Schweiz abstieg. Der Wirt Imhoff war ein Halsabschneider ersten Ranges; aber ich fand seine Töchter entgegenkommend und unterhielt mich dort drei Tage lang» (Giacomo Casanova. Geschichte meines Lebens. Bd. 8. Berlin 1966, S. 50).
195 James Boswell. Boswell on the grand tour: Germany and Switzerland, 1764. Hrsg. von Frederick A. Pottle. Melbourne/London/Toronto 1953, S. 198. «In Basel angekommen, stiegen wir in den ‹Drei Königen› ab, einem schön gelegenen Gasthof am Rheinufer. Imhof, der Wirt, ist ein sonderbarer Kauz. Er rühmte sein Basel bis in die Puppen; es verdiene, gründlich besichtigt zu werden, sagte er, damit ich meinen Aufenthalt bei ihm ausdehne. Er begleitete uns auf einen Rundgang, wobei er sich des langen und breiten über alles ausliess, was er sah. Wir speisten an der allgemeinen Mittagstafel, wo er sich über die grosse Zahl der Gäste verbreitete und die berühmten Gelehrten, die schon in seinem Hause gewohnt hatten. [...] Ich hatte meinen Spass an ihm und kam zum Schluss, er sei entweder eine grundehrliche Haut oder ein Erzgauner. Casanova hielt ihn für einen Gauner. Er führte Buch über seine Gäste und kennzeichnete darin als Schubiacks alle diejenigen, deren Trinkgeld seines Erachtens zu wünschen übrigliess. Das Schlafzimmer, das ich hatte, war vorzüglich» (James Boswell. Boswells grosse Reise: Deutschland und die Schweiz 1764. Hrsg. von Frederick A. Pottle. Zürich 1955, S. 229f.).
196 Carl Gottlob Küttner. Briefe eines Sachsen aus der Schweiz an Seinen Freund in Leipzig. 1. Teil. Leipzig 1785, S. 269f.
197 Briefe von und nach Basel aus fünf Jahrhunderten, ausgewählt, übertragen und erläutert von Johannes Oeschger. Bd. 2: Umschriften und Anmerkungen. Basel 1960, S. 22. «[...] eine prächtige Aussicht auf die Stadt geniesst man in unserem Gasthaus der ‹Drei Könige› von einer grossen schönen Terrasse aus – von da kann man auch bequem in den Fluss spucken. Aus unserem Zimmer treten wir auf diese Terrasse hinaus, und vom Fenster blicken wir auf einen kleinen Platz, auf den drei Strassen einmünden; wir könnten nicht besser einlogiert sein» (ebd.).
198 John Moore. Abriss des gesellschaftlichen Lebens und der Sitten in Frankreich, der Schweiz und Deutschland. In Briefen entworfen. Leipzig 1779, S. 181.
199 Johann Rudolf Sinner. Voyage historique et littéraire dans la Suisse occidentale. 1. Teil. Neuchâtel 1781, S. 54. «Der Gasthof zu den drey Königen ist der besuchteste und angenehmste; eine offne Gallerie dienet daselbst im Sommer zum Esssaal. Der Rhein, welcher am Fuß des Hauses vorbeyschießt, die hölzerne Brücke, die sehr breit, und allezeit voll von Wagen, Hin- und Hergehenden und Spatzierenden ist, die kleinere Stadt Basel, und die Markgrafschaft Baden, nebst einem Theil des Brisgaus und des Elsaßes in der Ferne, machen das reichste und reizendste Gemälde aus. Wer gern viele Leute siehet, dem muß es gewiß an diesem Orte gefallen, wo man täglich Fremde von allen Nationen erblicket, und wo man oft in einer Stunde fünf bis sechs verschiedene Sprachen redet» (Johann Rudolf Sinner. Historische und literarische Reise durch das abendländische Helvetien. 1. Teil, Leipzig 1782, S. 46f.).
200 [Wilhelm Gottfried] Ploucquet. Vertrauliche Erzählung einer Schweizerreise im Jahr 1786 in Briefen. Tübingen 1787, S. 172f.
201 Christian Gottlieb Schmidt. Von der Schweiz. Journal meiner Reise vom 5. Julius 1786 bis den 7. August 1787. Bern/Stuttgart 1994, S. 198.
202 Madame Roland. Voyage en Suisse 1787. Neuchâtel 1937, S. 160. «Basel ist nicht schön; mehrere Strassen sind abschüssig, die Häuser unregelmässig; aber der Rhein dort ist wundervoll; seine Breite und seine Schnelligkeit verleihen ihm etwas Majestätisches, das die umliegenden Lande preisen. Eine grosse Holzbrücke verbindet beide Teile der Stadt. [...] Von dieser Brücke aus sieht man die schöne Terrasse der Herberge zu den Drei Königen, die zum Fluss hin offen ist und im Sommer als Speiseraum dient: Es ist der grösste und annehmlichste Saal, den ich in der Schweiz gesehen habe; allgemein werden die Herbergen dort in einer Weise geführt, von der man in Frankreich keine Vorstellung hat: sei es in Hinsicht auf die grosszügige Einrichtung der Räumlichkeiten, die Annehmlichkeiten, die man dort vorfindet, und die vortreffliche Reinlichkeit, die dort herrscht, oder die Redeweise der Angestellten, die Pünktlichkeit der Bedienung und die Ehrbarkeit der Wirte» (übersetzt von Christoph Blum, Basel).
203 Frederik Sneedorf. Briefe eines reisenden Dänen, geschrieben im Jahr 1791 und 1792 während seiner Reise durch einen Theil Deutschlands, der Schweiz und Frankreichs. Züllichau 1793, S. 144f.
204 C[arl Christian] von B[irkenheim]. Briefe über den politischen, bürgerlichen und natürlichen Zustand der Schweitz, zum Gebrauch für Reisende. Augsburg/Gunzenhausen 1797, S. 1f.
205 Rodolphe Hentzy. Promenade pittoresque dans l'évêché de Bâle, aux bords de la Birs, de la Sorne, et de la Suze. La Haye 1808, S. 35. «Das

‹Drei Könige› gehörte früher zu den besten der Schweiz, empfehlenswert vor allem wegen der Schönheit ihrer Lage. Der Speisesaal liegt direkt über den Fluten des Rheins. Man atmet hier mit Wonne eine sich ständig erneuernde Luft. Diejenigen, die eine schöne Aussicht sowie auch gutes Essen lieben, können gleichermassen beide Geschmäcker befriedigen. Der Wirt scheint etwas gesalzene Rechnungen zu stellen, so behaupten es wenigstens einige ärgerliche Reisende. Aber was macht schon eine kleine Leere in der Geldbörse, wenn nur der Magen an diesem Ort auf köstliche Weise gefüllt wurde» (Rodolphe Hentzy. Malerischer Spaziergang im Bistum Basel entlang der Birs, der Sorne und der Suze. Reinach 1997, S. 37).

Das Hotel zu den Drei Königen 1844–2004

206 Gustaf Adolf Wanner. Greifenmeister vor 100 Jahren: Amadeus Merian. In: BN 26. Jan. 1974. – Zur Biographie Merians zuletzt: Rucki/Huber 1998, S. 371, mit weiteren Literaturangaben.
207 Merian 1902. Originalmanuskript in Privatbesitz.
208 Huber 1993, S. 118.
209 StABS Bau BB 2, 29. Sept. 1841.
210 StABS Protokolle H 4.3, p. 81 (7. Okt. 1841), p. 84 (21. Okt. 1841).
211 Hotel LTR, Aktensammlung Nr. 17, 29. Okt./15. Nov. 1841, Nr. 18, 1. März 1842.
212 Im Rückblick scheint sich Merian nicht mehr genau an die Baumeister zu erinnern und nennt Johann Jakob Heimlicher und Christoph Eglin wie auch Melchior Berri und Johann Jakob Stehlin d.Ä. – Merian 1902, S. 132.
213 Merian Manuskript, p. 107.
214 Bilfinger 2005, S. 16f.
215 Rucki/Huber 1998, S. 416.
216 Merian 1902, S. 133ff.
217 Avis-Blatt 22. Nov. 1842, 31. Dez. 1842, 22. April 1843, 20. Mai 1843.
218 Merian Manuskript, p. 110, 125.
219 Avis-Blatt 24. Febr. 1844.
220 Avis-Blatt 15. Juni 1844.
221 Merian Manuskript, p. 126.
222 Flückiger-Seiler 2003, S. 14, 50f.
223 StABS Brunn M 7, 29. Nov. 1843. – Arthur Burger. Brunnengeschichte der Stadt Basel. Basel 1970, S. 112.
224 Merian Manuskript, p. 125.
225 Flückiger-Seiler 2003, S. 86.
226 Stocker 1879 (16. Okt.).
227 Buess AG, Gelterkinden. Hotel «Drei Könige» – Voruntersuchung, August 2004. Weiterführende Untersuchungen und Bestandesaufnahme, September/Oktober 2004.
228 Avis-Blatt Nr. 129, 28. Okt. 1843.
229 Jost Schmid. Der Opsersaal im Historischen und Völkerkundemuseum St. Gallen. 2005 (Manuskript).
230 Streuber 1854, S. 345.
231 Nagel/von Roda 1998, S. 191ff., 360.
232 Flückiger-Seiler 2003, S. 180.
233 Ich danke Herrn Bryan Stone, Ettingen, für die aufschlussreichen Informationen zur englischen Kirche in Basel.
234 Merian Manuskript, p. 125f.
235 StABS Bau BB 2, 18. Mai 1900. – StABS Bau J 1, 1900.
236 StABS Bau J 1, 3. April 1903.
237 Hotel LTR, Aktensammlung, 22. März 1911. – SWA PA 510, 9040/1–2, Bau- und Detailpläne.
238 SWA PA 510, 9040/1. – StABS Baupläne, Blumenrain 8, 1915/164.
239 StABS Bau BB 2, 1935–1936.
240 StABS Baupläne, Blumenrain 8/10, 1936/1043 und 1936/1144.
241 StABS Baupläne, Blumenrain 8/10, 1954/134.
242 Karl Baedeker. Die Schweiz. Handbuch für Reisende. Koblenz 1851.

243 Karl Baedeker. Die Schweiz nebst den angrenzenden Theilen von Oberitalien, Savoyen und Tirol. Handbuch für Reisende. Leipzig 1881, S. 3.
244 StABS Beleuchtung N 4, Verzeichnis der Gas-Abonnenten bis zum 1. Febr. 1854.
245 StABS Elektrizität A 5, 23. Nov. 1882 und 8. Juli 1892.
246 Die Hotels der Schweiz. Hrsg. vom Schweizer Hotelier-Verein. Basel 1898, S. 70.
247 BN 28. Juli 1891. – Die Schweiz. Praktisches Handbuch für Reisende. Bearbeitet von Th. Stromer. Berlin 1891.
248 Stocker 1879 (16. Okt.).
249 StABS Planarchiv E 5, 247. – StABS Protokolle D 4, 25, p. 30 (6. Febr. 1856).
250 StABS Baupläne, Blumenrain 8, 1883/373.
251 StABS Baupläne, Blumenrain 8, 1897/114.
252 StABS Brunn M 8, 10. Juni 1844. – StABS Protokolle H 1.40, p. 91.
253 Hotel LTR, Aktensammlung, Inventar des Hotels vom 1. Oktober 1908.
254 SWA PA 510, 9040/1–2, Pläne zu den Sanitärinstallationen.
255 Senn 1940, S. 66–71 (Vater Friedrich Senn) und S. 72–74 (Johann Jakob Senn) sowie S. 91 (Stammtafel).
256 StABS ZA Schneidern 15, sub dato.
257 1828 wurde Senn, durch die Zunft verklagt, vom Zivilgericht mit 4 Franken gebüsst, weil er einen Gesellen ohne Entlassungspapiere des vorherigen Meisters eingestellt hatte. Zornig deponierte er 1829 im März bei seinen Zunftvorgesetzten, er werde sich fortan «keinem als in die vom Rath ratifizirten Gesetz» fügen, und unterstrich selbstbewusst: «welches Sie als eine gänzlich förmliche Erklärung betrachten wollen». Senn wusste genau, dass die lockere Handhabung der Einstellungspraxis von Gesellen bei seinen Kollegen gang und gäbe war und Neider die Klage bewirkt hatten. StABS ZA Schneidern A 1.
258 StABS ZA Schneidern B 5.
259 Für die Zeit Senns sind nur Gesellenbewegungen von 1829 bis 1831 fassbar. Offenbar blieben die wandernden Schneider jeweils nur wenige Wochen. In den drei Jahren wurden bei Senn je zwei auswärtige Gesellen pro Jahr als Weiterreisende vermerkt. StABS Schneidern B 4.
260 FA Iselin § 156. Unterlagen über die im Hotel investierten Summen.
261 Leider brechen die gedruckten Universitätsmatrikeln von Königsberg vor Walds Studienzeit ab.
262 Leichenrede für Frau Lydia Wald-Linder, 2. April 1889: StABS Leichenreden LA 29. März 1889.
263 Stadtarchiv Thun, Thuner Chronik 27. September 1856. Ich danke Herrn Dr. Jon Keller, Stadtarchivar in Thun, für die wertvollen Angaben.
264 Ebd. 30. Juni 1855.
265 BN 16. März 1883 (Nachruf).
266 Ebd. 9. April 1859.
267 Ebd. 19. Juli 1859.
268 Ebd. 2. Dez. 1865.
269 Kantonsblatt BS 1866 1. Abt., S. 11.
270 Goldenes Buch 3. März 1866.
271 Ebd. 18. Juli 1870: «Madame la comtesse de Flandre».
272 Ebd. 7. Juli 1870 zusammen mit dem Herzog und der Herzogin von Hamilton, geb. von Baden.
273 Leichenrede, s. Anm. 262.
274 BN 16. März 1883.
275 Kantonsblatt BS 1878 1. Abt., S. 288f. 17. März 1874.
276 StABS Ratsbücher P 12a. Aufnahme 13. April (Grosser Stadtrat) und 4. Mai (Grosser Rat) 1868.
277 Ebd.
278 Einsprache gegen Einstufung des Hotels Drei Könige in die höchste Steuerklasse, 23. März 1888. StABS Finanz Reg. 4a 4-1-2 (1) 37 Taverne 8 Blumenrain Hotel 3 Könige. Flück bezahlte 1888 2030 Franken für die jährliche Patentbewilligung.
279 Kantonsblatt BS 1890 1. Abt., S. 563 11. Juli 1890.
280 StABS Leichenreden LA 20. April 1918, aus der alle hier verwendeten biographischen Angaben stammen.
281 StABS PA 146 P 9, 70.
282 Kantonsblatt BS 1903 1. Abt., S. 531 17. März 1903.
283 Goldenes Buch 13. Mai 1904.
284 Ebd. 17. Mai 1905.
285 Ebd. 15. Nov. 1905.
286 Ebd. 3. Dez. 1905.
287 Nachruf in: BaZ 28. Okt. 1919.
288 Aufzeichnungen von Frau Liliane Schär-Bossi, Arlesheim. Handschriftliches Menü im Besitz von Frau Hélène Knobel Bossi, Morges. Bei den Speisen, aufgeteilt in ein siebengängiges Menü, fehlten weder Kaviar noch Gänseleber. An Fleisch gab es Ochse, Kalb, Reh, Geflügel, der Weisswein stammte aus Stäfa, der Rotwein war ein Bordeaux (nicht näher bezeichnet), als Dessertrunk wurde Krambambuli gereicht.
289 Ebd.
290 Ebd. General Wille und vermutlich sein Stab hatten im Hotel Drei Könige nachweislich 1915 Quartier (vgl. Abb. 141, S. 113).
291 Bossi war Präsident des Basler Hotelier-Vereins von 1913 bis 1916. Basler Hotelier-Verein 1983, S. 23 u. 39.
292 Freundliche Mitteilung von Frau Liliane Schär-Bossi, Arlesheim.
293 Das Hotel Bürgenstock gehörte mit anderen Grandhotels der legendären Familie Bucher-Durrer, die über die Familie Tuor mit den Bossi verschwägert war. Die Tendenz zu Heiraten innerhalb von Gastgewerbefamilien ist noch nirgends systematisch untersucht oder begründet worden. Dabei ist anzumerken, dass die spärliche Freizeit im Gastgewerbe Bekanntschaften auf der Berufsebene – wie anderswo – sicher mitverursacht hat. Ein Beweggrund für solche Heiraten dürfte im Zweckdenken liegen, denn grundsätzlich war in von Familien betriebenen Gasthöfen eine einschlägig geschulte Person wesentlich geeigneter als eine, die keinerlei Berufserfahrung mitbrachte.
294 Vgl. Nachrufe BN 29. Okt. 1975 und Luzerner Tagblatt 8. Nov. 1975.
295 BN 5./6. Mai 1934; NZ 4. Mai 1934.
296 BN 8. Nov. 1936.
297 BN Sonderbeilage 3./4. April 1937.

298 NZ 6. Jan. 1938.
299 Ebd.
300 Die Nennung der Rangstufen in der Armee setzte Kienberger angesichts des Krieges bewusst ein. Sein Curriculum Vitae in Stichworten und der zusammenhängende Lebenslauf in schöner Handschrift: Sicherheitsdepartement Basel-Stadt, Bewilligungen, Akten-Nr. 82-440.
301 Ebd. sowie mündliche Auskünfte von Frau Dr. Ursula Kienberger, Basel.
302 Ebd.
303 Vgl. biographische Artikel in: NZ 27.1.1965; Basler Woche 22.7.1977; Basler Volksblatt 14.7.1977; BaZ 13.7.1977; BaZ 29.11.1983.
304 Auskünfte von ehemaligen Angestellten und von der Familie Kienberger, Basel und Chicago.
305 Die folgenden Angaben zu den einzelnen Hoteliers und Patentinhabern sind verzeichnet in den Akten des Sicherheitsdepartements Basel-Stadt, Bewilligungsbüro.
306 Koelner 1954, S. 108.
307 Ebd. S. 155ff.
308 Ebd. S. 122-156.
309 Tagblatt Basel, 11. und 12. Dez. 1845.
310 Ebd. 9. Juni 1846.
311 Ebd. 2. Febr., 3. April, 28. April, 31. Mai, 12. Juni 1854, teils mit den Herren Burnet und Johns.
312 Die Mitteilungen zur Eisenbahngeschichte verdanke ich dem grössten Kenner in der Schweiz, Herrn Bryan Stone, Eisenbahningenieur, Ettingen.
313 Die ausführlichen Unterlagen zum Omnibus-, Autobus- und Taxiverkehr vom und zum Hotel Drei Könige liegen im Firmenarchiv Settelen in Basel. Ich danke Herrn lic. phil. Mike Gosteli, dem Firmenarchivar, für seine wertvollen Informationen.
314 «Hr. Guillon, Daguerreotyp.[ist] aus Paris». Tagblatt Basel, 16. März-18. Mai 1849.
315 Graf Charles Joseph Edmond de Bois-Le-Comte (1796-1863), seit 1846 im Dienst von Louis-Philippe Gesandter Frankreichs in der Schweiz. Es steht ausser Zweifel, dass der Graf von Basel aus seine Tätigkeit entfaltete, von sicherem, neutralem Gelände aus. Seine Intervention zugunsten der Kantonssouveränität (der Sonderbund war zerschlagen) erfolgte am 18. Januar 1848, sein letzter Eintrag im Fremdenregister der «Drei Könige» datiert vom 12. Januar 1848. Vgl. HBLS Bd. 2, S. 293.
316 Wackernagel 1895, S. 89ff. Das Strassburgerdenkmal am Centralbahnplatz, geschaffen vom berühmten Bildhauer Frédéric Auguste Bartholdi, im Volksmund «Druggete» genannt (weil viele Figuren auf engem Raum stehen), ist das bleibende Zeichen der Dankbarkeit für den humanitären Einsatz der Schweiz im Krieg von 1870/71.
317 Tagblatt Basel, 27. Okt. 1838. Mit Frau, Familie und Gefolge zehn Personen.
318 Ebd. 4. Okt. 1838. Mit Frau, Familie und Gefolge zehn Personen.
319 Ebd. 6. März 1846.
320 Ebd. 5. November 1845. Mit Familie unterwegs.
321 Ebd. 23. Juli 1852. Mit Familie unterwegs.
322 Vgl. dazu die Standardwerke: Merian 1920 sowie Schibli 1999.
323 StABS Straf und Polizei F 3A. Von 1882 bis 1889 erscheint der Berner Leist (svw. Bernerverein in Basel) viermal, das «Spalenkämmerli» einmal, daneben drei Hochzeitsgesellschaften, die Tanzbewilligung wird jeweils bis vier Uhr früh erteilt, die Gebühren schwanken zwischen 10 und 20 Franken.
324 Das berühmte Ständchen für Richard Wagner am 6. Oktober 1853 S. 142.
325 Das Goldene Buch des Hotels verzeichnet sie erst tief im 20. Jahrhundert nach dem Zufallsprinzip, und das bekannte Fremdenblatt von 1838 bis 1854 ist über weite Partien zu dürftig, weil es Vornamen und Berufe der Gäste oft gar nicht erwähnt.
326 Ehepaar Roland und Vreni Kupper in Basel, denen ich viele wertvollste Hinweise und Bildvorlagen verdanke.
327 Die handschriftlichen Tagebücher werden in der Universitätsbibliothek Basel aufbewahrt und harren der Bearbeitung.
328 Tagblatt Basel 2. Aug. 1842. Der flüchtige Setzer verwechselte die beiden, indem er D. Mendelssohn zum Kapellmeister, F. Mendelssohn zum Bankier machte.
329 Meier 1988 Bd. 2, S. 59.
330 Mcrian 1920, S. 52ff.
331 HBLS Bd. 6, S. 226.
332 Schanzlin 1981, S. 163-169.
333 Privatbesitz Basel: Tagebuch des Daniel Heusler-Thurneysen (1812-1874), zitiert auch bei Schanzlin 1981, S. 163.
334 Ehinger 1961, S. 81.
335 Wagner 1969, S. 513f.
336 Ebd. S. 514. Vgl. Gregor-Dellin 1972, S. 70f.
337 Tagblatt Basel 13.-25. April 1846.
338 Herzfeld 1957, S. 85.
339 Brief vom 27. Febr. 1900. Ferruccio Busoni: Briefe an seine Frau. Hg. von Friedrich Schnapp. Zürich/Leipzig 1935, S. 33-36.
340 Schibli 1999, S. 203 u. passim.
341 Quellen: Goldenes Buch. Schibli 1999, S. 161-164.
342 Ich danke den Nachkommen von Lothar Löffler in Riehen für die freundlichen Auskünfte und wertvolle Unterlagen.
343 Dickens/Collins 1868, S. 129.
344 Ebd. S. 127.
345 Trollope 1865.
346 About 1865.
347 Ebd. S. 106.
348 Ebd. S. 107 (Übers. d. Autors).
349 Ebd. S. 109.
350 Tagblatt Basel, 18. Mai 1846.
351 Inge u. Peter Rippmann (Hg.). Ludwig Börne. Sämtliche Schriften. Bd. 5, Düsseldorf/Darmstadt 1964-1968, S. 372f. Ich danke Herrn und Frau Rippmann, Basel, für den Hinweis.
352 Kopp 2005. Vgl. BaZ Regiomagazin 13. Dez. 2005.
353 Julien Green. Meine Städte. Ein Reisetagebuch 1920-1984. München 1984, S. 37-39.
354 Ulrich Becher. Nachtigall will zum Vater fliegen. Ein Zyklus New Yorker Novellen in vier Nächten. Wien 1950, S. 371(-384).

355 Clara Benedict. The Benedicts Abroad. London 1930, S. 563 (15. Nov. 1921).
356 Ebd. S. 456 (Anm.).
357 Moirandat Company AG. Autographen, Handschriften, Widmungsexemplare. Katalog der Auktion 6. Basel 2006, Nr. 630 S. 282f.
358 Tagblatt Basel 30. Okt. 1839. Thieme-Becker Bd. 17, S. 240f.
359 Ebd. 24.-27. Okt. 1846. Thieme-Becker Bd. 23, S. 407.
360 Ebd. 19. April 1846.
361 Ebd. 19. Mai 1846.
362 Ebd. 12. Mai 1846. Thieme-Becker Bd. 3, S. 498.
363 Ebd. 28. Mai 1846. Saur Künstlerlexikon Bd. 30, S. 420f.
364 Freundliche Mitteilung von Herrn Bryan Stone, Ettingen.
365 Aleksandr N. Benua (sic). Moi wospominanija (= Alexander N. Benois. Meine Erinnerungen). Bd. 2. Moskau 1980, S. 23. Freundliche Mitteilung und Übersetzung von Herrn Heinrich Riggenbach, Basel.
366 Scherz 1968, S. 47f.
367 Freundliche Mitteilung von Herrn Kurt Wyss, Basel, einem Zeugen des Interviews.
368 Goldenes Buch 2. Sept. 1962.
369 Freundliche Mitteilungen von Herrn Kurt Wyss, Basel, der diese Aufenthalte in Bildern dokumentiert hat.
370 Teilweise eingetragen im Goldenen Buch, aber ohne die Kaiserin von Japan.
371 Brinker-Gabler/Ludwig/Wöffen 1986, sub voce. Vgl.www.wortblume.de/dichterinnen/aston_b.htm.
372 Eintrag sub dato im Tagblatt Basel.
373 Herzl 1983-1996 Bd. 1, S. 224f. Vom 30. zum 31. Juli. Vermutlich übernachtete Herzl im Hotel Drei Könige.
374 Freundliche Mitteilung von Dr. Erik Petry, Basel.
375 Israel Zangwill (1864-1926), englischer Erzähler und Dramatiker, lange Gefolgsmann Herzls, wendet sich 1905 vom dominierenden Zionismus ab und gründet die Jewish Territorial Organization (ITO), die eine Siedlung der Juden ausserhalb Palästinas unterstützt. Die ITO erreicht die Ansiedlung mehrerer Tausend Juden in Texas vor dem Ersten Weltkrieg. Vgl. Schoeps 1998, S. 492.
376 Kury 1999, S. 184.
377 Leider fehlen für diese Zeit Gästelisten, so dass wir nicht wissen, welche Gesprächspartner im Hotel gewohnt und welche nur das Restaurant besucht haben.
378 Gustav Gabriel Cohen (1830-1906), Bankier in Hamburg, Vorläufer Herzls, publizierte 1891 *Die Judenfrage und die Zukunft*. Herzl 1983-1996 Bd. 2, S. 904f.
379 Herzl 1983-1996 Bd. 2, S. 542.
380 Das Bild kann 1901 oder 1903 entstanden sein. Vgl. Kury 1999, S. 183.
381 Ebd. S. 183.
382 Nach dem 1. Zionistenkongress schreibt Herzl am 3. September 1897 in sein Tagebuch: «Fasse ich den Baseler Congress in ein Wort zusammen – das ich mich hüten werde öffentlich auszusprechen – so ist es dieses: in Basel habe ich den Judenstaat gegründet.» Herzl 1983-1996 Bd. 2, S. 538.
383 Dieser Text stützt sich zur Hauptsache auf eine umfangreiche Dokumentation von Herrn Werner Schön, Völklingen, der mir in dankenswerter Weise alle Unterlagen zur Verfügung gestellt hat. Die ganze Sühnereise wird von ihm für eine Publikation vorbereitet.
384 Die Presse verwendete durchweg den Namen «Tschun» in deutscher Umschrift. Bernardo Bertoluccis Film «Der letzte Kaiser» hat diese Endzeit des Chinesischen Kaiserreichs bekannt gemacht.
385 Klemens August Freiherr von Ketteler (1853-1900).
386 Die Delegation und ihre deutschen Bewacher schifften sich auf dem Dampfer «Bayern» ein, der am 20. Juli in See stach. Weitere deutsche Offiziere zur Begleitung warteten ebenfalls im Hotel Drei Könige. Vgl. BJb 1902, S. 288. Der deutsche Geheimdienst war auf der ganzen Reise eingebunden und berichtete regelmässig nach Berlin, Depeschen wechselten täglich zwischen Basel und Berlin sowie Basel und Peking. Dokumentation im Archiv Schön (Akten des Auswärtigen Amtes).
387 NZ 28. Aug. 1901.
388 Ebd.
389 NZ 3. Sept. 1901.
390 Ebd.
391 Die ganze peinliche Affäre wurde von einer Frau unter dem Pseudonym «Trilby» in der Berliner Damen Zeitung Nr. 39 am 29. Sept. 1901, S. 617f., enthüllt.
392 Deutschland, Grossbritannien, Frankreich, Japan, USA. Unterlagen des Auswärtigen Amtes Berlin (Kopien) im Archiv Schön. Offenbar hat z.B. Deutschland bis ins Dritte Reich hinein von den Schuldabtragungen aus China profitiert.
393 Ein Beweis für die politische Wichtigkeit des Handelsplatzes Basel, der die eigentliche Ambassadorenstadt Solothurn um ein Vielfaches übertraf.
394 Vgl. von Schildenfeld 1963, S. 7f.
395 Vgl. Charles-Daniel Bourcart. Aus den Erinnerungen eines Diplomaten. BJb 1941, S. 40f., sowie Carl Jakob Burckhardt. Memorabilien. Erinnerungen und Begegnungen. München [4]1974, S. 343-346 (mit hervorragender Charakterisierung des Erzherzogs). Es muss offenbleiben, ob nun Minister Bourcart oder C. J. Burckhardt die entscheidenden Impulse für das Basler Exil gegeben hat. Der Minister war immerhin Geschäftsträger, Burckhardt sein Angestellter.
396 Erzherzog Eugen hatte ein Wohnzimmer, ein Schlafzimmer und ein Bad sowie eine eigene Bedienung zur Verfügung. Er kam am 5. Mai 1919 an und blieb bis zum 23. Mai 1934, die späteren Besuche lassen sich nur schwer genau datieren. Freundliche Mitteilungen von Frau Liliane Schär-Bossi, Arlesheim, und Herrn Dr. Andreas Morel, Basel, der in seiner Studienzeit in Wien bei Frau von Schildenfeld logierte.
397 Mündliche Mitteilung aus dem Jahr 1966 von Prof. Dr. Hans Georg Wackernagel an den Autor und Auskünfte von diversen Basler Familien.
398 Partes pro toto: Frau Liliane Schär-Bossi war im Besitz der Brosche aus dem Nachlass ihrer Mutter, Dr. Andreas Morel besitzt eine Pillendose mit den Initialen des Erzherzogs, das Staatsarchiv Basel-Stadt (PA) sowie viele Basler Familien verwahren diverse originale Briefe.

399 Ein Beispiel vom 6. Mai 1932 an Hauptmann Karger ist im Gang des Hotels zwischen Eingang und Brasserie ausgestellt.
400 Original im Besitz der Sammlung Stefanini. Der Erzherzog und Schönauer stehen vor dem Antiquitätengeschäft Segal. Angeblich hat der Erzherzog hin und wieder Antiquitätenhandel betrieben. Freundliche Mitteilung von Herrn Dr. Georges Segal, Basel.
401 Mündliche Mitteilungen diverser Verwandter des Hauses Habsburg. Vgl. dazu von Schildenfeld 1963, S. 32, wo auf die belegte Frömmigkeit und das gewahrte Zölibat des Erzherzogs hingewiesen wird.
402 Laut von Schildenfeld 1963, S. 20, waren es ursprünglich über 400 Briefe. Die Glückwünsche sind sorgfältig koordiniert und dem Jubilar in einer kunstvollen kaschierten und bemalten, mit Schubladen versehenen Schatulle überreicht worden. Die Baronin von Schildenfeld hat sie 1959 unversehrt dem Staatsarchiv Basel geschenkt. Der Inhalt vereinigt autochthone und entliehene Poesie, Musikpartituren und graphische Kleinkunstwerke und vermittelt einen Querschnitt durch die Basler Kultur- und Sozialgeschichte jener Zeit. StABS PA 700.
403 Bis vor wenigen Jahren im Besitz von Frau Liliane Schär-Bossi, Arlesheim, und leider bei einem Einbruchdiebstahl entwendet.
404 Das Gedenkbuch von Zoë von Schildenfeld (von Schildenfeld 1963) trägt die Widmung an die Stadt Basel «als Dank für die Erzherzog Eugen erwiesene Gastfreundschaft während 15 Exiljahren». Es enthält die ausführliche, anrührende Biographie aus der Sicht einer Liebenden.
405 BaZ 18. Jan. 1985 («Erbstreit um Millionen»).
406 Freundliche Mitteilung von Dr. Urs A. Müller, Archivar der UBS, Basel.
407 Freundliche Mitteilung von Frau Dr. Ursula Kienberger, Basel.
408 Basierend auf einem Interview des Autors mit Moritz Suter, Ende März 2006.
409 John Murray. A Hand-Book for Travellers in Switzerland and the Alps of Savoy and Piedmont. London 1843, S. 1. «Drei Könige, gut gelegen, mit Blick auf den Rhein, der die Mauern entlangspült – eine gute Herberge, aber teuer; bei weitem die beste hier; das Haus ist im grossen Stile wiederaufgebaut und sehr verbessert worden, 1842» (übersetzt von Christian Russé, Halle [Saale]).
410 Von Heinrich Riggenbach, Basel, übersetzt aus: Stanislaw Egbert Koźmian. Podóż nad Renem i w Szwajcaryi (w 1846 roku odbyta). Posen 1877.
411 Streuber 1854, S. 344–346.
412 Robert Ferguson. Swiss Men and Swiss Mountains. London 1854, S. 3, 8. «Auf den Reisenden, der auf der Schwelle der Schweiz steht und im Voraus die Wonnen der Reise geniesst, muss es einen tiefen Eindruck machen, wenn er von dem langen Balcon der drei Könige auf den rasch dahinschiessenden Rhein hinabblickt, und bedenkt, welche wunderbare Macht und Schönheit das Niedergleiten dieses Stromes nach dem Thale begleiten. […] In dem Panorama des Rheins bildet der Gasthof zu den drei Königen einen hervorragenden Zug, und kein Versunkensein in poetische Träumereien hielt mich ab, zu bedenken, dass um sechs Uhr daselbst table d'hôte war. Den nächsten Morgen brachte mir die Wäscherin drei Hemden zurück, die ich ihr zum Waschen gegeben hatte; und der Zauber, der mich an Basel gebannt hielt, war gelöst» (Robert Ferguson. Leute und Berge. Reisebilder aus der Schweiz. Leipzig 1855, S. 6, 12).
413 Hans Christian Andersen. «Ja, ich bin ein seltsames Wesen». Tagebücher 1825–1875. Bd. 2. Hg. von Gisela Perlet. Göttingen 2000, S. 500.
414 Von Verena Stössinger, Basel, übersetzt aus: Hans Christian Andersen. Dagbøger. Bd. 10. København 1975, S. 74.
415 The complete works of John Ruskin Bd. 36. The letters of John Ruskin, 1870–1889. Hrsg. von E. T. Cook/Alexander Wedderburn. London 1909, S. 370. «Wie liebte ich doch das alte ‹Trois Rois› und das Rauschen des Wassers unter den Fenstern» (übersetzt von Christian Russé, Halle [Saale]).
416 Thomas Mann. Tagebücher 1933–1934. Hg. von Inge Jensen. Frankfurt a.M. 1977, S. 46.

Das Grandhotel Les Trois Rois heute

417 StABS Bau BB 2, 18. Dez. 1899.
418 Anselmetti 2006.
419 SBZ 36 (1900), S. 139.
420 SBZ 37 (1901), S. 74, 136f., 148f., 150f., 161. – StABS Baupläne, Blumenrain 2, 10. April 1902.
421 Doris Fellenstein Wirth. Die Basler Kantonalbank (1899–1999). In: Basler Kantonalbank, Geschäftsbericht. Basel 1999, S. 3f.
422 StABS Bau BB 2.
423 StABS Bau BB 2, 22. Febr. 1938.
424 Reinle 1962, S. 99.

Literatur-, Quellen- und Abkürzungsverzeichnis

About 1865 Edmond About. Trente et Quarante. Paris 1865.
ADB Allgemeine Deutsche Biographie. Hg. von der Historischen Commission bei der Königlichen Akademie der Wissenschaften. 56 Bde. Leipzig 1875–1912 (Nachdruck: Berlin 1967–1971).
Anselmetti 2006 Romana Anselmetti. Blumenrain 2. Erweitertes Inventar. Beilage zur Unterschutzstellung. Basler Denkmalpflege 2006.

Barth 1900 Hans Barth. Mengaud und die Revolutionierung der Schweiz. In: BJb 1900, S. 136–204.
Basler Hotelier-Verein 1983 Basler Hotelier-Verein (Hg.). 100 Jahre Basler Hotellerie. Basler Hotelier-Verein 1883–1983. Basel 1983.
Baur Sarasin/Dettwiler 1999 Esther Baur Sarasin, Walter Dettwiler (Hg.). Bildgeschichten: aus der Bildersammlung des Staatsarchivs Basel-Stadt 1899–1999. Basel 1999.
BaZ Basler Zeitung. Basel 1977ff.
Bieler 1930 Johann Heinrich Bieler (1710–1777). Im Schatten unserer Gnädigen Herren. Aufzeichnungen eines Basler Überreiters 1720–1772. Hg. von Paul Kölner. Basel 1930.
Bilfinger 2005 Monica Bilfinger. Der Bernerhof in Bern (Schweizerische Kunstführer, Ser. 77, 770). Bern 2005.
BJb Basler Jahrbuch. Basel 1879–1959.
BN Basler Nachrichten. Basel 1856–1977.
Bourcart 1908 Charles D. Bourcart. William Wickham, britischer Gesandter in der Schweiz (1794–97 und 1799) in seinen Beziehungen zu Basel. Sonderdruck aus: BZ, 7 (1908), S. 1–78.
Brinker-Gabler/Ludwig/Wöffen 1986 Gisela Brinker-Gabler, Karola Ludwig, Angela Wöffen. Lexikon deutschsprachiger Schriftstellerinnen 1800–1945. München 1986.
BUB Historische und Antiquarische Gesellschaft zu Basel (Hg.), Rudolf Wackernagel, Rudolf Thommen (Bearbeitung). Urkundenbuch der Stadt Basel. Bd. 1–10. Basel 1893–1908.
Burckhardt-Finsler 1899 Albert Burckhardt-Finsler. Die Revolution zu Basel im Jahre 1798. In: BJb 1899, S. 1–80.
Burckhardt-Sarasin 1953 Carl Burckhardt-Sarasin. Ratsherr Emanuel Burckhardt-Sarasin und sein «Ratsherrenkasten». In: BJb 1953, S. 67–99.
Burckhardt-Werthemann 1925 Daniel Burckhardt-Werthemann. Häuser und Gestalten aus Basels Vergangenheit. Basel 1925.
Burckhardt-Werthemann 1946 Daniel Burckhardt-Werthemann. Bilder und Stimmen aus dem verschwundenen Basel. Basel 1946.
Burckhardt-Werthemann 1948 Daniel Burckhardt-Werthemann. Vom alten Basel und seinen Gästen. Basel 1948.
Burckhardt-Wildt 1997 Daniel Burckhardt-Wildt. Tag=Buch der Merckwürdigsten Vorfällen, welche sich seit dem Jahr 1798 in diesen für unsere Stadt Basel unvergesslichen Zeiten zugetragen haben. Hg. von André Salvisberg (Quellenedition der Peter Ochs Gesellschaft, Bd. 2). Basel 1997.
Buxtorf-Falkeisen 1863–1868 Carl Buxtorf-Falkeisen. Baslerische Stadt- und Landgeschichten aus dem Sechszehnten Jahrhundert. 4 Hefte. Basel 1863–1868.
Buxtorf-Falkeisen 1872–1877 Carl Buxtorf-Falkeisen. Baslerische Stadt- und Landgeschichten aus dem Siebzehnten Jahrhundert. 3 Hefte. Basel 1872–1877.

BZ Basler Zeitschrift für Geschichte und Altertumskunde. Hg. von der Historischen und Antiquarischen Gesellschaft zu Basel. Basel 1901/02ff.

Chronik Beck CRONICA / oder / Geschicht-Buch / Sonderlich / Was allhier zu Bassel / Passiert. / Von / Ludwig Beckh / Den Seinigen Zur / Nachricht / auffgesetzt / Erster Theil / Von / 1312 biß 1739. Manuskript (Privatbesitz).
Chronik von Brunn Samuel von Brunn (1660–1727). Chronick vieler merkwürdiger Geschichten […]. StABS PA 816/81.
Cordes 1993 Albrecht Cordes. Stuben und Stubengesellschaften, zur dörflichen und kleinstädtischen Verfassungsgeschichte am Oberrhein und in der Nordschweiz (Quellen und Forschungen zur Agrargeschichte, Bd. 38). Stuttgart 1993.

Dickens/Collins 1868 Charles Dickens, Wilkie Collins. No Thoroughfare. To which is added The late Miss Hollingford (Collection of British Authors, Vol. 961). Leipzig 1868 [3. Kapitel: «In the Valley»].

Eckenstein 1902 Eduard Eckenstein. Geschichte der Bierbrauerei Basels. Basel 1902.
Ehinger 1961 Hans Ehinger. Die beiden Reisen Robert Schumanns. Sonderdruck aus: Schweiz. Jahrbuch «Die Ernte», 1961, S. 65–81.
Erne Emil Erne. Helvetische Gesellschaft. In: HLS, www.hls-dhs-dss.ch.

FA Familienarchiv.
Flückiger-Seiler 2003 Roland Flückiger-Seiler. Hotelpaläste zwischen Traum und Wirklichkeit. Schweizer Tourismus und Hotelbau 1830–1920. Baden 2003.
Frey 1876 Hans Frey. Die Staatsumwälzung des Cantons Basel im Jahre 1798 (NjBl, 54). Basel 1876.
Frey 1926 Jean Richard Frey. Die Rheinschiffahrt nach Basel. Zürich 1926.
Frey 1932 Robert Frey. Das Fuhrwesen in Basel von 1682–1848 mit besonderer Berücksichtigung der schweizerischen Fuhren. Ein Beitrag zur Verkehrsgeschichte der Schweiz. Basel 1932 (Diss. phil. Univ. Basel 1932).

Gast 1856 Johannes Gast. Gast's Tagebuch. In Auszügen behandelt von Tryphius. Hg. u. übers. von Carl Buxtorf-Falkeisen. Basel 1856.
Geering 1886 Traugott Geering. Handel und Industrie der Stadt Basel. Zunftwesen und Wirtschaftsgeschichte bis zum Ende des XVII. Jahrhunderts. Basel 1886.
Goldenes Buch Früher «Fürstenbuch» genannt. Gästebuch des Hotels Drei Könige, angelegt von Julius Wald-Linder ca. 1866 unter Verwendung ausgeschnittener Gästeeinträge 1844. Zwei Exemplare: Original und Faksimilekopie, in der Letzteren rezente Gästeeinträge bis 2004. Nicht paginiert. Die Auswahl der Gäste war zuerst ausschliesslich auf den Hochadel konzentriert, nach 1900 wurden auch weitere Persönlichkeiten verzeichnet.
Gregor-Dellin 1972 Martin Gregor-Dellin. Wagner-Chronik. Daten zu Leben und Werk (Reihe Hanser, 97). München 1972.

Haumann 1997 Heiko Haumann (Hg.). Der Erste Zionistenkongress von 1897. Ursachen, Bedeutung, Aktualität. «... in Basel habe ich den Judenstaat gegründet». Basel u.a. 1997 (Begleitpublikation zur 100-Jahr-Feier und zur Ausstellung in der Kunsthalle Basel, 26.6. bis 7.9.1997).

HBLS Historisch-biographisches Lexikon der Schweiz. 7 Bde. u. Suppl. Neuenburg 1921–1934.

Heise 1993 Ulla Heise. Der Gastwirt. Geschäftsmann und Seelentröster (Historische Berufsbilder). Leipzig 1993.

Hersberger-Girardin/Hersberger-Lienhard 1968 Adolf E. Hersberger-Girardin, Pierre A. Hersberger-Lienhard. E.E. Zunft zu Gartnern, Basel. Festschrift zum 700jährigen Jubiläum. Basel 1968.

Herzfeld 1957 Friedrich Herzfeld. Lexikon der Musik. Berlin 1957.

Herzl 1983–1996 Theodor Herzl. Briefe und Tagebücher. 7 Bde. Berlin u.a. 1983–1996.

Heusler 1920 Andreas Heusler. Geschichte der Stadt Basel. Basel ³1920.

HGB Historisches Grundbuch der Stadt Basel im StABS.

HLS Historisches Lexikon der Schweiz. Hg. von der Stiftung Historisches Lexikon der Schweiz. Basel 2002ff.

Huber 1993 Dorothee Huber. Architekturführer Basel. Die Baugeschichte der Stadt und ihrer Umgebung. Basel 1993.

Joneli 1929 Hans Joneli. Der Gasthof zur Goldenen Blume zu Basel. In: Der Basilisk, 9 (1929), 41.

Joneli 1937 Hans Joneli. Das Haus «Zur kleinen Blume» und der «Gasthof zu den Drei Königen». In: NZ 4. April 1937.

Kachel 1924 Johanna Kachel. Herberge und Gastwirtschaft in Deutschland bis zum 17. Jahrhundert (VSWG Beihefte, 3). Stuttgart 1924.

Kantonsblatt BS Kantonsblatt Basel-Stadt. Basel 1798ff.

Koelner 1953 Paul Koelner. Die Zunft zum Schlüssel in Basel. Basel 1953.

Koelner 1954 Paul Koelner. Die Basler Rheinschiffahrt vom Mittelalter zur Neuzeit (Schriftenreihe der Basler Vereinigung für schweizerische Schiffahrt, Bd. 1). Basel ²1954.

Kopp 1992 Peter Ferdinand Kopp. Peter Ochs, sein Leben nach Selbstzeugnissen erzählt und mit authentischen Bildern reich illustriert. Basel 1992.

Kopp 2005 Peter Ferdinand Kopp. Rilke und Basel. Der Dichter auf dem Schönenberg – Freunde – Auswirkungen. In: Baselbieter Heimatblätter, 70 (2005), 3, S. 97–152.

Kümin 2004 Beat Kümin. Wirtshaus und Gemeinde. Politisches Profil einer kommunalen Grundsituation im alten Europa. In: Rau/Schwerhoff 2004, S. 75–97.

Kury 1999 Patrick Kury. Zeichnen mit Licht und Hoffnung. Das bekannte Herzlporträt von Ephraim Moses Lilien. In: Baur Sarasin/Dettwiler 1999, S. 183–186.

Linder Diarium Wilhelm Linder. Diarium. 2 Bde. UBB Ms. Ki. Ar. 84 a, b.

LTR Les Trois Rois.

Matrikel Basel Die Matrikel der Universität Basel. Hg. von Hans Georg Wackernagel u.a. 5 Bde. Basel 1951–1980.

Maurer 1787 Hans-Rudolf Maurer. Beschreibung des Habspurgerbads. [Zürich] 1787.

Meier 1988 Eugen Anton Meier. Basler Almanach, ein authentischer Geschichtskalender der Stadt und Landschaft Basel durch die Jahre 374 bis 1914. 2 Bde. Basel 1988.

Merian Manuskript Amadeus Merian. Autobiographie, verfasst in den 1880er Jahren. Manuskript (Privatbesitz).

Merian 1902 Amadeus Merian. Erinnerungen von Amadeus Merian, Architekt 1808–1889. Von ihm selbst verfasste Biographie. Basel 1902.

Merian 1920 Wilhelm Merian. Basels Musikleben im XIX. Jahrhundert. Basel 1920.

Nagel/von Roda 1998 Anne Nagel, Hortensia von Roda. «... der Augenlust und dem Gemüth». Die Glasmalerei in Basel 1830–1930. Basel 1998.

NjBl Neujahrs-Blatt für Basels Jugend. Hg. von der Gesellschaft zur Beförderung des Guten und Gemeinnützigen. Basel 1821–1878.
Neujahrsblatt. Hg. von der Gesellschaft zur Beförderung des Guten und Gemeinnützigen. Basel 1879–1969.
Neujahrsblatt. Hg. von der Gesellschaft für das Gute und Gemeinnützige. Basel 1970ff.

NZ National-Zeitung. Basel 1888–1977.

Ochs 1786–1832 Peter Ochs. Geschichte der Stadt und Landschaft Basel. 8 Bde. u. 1 Registerbd. Berlin/Basel 1786–1832.

Peyer 1987 Hans Conrad Peyer. Von der Gastfreundschaft zum Gasthaus. Studien zur Gastlichkeit im Mittelalter (Schriften der Monumenta Germaniae Historica, Bd. 31). Hannover 1987.

Potthoff/Kossenhaschen 1996 Ossip D. Potthoff, Georg Kossenhaschen. Kulturgeschichte der deutschen Gaststätte. Umfassend Deutschland, Österreich, Schweiz und Deutschböhmen. Hildesheim/Zürich/New York 1996 (Nachdruck der Ausgabe Berlin 1933).

Rau/Schwerhoff 2002 Susanne Rau, Gerd Schwerhoff. Frühneuzeitliche Gasthaus-Geschichte(n) zwischen stigmatisierenden Fremdzuschreibungen und fragmentierten Geltungserzählungen. In: Gert Melville, Hans Vorländer (Hg.). Geltungsgeschichten. Über die Stabilisierung und Legitimierung institutioneller Ordnungen. Köln/Weimar/Wien 2002, S. 181–201.

Rau/Schwerhoff 2004 Susanne Rau, Gerd Schwerhoff. Zwischen Gotteshaus und Taverne. Öffentliche Räume in Spätmittelalter und Früher Neuzeit (Norm und Struktur, Bd. 21). Köln/Weimar/Wien 2004.

Reinle 1962 Adolf Reinle. Die Kunst des 19. Jahrhunderts. Architektur/Malerei/Plastik (Kunstgeschichte der Schweiz, Bd. 4). Frauenfeld 1962.

Rucki/Huber 1998 Isabelle Rucki, Dorothee Huber (Hg.). Architektenlexikon der Schweiz 19./20. Jahrhundert. Basel/Boston/Berlin 1998.

Salvisberg 1998 André Salvisberg. Revolution in Basel. Ein Lesebuch über Stadt und Landschaft Basel vom Beginn der Französischen Revolution bis zum Ende der Helvetischen Republik 1789–1803. Basel 1998.

Saur Künstlerlexikon Saur allgemeines Künstlerlexikon. Die bildenden Künstler aller Zeiten und Völker. Begr. und mithg. von Günter Meißner. München/Leipzig 1992ff.

SBZ Schweizerische Bauzeitung. Wochenschrift für Bau-, Verkehrs- und Maschinentechnik. Organ des Schweiz. Ingenieur- und Architekten-Vereins und der Gesellschaft ehemaliger Studierender des Eidgen. Polytechnikums in Zürich. Zürich 1883–1978.

Schanzlin 1961 Hans Peter Schanzlin. Frühe Aufführungen Lisztscher Werke in der Schweiz. In: BN, Sonntagsblatt, 55 (1961), 45.

Schanzlin 1981 Hans Peter Schanzlin. Liszt in Basel und die Liszt-Dokumente in der Universitätsbibliothek Basel. In: Liszt Studien, 2. Graz 1981, S. 163–171.

Scherz 1968 Bernhard Scherz. I like Pablo. Die Basler Picasso-Story. Bilder zusgest. von Kurt Wyss. Basel 1968.

Schibli 1999 Sigfried Schibli (Hg.). Musikstadt Basel. Das Basler Musikleben im 20. Jahrhundert. Basel 1999.

von Schildenfeld 1963 Zoë von Schildenfeld. Erzherzog Eugen 1863–1963. Ein Gedenkbuch. Innsbruck 1963.

Schnell 1856/1865 Johannes Schnell (Hg.). Rechtsquellen von Basel Stadt und Land. 2 Bde. Basel 1856/1865.

Schoeps 1998 Julius H. Schoeps (Hg.). Neues Lexikon des Judentums. Gütersloh 1998.

Schönberg 1879 Gustav Schönberg. Finanzverhältnisse der Stadt Basel im XIV. und XV. Jahrhundert. Tübingen 1879.

Schwabe-Burckhardt 1983 Hansrudolf Schwabe-Burckhardt. Zunft zu Weinleuten in Basel 1233–1983. Festschrift zum 750jährigen Zunftjubiläum. Basel 1983.

Schwarber 1948 Karl Schwarber. Mendelssohn und Basel. Sonderdruck aus: Basler Staatskalender. Basel 1948, S. 19–23.

Schweizer 1931 Eduard Schweizer. Eine Revolution im alten Basel. Das einundneunziger Wesen (NjBl, 109). Basel 1931.

Seiler 1908–1948 Arnold Seiler (Hg.). Stammbaum der Bürgergeschlechter von Liestal. 2 Bde. Liestal 1908–1948.

Senn 1940 Gustav Senn. Geschichte der Familie Senn aus Sissach, jetzt in Basel. Typoskriptkopie. [Basel] 1940.

SGH Schweizerische Gesellschaft für Hotelkredit, Zürich.

Spiess 1936 Otto Spiess. Basel anno 1760. Nach den Tagebüchern der ungarischen Grafen Joseph und Samuel Teleki. Basel 1936.

StABL Staatsarchiv Basel-Landschaft.

StABS Staatsarchiv Basel-Stadt.

Staehelin 1949 Felix Staehelin. Der jüngere Stuartprätendent und sein Aufenthalt in Basel 1754–1756 (Rektoratsprogramm der Universität Basel für die Jahre 1948 und 1949). Basel 1949.

Steiger 1943 H. Albert Steiger. Marquard Wocher: 1760–1830. Sonderdruck aus: BJb 1943.

Stocker 1879 Franz August Stocker. Der Gasthof zu den Drei Königen. In: BN 8., 11., 15., 16., 17. Oktober 1879.

Stocker 1890 Franz August Stocker. Basler Stadtbilder. Alte Häuser und Geschlechter. Basel 1890.

Streuber 1854 Wilhelm Theodor Streuber. Die Stadt Basel, historisch-topographisch beschrieben. Basel 1854.

SWA Schweizerisches Wirtschaftsarchiv, Basel.

Tagblatt Basel Tagblatt der Stadt Basel. Basel 1838–1862 (Titel 1838–1839: Tägliches Fremden- und Anzeigeblatt der Stadt Basel; mit Fremdenlisten bis 1854).

Tausserat-Radel 1910 Alexandre Tausserat-Radel. Papiers de Barthélemy, ambassadeur de France en Suisse, 1792–1797. Inventaire analytique des archives du Ministère des affaires étrangères. Paris 1910.

Tonjola 1661 Johannes Tonjola. Basilea sepulta, retecta, continuata. Basel 1661.

Trollope 1865 Anthony Trollope. Can You Forgive Her? Leipzig 1865 [5. Kapitel: «The Balcony at Basle»].

UBB Öffentliche Bibliothek der Universität Basel.

Vöchting-Oeri 1944 Luise Vöchting-Oeri. Der Gasthof zum Wilden Mann in Basel als Herberge vornehmer Reisender zu Beginn des 30jährigen Krieges. In: BZ, 43 (1944), S. 91–118.

VSWG Vierteljahrschrift für Sozial- und Wirtschaftsgeschichte. Stuttgart 1923ff.

Wackernagel 1895 Rudolf Wackernagel. Die Unterstützung der Stadt Strassburg durch die Schweiz im Kriegsjahr MDCCCLXX. Denkschrift zur Enthüllung des Strassburgerdenkmals in Basel. Basel 1895.

Wagner 1969 Richard Wagner. Mein Leben. Erste authentische Veröffentlichung. Hg. von Martin Gregor-Dellin. 2 Bde. München 1969.

Wanner 1964a Gustaf Adolf Wanner. James Boswell im Hotel Drei Könige. In: BN 502, 1964.

Wanner 1964b Gustaf Adolf Wanner. Seit 600 Jahren in Basel. Lebensbilder aus der Familie Iselin. Basel 1964.

Wanner 1977 Gustaf Adolf Wanner. Streiflichter aus der Geschichte des Hotels Drei Könige. In: Basler Stadtbuch 1976. Basel 1977, S. 167–176.

Weiss 1819 Johann Heinrich Weiss. Verzeichniss der in Basel verstorbenen und begrabenen Bürger und Einwohner seit dem Jahre 1730 bis 1819, gezogen aus den wöchentlichen Nachrichten und andern Hülfsquellen. Basel 1819.

Weiss 1837 Johann Heinrich Weiss. Verzeichniss der seit dem Jahr 1825 bis 1837 getrauten Ehen und gestorbenen Personen sämmtlicher Bürger und Einwohner der Stadt Basel. Aus authentischen Hülfsquellen gezogen. Basel 1837.

Weiss-Frey 1909 Friedrich Weiss-Frey. Heinrich Iselin von Rosenfeld und sein Geschlecht. Basel 1909.

Wolf 1862 Rudolf Wolf. Biographien zur Kulturgeschichte der Schweiz. Bd. 4. Zürich 1862.

Bei der Niederschrift des Beitrags «Drei Jahrhunderte Tafelkultur – ein Essay» wurden die folgenden Druckschriften, die nicht im Literaturverzeichnis aufgeführt sind, speziell berücksichtigt:

Andreae, Johann Georg Reinhard. Briefe aus der Schweitz nach Hannover geschrieben. Hannover 1764/65.

Aus einer Basler Familienchronik des Jahres 1622. In: BJb 1888, S. 199-215.

Basler Avis-Blatt. Basel 1729-1844.

de Blainville, J. Travels through Holland, Germany, Switzerland, and Other Parts of Europe. From the Author's own Manuscript. London 1743 (deutsch: Reisebeschreibung durch Holland, Oberdeutschland und die Schweiz, besonders aber durch Italien. Lemgo 1764).

Boswell on the Grand Tour: Germany and Switzerland, 1764. Melbourne/London/Toronto 1953.

[Buchinger, Bernardin]. Koch-Buch. Molsheim 1671.

Burckhardt, Albert. Basel zur Zeit des dreissigjährigen Krieges (NjBl, 58/59). Basel 1880/81.

Burckhardt, L[udwig] A[ugust]. Der Kanton Basel (Historisch-geographisch-statistisches Gemälde der Schweiz, 11). St. Gallen/Bern 1841.

Buxtorf Falkeisen, Karl. Die Rheinbrücke von Basel. In: Basler Taschenbuch 10, 1862, S. 161-217.

[de Curti, Léopold]. Lettres sur la Suisse P[ar] L[e] C[omte] L[éopold] D[e] C[urti]. Altona 1797.

Der die vornehmsten Europäischen Höfe durchwanderte und ganz neu in der Schweiz angelangte Hof- und Mund-Koch. Zürich 1762.

Flückiger-Seiler, Roland. Zur Geschichte des Tourismus in der Schweiz. In: ARGEALP-Tagung Davos 1992: Akten. Chur/Turin 1996, S. 73-139.

Gérard, Charles-Alexandre-Claude. L'Ancienne Alsace à table. Colmar 1862.

Gibbon, Edward. Journal de mon voyage dans quelques endroits de la Suisse 1755. Publié d'après le manuscrit original inédit par G. R. de Beer & G. A. Bonnard (Université de Lausanne, Publications de la Faculté des lettres, 10). Lausanne 1952.

von Goethe, August. Auf einer Reise nach Süden: Tagebuch 1830. Hg. von Andreas Beyer und Gabriele Radecke. München 2003.

Grimod de La Reynière, Alexandre Balthazar Laurent. Almanach des Gourmands, ou calendrier nutritif, servant de guide dans les moyens de faire excellente chère. Paris 1803.

Guide du voyageur en Suisse. Genève 1788.

Hans Stucki – Die besten Rezepte. Basel 1998.

Heinse, Gottlob Heinrich. Beschreibung von Basel und seinen pittoreskischen Umgebungen: ein Taschenbuch für Fremde und Einheimische. Leipzig 1811.

Hirschfeld, Christian Cajus Lorenz. Neue Briefe über die Schweiz. Kiel 1785.

Kaiser Joseph in Basel (1777). In: BJb 1883, S. 265-268.

Keller, J. Josephs des Zweiten Schweizerreise. In: Taschenbuch der Historischen Gesellschaft des Kantons Aargau 1896, S. 69-101.

Koelner, Paul. Die Kuchibücher der Safranzunft. In: BJb 1929, S. 202-269.

K[önig], E[manuel]. Georgica Helvetica curiosa. Das ist: Neu Curioses Eydgnossisch-Schweitzerisches Hauss-Buch. Basel 1705.

Küttner, Carl Gottlob. Briefe eines Sachsen aus der Schweiz an seinen Freund in Leipzig. 3 Teile. Leipzig 1785/86.

Lehmann, Peter Ambrosius. Die vornehmsten Europäischen Reisen. Hamburg 1703.

[Lutz, Marcus]. Kurze Beschreibung der Stadt und des Kantons Basel: ein Handbüchlein für Fremde und Einheimische. Basel 1811.

Markwart, Otto. Eine Schweizerreise aus dem Jahre 1773. In: Zürcher Taschenbuch N.F. 15, 1892, S. 169-264.

Meiners, Christoph. Briefe über die Schweiz. 2 Bde. Berlin 1784/85.

Meyer von Knonau, G[erold]. Beschreibung der Wanderschaft eines zürcherischen Buchbinders im achtzehnten Jahrhundert. In: Zürcher Taschenbuch N.F. 23, 1900, S. 100-149.

de Montaigne, Michel. Tagebuch der Reise nach Italien über die Schweiz und Deutschland von 1580 bis 1581. Übers., hg. und mit einem Essay versehen von Hans Stilett. Frankfurt a.M. 2002.

Moores, D. Abriss des gesellschaftlichen Lebens und der Sitten in Frankreich, der Schweiz und Deutschland. [2 Bde. in einem.] Leipzig 1779.

Morel, Andreas. A la mode bâloise. In: Turicum [Zürich] Oktober/November 1992, S. 17-24.

Morel, Andreas. Basler Kost. So kochte Jacob Burckhardts Grossmutter (NjBl, 178). Basel 2000.

Morel, Andreas. Der gedeckte Tisch. Zur Geschichte der Tafelkultur. Zürich 2001.

Neues und nützliches Koch-Buch. Basel [1790].

Norrmann, Gerhard Philipp Heinrich. Geographisch-statistische Darstellung des Schweizerlandes. 4 Teile. Hamburg 1795-1798.

[Ryhiner, Achilles]. Itinéraire alphabétique de la ville de Bâle et de ses environs et de son canton, à l'usage des voyageurs curieux. Bâle 1782.

Schaub, Emil. Bilder aus der Sittengeschichte Basels im 18. Jahrhundert (NjBl, 107). Basel 1929.

Schreiber, Aloys. Handbuch für Reisende am Rhein von Schaffhausen bis Holland, in die schönsten anliegenden Gegenden und an die dortigen Heilquellen. Heidelberg ²[1818].

von Sinner, Johann Rudolf. Historische und literarische Reise durch das abendländische Helvetien. Leipzig 1782.

Spycher, Albert. Leckerli aus Basel. Ein oberrheinisches Lebkuchenbuch. Basel 1991.

Wieland, Carl. Einiges aus dem Leben zu Basel während des achtzehnten Jahrhunderts. In: BJb 1890, S. 170-218.

Abbildungsnachweis

Peter Armbruster, Basel: Abb. 155.

Basler Denkmalpflege: Abb. 83, 106, 141, 288.
 - Rolf Jeck: Abb. 29. - Erik Schmidt:
 Abb. 28, 287.

Basler Plakatsammlung: Abb. 139.

Buess AG, Gelterkinden: Abb. 92, 93, 94, 97, 268.

Central Zionist Archives, Jerusalem:
 Abb. 214, 215.

Historisches Museum Basel. Maurice Babey, Peter Portner, Alwin Seiler: Abb. 2 (1995.559.), 22 (1975.330.), 25 (1916.421.), 35 (1882.189.), 36 (1881.179.), 37 (1899.277.), 38 (1920.30.), 41 (1870.679.), 43 (1882.61.3), 46 (1906.2851.), 54 (1936.175.), 118 (1900.10.), 231 (1870.1202.).

Kunstmuseum Basel. Martin Bühler:
 Abb. 17 (Kuka Z 145), 32 (Kuka 1960.138, S. 25), 39 (Kuka 1886.9, S. 8), 44 (1971), 45 (1972), 78 (Kuka Bd. M 101.72).

Kunstmuseum Olten: Abb. 14.

Sammlung Roland und Vreni Kupper, Basel. Erik Schmidt: Abb. 112, 130d, f, g, h, i, l, 177, 178, 183, 184, 185, 186, 189, 190, 191, 192, 193, 194, 196, 197, 219.

Les Trois Rois. Abb. 107, 109, 271, 275, 279, 283. - Photo Bacalian, Genf: Abb. 277. - gruner brenneisen communications, Basel: Abb. 258-260, 261-264, 265-267, 307, 319. - Christoph Grünig, Biel: Abb. 198, 229, 238, 241, 242, 251, 256, 278, 280, 297, 298, 302, 304, 305, 306, 308, 309, 311, 314, 315, 317, 321, 322, 323, 324, 325, 326, 327, 328, 329, 330, 331, 332, 333, 334, 335, 336, 337, 338, 339, 340, 341, 342, 343, 344, 345, 346, 347, 348. - Christoph Kern, Muttenz: Abb. 230, 239, 240, 299, 300, 301, 303, 312, 313, 318, 320. - Fritz Lauener, Wengen: Abb. 157a-m, 272, 276. - Erik Schmidt, Basel: Umschlagbilder, Abb. 16, 18, 19, 20, 21, 23, 24, 26, 27, 30, 31, 57, 66, 67, 77, 81, 84, 91, 95, 96, 98, 108, 110, 119, 120, 121, 124, 125, 126, 129, 134, 156, 165, 166, 167, 168, 169, 170, 171, 172, 173, 174, 175, 179, 180, 181, 182, 199, 200, 216, 218, 243, 244, 245, 246-250, 252, 253, 254, 255, 257, 269, 270, 274, 280, 282, 284, 289, 290, 291, 292, 293, 294, 295, 296, 310. - Fotoatelier Siegfried, Basel: Abb. 273, 281.

André Muelhaupt, Basel: Abb. 213.

Öffentliche Bibliothek der Universität Basel: Abb. 1, 4, 9, 11, 40, 47, 50, 51, 52, 55, 59, 62, 65, 123, 127, 176, 187, 195, 203, 204, 205, 206, 212.

Privatbesitz. Abb. 69, 70, 71, 79, 131, 132, 133, 143, 145, 148, 149, 150, 151, 152, 153, 154, 158, 201, 202, 217, 223, 224, 225, 226, 232, 233, 236, 237. - Maurice Babey, HMB: Abb. 3. - Franco Meneghetti, StABS: Abb. 15, 58, 60, 163, 220. - Peter Portner, HMB: Abb. 99, 100, 101, 102, 103, 104. - Erik Schmidt: Abb. 53, 75, 76, 130, 135, 136, 137, 138, 142, 146, 147, 234, 235.

Repros aus Publikationen. Abb. 5: Paul Ganz. Die Handzeichnungen Hans Holbeins d.J. 1993. - Abb. 6, 7, 8: Ulla Heise. Der Gastwirt. 1993: S. 9, 47, 63. - Abb. 10: Christian Wurstisen, Daniel Bruckner. Baßler Chronick. 1765/1883. - Abb. 49: David Herrliberger: Neue und vollständige Topographie der Eidgenossenschaft. Bd. 1. 1754.

Schweizerische Gesellschaft für Hotelkredit, Zürich: Abb. 144a-m.

Schweizerisches Landesmuseum, Zürich:
 Abb. 115, 116, 117.

Schweizerisches Wirtschaftsarchiv, Basel:
 Abb. 113.

Archiv Settelen AG, Basel: Abb. 164.

Staatsarchiv des Kantons Basel-Stadt. Franco Meneghetti: Abb. 12 (Bild 3, 1910), 13 (Bild 1, 539), 33 (Neg. 4702), 42 (ZA Gartnern 3, S. 56), 48 (Bürgerrecht F 2,9), 56 (Bild Falk. A 514), 61 (Bau BB 2), 63 (Bild 13, 285), 64 (Bild Falk. A 538), 72 (Bild Falk. Fa 2,4), 73 (PLA F 4, 159), 80 (PLA B 3, 18), 82 (PLA F 4, 158), 85 (BD-Reg 11a (1) 4-2 138), 89 (PLA F 4, 154), 105 (Bild 1, 277), 111 (Neg. BSL 1012, 119), 114 (Topo Blumenrain 8), 122 (Brunn T 9), 128 (Bild 3, 766), 140 (Neg. BSL 1012, 190), 159 (Bild 13, 148), 160 (Bild Wack. C 29), 161 (Neg. Hö D 42344), 162 (Eisenbahn D 1,2), 188 (Zeitungen 7), 222 (PA 700), 227 (Bild Visch. A 32), 285 (Bild 1, 537), 286 (Neg. Hö B 166). - Erik Schmidt: Abb. 86, 87, 88, 90 (Bau BB 2).

Stiftung für Kunst, Kultur und Geschichte, Küsnacht/Winterthur. J. P. Kuhn, Schweizerisches Institut für Kunstwissenschaft, Zürich: Abb. 221.

Verkehrsdrehscheibe Schweiz, Basel.
 Erik Schmidt: Abb. 74.

Kurt Wyss, Basel: Abb. 207, 208, 209, 210, 211.

Personenregister

About, Edmond Valentin 150
Adams, Bryan 147
Adelheid Marie von Anhalt-Dessau,
 Herzogin von Nassau 132
Adolf I. von Nassau 132
Aeppli, Eva 155
Affolter, Peter 121
Agnelli (Familie) 123 – Giovanni 123
d'Agoult, Marie 141f., 157
Albert I., König der Belgier 135
Alexander, Peter 147
Alexander der Niederlande 130
Alexander I. von Russland 239
Alexandra Fjodorowna von Russland,
 geb. Charlotte von Preussen 157
Alioth, Ludwig Rudolf 99
Alvarez, Manuel 218f.
Amberg, Bernhard 123, 242
Amberg-Bütikofer, Therese 123
Amelot 44, 66, 248
Andersen, Hans Christian 151, 153, 171
von Andlau (Familie) 66
Anna von Hohenberg 163
Armand Gaston Maximilien de Rohan 66
Armbruster, Peter 121
d'Arnoncourt 66
Aston, Louise 157f. – Samuel 157

Bacher, Théobald 57, 60
Bachofen, Johann Jakob 54
von Baden (Familie) 130
Baedeker, Karl 170
Bähler, Karl Albert 115
Baker, Josephine 146f.
Bally, Cristina 221
Balthasar, Franz Ludwig 56
de Balzac, Honoré 149, 151
von Bärenfels (Familie) 66
Baring, Alexander, 1. Baron Ashburton 136
Barth, Ulrich 247
de Barthélemy, François 58, 66
Bartholdi, Frédéric Auguste 254
Baumann-Jerichau, Elisabeth 153 –
 Jens Adolf 153
Beck 247
Beck, Christoph I. 39
Beecham, Thomas 145
van Beethoven, Ludwig 141
Becher, Ulrich 151
Benedict, Clare 151
Benois, Alexander 153
Bentz, Achilles 23, 83

Berben, Iris 222
Bernoulli (Familie) 71 – Johann II. 50, 249
Berri, Melchior 252
Bertin, François Edouard 153
Bertolucci, Bernardo 255
Bethmann, Maria Elisabeth 141
Bidault, Georges 118f. – Suzanne 118f.
Bieler 54
Bishop, Anne 143 – Henry Rowley 143
de Blainville, J. 178
Blanchard, Jean-Pierre 54, 249
Bochsa, Robert Nicolas-Charles 143
Böcklin, Arnold 144, 153
Bodenstein, Max 112
de Bois-Le-Comte, Charles Joseph Edmond 254
de Boisrouvraye (Familie) 123 – Albina 123,
 168, 242 – Guy 123, 242
Bolli 53
de Bonac 66f.
Bonaparte (Familie) 60 – Napoleon 30, 55f.,
 58–61, 95, 136, 238, 250
Börne, Ludwig 151
Borner, Adolf 118f.
Bossi (Familie) 110f., 166, 253 – Alfred 110 –
 Hans 110 – Joseph Anton 110 –
 Lucien, Sohn 110 – Lucien Anton 96, 101,
 110, 130, 240, 253 – Walter 110f., 113, 242
Bossi-Häfelin, Rosa 110, 112, 166, 242
Boswell, James 71f.
Botelho, Maurício 168
Bouffey, Philippe 212, 215
Boulez, Pierre 146
Bourbonen 56
Bourcart, Charles-Daniel 163, 255
Brandt, Willy 136, 242
Brant, Sebastian 14
Brassey, Thomas 129
Brefin, Max 148
von Breitenlandenberg, Mathis Jacob 21
Brillat-Savarin, Jean Anthelme 182
Brönnimann, Elise Hélène 111
Brunner, Eddie 148
Büchel, Emanuel 27f., 42, 75, 174, 178
Bucher-Durrer (Familie) 253
Buchmüller, Pitt 121
Bulacher 247
von Bülow, Hans Guido Freiherr 142
Bumbry, Grace 146
Burckhardt (Familie) 42, 120, 239 –
 Carl Jakob 163, 255 – Margaretha 39 –
 Ursula 49

Burckhardt-Boeringer, Otto 96
Burckhardt-Iselin, Jeremias 30
de Burgh, Chris 146f., 222f.
Bürgi, Jeremias 60
Bürgin, Emil 99 – Ruth Bernadette 220f.
Burgkmair, Hans d.Ä. 17
Burnet 254
Burns, Robert 50
Busch, Adolf 146, 156 – Hermann 156
Busoni, Ferruccio 142–144
Buxtorf, Andreas 59, 250

Caballé, Montserrat 147, 218
Calame, Alexandre 153
Camenisch, Paul 207, 230
Carl August von Sachsen-Weimar-
 Eisenach 71
Carl Friedrich Wilhelm Emich
 zu Leiningen 132
Carol I. von Rumänien 108
Carola von Wasa-Holstein-Gottorp,
 Königin von Sachsen 107, 240
Carr, William, 1. Viscount Beresford 136
Casanova, Giacomo Girolamo 71f., 251
Castelli, Luciano 222
Cézanne, Paul 154
Chagall, Marc 155
Charles Edward Stuart 50, 249
Chopin, Frédéric 141
Christ (Familie) 120
Christ-Birkhäuser, Franz 116 – Salome 116
Christen, Hanns U. 121
Christian IX. von Dänemark 107, 135
Cocker, Joe 147
Cohen, Gustav Gabriel 161, 255
Collins, Wilkie 149
Cook, H. 135
Cornejo 66
Cornelius, Peter 142
Corot, Camille 153
de Curti, Léopold 179

Dammer, A. 185
von Däniken, Margreth 123
Day, Doris 148
Debeyer 247
Diamond, Neil 147
Dickens, Catherine 149 – Charles 127, 149f.
Diclans 66
Diog, Felix Maria 13
Disteli, Martin 64
Domingo, Placido 147

Donati, Manilo 215
Donizetti, Gaetano 143
Dreyfus, Alfred 159
Dubuffet, Jean 156
Dufour, Georges Joseph 60, 250 –
   Guillaume-Henri 241
Dujardin, Edward 153
Dylan, Bob 146f., 242

Ebel 65
Eglin, Christoph 252
Elisabeth in Bayern, Königin von Belgien 135
Elisabeth von Preussen 107
Elisabeth zu Wied, Königin von
   Rumänien 108
Elisabeth Amalie von Österreich 163
Ellington, Duke, eigtl. Edward
   Kennedy E. 147
Elßler, Fanny 156, 158 – Franz 158 –
   Johann 158
Emanuel von Portugal 65
Erlacher 55
Ernst, Manfred 123, 242
Escoffier, Auguste 186
Esterházy (Familie) 65
Eugen von Habsburg 95, 112, 118f., 163f.,
   166f., 242, 255f.
Eymann, Christoph 222

Faesch (Familie) 60 – Anna Margaretha 46 –
   Franz 60, 250 – Joseph 60 – Werner 60
Faisal von Ägypten 107
Falk, Lauritz 119
Falkner, Ursula 249
Fatio 42
Fechter, Johann Ulrich III. 39
Fenimore Cooper (Familie) 151 – James 151
Ferdinand II., König beider Sizilien 143
Ferguson, Robert 171
Ferres, Veronica 222
Ferry, Bryan 147
Feyerabend, Johann Rudolf 42
Fitzgerald, Ella 146f.
von Flandern, Gräfin 107, 253
Flück-Bichsel, Caspar 107f., 240, 253 –
   Magdalena 108
Flück-Steiner, Caspar 106–108, 201, 240
Forbes, Colin, eigtl. Raymond Harold
   Sawkins 152
Franel, Philippe 81
Franz I. von Frankreich 92
Franz I. von Österreich 239

Franz Josef I. von Habsburg 163
Franz Josef II. von und zu Liechtenstein 163
Freitag, Franz Joseph 35 – Johann Isaak 34
Frey, H. 124 – Johann Rudolf 249 –
   Samuel 66
Fricsay, Ferenc 144–146 – Silvia 146
Friederike Dorothea von Baden 68
Friedrich, Leonhard 201
Friedrich I. von Baden 107, 130, 142
Friedrich II. von Preussen 73
Friedrich Franz II. von Mecklenburg-
   Schwerin 132
Friedrich Wilhelm III. von Preussen 239
Frischmann, Anna 27, 46–49
Fritschi, Anna Maria 53, 55f.
Fritschin 247
Fröhlich, Joh. 249
Furrer, Jonas 126

Galizyn, Andrej 108 – Boris 108
Gallo, Enzo 217
von Gärtner, Friedrich 79
Gast, Johannes 247
Gemuseus 59
von Gentz, Friedrich 158
Georg Wilhelm von Hessen-Darmstadt 65
Gernler 44 – Dorothea 44
Gfeller, Markus 217
Gina von und zu Liechtenstein 163
Giscard d'Estaing, Valéry 136
von Glücksburg (Familie) 107
von Goethe, Johann Wolfgang 71, 149
van Gogh, Vincent 154
von Gonzenbach, August 126
von Görnitz, Johann Dietrich 19, 21 –
   gen. Steuß, Katharina 19, 247
Gossweiler 115
Gosteli, Mike 254
Gray 83
Green, Julian 151
Grimaldi (Familie) 123
Grimod de La Reynière, Alexandre 182f.
Gropius, Walter 144
Gschwind 250
Guangxu von China 161
Guillon 254
Guise, Constantin 24, 30, 34, 71
Gustav IV. Adolf von Schweden 68
Gutschick 19

Haas, Wilhelm 60, 250
Hagenbach 59
Haito 247
Haldenwang, Christian 57
von Haller, Albrecht 149
Hamilton, Marie Amalie, geb. von Baden 253 –
   William, 11. Herzog von Hamilton 253
Hampton, Lionel 147
von Hanau (Familie) 107
Handmann, Emanuel 46f.
Hańska, Ewelina 151
Hauser, Caspar 41 – Hans Heinrich 27,
   39–42, 44f., 178, 238
Haydn, Joseph 158
Heimlicher, Johann Jakob 141, 252
Heinrich II. von Thun 22
Heinrich III. 12, 32
Hell, Peter 64
Helmle, Lorenz 92, 170
Hemingway, Ernest 169
Henzi, Rudolf 74
Herdener, Louis 130
Herrliberger, David 53
Herzl, Jeanette 159 – Theodor 95, 158f.,
   161, 228, 240f., 255
Hess, Hieronymus 92f., 102, 170
Hesse, Hermann 115
von Hessen-Rheinfels, Prinzessin 65
Heusler-Thurneysen (Familie) 142 –
   Daniel 141
Heymans, Phyllis 148
Hirzel 56
Hochuli, Friedrich Walter 113, 115, 242
Hofer, Carl Samuel 108, 240 – Ludwig 153 –
   Wilhelm 108, 240
Hoffmann, Fritz 167 – Theodor C. 101
Hoffmann-Burckhardt, Alfred 250
Hoffmann-Von der Mühll, Elisabeth 167
Höflinger, Albert oder August 202 –
   August 127 – Jakob 78, 129, 201
von Hohenzollern (Familie) 107
Holbein, Hans d.J. 14, 144, 153
Höllerhagen, Ernst 148
Houston, Whitney 147
Huber 54 – (Familie) 45 – Alexander 45 –
   Johann Rudolf I. 42 – Johann Rudolf 45f.,
   65, 238, 249 – Rudolf 173 – Wernhard 55
Huguet de Sémonville, Charles-Louis 57

Iglesias, Julio 147
Im Hof, Johann Christoph 17, 27f., 34, 46–50, 65–68, 71f., 177–179, 238, 251 – Johann Jakob 47
Ingres, Jean Auguste Dominique 153
Iselin (Familie) 56, 104 – Daniel-Louis 250 – Felix 250 – Isaak 50, 52, 239, 249 – Johann Jakob 61f., 66, 240, 250 – Johann Ludwig 12, 28, 30, 35f., 53, 55f., 58f., 61f., 71, 179, 238, 249f. – Johann Ludwig, Sohn 61–64, 240, 250 – Johann Ludwig, Vater 55 – Johann Rudolf 61f., 240, 250 – Rosina 53, 250
Isenegger, Ursula 102

Jagger, Mick 219
Jakob VIII. von Schottland 50
Janis, Sidney 155
Janna, Guérin 123, 242
Jeck, Werner 116
Jenny, Zoë 152, 169, 222
Jéol, Roland 195
Jiang Zemin 136
Joachim, Joseph 142
Johann von Österreich 66
Johns 254
Johnson, Samuel 71
Joseph II. von Habsburg 53, 67, 238
Joyce, James 152
Jung, Ursula 206–208
Jürgens, Udo 147

von Kageneck (Familie) 66
Kaiser, Jakob 58
Kandinsky, Nina 155
von Karajan, Herbert 145
Karger 256
Karl I. von Württemberg 132
Karl V. 19
Karl X. von Frankreich 241
Karoline von Sayn-Wittgenstein 142
Katharina II. von Russland 67
Kaufmann, Friedrich 126
Keller, Jon 253 – Sam 222
Kempff, Wilhelm 146
von Ketteler, Klemens 161, 255
Kienberger (Familie) 145, 167, 254 – Alfred 115–120, 123f., 130, 148, 242, 254 – Ursula 115f., 145f., 254, 256
Kirchner, Ernst Ludwig 207
Klee, Paul 154

Kleindorf, Esther 51f. – Johann Friedrich 51 – Johann Ulrich 27f., 51–53, 55, 63, 179, 238, 249
Knappertsbusch, Hans 145
Knobel Bossi, Hélène 253
Knop, Ernst 141, 143
Köchli, Leonhard 179
Koechlin (Familie) 120
Kokoschka, Oskar 144
Kolowrath, Graf 49
König 54
von Königsegg, Graf 44, 66
Konrad II. 12, 32
Kost, Leonhard 120
Koźmian, Stanislaw Egbert 170
Kuder, Benedikt 51
Kugler, Alfred 98, 110, 112
Kümmerly, A. 104
Kupper, Roland 254 – Vreni 254
Küttner, Carl Gottlob 72

de Lachenal, Esther 27, 38–41, 247 – Jakob 19, 21, 38, 40, 247f.
Lagerfeld, Karl 242
Lang, Christian 190, 194f. – Rudolf 173
Lardelli, Renzo 115
La Roche, Anna Maria 62
zu Leiningen (Familie) 132
von Leiningen und Hardenberg, Graf 65
Leonardo da Vinci 92
Leopold von Baden 83
Leopold von Salerno 158
Leopold III., König der Belgier 135
Leuenberger, Robert 116–119, 184f.
von und zu Liechtenstein (Familie) 65, 163
Lilien, Ephraim Moses 158, 161
Linder, Ursula 47
Lindfors, Viveca 119
Lind-Goldschmidt, Jenny 146
Liszt, Franz 139, 141–143, 157
Löchlin, Susanna Elisabeth 55
Lochmann 49
Löffler, Lothar 148f., 254
Lötsch, Christian 153
Louise von Hessen-Kassel, Königin von Dänemark 107, 135
Louis-Philippe von Frankreich 241, 254
Ludwig IX. von Hessen-Darmstadt 65
Ludwig XIV. von Frankreich 239
Ludwig XVI. von Frankreich 56
Ludwig Georg Simpert von Baden-Baden 65
Lutz, Eduard 141

Madame Roland, eigtl. Jeanne-Marie Roland de la Platière 73
Madeux, Emil 184
Mahler, Alma 144 – Gustav 144
Mangold, Burkhard 166
Mann, Thomas 149, 151, 171
Maret, Hugues-Bernard 57
Margherita von Savoyen 107
Marie von Sayn-Wittgenstein 142
Marie Thérèse Charlotte von Frankreich 56–58
Marin (Familie) 248 – Franz 40f., 51, 238, 248 – Franz, Sohn 40
Markwalder (Familie) 115
Mary, Antonio Camillo 49
Mathieu, Mireille 147
Mathys, Alfred 113, 242
de Maupertuis, Pierre-Louis Moreau 71
Max von Baden 108
von Mechel, Christian 71
von Mecklenburg-Schwerin (Familie) 107
Meier, Daniel Eduard 158 – Henri B. 222
Mendelssohn, D. 254
Mendelssohn Bartholdy, Felix 139, 254
Mengaud, Joseph 58, 60, 238, 250
Menuhin, Yehudi 144, 146
Merckel, Johann Franz 51, 249
de Mercurio, Giovanni 123
Merian (Familie) 79 – Amadeus 36, 76, 78–81, 83–85, 87f., 141, 195, 240, 252 – Christoph 56 – Friedrich 79 – Johann Jakob 60 – Matthäus d.Ä. 10, 20, 79
Merian-Burckhardt, Margaretha 250
von Metternich, Klemens Wenzel Lothar 158
von Metternich-Winneburg, Fürst 108 – Fürstin 108
Meyer 68 – Beat 250 – Franz 155
Meyer-Merian 141
Michael I. von Rumänien 242
Michiko von Japan 157
Milstein, Nathan 146
Minnelli, Liza 147
Misson, Maximilien 72
Montgomery, Bernard L. 119
Moore, John 73
Morando, Dino 215f.
Moscheles, Ignaz 141
Mosis, Konrad 42
Muelhaupt, André 158
Mulder-Dupont 141
Muller, Bernard 123, 184–186, 242

Müller, Albert 207, 233 – Franz Joseph Ignaz 36, 63f., 80f., 104, 240, 250 – Johann 42 – Joseph 92 – Luise 184 – Urs A. 256
Münster, Sebastian 20, 247
Murbach 68
Murray, John 170
Mutter, Anne Sophie 145
Myconius, Oswald, eigtl. Geißhüsler 247

von Nassau (Familie) 132
Necker, Jacques 56
Neuhaus, Werner 207, 230
Neustück, Johann Jakob 23
Nussbaumer, Albert C. 167

Obermeyer, Daniel 19, 21, 27, 32, 38–41, 176, 238, 247f. – German 39, 248 – Gertrud 40
Ochs, Peter 12f., 32, 58–60, 239, 250
von Öhm, Johann Bernhard 19, 38, 247
Opser, Joachim 92
von Oranien-Nassau (Familie) 130
d'Orléans (Familie) 107
Oscar II. von Schweden und Norwegen 108, 135, 240
Oswald 125f.
Otto Heinrich von der Pfalz 247

Passavant, Hans Franz 250
Paul I. von Russland 67, 238
Pavarotti, Luciano 147
Pellegrini, Alfred Heinrich 156, 207f.
Pernet, Jacques 123f., 242
Pestalozzi, Johann Heinrich 139
Peter I. von Serbien 112
Petry, Erik 255
Pfister, Daniel 81
Picasso, Pablo 154f.
Pictet, Charles 67, 250
von Planta 68
Platter, Felix 19
Plattner, Otto 207
Ploucquet, Wilhelm Gottfried 73
Pohl, Richard 142
Point, Fernand 186
Polyxene von Hessen-Rheinfels, Königin von Sardinien 65
Probst, Jean Michel 53
Pruckner, Dionys 142
Pugin, Augustus 136
Pümpin, Fritz 207
Pu Yi von China 161

Ramolino, Maria Laetitia 60
Ramon, Kitty 148
Rauschenberg, Robert 156
Reber 57
Régnier, Gérard 156
Reichenbach, Eric 194, 220
von Reinach (Familie) 66
Reiter, Ernst 138f., 141f., 145
von Reuss (Familie) 107
Riel de Beurnonville, Pierre 57
Rieser, Kurt 97
Riggenbach, Heinrich 255
Rilke, Rainer Maria 149, 151f.
Rippmann (Familie) 254
Ritter, Johann Robert 249
Ritz, César 183, 218
Rodin, Auguste 152
Rohmer, Grégory 212
Rolling Stones 146f., 218f.
Rosengarten, Herbert 148
Rostropowitsch, Mstislaw 146
Roth, Johann Franz 102
Rothschild (Familie) 215 – Alphonse 215 – Marie-Antoinette 215
Rousseau, Jean-Jacques 71f., 149
Rubinstein, Arthur 146
Rudolf I. von Habsburg 163
Rudolf III. von Burgund 12, 32
Ruskin (Familie) 153 – John 153, 171
Ryhiner 66

Sacher (Familie) 145 – Maja 145 – Paul 145
von Sachsen-Altenburg 107
Sadruddin Aga Khan 242
de Saint-Exupéry, Antoine 167
de Saint Phalle, Niki 154f.
zu Salm, Fürst 107
Sand, George 158
Sarasin (Familie) 120
Saurbeck, Johann Caspar 249
Sauter, Ulrich 106
Scanlan, R. 135
Schaffner, Jakob 152
Schär-Bossi, Liliane 166, 253, 255f.
von Schauenburg (Familie) 66
Schertlin von Burtenbach, Sebastian 19, 21, 247
Schiesser, Rudolph 123f., 208f., 242
von Schildenfeld, Zoë 118f., 163, 255f.
Schiliansky, Dov 136
Schinkel, Karl Friedrich 79
Schinz, Hans Rudolf 179
Schmid, Lukas 54 – Roman 219

Schmidheiny, Jakob 115
Schmidt, Christian Gottlieb 73 – Helmut 136
Schneider, Barbara 222 – Hansjörg 152 – Johann Jakob 37
Schneiderhan, Wolfgang 146
Schnell 19
Schnyder von Wartensee, Xaver 139
Schön, Werner 255
von Schönau (Familie) 66
Schönauer, O. 164, 256
Schorndorff, Samuel 10
Schorndorff-Iselin, Maria Magdalena 182
Schubert, Franz 141
Schultz, Martin 143
Schumann, Clara 140–142 – Robert 140–142
Schwarz, Johann Jakob 66
Segal, Georges 256
Senn, Dominique 221 – Friedrich 102, 253 – Johann Jakob 36f., 64, 80f., 83, 92, 94f., 101f., 104, 106, 142, 183, 240, 253 – Susanna Barbara 102
Serkin, Rudolf 156
Simon (Familie) 115
Sinner, Johann Rudolf 73
Sisley, Alfred 154
Sneedorf, Frederik 73
Socin (Familie) 42, 239 – Niklaus 19
Sophie von Nassau, Königin von Schweden und Norwegen 107, 240
Sophie von Württemberg 132
Spoerri, Daniel 120, 155
Spöhrer 68
Spörlein, Margaretha 180
Stader, J. C. 64
Staechelin (Familie) 154
de Staël, Erik Magnus 56
Stamm, Georg 203, 241 – Rudolf 203, 241
Stehlin, Johann Jakob d.Ä. 252 – Leonhard 102
Steiner, Katharina Elisabeth 108 – Roman 123, 242
Stephenson, Robert 129
Stoecklin, Niklaus 164
Stone, Bryan A. 252, 254f.
Strassburger Meister 17
Straumann, Fritz 206 – Reinhard 206 – Thomas 32, 124, 190, 206–208, 225, 242
Strauß, Salomon 151
Strauss, Richard 139, 144
Strawinsky, Igor Fjodorowitsch 144f., 242
Streuber, Wilhelm Theodor 170
Stucki, Hans 185f., 212f.

Studer, Jakob Friedrich 81
Stupan 49
Suter, August 152 – Moritz 167f., 222, 256 – Rudolf 96
Sutter, Maria Magdalena 63
Swinburne, Henry 129

Talbot, John, 16. Earl of Shrewsbury 136
Taylor, Elizabeth 158, 242
Teleki, József 71
Tenzin Gyatso, XIV. Dalai-Lama 136, 242
Thalberg, Sigismund 141
Theine, Alexander 123, 242
Thomamichel, Hans 112
Thompson, Tim 225
Thorvaldsen, Bertel 153
von Thurn und Taxis (Familie) 107
Thyra von Dänemark 107, 135
Tinguely, Jean 120, 154f.
Trollope, Anthony 150
Tsai-feng, Prinz Chun II. von China 108, 161–163, 240, 255
Tuor (Familie) 113, 253
Twain, Mark 209

Umberto I. von Savoyen 107
Ustinov, Peter 168

Vàrady, Adam 94
Varlin, eigtl. Willy Guggenheim 207f.
Verdi, Giuseppe 143
Victoria von Hannover, Königin von Grossbritannien und Irland 132, 157
Victoria von Preussen 132
Victoria von Sachsen-Coburg-Saalfeld 132, 157
Vischer (Familie) 120 – Lucas 60, 250 – Ueli 124
Vögeli 119
Vogelsang 68
Volta, Alessandro 71f.
Voltaire, eigtl. François-Marie Arouet 71–73, 149

Wackernagel, Hans Georg 255
Wagner, Cosima 142 – Richard 140–142, 254
Waldemar von Dänemark 107, 135
Wald-Linder, August Heinrich Julius 27, 104–107, 240, 253 – Lydia 105, 253
Waldner von Freundstein zu Sierentz, Jakob Christoph 21
Walkinshaw, Clementina 50
Wallenberg, Marcus 117
Wander, Albert 111, 242 – Raymond 97, 111, 113, 117, 123, 135, 242
Wassermann 42
von Weber, Carl Maria 141

Wegmann, Tanja 210
Weinbrenner, Friedrich 79
Wellesley, Arthur, 1. Herzog von Wellington 135f.
Wentikon, Peter Hans 19, 21, 247
Wentworth FitzWilliam, Charles, 5. Earl FitzWilliam 136
Wentz, Katharina 44
Werfel, Franz 144
Werthemann, Achilles 54
Wickham, William 58
Wicky, Jean-Claude 185f., 212–215
Wilhelm I. von Württemberg 132
Wilhelm II. 132, 161f.
Wille, Ulrich 110, 112, 253
Winterlin, Anton 173
Wocher, Marquard 58, 60
Wohl, Jeanette 151
Woolson Benedict, Clara 151
von Württemberg (Familie) 107
Wyss, Kurt 155f., 255

Zangwill, Edith 158 – Israel 158f., 255
Zeller, Adam 247
Zemp, H. 127
von Zeppelin, Ferdinand Graf 167
von Zinzendorf, Gräfin 68
Zurkinden, Irène 120f., 155f., 207f.

Die Autoren

Michael Leuenberger, geb. 1964 in Glarus. Studium der Geschichte und Philosophie in Basel. Tätigkeit als Journalist, Texter und Übersetzer. Begibt sich – neben seiner Arbeit in der Unternehmenskommunikation eines Arzneimittel- und Kosmetikherstellers – immer wieder auf journalistische und historische Spurensuche.

Andreas Morel, Dr. phil., geb. 1938 in Basel. Studium der Kunstgeschichte, Klassischen Archäologie und Kirchengeschichte in Basel und Wien. 1981–1986 Präsident der Wissenschaftlichen Kommission der Gesellschaft für Schweizerische Kunstgeschichte, 1978–2003 verantwortlicher Redaktor der von ihm begründeten *Bibliographie zur Schweizer Kunst/ Bibliographie zur Denkmalpflege*. Publizierte zahlreiche Schriften, u.a. zur Gastronomiegeschichte und Kulturgeschichte des Essens und Trinkens.

Anne Nagel, lic. phil. I, geb. 1964 in Berlin. Studium der Kunstgeschichte und Klassischen Archäologie in Basel und Berlin. 1987–1993 wissenschaftliche Assistentin und Konservatorin a.i. am Historischen Museum Basel, 1995–1999 Konservatorin des Spielzeugmuseums, Dorf- und Rebbaumuseums, Riehen, seit 1999 Kunstdenkmäler-Autorin des Kantons Basel-Stadt. Publikationen zu Kunstgewerbe, Architektur- und Gartengeschichte.

Maximilian Triet, Dr. phil., geb. 1941 in Neukirch (Egnach) TG. Studium der Geschichte, Germanistik und Volkskunde in Basel. 1966/67 Assistent von Prof. Hans Georg Wackernagel an der Universität Basel, 1968–1980 Leiter der Matrikel-Edition der Universität Basel, 1979–2004 Direktor des Schweizerischen Sportmuseums, Basel. Realisierte zahlreiche Ausstellungen und publizierte diverse Bücher und Kataloge zur Sportgeschichte.

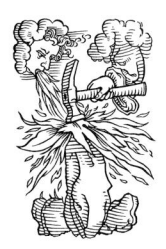

Das Signet des 1488 gegründeten
Druck- und Verlagshauses Schwabe
reicht zurück in die Anfänge der
Buchdruckerkunst und stammt aus
dem Umkreis von Hans Holbein.
Es ist die Druckermarke der Petri;
sie illustriert die Bibelstelle
Jeremia 23,29: «Ist nicht mein Wort
wie Feuer, spricht der Herr,
und wie ein Hammer, der Felsen
zerschmettert?»